厦门大学知识产权研究丛书·“一带一路”系列

本书受厦门大学“双一流”建设规划项目
“一带一路”研究和福建省高校特色新型智库
——创新与知识产权研究中心经费资助出版

“一带一路”
著作权法律制度研究

林秀芹◎主 编

知识产权出版社
全国百佳图书出版单位

图书在版编目（CIP）数据

“一带一路”著作权法律制度研究/林秀芹主编. —北京：知识产权出版社，2019.5
ISBN 978－7－5130－5935－0

Ⅰ.①一… Ⅱ.①林… Ⅲ.①著作权法—研究—亚洲②著作权法—研究—欧洲③著作权法—研究—非洲 Ⅳ.①D913.04

中国版本图书馆 CIP 数据核字（2018）第 242426 号

责任编辑：刘 睿 邓 莹　　**责任校对**：潘凤越
文字编辑：邓 莹　　**责任印制**：刘译文

“一带一路”著作权法律制度研究
林秀芹 主 编

出版发行：知识产权出版社有限责任公司	**网　　址**：http：//www.ipph.cn
社　　址：北京市海淀区气象路 50 号院	**邮　　编**：100081
责编电话：010－82000860 转 8346	**责编邮箱**：dengying@cnipr.com
发行电话：010－82000860 转 8101/8102	**发行传真**：010－82000893/82005070/82000270
印　　刷：保定市中画美凯印刷有限公司	**经　　销**：各大网上书店、新华书店及相关专业书店
开　　本：720mm×1000mm　1/16	**印　　张**：24
版　　次：2019 年 5 月第 1 版	**印　　次**：2019 年 5 月第 1 次印刷
字　　数：450 千字	**定　　价**：88.00 元

ISBN 978-7-5130-5935-0

编委会

撰写分工

第一章　孙　智

第二章　娜迪亚

第三章　罗立国　金南桥　姜　珂　张程宇　周嘉祺

第四章　周　璐

第五章　贾引狮

第六章　陈可欣

第七章　董慧娟　武佳欣　汪　超　解万均

第八章　周克放　汪　超

第九章　游凯杰

第十章　李超光

第十一章　郭壬癸

序　言

“一带一路”是我国新时期顺应全球化新形势、扩大同各国各地区利益汇合点的重要倡议。随着我国与“一带一路”沿线国家和地区之间在各领域的合作与交流不断深化，特别是经贸往来的持续深入，沿线国家地区之间的合作逐步从“硬实力”领域延伸到“软实力”领域。2016 年 7 月，在北京召开的“一带一路”知识产权高级别会议形成了《加强“一带一路”国家知识产权领域合作的共同倡议》。2017 年 9 月，金砖国家领导人厦门会晤期间，核准了《金砖国家知识产权合作指导原则》，强调增进知识产权信息交流、立场协调和能力建设。在此背景下，为更好地推动“一带一路”倡议的实施，防范沿线国家和地区政策法律风险，推动沿线国家和地区在知识产权领域合作的进一步深化，加强对沿线各国知识产权法律制度的研究，具有特殊的时代价值和实践意义。

厦门大学知识产权研究院自 2008 年成立以来，充分发挥厦门大学作为综合性大学的学科交叉优势，立足海西，秉持国际视野，已经初步形成学科优势明显、布局合理的知识产权教学与研究团队。2017 年，研究院进入厦门大学“双一流建设”的“一带一路”交叉学科群，迎来了新的发展机遇期。为此，研究院开始关注“一带一路”倡议推进过程中的知识产权问题，着手对“一带一路”沿线国家和地区的知识产权法律制度展开系统研究。本套丛书就是上述研究的初步成果。本套丛书采取分领域专题研究的方式，选取“一带一路”沿线三十余个典型国家和地区，按照地理位置和法律制度协调的密切程度划分为若干区域，分别对其知识产权法律制度进行系统研究，概括共性与规律，分析区域特色，探讨“一带一路”沿线知识产权法律制度的协调机制，并为我国企业“走出去”过程中可能遇到的知识产权法律风险作出示警。

水平所限，不足之处难免，请各位专家、同仁批评指正。

林秀芹

2018 年 10 月

CONTENTS 目录

第一编 亚　洲

第二编　欧　　洲

第三编　非　洲

第一编　亚　　洲

第一章　东北亚地区著作权法律制度

第一节　概　　述

一、现行著作权法基本概况

（一）日本

日本是一个高度发达的资本主义国家，目前为世界第三大经济体，是我国主要贸易伙伴和出口市场之一。日本是一个岛国，由于国土面积狭小，资源匮乏并极度依赖进口，因此其国民经济的发展主要依靠制造业和新兴产业带动。日本不仅拥有较为发达的工业基础和科技实力，在制造业、科研、航天、教育水平等方面位居世界前列，而且其文化创新实力也十分雄厚，尤其是以动漫、游戏等为首的现代文化产业处于世界领先地位，并且至今保存着以茶道、花道、书道等为代表的日本传统文化。根据《世界银行报告》发布的2016年全球各个国家GDP数据显示，日本GDP排名在美国、中国之后，位列世界第三，占总量的5.91%。在日本的GDP结构中，文化产业的占比很大，达20%，足见该国文化产业实力和竞争力之强大。

依照联合国教科文组织的定义，文化产业就是按照工业标准，生产、再生产、储存以及分配文化产品和服务的一系列活动。作为以生产和提供精神产品为主要活动、以满足人们的文化需要作为目的的一项重要产业，文化产业肩负双重功能：一方面旨在服务于一国经济的发展，为经济增长和就业作贡献；另一方面传播本国文化价值观、保护民族文化，以维护本民族文化利益。在知识经济时代，文化产业的发展离不开现代著作权法律制度的支撑。日本文化产业的发展和瞩目成就，与其既十分完善而又极其复杂的现代著作权法律制度存在很大关联。现行《日本著作权法》颁布于1970年，为适应经济、文化和科技的不断发展，后来经过多次修改，最近一次修改时间为2014年5月。

现行《日本著作权法》共有8章124条。第1章为“总则”，规定著作权法的目的、适用范围等一般问题；第2章为“作者的权利”，包括作品、作者、权利的内容、著作权的权利种类、电影作品著作权的归属、著作权的限制、保护期限、作者人格权的人身专属性等、著作权的转让和消灭、权利的行使、根据裁定对作品的使用、补偿金、登记等规定；第3章为“出版权”；第4章为“邻接权”，包括邻接权的一般规定、表演者权、录音制品制作者权、播放组织权、有线播放组织权、保护期限、表演者人格权的人身专属性等、权利的限制、转让、行使等以及登记；第5章为“私人录音录像补偿金”；第6章为“纠纷解决”；第7章为“权利侵害”；第8章为“罚则”。根据《日本著作权法》第1条的规定，该法的保护目的在于，通过规定有关作品以及表演、录音录像制品、播放和有线播放的作者权利以及与此邻接的权利，在强调对这些文化财产进行公正利用的同时，保护作者等的权利，以促进文化的发展。

（二）韩国

韩国也是一个现代文化产业十分发达的国家。尤其是该国的文娱、影视、动漫等文化创意产业，在全球占据重要地位。《韩国著作权法》颁布于1957年。为适应经济、文化和科技的不断发展，韩国著作权法颁布后，至今已经过多次修改，最近一次修改时间为2017年3月。

现行《韩国著作权法》共有11章142条。第1章为“总则”，规定著作权法的目的等一般性问题；第2章为“作者的权利”，包括作品、作者、作者的精神权利、著作财产权的种类、著作财产权的限制、著作财产权的期限、著作财产权的转让、行使和消灭、作品的法定许可使用、登记与审核、出版权；第3章为“邻接权”，包括一般规则、表演者权、录音制品制作者权、广播组织权、邻接权的保护期限、权利的限制、出让、行使等，以及数据库制作者的保护等；第4章为“数据库的保护”；第5章为“电影制品的特别规定”和“关于计算机程序的特别规定”；第6章为“网络服务提供商法律责任的限制”；第7章为“著作权管理服务”；第8章为“著作权委员会”；第9章为“侵权救济”；第10章为“附则”；第11章为“刑法条款”。《韩国著作权法》第1条规定，该法的目的在于，保护作者的权利以及与此相关的权利，促使作品的公平利用，促进文化及相关产业的进步及发展。

（三）蒙古国

《蒙古国著作权法》颁布于1993年，发展至今，分别于1997年、1999年、2006年进行三次修订。最近一次修改时间为2006年1月。

现行《蒙古国著作权法》共有8章32条。第1章为“一般规定”；第2章为“作者与受著作权保护的作品”；第3章为“著作权及保护期限”；第4章为“部分作品著作权的特征”；第5章为“著作权相关权利的保护”；第6章为“著作权作品的使用”；第7章为“著作权保护机关”；第8章为“著作权的保护和侵犯著作权的责任”。《蒙古国著作权法》第1条规定，该法的宗旨是调整按照著作权及相关权利加以保护的作品的占有、使用、处分和保护有关的关系。

二、加入著作权国际公约情况

在东北亚地区相关国家中，日本知识产权事业发展起步较早，早在1899年，该国就已加入《保护文学艺术作品伯尔尼公约》。至今，日本已加入大部分与著作权保护有关的国际公约或协定。相对日本而言，韩国和蒙古国的知识产权事业起步较晚。但是，韩国的知识产权发展甚为迅速，尤其是以著作权产业为核心的文化创意产业较为发达，与之相配套的著作权法律制度也颇为完善，目前韩国已经加入了几乎所有已生效的与著作权保护相关的国际条约。

从世界知识产权组织（WIPO）官方网站公布的信息来看，目前日本和蒙古国均还未加入《关于通过卫星传播节目信号的布鲁塞尔公约》；日本尚未加入《马拉喀什条约》。另外，蒙古国尚未加入《世界版权公约》《保护录音制品制作者防止未经许可复制其录音制品公约》《保护表演者、录音制品制作者和广播组织罗马公约》。日本、韩国和蒙古国已加入的与著作权保护有关的国际条约如表1－1所示。[1]

表1－1 日韩蒙三国已加入的与著作权保护有关的国际条约

序号	条约名称	日本	韩国	蒙古国
1	与贸易有关的知识产权协定	1995年1月	1995年1月	1997年1月
2	建立世界知识产权组织公约	1975年4月	1979年3月	1979年2月
3	保护文学艺术作品伯尔尼公约	1899年7月	1996年8月	1998年3月
4	WIPO版权条约	2002年3月	2004年6月	2002年10月
5	WIPO表演和录音制品条约	2002年10月	2009年3月	2002年10月
6	世界版权公约	1956年4月	1987年10月	暂未加入
7	保护录音制品制作者防止未经许可复制其录音制品公约	1978年10月	1987年10月	暂未加入
8	保护表演者、录音制品制作者和广播组织罗马公约	1989年10月	2009年3月	暂未加入
9	马拉喀什条约	暂未加入	2016年9月	2016年9月
10	关于通过卫星传播节目信号的布鲁塞尔公约	暂未加入	2012年3月	暂未加入

[1] 资料来源：WIPO Lex. http：//www. wipo. int/wipolex/en/，最后访问：2017年12月25日。

现行《日本著作权法》第5条规定，有关作者的权利以及与此邻接的权利的国际条约有特别规定时，按照该规定处理。《蒙古国著作权法》第2.2条规定，蒙古国参加的国际条约的规定与该法不一致的，适用国际条约的规定。

第二节 日本著作权法律制度

一、著作权制度概况

（一）相关概念

日本著作权法上规定的"作品"，是指文学、科学、艺术、音乐领域内，思想或者情感的独创性表现形式。从日本著作权法对作品的定义来看，著作权法意义上的作品涵盖了文学、艺术、科学、音乐领域，同时强调了作品的"独创性"构成要素，即作品应当是相关领域（包括文学、科学、艺术、音乐）的思想或者情感的独创性表现形式。"录音制品"，是指固定了声音的光盘、录音磁带和其他有形介质，但是专门为了和音像同时播放的录音制品除外。此外，在日本著作权法上，还有"商业录音制品"的规定，是指为市场销售目的而制作的录音录像复制品。

日本著作权法上规定的"表演"，是指通过具有戏剧效果的演出、舞蹈、演奏、歌唱、背诵、朗诵或者其他表演方式再现作品的行为，包括虽不再现作品但具有文艺性质的类似行为。"公众传播"，是指以公众直接接收为目的，通过无线通信或者有线电信通信方式进行的传播。关于公众传播，需要注意的是，日本著作权法规定除计算机程序的传播外，对于使用一部分和其他部分设置在同一建筑物区域内的电信设备进行的传播不属于日本著作权法意义上的"公众传播"。"播放"，是指以公众同时接收同一内容为目的、通过无线通信方式进行的公众传播。"有线播放"，是指以公众接收同一内容为目的、通过有线通信方式进行的公众传播。"自动公众传播"，是指应公众请求自动进行的公众传播（排除播放和有线播放）。在日本著作权法上，"播放""有线播放""自动公众传播"均属于"公众传播"的子类型。另外，日本著作权法上还有"传播可能化"的规定，是指采用《日本著作权法》第2条第1款第9项之5的行为之一，使自动公众传播成为可能的行为。需注意，此处的"传播可能化"仅涉及自动公众传播的情形。日本著作权法所规定的"传播可能化行为"，是自动公众传播的前提行为或者准备行为，也即将相关内容上传到互联网等，从而使该内容处于应公众请求可以进行自动公众传播可能化状态的行为。[1]

日本著作权法意义上的“作者”，是指创作作品的人。“表演者”指演员、舞蹈者、演奏者、歌手和其他从事表演活动的人，以及指挥、导演表演活动的人。“录音制品制作者”，是指首次将声音固定在录音制品上的人。“播放组织”，是指以播放为业的组织。“电影制作者”，指发起制作电影作品并承担责任的人。日本著作权法上的“公众”，包括特定的多数人；“法人”包括没有法人资格，但具有代表人或者管理人的社团或者财团。

（二）作品的发表

依照日本著作权法，作品的发表是指作品已经发行，或者著作权人或者经过其许可的人已经上演、演奏、上映、公众传播、口述或者采用展览的方式向公众提示的情况。如果属于建筑作品的，则在权利人或者获得其许可的人完成建筑物，即构成作品的发表。享有公众传播权的人或者经过其许可的人，使作品传播可能化时，该作品视为已经发表。

对于美术作品或者摄影作品，该作品原件所有人将作品进行了展览的情况下，视为该美术作品或者摄影作品已经发表。对于录音作品，享有相应权利的人或者经过其许可的人，制作、发行了按照录音制品的性质能够满足公众需要的合理数量的录音制品复制品时，该录音制品属于已经发行的录音制品。

（三）日本著作权法的适用范围

《日本著作权法》第6~9条对该法保护的适用范围作了具体的规定，包括受保护的作品（第6条），受保护的表演（第7条），受保护的录音制品（第8条），受保护的播放（第9条），受保护的有线播放（第9条之2）。

二、著作权保护范围和权利内容

（一）作品的类型与作者

1. 作品的主要类型

《日本著作权法》第10~12条对受著作权保护的作品类型做了详细规定。具体包括：（1）小说、剧本、论文、演讲以及其他文字作品；（2）音乐作品；（3）舞蹈作品、哑剧作品；（4）绘画、版画、雕刻以及其他美术作品；（5）建筑作品；（6）地图或者具有学术性质的设计图、图表、模型以及其他图形作品；（7）电影作品；（8）摄影作品；（9）计算机程序。日本著作权法规定，对于只是传达事实的杂闻和时事报道，不属于作品范畴。其中，“计算

---

[1] 李扬．日本著作权法[M]//十二国著作权法翻译组．十二国著作权法．北京：清华大学出版社，2011：363.

机程序”，指为了让计算机发挥功能以获得一定运算结果的一系列指令的集合表达。对计算机程序的保护，不延及创作该作品所用的计算机程序语言、规则、算法。

除前述作品类型外，日本著作权法上还有“二次作品”（类似于我国著作权法中的“演绎作品”）、“编辑作品”“数据库作品”等特殊作品类型。“二次作品”，指通过翻译、编曲、改变形式、改编成剧本、拍摄成电影或者其他改编方法创作的作品。对于“二次作品”的保护，不得影响原作品作者的著作权。“编辑作品”（类似于我国著作权法中的“汇编作品”），是在材料的选择或者编排方面具有独创性的编辑物（编辑物属于数据库的除外）。编辑作品的著作权保护，不得影响组成该编辑物中的单个作品作者的著作权。“数据库”是指由论文、数值、图形以及其他信息有机构成的、能够用计算机进行检索的信息集合体。对于在信息的选择或者系统结构上具有独创性的数据库，在日本著作权法上可以作为作品（“数据库作品”）进行保护。数据库作品的保护，不得影响组成该数据库的单个部分作者的著作权。此外，日本著作权法还规定，“合作作品”是指两人以上合作创作并且每个人创作的部分无法分开单独使用的作品。值得注意的是，日本著作权法上的合作作品必须是无法分开单独使用的作品。在日本著作权法上，“美术作品”包括了“美术工艺品”。“电影作品”包括了采用类似电影效果的视觉或者视觉效果的方法表现并且固定在某个客体上的作品。“摄影作品”包括了采用类似摄影的制作方法加以表现的作品。

在日本著作权法上，不能成为著作权客体的作品类型包括：第一，宪法和其他法令；第二，国家或者地方公共团体、独立行政法人或者地方独立行政法人发布的告示、指示、通知等；第三，法院的判决、决定、命令以及行政厅按照准司法审判程序做出的裁定、决定；第四，国家或者地方公共团体、独立行政法人或者地方行政法人对前面第一、第二、第三项所列作品的翻译或者汇编。

2. 作者的推定

日本著作权法规定，在作品原件上，或者在向公众提供或者展示作品时，将其姓名或者名称（真名），或者代替其真实姓名的众所周知的雅号、笔名、简称等（假名），采用通常的方法作为作者名字表示的人，推定为该作品的作者。

3. 职务作品和电影作品的作者

对于法人或者其他使用者（以下称法人等）的提议，从事该法人等所属业务的人在职务上创作的（计算机程序除外）、以该法人等的名义发表的作品，只要该作品创作时在合同、工作规章中没有特别规定，则该法人等视为该作品的作者。按照法人等的提议，从事法人等所属业务的人在职务上创作的计算机程序作品，只要该计算机程序创作时合同、工作规章没有特别规定，则该法人等为该计算机程序的作者。从该规定可知，日本著作权法明确承认法人的作者地位，并针对计算机程序作品和计算机程序以外的作品的情形做了区别规定。对于计算机程序作品，只要是职务上的创作，并不需要以该法人等自己的名义发表，在没有特别规定时，该计算机程序作品即归属于法人所有；但对于计算机程序以外的普通作品，则需要以该法人等的名义发表，方可认定该法人等为该作品的作者。

在电影作品中，依照日本著作权法，除了电影作品中被改编或者复制的小说、剧本、音乐或者其他作品的作者外，负责制作、导演、演出、摄影、美术等工作、对电影作品整体制作作出了独创性贡献的人，都是电影作品的作者。但是，如果属于职务作品的情形则除外。

（二）精神权利

日本著作权法将著作权分为精神权利（作者人格权）和经济权利（著作财产权）。

在日本，著作权自作品创作时便自动产生，无须履行任何手续。在著作权之精神权利项下，日本著作权法规定了三种具体的权利类型，即发表权、署名权和保护作品完整权。日本著作权法规定，作者的精神权利专属于作者，不得转让。向公众提供或者提示作品的人，即使在该作品的作者死亡后，也应该向作者生前一样，不得从事损害作者精神权利的行为。

1. 发表权

日本著作权法规定，作者对其尚未发表的作品（包括未经其同意发表的作品），享有向公众提供或者展示的权利。如果存在下列情形之一的，则推定作者同意作品的发表：第一，转让尚未发表的作品著作权时，通过行使著作权将作品提供或者展示给公众；第二，转让尚未发表的美术作品或者摄影作品原件时，通过展览美术作品或者摄影作品的原件将作品展示给公众；第三，按照《日本著作权法》第 29 条的规定（电影作品著作权归属），电影作品的著作权归属于电影制作者时，通过行使著作权将该作品提供或者提示给公众。同时，如果有下列情形之一的，则视为作者同意作品的发表：第一，将尚未发表的作品提供给行政机关，行政长官按照日本《行政机关信息公开法》向公众提供或者展示该作品；第二，将尚未发表的作品提供给独立行政法人等，独立行政法人等按照日本《独立行政法人等信息公开法》的规定，向公众提供或者展示该作品；第三，将尚未公开发表的作品提供给地方公共团体或者地方独立行政法人时，按照日本《信息公开条例》，地方公共团体或者地方独立行政法人向公众提供或展示该作品。

2. 署名权（姓名表示权）

日本著作权法规定，作者享有在其作品原件上或者在向公众提供或者展示其作品时，将其真名或者假名作为作者姓名表示或者不作为作者姓名表示的权利。在作者没有特别声明的情况下，使用作品的人可以按照作品上已有的表示作者姓名的方式标示作者姓名。日本著作权法还规定，按照作品的使用目的和方式，在不存在损害作者主张创作者身份利益的危险时，只要不违反惯例，可以省略作者姓名的表示。

3. 保护作品完整权

日本著作权法上，作者享有保持其作品和作品标题完整性的权利，有权禁止违反其意志对其作品或者作品标题进行修改、删除或者其他改变。需注意，在日本著作权法上，保护作品完整权不仅涵盖了作品的具体内容，而且延及作品标题，即未经同意对作品标题的修改、删除或者其他改变，即使未涉及具体内容，仍属于对保护作品完整权的侵犯。不过，《日本著作权法》第 20 条第 2 款对保护作品完整权的例外情形做了规定，包括：第一，按照日本《著作权法》的规定，出于学校教育目的，在使用作品时对作品中的字、词不得不进行的改变和其他改变；第二，由于建筑物增建、改建、修缮或者图案更换而进行的改变；第三，为了将特定的电子计算机不能使用的计算机程序在该计算机中得到使用，或者为了使计算机程序在电子计算机中能够发挥更好的效果，而对计算机程序进行的必要改变；第四，除前述规定外，其他按照作品的性质以及使用目的和使用方法不得不进行的改变。

（三）经济权利

在著作权经济权利项下，《日本著作权法》规定了 10 种具体的权利类型，包括：（1）复制权，即作者享有的复制其作品的专有权利；（2）上演权和演奏权，即作者享有的为了让公众直接看到或者听到而上演、演奏其作品的权利；（3）上映权，即作者享有的公开上映其作品的专有权利；（4）公众传播权等，包括：作者享有向公众传播（在自动公众传播的情况下，包括传播可能化）其作品的专有权利，作者享有使用接收装置公开传达其已经向公众传播的作品的专有权利；（5）口述权，即作者享有的公开朗诵其文字作品的专有权利；（6）展览权，即作者享有的公开展览其美术作品原件或者尚未发行的摄影作品原件的专有权利；（7）发行权，即电影作品作者享有的通过发行其电影作品复制品发行电影作品的专有权利，以及电影作品中被复制的作品的作者享有通过发行该电影作品复制品发行电影作品中被复制的作品的权利；（8）转让权，即作者享有通过转让其作品（电影作品除外）原件或者复制品

（电影作品中被复制作品的复制品除外）向公众提供其作品的专有权利；(9) 出租权，即作者享有通过出租的方式向公众提供其作品原件（电影作品除外）或者复制品（电影作品中被复制作品的复制品除外）的专有权利；(10) 翻译权、改编权等，即作者享有的通过翻译、改变形式、改成剧本、制作成电影或者其他改编形式改编其作品的专有权利。

在日本著作权法上，发行权特指在电影作品情形下的电影作品发行或者电影作品中被复制的作品的发行，与我国著作权法上所称的“发行权”在内涵和外延上存在一定差异。对于转让权，根据日本著作权法，如果作品原件或者复制品的转让具有下列情形之一的，则作者的转让权不适用：第一，享有转让权的权利人或者经过其许可的人转让给公众的作品原件或者复制品；第二，按照《日本著作权法》第67条第1款和第69条规定的裁定，或者按照《日本关于实施世界版权公约的著作权法特例的法律》第5条第1款的规定，获得许可向公众转让的作品复制品；第三，适用《日本著作权法》第67条之2第1款的规定转让给公众的作品的复制品；第四，享有转让权的权利人或者经过其许可的人向特定而且少数人转让的作品原件或者复制品；第五，在不损害与转让权相当的权利的情况下，或者享有与转让权相当的权利的权利人或者经其许可的人，在国外转让的作品原件或者复制品。此外，在“二次作品”当中，“二次作品”原作的作者，对“二次作品”的使用，享有与“二次作品”作者同样的前述经济权利。

依照日本著作权法的规定，作者的经济权利可以全部或者部分转让。作者可以许可他人使用其作品，可以将其著作权设定质权。

（四）保护期限

1. 一般规定

日本著作权法规定，著作权的保护期限从创作时开始计算。除有特别规定之外，著作权存续期限到作者死亡后（如果是合作作者，则指最后一个作者死亡后）50年。

2. 特殊情形

在日本著作权法上，著作权特殊保护期限有以下几种情形：

(1) 匿名作品或者假名作品的保护期限。根据日本著作权法，匿名作品或者假名作品的著作权，存续到该作品发表后50年。但是，存续期限届满之前，确认作者死亡后50年的，则该匿名作品或者假名作品的著作权自作者死亡后50年起消灭。但是，如果存在下列情形之一的，匿名作品或者假名作品保护期限的规定不适用：第一，众所周知的假名作品上作者的假名就是该作者时；第二，在匿名作品或者假名作品保护期限内，进行了《日本著作权法》

第75条第1款规定的真名登记时；第三，在匿名作品或者假名作品保护期限内，作者将其真名或者众所周知的假名作为作者名发表其作品时。

（2）以团体名义发表的作品的保护期限。日本著作权法规定，以法人或者其他团体名义发表的作品的著作权，存续到该作品发表后50年（该作品创作后50年内未发表的，自创作后50年）。

（3）电影作品的保护期。在日本，电影作品的著作权存续到该作品发表后70年（该作品创作后70年之内未发表的，自创作后70年）。当电影作品著作权保护期限届满而消灭时，该电影作品中利用的原作品的著作权也一同消灭。同时，匿名作品或者假名作品的保护期限以及以团体名义发表的作品的保护期限的规定，不适用于电影作品。值得注意的是，日本著作权法上对电影作品的保护期限不同于其他作品，而是规定了长达70年的保护期。

3. 保护期限的计算

日本著作权法规定，对于作者死亡后50年、作品发表后50年、创作后50年、发表后70年或者创作后70年的结束期限的计算，都是从作者死亡之日或者作品发表或者创作之日的第2年开始计算。

4. 保护期限的特例

日本著作权法还规定，根据《保护文学艺术作品伯尔尼公约》《建立世界知识产权组织公约》《与贸易有关的知识产权协定》（TRIPS协定），如果需要将这些公约成员国国民的作品作为本国作品（在日本）加以保护，而该成员国国内的著作权保护期限短于《日本著作权法》第51～54条所规定的著作权保护期限时，则以该成员国国内的著作权保护期限为准。

三、著作权的限制与例外

（一）概况

日本著作权法对著作权的限制与例外规定颇为详细。著作权限制与例外的具体规定在《日本著作权法》第2章第5小节。具体包括：为了私人目的复制，图书馆等的复制、引用、教科书等的登载，为了制作放大教科书等进行复制，学校教育节目的播放，在学校和其他教育机关中进行的复制等，作为考试问题的复制，为了视觉障碍者等进行的复制，为了听觉障碍者等进行的复制，不以盈利为目的的上演等，时事评论的转载等，政治演说等的使用，为了报道时事事件的使用，裁判程序中的复制，按照《日本行政机关信息公开法》等为了公开所进行的使用，按照《日本国会图书馆法》为了收集互联网资料进行的复制，通过翻译、改编等的使用，播放组织等的临时复制，美术作品等原件所有人的展览，公开的美术作品等的利用，参展美术作品等的复制，伴随美术作品等的许诺销售进行的复制，计算机程序复制品所有权人的复制等，由于维护、修理而进行的暂时复制，为了防止播放故障等进行的复制，为了进行传播可能化信息的传播单位识别符号的检索等进行的复制，为了分析信息进行的复制等，伴随电子计算机中的作品使用进行的复制，等等，以此对著作权的限制制度做了十分细致的罗列。

（二）著作权限制的具体情形

1. 为了私人目的复制

《日本著作权法》第30条规定，为了在个人、家庭或者其他类似的有限范围内使用，除了下列情形，使用者可以复制作为著作权客体的作品：第一，使用供公众使用而设置的自动复制机器（指具有复制功能，并且其装置的全部或者主要部分已经自动化了的机器）进行复制；第二，可能避开技术保护措施、并且明知避开的结果会使该技术保护措施无法发挥其阻止控制的行为进行的复制；第三，明知属于侵犯著作权的自动公众传播（包括虽在国外进行的自动公众传播但如果该行为发生在国内的会侵犯著作权的自动公众传播）而接收并进行数字化方式录音或者录像的复制。需要注意的是，对于为了私人目的，使用政令规定的具有数字化录音、录像功能的机器（具有传播业务上的特别性能、通常不是供私人使用的机器，以及附带录音功能的电话机和其他附带具有录音、录像功能的机器除外）、并在供该机器进行数字化录音、录像使用的、政令规定的储存媒介中进行录音或者录像的人，必须向著作权人支付合理的补偿金（私人录音录像补偿金）。

2. 图书馆等的复制以及按照《日本国会图书馆法》为了收集互联网资料进行复制

《日本著作权法》第31条规定，国会图书馆以及以公众使用图书、档案或者其他资料为目的设立的图书馆和依照政令设立的其他设施，在下列情形，可以不以营利为目的，使用图书馆等的图书、档案或者其他资料复制作品：第一，应图书馆等的使用者的请求，为了供其调查研究使用，可以为其提供已经发表的作品的一部分（在发行后经过相当时间的期刊上刊登的个人作品，则为全部）的复制品，但限于一人一份；第二，为了保存图书馆资料的需要；第三，应其他图书馆等的请求，为其提供因为绝版或者其他类似理由而难以获得的图书资料的复制品；第四，为了避免因供公众使用图书资料的原本迷失、损伤或者污损，在制作替代该原本、供公众使用的电磁记录时，在必要限度内，国会图书馆可以将图书馆涉及的作品储存到储存媒介上。

同时，国会图书馆馆长为了收集《日本国会图书馆法》第25条之3第1款规定的互联网资料，在必要的限度内，可以将该资料中的作品储存在国会图书馆使用的储存媒介上；《日本国会图书馆法》第24条以及第24条之2规定的人，为了提供该法第25条之3第3款规定请求的互联网资料，在必要限度内，可以复制该互联网资料中的作品。

3. 引用、时事评论转载、政治演说等的使用以及报道时事事件的使用

《日本著作权法》第32条、第39条、第40条、第41条规定了相关使用情形。

（1）引用。日本著作权法规定，对于已经发表的作品，可以通过引用加以使用。但是，引用必须符合公正的惯例，而且必须在报道、批评、研究目的的正当范围内。国家或地方共同团体机关、独立行政法人或者地方独立行政法人为了让公众知晓而制作并以其名义发表的公共关系资料、统计资料、报告和其他类似的作品，作为说明材料可以在报纸、杂志和其他出版信息资料上转载。但是明确声明禁止转载的，不得转载。

（2）时事评论转载等。日本著作权法规定，报纸、期刊刊登、发行的有关政治、经济或社会时事问题的评论（具有学术性质的评论除外），可以在其他报纸、期刊上进行转载，或者进行播放、有限播放，或者专门以播放服务地域内接收为目的进行自动公众传播（包括在已经和供公众使用的电信线路连接的自动公众传播服务器中上载信息的传播可能化）。但是，有明确禁止使用的除外。

（3）政治演说等的使用。公开进行的政治性演说或者陈述或者在裁判程序（包括行政厅的准司法程序和其他准用裁判的程序）中所做的公开陈述，除了将同一作者的演说或者陈述进行编辑使用外，可以采用任何方式进行使用。国家或者地方共同团体机关、独立行政法人或者地方独立行政法人所做的公开演说或者陈述，在报道的正当目的范围内，可以在新闻、杂志上进行转载，或者进行播放、有线播放，或者专门以播放服务地域内接收为目的进行自动公众传播（包括在已经和供公众使用的电信线路连接的自动公众传播服务器中上载信息的传播可能化）。

（4）为了报道时事事件的使用。日本著作权法规定，通过摄影、电影、播放或者其他方法报道时事事件时，构成该事件的作品，或者在该事件中看到或者听到的作品，在报道目的的正当范围内，可以进行复制并在报道该事件时进行使用。

4. 学校教育目的的著作权限制*

（1）教科书等的登载。日本著作权法规定，已经发表的作品，在学校教

---

* 此部分参见《日本著作权法》第33~36条的规定。

育目的的必要限度内，可以在教科书上登载。需注意，日本著作权法对“教科书”的涵盖范围作了界定，仅指供经过日本文部科学大臣审定或者文部科学省拥有著作名义的小学、中学、高中或者中等教育学校以及其他类似学校中教育使用的儿童用书或者学生用书。在教科书上登载作品时，应当通知作者，同时应当考虑教科书等的登载的目的、作品的种类及其用途、通常的使用费标准以及其他因素后，向著作权人支付文化厅长官每年规定的补偿金。此外，该项著作权限制规定准用于在和高等教学（包括中等教育学校后期课程）的函授教育学习用书以及教科书有关的教师指导用书（仅限于该教科书的发行者所发行的教师指导用书）上复制已发表的作品。

（2）为了制作放大教科书而进行的复制。日本著作权法规定，已经在教科书上登载的作品，为了供由于视觉障碍、发育障碍以及其他障碍使用在教科书上登载的作品存在困难的儿童或者学生学习之用，可以放大使用在该教科书中的作品的文字、图形进行复制。希望制作放大教科书和其他复制品（除了采用盲文形式复制，只限于复制登载在该教科书中的作品的全部或者一部分）的人，在事先通知该教科书的发现者的同时，如果以营利为目的发行该教科用放大图书，还必须按照规定的补偿金标准向该作品的著作权人支付文化厅长官每年规定的补偿金。

（3）学校教育节目的播放。日本著作权法规定，已经发表的作品，在学校教育目的的必要限度内，可以在面向符合《日本有关学校教育法令》规定的教育课程标准的学校的播放节目或者有线播放节目中，播放或者有线播放该作品，或者专门以该播放对象所在地域范围内同时接收该播放为目的，对该作品进行自动公众传播（包括在已经和供公众使用的电信线路连接的自动公众传播服务器中上载信息的传播可能化），以及在该播放节目用或有线播放节目用的材料中登载该作品。但是，按照这一情况使用作品的人，应当通知作者，并向著作权人支付合理数量的补偿金。

（4）在学校和其他教育机构中进行的复制等。对于在学校和其他教育机构（医院里为目的设立的学校和其他教育机构除外）中担任教学的人以及听课的人，为了在教学过程当中使用，在必要限度内，可以复制已经发表的作品。对于已经发表的作品，在学校和其他教育机构的教学过程中，在向直接听课的人提供或者提示该作品原件或者复制品加以使用的情况下，或者按照《日本著作权法》第38条第1款的规定上演、演奏、上映或者口述方式加以使用的情况下，可以向在该课堂以外的场所同时听课的人进行公众传播（在自动公众传播的情况下，包括传播可能化）。但该情形下著作权人的利益会受到不当损害的，不在此限。

（5）作为考试问题的复制。日本著作权法规定，已经发表的作品，在为了入学考试或者其他技能考试或者检测目的的必要限度内，可以作为考试或者检测的问题进行复制或者公众传播（播放或者有线播放除外，但在自动公众传播的情况下，包括传播可能化）。以营利为目的进行考试问题的复制或者公众传播的人，应当向著作权人支付相当于普通许可使用费的补偿金。

5. 为视觉、听觉障碍者等进行的复制

日本著作权法规定，已经发表的作品，可以通过盲文的形式进行复制，可以通过使用电子计算机处理盲文的方式将其储存在储存媒介上，或者向公众传播（播放或者有线播放除外，但在自动公众传播的情况下，包括传播可能化）。按照政令规定从事有关视觉障碍者或者其他通过视觉认识表现存在的障碍者福利事业的人，对于已经公开发表的通过视觉可以认识其表现形式的方式（包括视觉和其他知觉可以认识的方式）向公众提供或提示的作品，在专门为了供通过此种方式使用视觉作品存在困难的视角障碍者使用的必要限度内，可以通过将有关视觉作品的文字转换成声音的方式或其他视觉障碍者可以使用的方式，进行复制或者自动公众传播（包括传播可能化）。

按照政令规定从事有关听觉障碍者和其他通过听觉认识表现存在障碍者福利事业、并且分别符合下列各项使用的人，对于已经公开发表的通过听觉可以认识其表现形式的方式（包括听觉和其他知觉可以认识的方式）向公众提供或者提示的作品，在专门为了供通过此种方式使用听觉作品存在困难的听觉障碍者使用的必要限度内，可以从事系列任何一种行为：第一，采取将有关听觉作品的声音转换成文字或者其他听觉障碍者可以使用的必要方式，进行复制或者自动公众传播（包括传播可能化）；第二，为了专门用来向听觉障碍者出租之用而进行的复制（但限于采取将有关听觉作品的声音转换成文字的方式或者其他听觉障碍者可以使用的必要方式和声音以期进行的复制）。

但是需要注意的是，上述规定，在该视觉作品或听觉作品经过著作权人或者经过其许可的人或者获得了《日本著作权法》第 79 条规定的出版权的人采取视觉障碍者或听觉障碍者能够使用的必要方式向公众提供或者提示的情况下，不能适用。

6. 不以营利为目的的上演等

日本著作权法规定，已经发表的作品，不以营利为目的，而且不向观众或听众收取任何费用时，可以公开进行上演、演奏、上映或口述。但是，该上演、演奏、上映或口述向表演者或口述者支付报酬时，不在此限。

已经播放的作品，不以营利为目的，而且不向观众或听众收取任何费用时，可以进行有线播放或者专门以该播放服务地域内接收为目的进行自动公众传播。已经播放或者有线播放的作品，不以营利为目的，而且不向听众或者观众收取任何费用时，可以使用接收装置公开传达。使用家庭用的一般接收装置的情况下，同样适用。

7. 裁判程序中的复制和播放组织等的临时复制

（1）裁判程序中的复制。日本著作权法规定，为了裁判程序以及立法或者行政目的，有必要将作品作为内部资料时，在必要的限度内可以对该作品进行复制。但是，按照该作品的种类、用途以及复制的数量、方式，著作权人的利益可能受到不当损害的，不在此限。

（2）播放组织等的临时复制。播放组织为了自己的播放，对不损害《日本著作权法》第23条第1款（公众传播权）规定的权利可以播放的作品，可以通过自己的设备或者同样可以播放该作品的其他播放组织的设备，进行临时录音或者录像。有线播放组织为了自己的有限播放（接收播放后再进行的有线播放除外），对不损害该法第23条第1款规定的权利可以有线播放的作品，可以通过自己的设备进行暂时的录音或者录像。该临时或暂时的录音或者录像，超过录音、录像6个月后（在此期间使用该录音、录像进行播放或者有线播放时，自该播放或者有线播放后6个月）不得保存。但是，按照政令的规定在公共档案馆保存的，不在此限。

8. 美术作品等著作权的相关限制*

（1）美术作品等原件所有人的展览。日本著作权法规定，美术作品或者摄影作品原件的所有权人或者经过其许可的人，可以公开展览该美术作品或者摄影作品的原件。在美术作品原件永久设置于街道、公园或者其他向一般公众开放的室外场所或者建筑物的外壁等一般公众容易看见的室外场所的情况下，前述规定不适用。

（2）公开的美术作品等的利用。日本著作权法规定，对于永久设置于室外场所的美术作品原件或者建筑物，除下列规定的情形之一外，可以采用任何方法使用：第一，增制雕刻，并将增制的雕刻通过转让的方式向公众提供；第二，通过建筑手段复制建筑作品，并将复制的建筑物通过转让方式向公众提供；第三，为了《日本著作权法》第45条第2款规定的永久设置于室外场所目的而进行的复制；第四，专门为了销售美术作品复制品而复制，并销售该复制品。

（3）参展美术作品等的复制。日本著作权法规定，公开展览美术作品或者摄影作品原件的人，在不损害《日本著作权法》第25条规定的权利的情况

* 参见《日本著作权法》第45～47条的规定。

下，在为了向参观者解说、介绍这些作品而制作的小册子上，可以登载该美术作品或摄影作品。

（4）伴随美术作品等的许诺销售进行的复制。美术作品或者摄影作品原件或者复制品的所有权人以及其他对其转让或者出租享有权利的人，在不损害《日本著作权法》第26条之2第1款或者第26条之3规定的权利的情况下，为了转让或者出租美术作品或者摄影作品的原件或者复制品，享有权利的人或者受其委托的人，为了许诺销售的目的，可以对这些作品进行复制或者公众传播（在自动公众传播的情况下，包括传播可能化），但是限于采取了政令规定的措施预防或者制止公众使用该复制品进行这些作品复制的情形，或者接收该公众传播后对这些作品进行复制的情形，以及采取了其他预防不当损害著作权人利益的措施的情形。

9. 新技术条件下的著作权限制

（1）计算机程序复制品所有权人的复制等。日本著作权法规定，计算机程序复制品的所有权人，为了自己在电子计算机上使用该作品，可以在必要的限度内复制或改编该作品（包括依照复制或者改编的作品创作的二次作品的复制）。

（2）基于维护、修理而进行的暂时复制。在维护或者修理内置储存媒介的复制机器时，在必要的限度内，可以暂时将该内置储存媒介上的作品储存到其他储存媒介上，在维护或者修理该复制机器后，再储存到该内置储存媒介上。在更换由于产生缺陷或者在销售之前发生了故障的内置储存媒介复制机器的情况下，在必要的限度内，可以暂时将该内置储存媒介中储存的作品储存到其他媒介上，在更换后，再将该作品储存到更换后的内置储存媒介复制机器上。

（3）为了防止传播故障等进行的复制。日本著作权法规定，从事他人用来进行自动公众传播等的自动公众传播服务器等业务的人，为了下列各项所列目的，在必要限度内，可以将利用该自动公众传播服务器等已经处于传播可能化等状态的作品储存到下列各项规定的储存媒介上：第一，应自动公众传播等的请求，为了防止由于该自动公众传播服务器集中传播导致的传播延迟或者由于该自动公众传播装置等发生故障而导致传播故障：公众传播可能化等所使用的工作传播用储存媒介等意外的、供该传播可能化使用的自动公众传播等使用的储存媒介；第二,为了恢复灭失或者毁损的、储存在传播可能化所使用的公众传播用储存媒介上面的作品复制品：该公众传播用储存媒介以外的储存媒介（公众传播用储存媒介除外）。此外，从事他人用来进行自动公众传播等的自动公众传播服务器等业务的人，在对处于传播可能化状态的作品的自动公众传播等进行转播的情况下，为了使该转播后的再次转播能够有效率，在必要的限度内，可以将该作品储存在该自动公众传播装置储存器中专门用于储存该转播的部分。

（4）为了进行传播可能化信息的传播单位识别符号的检索等进行的复制。日本著作权法规定，应公众的请求从事检索有关传播可能化信息的传播单位识别符号并提供该检索结果业务的人，为了检索和提供检索结果，在必要限度内，可以将传播可能化的作品存入储存媒介或者进行改编，以及应公众的请求、在提供请求的传播可能化信息所属的传播单位识别符号的同时，使用与储存在该储存媒介上的该作品复制品的传播单位识别符号进行自动公众传播（包括传播可能化）。但是，以及知道该检索结果提供用记录的作品的传播可能化侵害著作权后，不得使用该检索结果提供用记录进行自动公众传播（包括传播可能化）。

（5）为了分析信息进行的复制。日本著作权法规定，为了利用计算机分析信息（指从多数作品或者其他大量信息中筛选出构成该信息的语言、声音、影像或者其他要素，并且进行比较、分类或者其他统计分析），在必要限度内，可以将作品录入储存媒介或者进行改编。但是，为了供信息分析者使用制作的数据库作品，不在此限。

（6）伴随电子计算机中的作品使用进行的复制。在电子计算机中，以使用作品的复制品的方式利用该作品的情况下，或者以接收无线通信或有线电信传播的作品的方式利用该作品的情况下（限于该作品或者复制品的使用不侵害著作权的情况下），在使用作品而进行计算机信息处理的过程中，为了更加顺利并且有效率地进行信息处理，在必要的限度内，可以将该作品存入该电子计算机的储存媒介内。

此外，《日本著作权法》还在第 48 条对必须注明作品出处的情形，以及在第 49 条对为了其他目的使用复制品等的情形做了具体的规定，并且在第 50 条规定，对著作权的限制，不得进行影响精神权利的解释。

四、邻接权

日本著作权法对邻接权的保护，主要涉及表演者权、录音制品制作者权、播放组织权和有线播放组织权等四种邻接权类型，邻接权的享有，无须履行任何手续。

（一）表演者权

日本著作权法规定，表演者享有包括署名权（姓名表示权）、保护表演完整权、录影录像权、播放和有线播放权、传播可能化权、转让权、出租权等权利。

根据日本著作权法，所谓署名权，是指表演者在向公众提供或者提示其表演时，享有是否将其姓名、艺名或者其他名字作为其表演者名使用的权利，以及是否表明其表演者名的权利。对于使用表演的人，只要表演者没有特别声明，可以按照表演者已有的表明表演者的方式表明表演者名。保护表演完整权是指表演者尤其保持其表演的完整性，可以禁止损害其名誉或者声望改变、删除或者其他改变其表演的行为。录音录像权是指表演者享有对其表演进行录音录像的专有权利。播放和有线播放权是指表演者享有播放或者有线播放其表演的专有权利。传播可能化权是指表演者享有对其表演进行传播可能化的专有权利。转让权是指表演者享有通过转让其表演的录音介质或者录像介质向公众提供其表演的专有权利。出租权是指表演者享有通过出租对其表演进行录音的商业录音制品的方式向公众提供其表演的专有权利。

日本著作权法还规定，有线播放组织在有线播放表演时，必须向该表演的表演者支付合理的报酬。播放组织和有线播放组织在使用经过享有《日本著作权法》第 91 条第 1 款规定权利的人的许可而对其表演进行录音的商业录音制品进行播放或者有线播放时，必须向该表演的表演者支付二次使用费。

此外，表演者的精神权利专属于表演者，不得转让。

（二）录音制品制作者权

日本著作权法规定，录音制品制作者享有复制权、传播可能化权、转让权、出租权等权利。复制权是指录音制品制作者享有复制其录音制品的专有权利，传播可能化权是指录音制品制作者享有传播可能化其录音制品的专有权利，转让权是指录音制品制作者享有通过转让其录音制品复制品向公众提供其录音制品的专有权利，出租权是指录音制品制作者享有通过向公众出租复制该录音制品的商业录音制品向公众提供录音制品的专有权利。

日本著作权法还规定，播放组织等使用商业录音制品进行播放或者有线播放时，必须向该录音制品制作者支付二次使用费。

（三）播放组织权

在日本，播放组织享有包括复制权、再播放和有线播放权、播放可能化权、电视播放的传达权等权利。其中，复制权是指播放组织享有接收播放或者接收播放后进行有线播放、将播放有关的声音或者影像进行录音、录像或者通过摄影等其他类似方式进行复制的专有权利。再播放和有线播放权是指播放组织享有接收播放进行再播放或者有线播放的专有权利。播放可能化权是指播放组织享有传播可能化其播放或者接收播放后进行有线播放的专有权利。电视播放的传达权是指播放组织享有接收电视播放或者接收电视播放后进行有线播放的专有权利，以及使用放大影像的特别装置向公众传达其播放的专有权利。

（四）有线播放权

日本著作权法规定，有线播放组织享有复制权、播放和再有线播放权、传播可能化权、有线电视播放的传达权。其中，复制权是指有线播放组织享有接收其有线播放、将有线播放的声音或者影像进行录音、录像或者通过摄影等其他类似方法进行复制的专有权利。播放和再有线播放权是指有线播放组织享有接收其有线播放后进行播放或者再有线播放的专有权利。传播可能化权是指有线播放组织享有接收其有线播放进行传播可能化的专有权利。有线电视播放的传达权是指有线播放组织享有接收其有线电视播放并使用放大影像的特别装置公开传达其有线播放的专有权利。

（五）保护期限

（1）保护期限的起算。在日本著作权法上，针对不同的邻接权类型，邻接权的保护期限分别从以下时间点开始起算：第一，表演者权从进行了表演时；第二，录音制品制作者权从声音首次被固定时；第三，播放组织权从进行了播放时；第四，有线播放组织权从进行了有线播放时。

（2）保护期限的届满时间。依照日本著作权法，表演者权从进行了表演之日的第 2 年起经过 50 年终止；录音制品制作者权从发行之日起的第 2 年起经过 50 年终止（声音首次被固定之日开始 50 年之内未发行的，从声音首次被固定之日起的第 2 年起 50 年终止）；播放组织权从进行了播放之日的第 2 年起经过 50 年终止；有线播放组织权从进行了有线播放之日的第 2 年起经过 50 年终止。

五、著作权侵权与救济

（一）侵权行为的判定

1. 侵犯著作权的一般情形

日本著作权法规定，下列行为视为侵犯著作权及邻接权的行为：第一，以在国内发行为目的，在进口时如果在国内制作将会构成侵害著作权或者邻接权的物品；第二，明知属于侵犯著作权或邻接权的行为制作的物品，而进行发行、以发行为目的持有、许诺销售或者以营利为目的的出口或者以进行营利性出口为目的而持有的行为。

2. 视为侵犯著作权的情形

日本著作权法除了规定上述侵犯著作权的一般情形外，还规定，在业务计算机上使用侵害计算机程序制作的复制品的行为，如果取得该复制品的权源时主观上明知，视为侵犯著作权的行为。同时，如果存在下列情形的，视为侵犯与权利管理信息有关的著作权或邻接权的行为：第一，故意增加虚假信息作为权利管理信息的行为；第二，故意删除或者改变权利管理信息的行为，但因技术限制原因随着储存或者传播方式的改变而发生的删除或者改变、按照作品或者表演等的使用目的和方法不得不进行的删除或者改变除外；第三，明知属于前两项被增加、删除或者改变权利管理信息的作品或者表演等，而发行、为发行目的进口或者持有、向公众传播或者进行传播可能化的行为。

此外，自己发行或者许可他人发行以在国内发行为目的制作的商业录音制品的著作权人或者邻接权人，在将与国内发行目的的商业录音制品同样的商业录音制品专门以在国外自己发行或者许可他人发行为目的的情况下，行为人如果主观上明知，为了将该国外发行目的商业录音制品在国内发行而进口、发行或者持有的行为，如果该国外商业目的商业录音制品在国内发行不当损害了在国内发行目的商业录音制品的著作权人或者邻接权人获得的可期待利益，其行为视为侵犯了著作权或者邻接权的行为。但是，进口、在国内发行、为了在国内发行而持有与已过政令规定的在国内首次发行之日起不超过 7 年保护期的、与该国内发行目的商业录音制品相同的国外发行目的的商业录音制品的行为，不在此限。

对于那些以损害作者名誉或者声望的方法利用作品的行为，视为侵犯作者精神权利的行为。

（二）禁令救济与恢复名誉等措施

1. 禁令救济

对于侵犯著作权或者邻接权的，日本著作权法规定，作者、著作权人、出版权人、表演者或者邻接权人，可以对侵犯其著作权或邻接权或者有侵犯危险的人请求停止侵害或者采取措施预防侵害发生。权利人行使该请求时，可以请求行为人废弃构成侵权行为的物品、通过侵权行为制成的物品、专门供侵权行为使用的机械或者器具，或者采取其他停止或者预防侵害的必要措施。

2. 名誉恢复措施

作者或者表演者可以在请求代替损害赔偿或者在请求损害赔偿的同时，请求故意或者过失侵害其精神权利的侵权行为人采取适当的措施，以确保作者或者表演者身份，修正或者恢复其名誉或者声望。

（三）损害赔偿

对于因故意或者过失侵犯著作权或者邻接权的人，权利人可以赔偿自己因为该侵权行为造成的损失。在请求损害赔偿时，日本著作权法规定，如果侵权行为人转让了因为侵权制作的物品或者进行了构成侵权行为的公众传播（在自动公众传播的情况下，包括传播可能化），则其转让的物品的数量或者公众接收公众传播而制作的作品或者表演等复制品的数量乘以不存在侵权行为时权利人可以销售的物品（包括接收复制物）的单位数量的利润所得数额，在不超过与权利人销售以及其他行为相适应的数额限度范围内，可以作为权利人遭受的损害额。但是，存在权利人不可能销售的相当于侵权行为转让数额的全部或者一部分的情况下，应当扣除与该情况相适应的数量。

权利人对于故意或者过失侵犯其著作权或者邻接权的人请求赔偿自己因为侵害造成的损失，当侵权行为人因为侵权行为获得了利益时，该利益额推定为权利人遭受的损失。

权利人对于故意或者过失侵害其著作权或者邻接权的人，与其行使著作权或者邻接权应该获得的金钱数额相当的数额，可以作为自己受到的损失请求赔偿，但不妨碍请求赔偿超过这一规定金额的损失。在此情况下，侵犯著作权或者邻接权的人不存在故意或者重大过失时，法院在确定损害赔偿额时，可以酌情考虑。

（四）刑事制裁

日本著作权法规定，对于侵犯著作权或者邻接权的人，可以处 10 年以下徒刑或者 1000 万日元以下的罚金，或者两者并罚。

对于具有下列情形之一的，日本著作权法规定，可以处 5 年以下徒刑或者 500 万日元以下罚金，或者两者并罚：（1）侵害作者人格权或者表演者人格权的人；（2）以营利为目的、使《日本著作权法》第 30 条第 1 款规定的自动复制机器被用来进行构成著作权或者邻接权侵害的作品或者表演等的复制的人；（3）根据《日本著作权法》第 113 条第 1 款规定从事了视为侵犯著作权或者邻接权的行为人；（4）根据《日本著作权法》第 113 条第 3 款的规定从事了视为侵犯著作权的人。

对于具有下列情形之一的，日本著作权法规定，可以处 3 年以下徒刑或者 300 万日元以下的罚金，或者两者并罚：（1）向公众转让、出租、以转让或者出租为目的的生产、进口或者持有、供公众使用专门用来规避技术保护手段的计算机程序复制品的人，或者将前述计算机程序复制品向公众传播或者传播可能化的人；（2）以应公众请求从事技术保护手段回避为业的人；（3）以营利为目的从事了根据《日本著作权法》第 113 条第 3 款规定视为侵害了精神权利或者邻接权行为的人；（4）以营利为目的，从事了根据《日本著作权法》第 113 条第 5 款规定视为侵犯著作权或者邻接权行为的人。

此外，对于发行将非作者的人的真名或者众所周知的假名作为作者名表示的作品复制品（包括将非原作品作者的人的真名或者众所周知的假名作为原作品作者表示的二次作品复制品）的人，可以处 1 年以下的徒刑或者 100 万日元以下罚金，或者两种并罚。

六、特别规定

（一）电影作品著作权归属

日本著作权法规定，电影作品的著作权，如果其作者向电影作品制作者承诺参加该电影作品的制作，则属于电影作品制作者。

播放组织专门作为播放技术手段制作的电影作品的著作权中的下列权利，属于作为电影制作者的该播放组织：第一，播放该作品的权利，以及对已经播放的作品进行有线播放、自动公众传播的权利，或者使用接收装置向公众传达已经被播放的作品的权利；第二，复制该作品以及向其他播放组织发行该复制品的权利。

有线播放组织专门作为播放技术手段制作的电影作品的著作权中的下列权利，属于作为电影制作者的该有线播放组织：第一，有线播放该作品的权利，以及使用接收装置向公众传播已经被有线播放的作品的权利；第二，复制该作品以及向其他有线播放组织发行该复制品的权利。

（二）出版权的保护

1. 出版权的设定

在日本著作权法上，拥有专章（第 3 章）关于出版权的特别规定。《日本著作权法》第 79 条规定，享有复制权的人可以针对负责将其作品以文书或者图画形式出版的人设定出版权。但是，复制权人在以其复制权为标的设定了质权时，只有获得质权人许可，才能设定出版权。

2. 出版权的内容

设定出版权的，出版权人享有根据设定行为的规定、以发行为目的、将出版权标的作品按照原样印刷或者采用其他物理的、化学的方法作为文书或者图画进行复制的专有权利。在出版权的保护期限内，当作品的作者死亡或者除了设定行为有特别规定外，从出版权设定后首次出版之日起经过了 3 年以后，复制权人可以将该作品收入全集或者其他编辑物（限于只有该作者作品的编辑物）并进行复制。需要注意的是，日本著作权法规定，出版权人不得许可他人复制作为出版权标的的作品。在复制权人同意的情况下，出版权可以转让或者作为质权标的。

3. 出版的义务

除设定行为有特别规定外，出版权人对于作为出版权标的的作品，负有：第一，从收到复制权人对复制该作品必要的原稿或者其他原件或者与此类似的介质之日起开始 6 个月内，出版该作品；第二，按照惯例继续出版该作品的义务。

4. 作品的修改或增删

在出版权人再次复制时，作者可以在正当的范围内修改或者增删其作品。出版权人希望再次复制作为出版权标的的作品时，每次都必须事先通知作者。

5. 出版权的保护期

日本著作权法规定，出版权的保护期限由设定出版权的行为规定。如果设定行为没有规定保护期限的，出版权自设定出著作权后首次出版之日开始经过3年消灭。

（三）孤儿作品的保护与利用

日本著作权法规定，已经发表的作品或者经过一定期限提供或者提示给公众的事实明显的作品，由于著作权人不明或者其他类似原因，根据政令规定付出相当努力仍无法和著作权人取得联系的情况下，经过文化厅长官的裁定并为著作权人寄存了文化厅长官规定的相当于通常使用费的补偿金时，可以采用裁定的方法加以使用。

从上述规定可以看出，在日本，对孤儿作品的利用需要具备：第一，作品已经发表或者经过一定期限提供或者提示给公众的事实明显的作品；第二，著作权人不明，或者其他类似原因，根据政令规定付出了相当的努力查找；第三，查找仍无法与著作权人取得联系；第四，必须经文化厅长官裁定；第五，必须为著作权人寄存规定的相当于通常使用费的补偿金。

获得裁定的人还必须向文化厅长官提交记载作品使用方法和其他政令规定事项的申请书、著作权人无法取得联系的说明材料以及政令规定的其他资料。并且在制作相应的作品复制品上，必须注明是根据相关裁定制作的复制品以及裁定的具体日期。

（四）著作权补偿金制度

日本著作权法针对特定的情形规定了著作权补偿金制度，著作权补偿金数额由日本文化厅长官规定。在日本著作权法上，尤其是私人录音录像补偿金问题规定得颇为周全和详细，包括获得私人录音录像补偿金的权利的行使、指定标准、私人录音录像补偿金支付特例、补偿金的标准等内容。此外，依照日本著作权法的规定，如果涉及下列情形之一时，文化厅长官规定著作权补偿金必须向日本文化审议会进行咨询：第一，教科书等的登载（第33条第2款）；第二，为了制作放大教科书等进行的复制（第33条之2第2款）；第三，著作权人不明等情况下作品的使用（第67条第1款）；第四，裁定申请中的作品的使用（第67条之2第4款）；第五，作品的播放（第68条第1款）；第六，在商业录音制品上的录音等（第69条）。

需注意的是，关于对上述第三、第四、第五、第六项规定的补偿金数额不服的当事人，在得知按照这些规定做出裁定之日起6个月内，可以提起诉讼请求增加或者减少补偿金数额。该项诉讼当中，提起诉讼的人是利用作品的人时，必须以著作权人作为被告；提起诉讼的人是著作权人时，必须以利用作品的人作为被告。

第三节　韩国著作权法律制度

一、著作权法律制度概况

（一）韩国著作权法上的相关概念

1. 主体的概念

在韩国著作权法上，"作者"是指创作作品的人。"表演者"是指通过表演、舞蹈、音乐演奏、歌唱、叙述、朗诵或其他艺术形式表现作品的人，或者以类似的方式表现除了作品以外的其他事物的人，以及导演、指挥或监督表演的人。"录音制品制作者"是指制定计划并对声音的固定承担责任的人。"广播组织"是指从事广播业务的人。"数字声音传播组织"是指从事数字声音传输业务的人。"电影作品制作人"是指制定计划并对电影作品的创作承担责任的人。"数据库制造者"是指为了制作数据库，或者为了数据库材料的更新、校正或补充而投入人力或物力的人。"网络服务提供者"是指通过信息网络为他人提供复制或交互式传输作品的服务。

2. 客体的概念

韩国著作权法上的"作品"，是指对人的思想或情感的独创性表达。"录音制品"是指固定有声音（涉及语音或声音）的媒体介质，但不包含声音的图像。"电影作品"是指一系列图形（无论有无伴音）的独创性集合物，并可以通过机械或电子设备而被看到或听到。"实用艺术作品"是指能够以相同的形象复制到物品上的艺术作品，并可以脱离此类物品而独立存在，也包括设计等。"计算机程序作品"是指为了得到某个特定的结果，直接或间接地用于计算机等具有信息处理功能的装置（计算机）内的一系列指示、命令的表达。"汇编作品"是指在素材的选择、安排和组合方面具有独创性的结合物。"合作作品"是指两人以上共同创作并且各自创作部分不能分离使用的作品。

3. 涉及著作权客体利用等的相关概念

在韩国著作权法上，"复制"是指以印刷、摄影、复印、录音、录像或其他方式将作品固定到有形物体上，或者对作品进行再制作。如果是建筑作品，则包括根据此建筑作品的模型或者设计而成的建筑物。"发行"是指将作品的原件或者其复制品等有偿或无偿地转让、借贷给公众。“出版”是指为了公众的需求而对作品或录音制品进行复制和发行。“发表”是指供公开演出、广播、展览或其他方式将作品公之于众的行为，也包括发行作品。“公开表演”是指以舞台表演、音乐演奏、歌唱、叙述、朗诵、放映、复制或其他方式向公众表现作品、表演、录音制品或者广播作品，同时包括在属于同一个人的场所进行的传送（不包括交互传送）。“公众传播”是指作品、表演、录音制品、广播或数据库的传输，或者以有线或无线方式使公众能够接收或接触的行为。“广播”属于向公众传播的一种，是指为了公众的同步接收而对声音、图像、声像的传送。“交互传播”属于公众传播的一种，是指公众能够在个人选定的时间和地点获得作品而进行的传送，也包括为实现作品的利用而进行的传送行为。“数字声音传播”属于向公众传播的一种，是指应公众要求并使其能同步接收而以数字方式对声音的传送，但不包括交互式传播。“汇编”是指作品或者符号、文字、声音、图像或其他形式的材料（素材）的集合，包括数据库。“技术保护措施”是指由权利人或受托人为了有效防止或限制他人侵犯依照韩国著作权法享有的著作权和其他权利而应用的技术措施。“权利管理信息”是指以下之一的信息或者可以代表该信息的数字或者符号，并附着于作品的原件或者复制品中或者伴随在表演或传输中：（1）用以识别作品等的信息；（2）用以识别作者、著作财产权人、出版权人、计算机程序专有出版权人、邻接权人或者数据库制作者的信息；（3）有关作品的利用方法及其条件的信息。

（二）外国人作品的保护

韩国著作权法规定，外国人的作品根据韩国加入或批准的条约进行保护。在韩国永久居住的外国人（包括无国籍人，在韩国拥有主要办事处的外国法人）的作品，以及首次在韩国出版的外国人作品（包括在外国出版后30天内又在韩国出版的作品）受韩国著作权法的保护。但是，如果有关国家不保护韩国国民的作品，其国民因国际条约及韩国著作权法所享有的著作权也相应被限制。

二、著作权法上的作品与作者

（一）韩国著作权法上的作品类型

韩国著作权法对作品的类型做了列举式的规定，具体包括：（1）小说、诗歌、论文、讲座、演讲、戏剧和其他文学作品；（2）音乐作品；（3）戏剧、舞蹈、哑剧以及其他戏剧作品；（4）绘画、书法、雕刻、印刷、工艺、实用艺术作品以及其他艺术作品；（5）建筑、建筑模型、设计图以及其他建筑作品；（6）摄影作品（包括以类似方法创作的作品）；（7）电影作品；（8）地图、图表、设计图、草图、模型以及其他图表作品；（9）计算机程序作品。

此外，韩国著作权法还专门规定了演绎作品和汇编作品。依照《韩国著作权法》第5条的规定，对于原始作品进行翻译、整理、选择、戏剧化、电影化等方式产生的作品，被称为演绎作品，该演绎作品被作为独立作品受到保护，但是，对演绎作品的保护不得损害原作品作者的权利。根据《韩国著作权法》第6条的规定，汇编作品应当作为独立作品受到保护，但对汇编作品的保护不得损害构成汇编作品的素材的著作权以及其他依照韩国著作权法享有的权利。

（二）不受著作权法保护的作品

韩国著作权法规定，下列客体不受韩国著作权法的保护：第一，宪法、法律、条约、法令、市政条例和市政规则；第二，由国家或地方政府发布的通知、公告、说明书以及其他类似文件；第三，判决、决定、命令、法院裁决，以及由行政复议程序或其他类似程序做出的裁决和决定；第四，国家或地方政府就该条前述第一至三项所制作的编辑物或者翻译物；第五，单纯传播简单事实的时事新闻报道。

（三）作者

1. 作者的推定

如前所述，在韩国著作权法上，“作者”是指创作作品的人。依照《韩国著作权法》第8条的规定，如果符合下列情形之一的，应推定为作者：第一，根据习惯在作品原件或者复制品上署有众所周知的真名或假名（包括笔名、舞台名、屏幕名、假名、缩写名等）的人；第二，以真名或者众所周知的假名进行表演的或向公众传播作品的人；第三，如果作品没有应推定为对应作者的情况下，韩国著作权法规定，则推定出版者、表演者或者公告人享有著作权。

2. 职务作品的作者

在韩国著作权法上，“职务作品”是指在法人、团体以及其他组织中履行职务，根据法人等的计划而创作的作品。《韩国著作权法》第9条规定，雇员在履行职务中产生的作品以法人等的名义发表的，除非合同或者劳动规章另有约定，则法人视为该作品的作者。

三、著作权的内容

（一）著作权的产生

韩国著作权法规定，著作权自从作品创作完成之时即产生，不论是否履行任何程序和手续。在韩国，作者就其已完成的作品享有《韩国著作权法》所规定的精神权利和经济权利（著作财产权）。

（二）精神权利

韩国著作权法上规定的作者的精神权利包括：公开权（发表权）、署名权、保护作品完整权。作者的精神权利专属于作者，不可转让。在作者去世以后，作品使用者也不得实施损害作者精神权利的行为。但是，根据行为的性质和程度，认定此行为不构成对作者在世时名誉损害且符合社会习惯的除外。在合作作品中，只有所有作者一致同意的情况下，才能行使作者的精神权利，但是任何作者不得故意阻止已达成的同意。共同作者可以指定其中一人代为行使精神权利。

1. 公开权（发表权）

《韩国著作权法》第 11 条规定，作者有权决定是否公开其作品。

如果作者根据《韩国著作权法》第 45 条转让的作品尚未公开，根据第 46 条授权他人使用，根据第 57 条设定出版权，或者根据第 101 条之 6 设定计算机程序作品专有出版权，在这些情形之下，韩国著作权法规定，推定为作者同意对方将作品公开。如果演绎作品或汇编作品经作者同意公开，那么原始作品也视为已公开。如果作者将艺术作品、建筑作品或者摄影作品的原件进行了转让，韩国著作权法规定，受让方有权以展览方式公开作品。

2. 署名权

《韩国著作权法》第 12 条规定，作者有权在作品原件、复制品或出版介质上标明真名或者假名。在无作者相反意思表示的情况下，作品的使用者应当以作者已经采用的方式标明作者身份，但因作品性质、使用目的和方式无法标明的除外。

3. 保护作品完整权

《韩国著作权法》第 13 条规定，作者有权保护其作品的内容、结构和题目的完整性。但是，如果没有实质性的修改的情况下，作者不得反对下列情形中的修改：第一，根据《韩国著作权法》第 25 条（基于学校教育等用途使用）规定使用作品，基于学校教学目的而不可避免地对表现形式进行的有限修改；第二，对建筑物进行扩建、改建或其他修改方式；第三，为了能够在其他计算机上使用，对只能在特定的计算机上使用的程序在必要限度内修改；第四，为了更有效地在特定计算机中利用程序而在必要限度内修改程序；第五，因为作品性质、使用目的和方式等，不可避免地对作品表现形式进行的有限修改。

（三）经济权利（著作财产权）

韩国著作权法规定，作者对其作品享有下列各项著作财产权：（1）复制权，即作者有复制其作品的权利。(2) 公开表演权，即作者公开表演其作品的权利。(3) 公众传播权，即作者有向公众传播其作品的权利。(4) 展览权，即作者有展览其艺术作品等的原件或复制品的权利。(5) 发行权，即作者有发行作品原件或者复制品的权利。但是，如果作品的原件或者复制品经著作财产权人的许可，以销售等方式用于交易时除外，即发行权穷竭（或发行权一次用尽）。(6) 出租权，即作者有权以营利为目的，商业性出租录音制品或计算机程序，并不受《韩国著作权法》第20条的限制。(7) 演绎作品制作权，即作者有权基于自己的原始作品而创作并利用演绎作品。

（四）著作财产权的保护期限

1. 一般规定

在2011年以前，韩国著作权法规定著作财产权的保护期限一般情况下为50年。但是，2011年修订的韩国著作权法对著作财产权的保护期限做了调整，将著作财产权的保护期限延长至作者终生及其死后70年。合作作品的著作财产权保护期限为最后一位作者死后70年。

2. 职务作品的保护期限

韩国著作权法规定，职务作品的保护期限为，自作品发表之日起70年。如果自创作完成之日起70年内没有发表的，则著作财产权保护期限截止作品完成之日起70年。

3. 电影作品的保护期

韩国著作权法特别规定，电影作品和计算机程序的保护期限为，自发表之日起70年。如果自创作之日起70年没有发表的，则著作财产权保护期截止作品创作之日起70年。

4. 匿名和假名作品

韩国著作权法规定，除非假名被广泛知晓，匿名或假名作品的保护期限为作品发表后70年。但是，如果有正当理由认定作者死亡已经超过70年的，则著作财产权为作者死后70年。但是，在该期限内，如果作者的真名或者知名的假名公诸于世的，或者根据《韩国著作权法》第53条第1款（著作权登记）的规定对作者真名进行登记的。

5. 连续性刊物的发表时间

韩国著作权法规定，如果是以卷、号、分期发表的作品，则根据《韩国著作权法》第39条第1款、第40条第1款或者第41条的规定，认定每卷、号、分期时间。如果是连续性发表而形成的作品，则将最后一部分作品的发表时间作为其作品的最终发表时间。但是，如果是连续性发表而形成的作品，其应连续发表的部分超过最近的一部分发表3年内还没有发表的，则将已发表部分中最后一次的发表时间作为其发表时间。

四、著作权的限制与利用

（一）著作权的限制

1. 私人使用的复制

《韩国著作权法》第 30 条规定，使用者可以为了个人、家庭内或类似的使用而在有限范围内复制他人已经发表的作品。但是不得在公用复印机上进行复印。

2. 已公开作品的引用

《韩国著作权法》第 28 条规定，在新闻报道、批评、教育、研究等合理范围内，可以以符合合理惯例的方式引用已发表的作品。

3. 因时事新闻报道的使用以及时事新闻文章和社论的复制等

（1）因时事新闻报道的使用。《韩国著作权法》第 26 条规定，在符合正当报道目的范围内，为了报道时事新闻，可以以广播、报纸或者其他方式复制、发行、公开表演或向公众传输在事件中所见或所闻的作品。

（2）时事新闻文章和社论的复制等。《韩国著作权法》第 27 条规定，其他媒体有权对《韩国报纸促进法》第 2 条规定的报纸、网络报纸或者《韩国新闻机构促进法》第 2 条规定的新闻机构出版的时事新闻与社论加以复制、传播、广播。但标有禁止利用标志的除外。

4. 非营利用途的公开表演、广播以及广播组织的短暂录音和录像

（1）《韩国著作权法》第 29 条规定，非营利用途的公开表演、广播。韩国著作权法规定，不以营利为目的，既不向观众、听众或者第三人收取费用，也不向表演者支付费用的，可以对已经公开的作品进行公开表演或广播。在不向观众或听众收取费用时，可以为公众复制、表演商业性录音制品或电影作品，但是总统令有特别规定的除外。

（2）广播组织的短暂录音和录像。《韩国著作权法》第 34 条规定，广播组织为了自己的广播，可以在经过授权后用自己的设施对作品进行短暂录音和录像。但是，广播组织根据这一规定制作的录音和录像不得超过录制之日起 1 年，除非是作为公众录制的材料保存于总统令规定的场所。

5. 基于政治演讲等目的的使用和为了司法程序等的复制

（1）基于政治演讲等目的的使用。《韩国著作权法》第 24 条规定，对于公开进行的政治演说，或者在法庭、国民会议、地方会议中的公开陈述，可以采取任何方式加以使用。但是，对作者的演讲或陈述经过汇编后的使用不在此限。

(2) 为了司法程序等的复制。《韩国著作权法》第 23 条规定，为了立法、行政机关的内部使用或者司法程序，可以在必要限度内复制作品。但是，根据作品的性质和复制品的性质及数量，该复制不得不合理地损害著作财产权人的利益。

6. 基于学校教育等用途的使用和考试题目的复制

(1) 基于学校教育等用途的使用。《韩国著作权法》第 25 条规定，高中及以下的学校为了教育目的，可以在必要范围内复制已公开的作品。同时，根据韩国的特别法律、《幼儿教育法》《初、中等教育法》《高等教育法》而设立的或由国家或地方政府经营的教育机构，可以基于课堂教学目的而在必要范围内复制、公开表演、广播或者交互式传播已经公开的作品的一部分。如果考虑作品的性质、使用目的和方式所必需，可以使用作品的全部。在前述教育机构接受教育者，为了教学目的，可以在必要范围内复制或交互式传输已经公开的作品。前述规定的学校或教育机构基于教育目的或课堂教学目的利用作品的，应当按照由韩国文化体育观光部长官决定和发布的补偿标准向著作财产权人支付补偿金。但是，高中及以下学校复制、公开表演、广播或交互式传输作品的，不支付补偿金。

(2) 考试题目的复制。《韩国著作权法》第 32 条规定，不以营利为目的而进行学校的入学考试，或其他知识、技能考试的，可以在必要范围内复制已经公开发表的作品。

7. 图书馆等的复制

《韩国著作权法》第 31 条第 1 款规定，依照《韩国图书馆法》而设立的图书馆，或者是以供公众利用图书、文档、记录或其他资料为目的并由总统令规定的设施（包括该设施的负责人），如果有下列情形之一时，可以使用图书等的方式复制作品，但在第 (1) ~ (3) 项的情况下，不得以数字化形式进行复制：(1) 应用户的请求或以调查、研究为目的的图书馆等，复制一份已公开发表作品的一部分；(2) 图书馆等为了保存的需要而对图书等进行复制；(3) 应其他图书馆等的要求，提供用于保存绝版作品及因其他类似原因难以获得的图书等的复制品。第 31 条第 2 款规定，为了用户能够利用计算机等信息处理设备在图书馆等阅览图书，图书馆等可以复制或交互式传输它所保管的图书。在此情况之下，同时阅览图书的人数不得超过图书馆等所保管的图书等的复制品数，或者依法享有著作权及其他权利的人许可使用的数量。第 31 条第 3 款规定，为了用户能够在其他图书馆等利用计算机进行阅览，图书馆等可复制或交互式传输图书。但是，如果图书等的全部或部分是以销售为目的而出版且发行未满 5 年的除外。

依照上述第 1 款第（1）项、第 2 款、第 3 款的规定，如果图书等已以数字形式进行销售，那么图书馆等不得以数字形式进行复制图书等。同时，图书馆等依照上述第 1 款第（1）项的规定以数字化形式复制图书等，或者依照第 3 款的规定复制或者交互式传送图书等以供用户在其他图书馆内等的阅览时，应当以文化体育观光部长官所决定、发布的标准向著作财产权人支付补偿金。但是，不适用于国家、地方政府或者是《韩国高等教育法》第 2 条的规定的学校享有著作财产权的图书等（但不包括那些全部或部分以销售为目的而出版的图书）。

8. 为了视觉障碍者的复制

韩国著作权法规定，为了视觉障碍者，可以以盲文复制、传播已发表的作品。同时，为了保护视觉障碍者，并根据总统令所指定的设施（包括相关设施的负责人），如果不以营利为目的，可以记录已发表的口述或者书面作品，也可以复制、发行或者交互式传输作品的记录形式，但仅由视觉障碍者使用。视觉障碍者的范围根据总统令确定。

9. 艺术作品等的展览或复制

韩国著作权法规定，艺术作品原件所有人或者经其授权的人，可以展览作品的原件。但是，用以在街道、公园、建筑物外墙以及其他开放的公共场所中永久展览的，不受此限。对于展览在开放场所的艺术作品，可以以任何手段复制并利用，但是，下列情形之一除外：（1）将建筑物复制成为另一建筑物的；（2）将雕刻或绘画复制成为另一雕刻或绘画的；（3）为了在前述公开场所长期展览而复制的；（4）以销售为目的而复制的。有权展览艺术作品的人或意图销售艺术作品原件的人，可以为了解释和介绍作品的目的而在手册中复制、发行作品。

《韩国著作权法》第 35 条还规定，基于委托而创作的肖像或者类似图像作品，未经委托人的同意，任何人不得使用。

需要注意的是，韩国著作权法规定，根据上述著作权的限制情形利用作品的人，除了第 26 条、第 29 条、第 30 条、第 31 条、第 32 条以及第 34 条外，必须标明作品的来源。且应当根据作品利用的情况，以合理的方式和程度标明作品的来源。如果作品标明的是作者的真名或假名，则该真名或假名应当被注明。

（二）著作权的转让和行使

1. 著作财产权的转让

韩国著作权法规定，著作财产权可以全部或部分转让。值得注意的是，韩国著作权法规定的著作财产权的全部转让并不导致根据《韩国著作权法》第

22 条规定（演绎作品的制作权）的演绎作品的制作权、使用权的出让，除非另有规定。对于计算机程序，除非有特别规定，对程序的演绎作品的制作权伴随程序一并出让。

2. 作品的许可使用

韩国著作权法规定，著作财产权人可以授权许可他人使用其作品。得到授权许可的人，可以在许可使用方法及条件范围内使用作品。被许可使用者未经著作财产权人的同意，不得擅自将著作权出让给第三人。

3. 设定质权

韩国著作权法规定，著作财产权可以设定质权。以著作财产权设定质权的，质权人对著作财产权人通过转让或利用著作财产权而获得的金钱或其他财物（包括设立出版权以及计算机程序专有出版权的等价报酬）享有优先受偿权。但是，该金钱或其他财物在支付之前应当先行扣押。另外，除非在设定质权时有特别约定，否则著作财产权由著作权人行使。

4. 合作作品著作权行使的特别规定

韩国著作权法规定，对于合作作品，未经全体作者的同意，不得行使著作权。各合作作者未经其他作者的同意，不得将其所持有的份额以转让或者设定质权。各合作作者没有正当理由，不得终止已经达成的协议或者故意拒绝同意。在合作作者之间没有特别约定的情况下，利用合作作品而产生的收益，根据各自贡献的程度进行分配；如果各自的贡献程度不明确的，则在合作作者之间平均分配。合作作者可以放弃其所持有的著作财产权份额，一旦放弃或者作者死亡且无继承人时，其份额将在其他合作作者之间根据各自所持比例进行分配。

（三）作品的强制许可使用

1. 孤儿作品等

韩国著作权法规定，根据总统令规定的标准做出相当的努力，仍然无法获得已经发表作品（外国人的作品除外）的著作权人或其住所，在无法获得许可使用时，可以根据总统令的规定并得到韩国文化体育观光部长官的批准后，按照文化体育观光部制定的标准，交存一定补偿金后利用该作品。在此情形下利用作品的人，应当注明获得韩国文化体育观光部长官的批准以及批准的日期。

2. 基于公益目的的已公开作品的广播

韩国著作权法规定，如果以公益为目的，广播组织与已经公开发表作品的著作权人经过协商无法达成协议时，可以经文化体育观光部长官批准后，并依据长官所决定的标准，向著作权人支付或交存一定补偿金后利用作品。

3. 商业录音制品的制作

韩国著作权法规定，商业录音制品在韩国销售 3 年以后，如果有人想以录音制品中录制的制品制作录音制品，与著作权人进行协商但无法达成协议时，可以经文化体育观光部长官批准，并依照长官部决定的标准，向著作权人支付或交存一定补偿金后，制作录音制品。

五、邻接权

（一）表演者权

在韩国著作权法上，表演者享有表明其表演者身份的权利、保护作品完整权等精神权利和复制权、发行权、出租权、公开表演权、表演的广播权、交互式传输权等经济权利。

1. 表演者的精神权利

在表演者的精神权利当中，表明表演者身份的权利，是指表演者享有在表演或者其复制品上注明真名或者假名的权利；如果没有表演者的特别表示，在利用作品时应以表演者已经采取的方式标明表演者姓名。但是，根据作品性质、利用目的和方式无法标明的除外；保护作品完整权，是指表演者享有保持表演内容、形式和题目完整性的权利。但是，根据表演的特点、利用目的和方式，被认为无法避免的除外。韩国著作权法规定，表演者的精神权利专属于表演者，不能转让。

2. 表演者的经济权利

在表演者的经济权利当中，复制权是指表演者有权复制它们的表演；发行权是指表演者有权发行其表演的录音制品。但是，经表演者授权后，演出的复制品以销售等方式流通的除外；出租权是指表演者享有以营利为目的而出租录音制品的权利；公开表演权是指表演者有权公开表演未被固定的表演作品，除非该表演作品是通过广播播出的；表演者的广播权是指表演者享有广播其表演的权利。但是，经表演者许可而已经录制了表演作品的除外；交互式传输权是指表演者有权以交互方式传播自己的作品。

3. 其他规定

韩国著作权法规定，如果广播组织对已经录制有表演的录音制品进行广播，则应当向表演者支付合理的补偿金。但是，如果表演者是外国人，且该国不承认对韩国国民表演者的补偿时，不受此限。同时，数字声音传输组织传播录制有表演的录音制品时，应当向表演者支付合理的补偿金。另外，使用录有表演的、销售用的录音制品而表演的人，应该向录音制品中的表演者支付相应的补偿金。但是，如果表演者是外国人，且该国不承认对韩国国民表演者的补偿时，不受此限。

韩国著作权法还规定，如果合唱、演奏或戏剧等的表演者为两人以上，则表演者权（表演者的精神权利除外）由合作表演者选举的代表行使。如果没有代表的，表演者权则由指挥者或导演行使。行使合作表演之表演者权时，如果有独唱或者独奏，则应当征求独唱者或者独奏者的同意。

（二）录音制品制作者权

韩国著作权法规定，录音制品制作者享有对其录音制品的复制权、发行权、出租权、交互传播权等经济权利。

广播组织使用销售用录音制品制作传播时，应当向录音制品制作者支付合理补偿金。但是，如果录音制品制作者是外国人，且该国不承认对韩国国民的录音制品制作者的补偿时，不受此限。同时，数字声音传输组织传播销售用录音制品时，应当向录音制品制作者支付合理的补偿金。另外，使用录有表演的、销售用的录音制品而表演的人，应该向录音制品制作者支付相应的补偿金。但是，如果录音制品制作者是外国人，且该国不承认对韩国国民的录音制品制作者的补偿时，不受此限。

（三）播放组织权

韩国著作权法规定，广播组织对其广播节目享有复制权（复制其广播节目）和同步转播权（有权对其广播节目进行同步转播）。

（四）邻接权的保护期限

韩国新修订的著作权法规定，表演者权（除表演者的精神权利外）和录音制品制作者权的保护期限为70年，广播组织权的保护期限为50年。

六、著作权侵权与救济

（一）侵权行为的判定

1. 侵犯著作权的一般情形

《韩国著作权法》第124条规定，下列行为构成对著作权及韩国著作权法保护的其他权利的侵犯：（1）以传播为目的进口物品（如果在韩国制作，则将侵犯著作权及著作权法上的其他权利的）；（2）以传播为目的而持有明知是侵犯著作权及著作权法上的其他权利而制作的物品（包括前款规定的进口物品）；（3）获得明知是侵犯著作权的计算机程序复制品后，继续使用的。

2. 侵犯著作权的其他情形

韩国著作权法规定，没有合法依据，以除去、修改或者绕开对著作权及著作权法上的其他权利的保护为主要目的，而提供、制造、进口、转让、出租、交互式传输相关的技术、服务、产品、装置或主要配件的行为，构成对著作权及著作权法上的其他权利的侵犯。

如果明知已经发生或有潜在侵犯著作权及著作权法上的其他权利的行为的事实，或者因为疏忽大意的过失而没有得知事实，且无正当权利而实施了下列行为之一的，构成对著作权及著作权法上的其他权利的侵犯，但若是在技术上不可避免，或者就作品的性质或使用目的、方式而认定不得已的，不受此限：(1) 在电子版本中故意除去、改变或增加虚假权利管理信息；(2) 明知电子版本中的权利管理信息被除去、改变或者增加虚假的事实，但依然以传播为目的而传播、公开表演、向公众传播或者进口作品的原件或复制品。

3. 侵犯精神权利

韩国著作权法规定，以损害作者声誉的方式利用作品的行为构成对作者精神权利的侵犯。

（二）禁令救济与恢复名誉等措施

1. 禁令救济

韩国著作权法规定，对侵犯著作权及著作权法上的其他权利的情形，权利人可以请求停止侵害，并且可以要求可能侵犯其权利的人采取预防措施或提供损害赔偿担保。同时，权利人在提出前述请求时，可以同时要求销毁侵权物品或其他必要措施。

在前述情形之下，或者基于韩国著作权法而提起刑事诉讼的，法院可以根据起诉人的申请，命令其提供或不提供担保，发布停止侵权的临时禁令，或者扣押侵权物品，或者采取其他必要措施。如果基于该情形下做出的司法判决认定没有构成侵权的，申请人应当赔偿由此造成的损失。

2. 恢复名誉以及作者死后的精神利益维护

(1) 恢复名誉。韩国著作权法规定，作者或表演者向因故意或过失而侵犯了自己的精神权利的侵权者采取必要措施恢复自己的名誉，并赔偿损失。

(2) 作者死后的精神利益维护。韩国著作权法规定，作者死亡后，其现有家属（配偶、子女、父母、孙子女、祖父母或者兄弟姐妹）或遗嘱执行人可以根据《韩国著作权法》第 123 条的规定（禁令救济），向违反或可能违反《韩国著作权法》第 14 条第 2 款规定（作者的精神权利）的人请求赔偿，也可以根据《韩国著作权法》第 127 条的规定（恢复名誉），向基于故意或过失侵犯作者名誉或者违反了《韩国著作权法》第 14 条第 2 款规定的人请求恢复名誉。

（三）损害赔偿与举证责任

1. 损害赔偿

在韩国著作权法上，对著作权及著作权法上的其他权利受到侵犯的权利人，有权向故意或者过失侵害自己权利的人请求损害赔偿。侵权人从侵害行为中获得的利益即为损害赔偿金。同时，著作财产权人有权向故意或者过失侵犯自己权利的人请求损害赔偿。权利人也可以主张其行使著作权通常能够获得的数额为损害赔偿金。而且，如果著作财产权人所遭受的损失的金额超过通常能够获得的数额的，仍然可以就超过部分主张损害赔偿。如果认定发生损害，但无法评估损害金额的，法院可以考虑争议焦点和证据调查的结果，认定合理的损害赔偿金。

2. 举证责任

韩国著作权法规定，侵犯已经登记的著作权、出版权、邻接权、数据库制作者权的，推定行为人的侵权行为具有过失。

（四）刑事制裁

韩国著作权法规定，以复制、公开表演、向公众传送、传播、出租、制作演绎作品的方式侵犯著作权及著作权法上的其他权利的，可以判处 5 年以下有期徒刑或 5000 万韩元以下的罚金，或者并罚。

任何人实施了下列行为的，可以判处 3 年以下有期徒刑或 3000 万韩元以下的罚金，或者并罚：（1）侵犯作者或者表演者的精神权利的；（2）以欺诈方式就《韩国著作权法》第 53 条（著作权登记）及第 54 条（登记与权利变动的效力）的事项进行登记的；（3）以复制、传播、广播或者交互式传输方式侵犯《韩国著作权法》第 93 条（数据库制作者权）所保护的数据库制作者权利的；（4）实施了《韩国著作权法》第 124 条第 1 款规定的侵权行为的；（5）为了经营或者以经营为目的而实施《韩国著作权法》第 124 条第 3 款所规定的行为的人，但由于过失或无法得知发生或潜在侵犯著作权及著作权法上的其他权利的实施除外。

七、其他特殊规定

（一）出版权

1. 出版权的设定

韩国著作权法规定，复制权、发行权人可以对想要以文本、绘画或其他类似形式出版的作品设定出版权。取得出版权者（出版权人），有权在合同约定的范围内出版作品的原始文本。但是，如果以复制权为对象设定了质权的情况下，复制权人只有在得到质权人的许可时，才能设定出版权。

2. 出版权人的义务

韩国著作权法规定，如果合同没有特别约定，出版权人有义务在受到复制权人交付的作品原稿或者类似材料后的 9 个月内出版。如果合同没有特别约定，著作权人有义务按照惯例出版作品的原始形式。如果合同没有特别约定，出版权人有义务按照总统令的规定，在每一复制品上以公告的方式标明复制权人。

3. 作品的增删与修改

韩国著作权法规定，即使出版权人再版，作者也可以在适当的范围内对作品的内容进行增删或修改。如果复制权人意图再版，应事先通知作者。

4. 出版权期限

韩国著作权法规定，除非合同有特别约定，出版权期限为首次出版之日起3年届满。如果作品的作者在出版权期限内死亡的，出版权人可以全集或汇编形式出版作品，也可以将作品与全集或汇编作品分开而单独出版。

5. 出版权的终止

（1）出版权终止的通知。韩国著作权法规定，如果出版权人为履行《韩国著作权法》第58条第1~2款规定的义务的，复制权人可以通知其在指定的不短于6个月的期限内履行，否则复制权人可以通知出版权人终止出版权。如果出版权人不可能出版或者明显无出版意愿的，则复制权人可以不受前述规定的限制立即通知出版权人终止出版权。出版权因前述规定的通知而消灭的，出版权人收到通知时出版权消灭。出版权终止后，复制权人有权随时要求出版权人返还原物，或者赔偿因终止出版而造成的损失。

（2）出版权终止后作品复制品的发行。韩国著作权法规定，除下列情形，出版权因期限届满或其他原因而终止后，出版权人不得在发行于权利有效期限制作的复制品：①出版合同另有约定;②出版权人向复制权人支付了权利有效期内的出版报酬,该报酬与发行量等同。

（二）数据库制作者的保护

1. 受保护的数据库

韩国著作权法在著作权和邻接权之外，对数据库的保护做了专章（第4章）规定。《韩国著作权法》第91条规定，韩国国民以及受韩国加入或批准的有关数据库的条约保护的外国人，其数据库受《韩国著作权法》的保护。同时，外国人的数据库也受到韩国著作权法的保护，但是，如果他国不保护韩国国民的数据库，作为对他国国民数据库的保护也相应给予限制。

《韩国著作权法》第92条对数据库保护的排除领域做了规定，即下列情形之一的数据库不受韩国著作权法的保护：（1）用于数据库制作、更新、运行的计算机程序；（2）为了在技术上实现无线或有线通信而制作、更新的数据库。

2. 数据库制作者权

韩国著作权法规定，数据库制作者享有复制、发行、广播或者交互式传输全部或实质部分的数据库的权利。但是，数据库的个别素材不能作为该数据库的实质部分。但是基于特定目的而对数据库的个别素材或者部分等非实质性部分进行重复或系统复制，并与一般使用相冲突或者对数据库制作者造成了不当损害的，仍视为是对该数据库实质部分的复制等。对数据库的保护不得损害数据库组成部分的著作权，对数据库的保护不得延伸至对数据库组成部分的保护。

3. 权利的限制

韩国著作权法规定，有下列情形之一的，任何人均可复制、发行、广播或者交互式传输数据库的全部或实质部分。但是，对该数据库的使用与常规使用相抵触时除外：（1）为了教育、学术或研究的目的而进行非营利性使用；（2）为报道时事新闻而使用。同时，《韩国著作权法》第 23 条、第 28 ~ 34 条、第 36 条、第 37 条的规定，也准用于对数据库的利用。

4. 保护期限

韩国著作权法规定，数据库保护期限为数据库制作完成次年开始 5 年。如果为了数据库的更新而投入了相当多的人力或物力的，数据库制作者对于该部分的权利开始于更新时，并持续到次年开始的 5 年。

（三）电影作品的特别规定

基于电影作品的特殊性，韩国著作权法对电影作品的保护除了前述一般规定之外，还做了特别规定。事实上，韩国影视产业的发达，与其著作权保护的特别关照存在很大程度的关联，韩国著作权法对其创意文化产业的发展，尤其是影视产业的发展贡献是巨大的。

1. 作品的电影化

韩国著作权法规定，如果作品权利人许可他人将其作品摄制为电影，除非有特别约定，则推定同时许可了下列权利：（1）为摄制电影而将作品改编为剧本；（2）以公开上映为目的而公开播放电影作品；（3）以广播为目的播放电影作品；（4）以传输为目的交互式传播电影作品；（5）以原有目的复制、发行电影作品；（6）以与利用电影作品相同的方式利用电影作品的翻译作品。

如果没有特别约定，著作财产权人在许可以摄制电影方式利用自己作品之日起 5 年后，再许可他人将作品摄制为其他类型的电影作品。

2. 基于电影作品的权利

韩国著作权法规定，除非另有规定，则与电影作品制作者协议合作创作电影作品的人，享有电影作品的著作权，同时推定电影作品制作者享有对电影作品的必要使用权。同时，该规定并不影响用作制作电影作品的小说、戏剧、艺术作品或音乐作品的著作权。

对于电影作品的使用，如果有与电影作品制作者协议合作创作电影作品的表演者，则推定《韩国著作权法》第 69 条规定的复制权、第 70 条规定的发行权、第73条规定的广播权、第74条规定的交互式传输权，都出让给电影作品制作者，除非另有规定。

3. 电影作品制作者的权利

韩国著作权法规定，同意与电影作品制作者合作的人出让给电影作品制作者对电影作品的必要使用权，包括复制权、传播权、公开传播权、广播权、交互式传输权，或者以其他方式使用电影作品的权利。同时，该必要使用权也可以转让或设定质权。表演者出让给电影作品制作者的权利包括复制权、传播权、广播权、交互式传输权，同样，该权利也可以转让或设定质权。

（四）计算机程序的特别规定

基于电影作品的特殊性，韩国著作权法对计算机程序的保护除了前述一般规定之外，也做了特别规定。

1. 保护对象

韩国著作权法对计算机程序的保护对象作品排除规定，即制作计算机程序而使用的下列各项内容，不适用《韩国著作权法》：（1）程序语言：表现程序的文字、记号及体系方式；（2）规约：在特定程序中使用程序语言的特殊约定；（3）解法：程序中指令、命令的组合方法。

2. 计算机程序代码反向工程

韩国著作权法规定，以正当的权利利用计算机程序的人或者已得到同意的人，在无法轻易获取兼容所需的必要信息，且不得不取得此信息时，即使未经许可，也可以为了与相关程序的兼容而在必要限度内对该程序实施反向工程。但是，根据该反向工程所获得的信息在具有下列情形之一的，不得使用：（1）不以兼容使用为目的，或提供给第三人的；（2）为了开发、制作、销售与作为程序代码反向工程对象的程序在本质上类似的程序，或者侵害程序著作权的。

此外，正当持有、利用计算机程序复制品的人，为了避免复制品的破坏、损坏或者变质等，可以在必要的范围内复制该复制品。

3. 计算机程序专有出版权

韩国著作权法规定，计算机程序的著作财产权人可以授权他人对程序进行专有复制、发行或者传播，在韩国著作权法上称之为计算机程序专有出版权。享有专有出版权的人，拥有在授权范围内的专有权利。但是，如果该复制权设定了质权的，则未经质权人同意时，著作财产权人不得设定计算机程序专有出版权。同时，未经著作财产权人的同意，计算机程序专有出版权人不得将该计算机程序的专有出版权设定质权或转让给第三人。

韩国著作权法规定，如果没有特殊规定的，则计算机程序专有出版权自成立之日起，持续3年。

（五）网络服务提供者法律责任的限制

韩国著作权法对网络服务提供者的法律责任做了特别规定。

1. 网络服务提供者法律责任的限制

韩国著作权法规定，如果网络服务提供者被告知他人通过网络复制或交互式传输作品等，侵犯了作者著作权以及著作权法上的其他权利后，禁止或者中断了复制、交互式传输时，可以减轻或者免除由于他人侵权而产生的责任。如果网络服务提供者被告知他人通过网络复制或者交互式传输作品等，侵犯了作者著作权以及著作权法上的其他权利后，试图禁止或者中断复制、交互式传输，但在技术上已无法实现的，应当免除由于他人侵权而产生的责任。

2. 复制或交互式传输的停止

韩国著作权法规定，他人利用网络服务提供者提供的服务复制或者交互式传输作品并侵犯韩国著作权法所保护的著作权及著作权法上的其他权利时，当事人（请求人）有权要求网络服务提供者停止提供服务，并提供相应证据。一旦请求人提出要求，网络服务提供者应当立即停止作品的复制或者交互式传输，并立即通知作品的复制者或交互式传输者和请求人。如果复制者或交互式传输者由证据证明其有权从事复制或交互式传输行为，并要求恢复复制或交互式传输时，网络服务提供者应当立即将该恢复复制或交互式传输的请求以及恢复的预定日期通知请求人，并在预定日期内恢复复制或交互式传输。

网络服务提供者应该指定复制接收前述规定的停止请求、恢复复制或交互式传输的人（接收人），并以通知利用自己设备或服务的人。如果网络服务提供者进行了通知，并根据规定停止了对该作品的复制、交互式传输，或恢复时，可以减轻或者免除其对于他人侵犯著作权及著作权法上的其他权利所产生的责任，以及对于复制者、交互式传输者的损害的责任。但是，该规定不适用于自从网络服务提供者知晓了由于他人复制、交互式传播作品而侵害了著作权及著作权法上的其他权利的事实，到被要求《韩国著作权法》第103条第1款规定中的中断期间所发生的责任。

没有正当权利，而要求《韩国著作权法》第103条第1款、第3款规定中所涉及的中断作品的复制、交互式传输或恢复的人，应当赔偿由此造成的损失。

3. 特殊类型网络服务提供者的责任

韩国著作权法规定，以促使他人通过计算机等交互式传输作品为目的的网络服务提供者（韩国著作权法称为“特殊类型的网络服务提供者”），依照权利人的要求，采取必要的技术措施防止对作品的非法交互式传输。在此情况下，与权利人的请求和必要措施以总统令确定。

第四节 蒙古国著作权法律制度

一、著作权制度概况

（一）相关概念

1. 著作权主体的概念

在蒙古国著作权法上，“作者”是指通过其智力创作活动创作作品的个人。“权利持有人”是指享有因与文学、艺术作品有关而产生的作者使用作品特权的个人、法人。“艺术创作者”是指将文学、艺术或者民间艺术作品用于杂技、舞台、银幕、艺术表演的，通过演唱、演奏、表演、舞蹈、朗诵等方式进行表演的个人。“录音制作者”是指有意制作表演、其他声音或者对它们进行原始录制，并对录制负责任的个人、法人。

2. 著作权客体的概念

在蒙古国著作权法上，“民间艺术作品”是指以各种形式在民间流传的，其作者不明确的传统文学、艺术作品。“录音制品”是指除了电影、音像作品以外的任何表演、其他声音及其表现的录制品。“演绎作品”是指在前创作作品基础上，通过智力创作活动将其修改、编辑、翻译、归纳、整理或者以其他形式将其改变，重新创作的作品。“混合艺术作品”是指用手工艺或者生产方法创作的用于日常生活的艺术作品。“受邻接权保护的客体”是指直接表演作品的表演、声音、录像、音像作品的首次录制品或广播、电视机关的播送。“录像作品”是指无论使用何种材料形式，通过技术将同时显示图像和声音的作品。

3. 涉及著作权客体利用的相关概念

在蒙古国著作权法上，“作品复制”是指将作品、作品的一部分、属于著作权的客体，直接或者间接地，通过一切方式将其制作多份。“发行”是指经过作者同意，将其作品、著作权所属客体，按照能够满足公众需要的程度制作多份，将其普及，“播放”是指作品、著作权所属客体的使用者，由消费者选择的时间、地点可能获取的情况下，通过有线或者无线通信向大众传播。“权利持有人辨认标记”是指作品、作者、权利持有人、该作品使用条件方面该作品所包含的或者作品发行中记载的信息，这些信息的数字或者电码标记。

（二）著作权法上的作品及权利主体

1. 蒙古国著作权法上的作品

（1）作品的范围和形式。蒙古国著作权法规定，著作权作品，不论其内容、用途、价值、作用、表现方式，包括作为作者智力活动成果的科学、文学、艺术作品。著作权作品，不论其发表与否，包括文字、口述、绘制或者其他有形形式。

（2）作品的具体类型。在蒙古国著作权法上，作品的具体类型包括：(a) 文字或者口述的各种科学、文学作品以及计算机软件；(b) 有词或者无词音乐艺术作品；(c) 造型艺术各类作品；(d) 装饰或者应用艺术、舞台布置作品；(e) 建筑作品、雕塑、建筑术；(f) 舞蹈艺术各类作品、柔术、哑剧；(g) 戏剧、音乐剧、舞台艺术各类作品；(h) 摄影和类似方法创作的各种作品；(i) 音像作品；(j) 演绎作品；(k) 在选编、整理材料等创作性劳动的结果形成的，以其结构和内容被视为智力成果的解释词典、参考书、作品选集、已有信息库其他文集；(l) 以民间艺术为基础的演绎作品。

2. 不受蒙古国著作权法保护的客体

蒙古国著作权法规定，下列客体不受蒙古国著作权法的保护：(1) 法律法规，其他法律文件；(2) 行政决定和法人、机关公文；(3) 法院判决、复判、法官裁定和其他文书、在法庭上发表的陈述；(4) 法律法规及其他法律文件，行政决定和法人、机关公文，以及法院判决、复判、法官裁定和其他文书、在法庭上发表的陈述文件的译文；(5) 国家象征标记、旌、旗、奖状、勋章和标记；(6) 已经发生的事件及其后果和数据等具有传闻性质的各自信息和报道；(7) 民间艺术作品和民族风俗习惯；(8) 各种思想、行为方法、行为、科学发明和数学概念。

3. 著作权主体

（1）一般规定。蒙古国著作权法规定，下列主体依法享有著作权：(a) 无论其作品是否发表，创作作品的蒙古国公民，常住蒙古国的外国人、无国籍人；(b) 首次在蒙古国发表其作品的外国公民；(c) 在蒙古国境内长期设置其雕塑、艺术建筑、建筑艺术、作为城市建设作品或者建筑组成部分的造型艺术作品的作者；(d) 根据蒙古国著作权法律法规的规定享有著作权的法人；(e) 参加蒙古国参加的国际条约的其他国家公民、法人。此外，蒙古国著作权法还规定，对于外国公民在其他国家发表其作品之日起 30 日内在蒙古国发表其作品的，视为在蒙古国首次发表其作品。

（2）作者的推定。蒙古国著作权法规定，在没有证据证明作品作者的情况下，将原始作品或者作品上所属的名字视为该作品的作者。对于用假名或者未署名的作品，蒙古国著作权法规定，由法定人员享有著作权。

（3）合作作者。蒙古国著作权法规定，以同一目的共同以创造性劳动创作作品的两个或者两个以上的人，为共同作者。对于共同作者的作品，除合同对其著作权另有约定，应当由各作者共同享有。

二、权利内容

（一）著作权的产生

1. 权利的自动产生

蒙古国著作权法规定，科学、文学、艺术作品的著作权自从将该作品实际创作完成时开始。著作权的产生及其行使无须确认。

2. 著作权标记

享有使用作品专有权利的人为了将其权利告知公众，有权使用标明受著作权保护的辨认标记。蒙古国著作权法规定，系列方式可以用来标明作品受著作权保护的辨认标记：（1）外加圆圈的拉丁字母“C”字，即©；（2）使用作品专有权者的名称；（3）首次发表作品的年。

3. 著作权登记

蒙古国著作权法规定，如果作者需要，则可以在负责知识产权事务的中央行政机关（蒙古国知识产权局）自愿登记自己的作品以及与其相关的使用作品的专有权转让合同。

（二）著作权的内容

在蒙古国著作权法上，作者对其作品非财产权利和使用作品的专有权。

1. 作者的非财产权利

作者对其作品享有的精神权利包括：（1）署名权，即用自己的名字、假名、笔名或者不署名发表其作品；（2）禁止未经作者同意泄露其假名和笔名的权利；（3）表明作者身份权，即每次发表和使用其作品时提及其名字；（4）保护作品完整权，即禁止未经作者同意以各种方式改变、歪曲、篡改作品及其名称。

2. 使用作品的专有权

蒙古国著作权法规定，作者对其作品享有以各种方式使用的专有权。作者使用作品的专有权包括作者的许可或者禁止下列行为的专有权：（1）复制作品；（2）发表作品；（3）传播作品；（4）改变为演绎作品；（5）出租给他人使用。

（三）著作权保护期限

蒙古国著作权法规定，对于某一作品的保护期限，应当从创作该作品之日起计算。作者使用作品的专有权期限为作者终生及其死后50年。作者的非财产性权利保护期限不受限制。

如果属于以假名、匿名或者不署名发表其作品的情况下，该作者使用作品专有权自首次发表作品次年1月1日起75年内有效。在该种情况下，如果作品的作者已经明确的，应当按照通常的规定计算著作权保护期。

对于共同作品，其著作权保护期限在共同作者终生即其中最后一位作者死亡的次年1月1日起满50年终止。

三、邻接权

（一）邻接权主体

蒙古国著作权法规定，下列主体根据《蒙古国著作权法》享有邻接权：（1）在蒙古国境内进行表演、传播、制作表演首次记录的艺术创作者；（2）在蒙古国境内首次录制的录音制品制作人；（3）对于在蒙古国境内转播站转播的节目而言，位于该国境内的广播、电视中央机关；（4）参加了蒙古国参加的国际条约的其他国家的公民、法人。

邻接权的产生和行使不需要经过确认。对于享有邻接权的人，在不侵犯原创作者著作权的情况下享有邻接权。

（二）艺术创作者权（表演者权）

蒙古国著作权法规定，艺术创作者对其表演、艺术作品享有许可或者禁止下列行为的专有权：（1）表演中除了此前播放的表演以外其他未经自己录制的公演、传播、转播；（2）录制表演节目；（3）复制表演音像作品；（4）录音制品表演的原件和复制件的复制，通过转让权利的途径发行；出租表演录制品；（5）通过合同转让其专有权。

此外，艺术创作者对于艺术作品而言有要求将其称为表演人，以及禁止足以导致侵犯其名誉的篡改、歪曲的非财产权利。

艺术创作者权的保护期限，自从进行表演或者录制后的50年届满。

（三）录音制品制作者权

在蒙古国著作权法上，录音制品制作者享有许可或者禁止与其录音制品有关的下列行为的专有权：（1）直接或者间接复制录音制品；（2）出售录音制品原件和复制件，或者通过转让权利的途径发表；（3）出租出售录音制品原件和复制件；（4）发行录音制品；（5）通过合同转让其专有权。

录音制品制作者权的保护期限，自从录音制品发行之日起50年届满；没有发行的，自首次录制之日起50年届满。

（四）广播、电视机关的权利

在蒙古国，广播、电视机关享有禁止或者许可与其播送有关的下列行为的专有权：（1）制作播放记载；（2）复制播放记载；（3）通过播放带、网络途径再次传播；（4）现场直播。

广播、电视机关的权利的保护期限，自从首次播出该节目的次年 1 月 1 日起 50 年届满。

四、著作权保护与侵权责任

（一）作者非财产权利的保护

蒙古国著作权法规定，侵犯作品完整性和作者其他非财产权利的情况下，作者（作者死亡的，则由其继承人或者权利的继受者；不存在继承人或者继承人放弃继承或者他们的继承权被剥夺的，则由蒙古国知识产权局）有权依法或者根据合同要求侵权者恢复被侵犯的权利和有权向法院申诉要求解决。

（二）侵犯著作权者的法律责任

1. 民事责任

在蒙古国，因侵犯使用作品的专有权而造成损失的补偿问题，应当依照《蒙古国民法典》的规定处理。

2. 行政责任

蒙古国著作权法规定，对于违反有关著作权法律法规的行为，不必追究刑事责任的，由法官、国家监察员分别处以公民数额为相当于 1 个月最低工资 2 倍以上 6 倍以下的罚款，处以法人数额为相当于 1 个月最低工资 10 倍以上 25 倍以下的罚款。或者由法官处以具有过错的公民、公职人员 7 ~ 14 日的拘留，由国家监察员、法官没收侵权商品、产品和物品，将其非法收入收归国家收入、交给作者或者邻接权人，终止该活动。

对于知道或者应当知道伪造使用权利人辨认标记，改变、销毁与该辨认标记共同记载的事项，非法改变、销毁权利人辨认标记，而且将其通过、扩散，以扩散为目的通过国境，散播给大众的行为，不必追究刑事责任的，应当由法官分别处理引起纠纷的公民数额为相当于 1 个月最低工资 2 倍以上 6 倍以下的罚款，处以法人数额为相当于 1 个月最低工资 10 倍以上 25 倍以下的罚款。

蒙古国著作权法还规定，如果权利被侵犯的作者或邻接权人提出申请的，将侵权作品作为其损失补偿转交；如果没有提出申请的，由法官、国家监察员采取销毁侵权商品、产品的措施。通过法院、有权机关的决定，没收用于侵犯著作权、复制著作权作品、邻接权客体的技术设备，变为国家收入。

（三）不被视为侵犯著作权的情形（著作权限制）

《蒙古国著作权法》第24条规定，与发表作品合理使用不冲突，不影响权利人合法权益而使用的下列情形，不视为侵犯著作权：（1）以制作出版概论为目的，引用已发表作品的；（2）以学术、研究成果、评论和报道为目的，引用其一部分的；（3）复制档案馆、博物馆、图书馆馆藏作品一部分的；（4）在报纸、期刊、广播电台、电视台等媒体刊登或者播放其他报纸、期刊、广播电台、电视台等媒体已经发表的关于政治、经济、宗教问题的事实性文章，但作者声明不许刊登、播放的除外；（5）以报道为目的发表在会议、集会上的演说词、讲稿的；（6）向公众报道与已发生事件有关的，以反映该周边环境为目的发表在公共街道、广场上设置的美术、表演艺术、摄影作品的；（7）为视力、听力障碍的人需要而使用的；（8）为个人需要复制作品的；（9）为刑事诉讼、民事诉讼、行政诉讼活动为目的的复制。

在确定著作权限制规定事项时，蒙古国著作权法规定还应当考虑以下条件：（1）具有牟利的目的；（2）使用作品的程度和所使用部分的意义；（3）作品的价值、所使用部分市场的影响。

同时，著作权限制情形下使用作品时，必须提及作者的名字和出处。

五、其他特别规定

（一）特殊作品的著作权保护

1. 演绎作品

蒙古国著作权法规定，演绎作品著作权不得侵犯原作品著作权，并且应当获得《蒙古国著作权法》第12.2.4条（改变为演绎作品）规定的许可。演绎作品的著作权不得阻止其他作者在原作品的基础上创作其他演绎作品。

2. 职务作品

对于职务作品，蒙古国著作权法规定，按照其职务创作作品的作者对其作品享有非财产权利。但是，除非合同另有约定，职务作品使用的专有权可以由雇主享有。

3. 委托作品

蒙古国著作权法规定，按照委托合同，作者承担按合同创作作品并将其交给委托人的义务，委托人承担按合同约定向作者交付费用的义务。

对于委托作品，其使用的专有权应当由和他约定的主体享有。

4. 选集或其他整理作品的著作权

蒙古国著作权法规定，整理者不得侵犯入选整理作品的所有原作品的著作权，并应当获得《蒙古国著作权法》第12.2.4条（改变为演绎作品）规定的许可。

除了与整理者签订的合同另有约定的，入选整理作品的原作品作者享有不受该整理者的影响自由使用自己作品的权利。

（二）网络环境中的著作权保护

蒙古国著作权法规定，网络服务提供者有义务做到在其服务器内设置的网页上不发生著作权纠纷，对作者、权利人提供行使权利的可能。网络服务提供者有义务提供接受者和著作权及邻接权人的权利遭到侵犯信息的条件，承担收到纠纷的通知时立即关闭网页的义务。

对于为履行上述规定的义务的网络服务提供者，由法官、国家监察员追究其蒙古国著作权法规定的法律责任。但是，与关闭网络有关的纠纷，蒙古国著作权法规定，应当由法院解决。

（三）著作权转让

蒙古国著作权法规定，可以将作品使用的专有权通过合同全部或部分转让给他人。著作权转让合同可以规定的事项包括：（1）使用作品的方法、形式；（2）期限和所包含的地区范围；（3）作品使用费数额、支付规则和期限；（4）作者的权利和义务；（5）作品使用者的权利和义务；（6）不履行合同义务的责任；（7）争议解决规则。

对于作品使用费的数额，蒙古国著作权法规定，可以约定按照该作品的性质、特点、作用，使用作品的形式、程度、期限等，由双方约定的金额或者从使用作品所产生的利润中提取。

需要注意的是，蒙古国著作权法还规定，禁止在著作权转让合同中做出限制作者今后以该题目或者在该领域创作作品的约定。由于根据合同受让使用作品专有权的人没有完全履行其合同义务而侵犯作者权利的，作者有权要求恢复其该项权利。

（四）集体管理

在蒙古国，作者或者邻接权人为了保护其权利，可以组织集体管理组织开展活动。集体管理组织应当根据作者或邻接权人的建议组建。集体管理组织可以按照作品的种类、分类，组建专门或者包括多个作品类别的集体管理组织。

集体管理组织以作者或者邻接权人的名义、代表其在其授权的范围内从事下列活动：（1）在使用其作品方面与成员作者和权利人签订合同；（2）与被许可人约定费用数额和其他条件，收取费用；（3）将所收取的费用分给作者和邻接权人；（4）根据非法使用成员作者作品的消息，向蒙古国知识产权局提出处理意见要求处理，要求采取法定措施。

集体管理组织在开展符合作者和邻接权人权益活动方面承担下列职责：(1) 作者和邻接权人支付作品使用奖金时，介绍使用该作品方面的信息；(2) 将根据许可收取的作品使用费，分给作者和邻接权人；(3) 从作品使用费中扣除活动费后等额分给作者和邻接权人。

第五节 本章小结

在东北亚地区，日本和韩国都是文化大国和文化创意产业强国。通过对日本、韩国和蒙古国的著作权制度的比较考察，能够直观地反映出，著作权制度对于一国文化产业发展的重要性。

通过比较日韩蒙三国的著作权法律制度，可以发现，日本著作权制度既十分完备但又极其复杂，韩国著作权制度在十分完备的同时时代性也更强，而蒙古国著作权制度则相对简洁得多。从中不难发现，韩国著作权制度对日本著作权制度的借鉴是比较浓厚的。但同时，韩国著作权制度又与日本著作权制度存在诸多的差别，该国在进行制度移植和构建的过程中，充分契合本国国情，在制度设计上进行必要的创新，使得其著作权法律制度具有高度的国际化和与时俱进性特征，这样的制度安排，对韩国国内文化创意产业和著作权经济的发展做了很好的制度铺垫。相对日韩而言，蒙古国的著作权制度则相对简洁，该国的文化产业发展也比较薄弱，不过该国著作权制度亦不乏一些亮点和特色。

比如，在日本著作权法上，作品著作权保护期限从创作时开始计算。合作作品必须是无法分开单独使用的作品。演绎作品被称为"二次作品"。实用艺术作品通过美术作品进行保护。电影作品包括了采用类似电影效果的视觉或者视觉效果的方法表现并且固定在某个客体上的作品。摄影作品包括了采用类似摄影的制作方法加以表现的作品。数据库被视为一类特殊的作品类型。在著作权保护期限上，普通作品的保护期限为 50 年，但部分作品著作权保护期限长达 70 年。日本著作权法还将出版权单独规定，使其与邻接权在著作权法中并行存在。日本著作权法对著作权限制制度规定得极其细致和全面，并拥有明确的关于孤儿作品的利用和著作权补偿金制度。在日本，发行权特指在电影作品情形下的电影作品发行或者电影作品中被复制的作品的发行，与我国著作权法上所称的"发行权"在内涵和外延上存在一定差异。并且规定，电影作品的著作权存续到该作品发表后 70 年，当电影作品著作权保护期限届满而消灭时，该电影作品中利用的原作品的著作权也一同消灭。

在韩国著作权法上，实用艺术作品是一项独立的作品类型。韩国著作权法对合作作品和对网络数据库的保护较为特殊。依照韩国著作权法的规定，对于合作作品，未经全体作者的同意，不得行使著作权；各合作作者未经其他作者的同意，不得将其所持有的份额以转让或者设定质权；各合作作者没有正当理由，不得终止已经达成的协议或者故意拒绝同意。数据库制作者享有复制、发行、广播或者交互式传输全部或实质部分的数据库的权利。与日本的做法不同，韩国著作权法上规定，著作权自从作品创作完成之时即产生。在2011年以前，韩国著作权法规定著作财产权的保护期限一般情况下为50年。但是，2011年修订的韩国著作权法对著作财产权的保护期限做了调整，将著作财产权的保护期限延长至作者终生及其死后70年。这与我国以及日本著作权法上的著作权保护期限都存在差异。韩国著作权法同样对孤儿作品的利益做了特别规定，即根据总统令规定的标准做出相当的努力，仍然无法获得已经发表作品（外国人的作品除外）的著作权人或其住所，在无法获得许可使用时，可以根据总统令的规定并得到韩国文化体育观光部长官的批准后，按照文化体育观光部制定的标准，交存一定补偿金后利用该作品，在此情形下利用作品的人，应当注明获得韩国文化体育观光部长官的批准以及批准的日期。此外，韩国著作权法对网络服务提供者法律责任的规定也颇为周全。

在蒙古国著作权法上，民间艺术作品的保护受到特别的重视。蒙古国著作权法规定，“民间艺术作品”是指以各种形式在民间流传的，其作者不明确的传统文学、艺术作品。与日本著作权法上的规定近似，蒙古国著作权法规定，对于某一作品的保护期限，应当从创作该作品之日起计算。与韩国不同，在蒙古国，作者使用作品的专有权期限为作者终生及其死后50年。此外，蒙古国著作权法还对著作权的集体管理做了专门规定。

“一带一路”背景下，尤其是我国现代文化产业发展和文化产品“走出去”的新时代背景之下，日本、韩国以及蒙古国著作权制度的诸多特色，颇值得为完善我国著作权制度，尤其是当前著作权法第三次修订所参考和借鉴。

第二章 中亚地区著作权法律制度

第一节 概 述

一、现行著作权法基本概况

《哈萨克斯坦著作权及相关权法》制定于1996年7月，最近于2015年11月24日通过419－V号法进行修改。[1] 此外还有2012年颁布的《相关知识产权法律修正法》，2011年颁布的《电子文件和数字签名法》等。

《乌兹别克斯坦著作权与相关权利保护法》制定于2006年。有关著作权的法律法规还有1994年颁布并于2011年修订的《计算机程序和数据库保护法》，2008年颁布的《关于使用一些艺术和文学作品需要支付最低补偿的决定》，2007年颁布的《关于批准著作权使用费和其他形式补偿金的决议》等。

《吉尔吉斯斯坦著作权及相关权法》制定于1998年，现行最新版本是根据2017年3月9日第42号法律修订的版本。[2] 除此之外还有1998年颁布、2006年修订的《软件和数据库法律保护》，1999年颁布、2008年修订的《著作权和相关权注册费用实施细则》，2002年颁布的《著作权和相关权许可协议注册程序》，2008年颁布的《传统知识保护法》，2011年颁布的《国家知识产权机构实施细则》，2013年颁布的《著作权和相关权许可费分配实施细则》等。

二、加入国际公约情况

与著作权相关的国际公约大致包括《WIPO表演和录音制品条约》（WPPT）、《WIPO版权条约》（WCT）、WTO组织发布的《与贸易有关的知识产权协议》（TRIPS协议）、保护作品版权的《伯尔尼公约》《保护录音制品制

---

[1] 《哈萨克斯坦著作权与相关权法》制定后，先后在2004年、2005年、2009年、2015年4月7日和2015年10月31日进行了修订。

[2] 《吉尔吉斯斯坦著作权与相关权法》制定后，先后在1999年、2001年、2003年、2004年、2008年、2011年、2014年和2017年进行了修订。

作者禁止未经许可复制其录音制品公约》（简称“录音制品公约”）、保护版权邻接权的《保护表演者、录音制品制作者和广播组织罗马公约》（简称“罗马公约”）等。哈萨克斯坦、乌兹别克斯坦和吉尔吉斯斯坦加入国际公约状况如表 2 –1 所示。

表 2 –1 加入国际公约状况

国际公约 国别	WTO	WIPO	WPPT	WCT	《伯尔尼公约》	《罗马公约》	《录音制品公约》
哈萨克斯坦❶	是	是	是	是	是	是	是
乌兹别克斯坦❷	否	是	否	否	是	否	否
吉尔吉斯斯坦❸	是	是	是	是	是	是	是

此外，哈萨克斯坦、吉尔吉斯斯坦于 2015 年加入欧亚经济联盟，乌兹别克斯坦表示将暂时不会加入欧亚经济联盟。目前中亚国家中签订双边知识产权协定较多的国家是哈萨克斯坦和乌兹别克斯坦。哈萨克斯坦签订的双边知识产权协定主体包括美国、瑞士、以色列、亚美尼亚以及乌兹别克斯坦。乌兹别克斯坦与知识产权相关双边条约的主体包括中国、乌克兰、吉尔吉斯斯坦、土耳其、阿塞拜疆、俄罗斯、以色列、哈萨克斯坦、日本、欧洲共同体以及瑞士，其中与我国签订的《知识产权保护合作协定》于 1999 年生效。吉尔吉斯斯坦签订的双边条约主体包括乌兹别克斯坦、瑞士和美国。

第二节 哈萨克斯坦著作权法律制度

一、著作权制度概况

哈萨克斯坦关于著作权和相关权利的立法包括民法典，《哈萨克斯坦著作权及相关权法》和依照本法发布的其他法律法规。如果哈萨克斯坦批准的国际条约规定的规则与《哈萨克斯坦著作权及相关权法》规定的规则不同，则适用该国际条约的规定。

---

❶ 哈萨克斯坦加入 WTO、WIPO、WPPT、WCT、《伯尔尼公约》《录音制品公约》《罗马公约》的时间分别为 2015 年、1991 年、2004 年、2004 年、1999 年、2001 年和 2012 年。

❷ 乌兹别克斯坦加入 WIPO、《伯尔尼公约》 的时间为 1991 年和 2005 年。

❸ 吉尔吉斯斯坦加入 WTO、WIPO、WPPT、WCT、《伯尔尼公约》《录音制品公约》《罗马公约》的时间分别为 1998 年、1991 年、2002 年、2002 年、1999 年、2002 年和 2003 年。

（一）适用范围

《哈萨克斯坦著作权及相关权法》适用范围为：不论作者及其受让人的国籍如何，在哈萨克斯坦领土上发表的作品或未发表但在哈萨克斯坦境内以任何客观形式保留的作品；作者为哈萨克斯坦公民及其受让人，在哈萨克斯坦境外发表的作品，或未发表但在哈萨克斯坦领土外保留任何客观形式的作品；根据哈萨克斯坦批准的国际条约，提交人或其受让人为外国人、无国籍人士，在哈萨克斯坦境外发表的作品，或在哈萨克斯坦领土之外未发表但保留任何客观形式的作品。如果作品在哈萨克斯坦境外首次出版后30天内在哈萨克斯坦境内出版，则认为该出版物在哈萨克斯坦首次出版。根据哈萨克斯坦批准的国际条约有关条款，若某一作品确定其未成为公有领域，并且由于著作权期限也未成为公共物品的应成为可保护的作品。

（二）著作权客体

著作权适用于科学、文学和艺术作品，体现的是创造性劳动的结果。作品的著作权与作品载体的所有权相分离。

著作权保护发布出版❶的作品以及以下列客观形式存在的未发表作品：书面形式、口头形式、录音或录像、图片❷、立体空间形态❸和其他未出版作品。

此外满足属性并可单独使用的名称、标题等可成为著作权客体。著作权保护不适用于思想、概念、原则、方法、发现、事实等。

按照《哈萨克斯坦著作权及相关权法》第7条规定，著作权客体包括：文学作品；戏剧和音乐戏剧作品；情景剧作品；舞蹈作品和哑剧；带词或不带词的音乐作品；视听作品；绘画，图形和其他平面艺术作品；实用艺术作品；建筑，城市规划设计和园艺作品；摄影作品和类似摄影方式制作的作品；地图、规划图、示意图、插图、三维地形图、测绘图和其他自然科学作品；计算机程序和其他满足条件的作品。其中计算机程序的保护以任何语言和任何形式，包括源文本和源代码制作的所有类型的计算机程序。

此外，著作权还保护演绎作品和汇编作品。其中演绎作品包含：翻译、改编、注释、评论、音乐编曲和其他对科学、文学和艺术作品进行演绎的作品；汇编作品包含：百科全书、选集、集合和其他对材料进行选取和（或）编排等智力创造产生的汇编数据库。❹

---

❶ 发布出版包括发行、公开演绎、公开展示等。

❷ 图片包括绘画、素描、平面图等。

❸ 立体空间形态包括雕塑、模型、建筑物等。

❹ 管育鹰."一带一路"沿线国家知识产权法律制度研究——中亚、中东欧、中东篇［M］. 北京：法律出版社，2017：22.

按照《哈萨克斯坦著作权及相关权法》第 8 条规定，以下不是著作权保护对象：官方文件[1]及其官方翻译文本；国家官方标志，如旗帜、徽章、勋章、钱币及其他国家标志；民间文学艺术作品和关于事件和事实的信息。

（三）著作权的产生以及作者的推定

作品的著作权来源于创作的事实，不需要进行著作权登记或其他特殊的合法化手续。作者或权利人有权使用著作权保护标志来体现其专有权，该标志放置在作品的每个副本上，并且必须包含三个要素：一个圆圈中的拉丁字母“C”、著作权权利人姓名和作品的首次出版年份。

作者为了证明对未发表作品的人身权利，以及权利人在著作权保护期间或相关有效期内的任何时间证明拥有作品的专有财产权协议的，有权进行著作权登记。授权机构按照法律规定的顺序进行登记。

当匿名或化名出版作品，[2] 除非另有证明，在作品上标明名字或称号的编辑为作者的代表，有权保护作者的权利并确保专利权的行使。直到作者标明，公开自己的身份。

未发表作品的作者为了避免他人非法使用或盗用其未发表作品，认为有必要将手稿存放的，授权机构有义务接收手稿，并颁发标明接收日期的证书。手稿的存放和接收程序由授权机构决定。

二、主要保护范围

（一）非财产权利

作者享有个人非财产权利，个人非财产权利不可剥夺。作者死后其个人非财产权按照《哈萨克斯坦著作权及相关权法》第 30 条规定，即“著作权转让”的相关内容进行。作者对其作品应享有下列个人非财产权：（1）署名权；（2）匿名权；[3]（3）保护作品不受歪曲、篡改以及作者的荣誉和名誉不受损害的权利；（4）发表权。

已发表的作品对使用者造成损害的，作者有权行使撤回权即拒绝早先出版作品的决定（撤回权），但前提是应补偿使用者的损失。对已经公开发表的作品，作者必须公开通知其撤回行为并自费收回以前制作的作品的复制件。此内容不适用于职务作品。

---

[1] 官方文件包含法律、法院裁决、立法、行政、司法和外交性质的其他文本。

[2] 作者的化名并不会引起对作者身份怀疑的除外。

[3] 即以笔名代替真实姓名或者拒绝指明姓名的权利。

（二）经济权利

作者或其他权利人应享有以任何形式或任何方式使用作品的权利。作者对作品的使用专有权是指采取、授权或禁止下列行为的权利：（1）复制权；（2）发行权；[1]（3）进口权；（4）公开展览权；（5）公开表演权；（6）公开传播权；[2]（7）广播权；（8）电缆、电线或其他类似手段向公众传达作品的权利；（9）转让权；（10）修改权和获取公共信息的权利和其他不违反法律的权利。

购买合法出版的作品复制件的，可以未经作者的授权或不支付报酬的情形下进行后续进一步的发行。

出租下列作品的原件或复印件的权利：（1）音乐作品；（2）录音或录像作品；（3）视听作品；（4）数据库；（5）计算机程序。

建筑、城市规划、设计和园艺作品的专有权利还包括这些项目的实际实施。

作者或其他权利人有权通过作品的使用获得报酬，各类作品报酬的数额以及相关合同的制定方式由著作权集体管理组织制定。

（三）保护期限

依照《哈萨克斯坦著作权及相关权法》的相关规定，没有其他明确规定的情况下，著作权应该延续到作者死后 70 年，即使作者死后才出版或公开发表。署名权和作者声誉保护权不受时间限制。合作作品的著作权保护期应延续到最后一位去世的作者死后的 70 年为止。除了法律另有规定外，集体作品的著作权应延续到该作品首次出版或发表后的 70 年。作者死后 30 年以来首次出版的作品的著作权自出版后一年的 1 月 1 日起发布后 50 年内生效。

（四）著作权侵权的具体类型及其赔偿

侵犯哈萨克斯坦著作权法中有关著作权和相关权利的按照法律承担责任。该法第 48 条明确列举了侵犯著作权和相关权的情形，具体如下：（1）未经作者或其他权利人的授权，旨在取消对使用著作权和使用技术手段保护著作权及相关权所确定的相关权利的限制的行动；（2）任何设备或其组件的制造，分销，租赁，临时使用，进口，广告，其使用以创造收入或提供服务，以及为了产生收入或提供服务为目的使用的，如果由于这些行为导致无法使用技术手段保护著作权及相关权利或技术手段无法对这些权利提供充分的保护；（3）未经作

[1] 发行权是指以任何方式发行作品的原件或复制件，如出售、交换和其他业务形式，包括在网络信息平台公开。

[2] 公开传播权包括通过广播或有线传播。

者或其他权利人许可，擅自修改、删除有关权利管理的信息；（4）未经作者或其他权利人授权或删除作者信息的情形下，复制、发行、进口、公开以及以电缆或广播方式向公众传播作品。

对于侵权行为权利人可向法院提起下列要求：（1）确认权利；（2）恢复原状；（3）停止侵权；（4）损失赔偿；（5）返还侵权所得利润；（6）采取其他与维权有关的法律规定的措施。

赔偿金额按照法院裁定的从每月计算指标的 100～1.5 万来计算的，[1] 或以可变价格为基础，将复制作品和有权使用作品的价格加倍的赔偿金额，通常收取合法使用作品的价格。赔偿金额应该由法院裁定而不是由损害或收费利润来决定。[2]

在审理案件之前，法官有权做出禁止被告制作、复制、出售、使用作品和录音制品的复制品的决定。法官还有权作出没收认为是盗版的作品和录音制品的复制品，以及相关的原材料和设备。法院有权作出决定没收作品和录音制品的盗版副本以及用于复制的材料和设备。盗版作品或录音制品可根据其请求转让给著作权所有者或相关权利人，或在法院作出决定后予以销毁。用于复制的材料和设备，经法院裁决或者转让给国家财产后，将予以销毁。

（五）著作权的限制

未经权利人和作者同意和支付报酬的情形下，可以以个人使用为目的，未获得利润的情形下对合法出版的作品进行复制。但不适用于：（1）以房屋和类似建筑物的形式复制建筑作品；（2）对数据库或其重要部分的复制；（3）计算机程序的复制，但《哈萨克斯坦著作权与相关权法》第 24 条规定，即有关“电子计算机和数据库程序的免费复制——电子计算机程序的重新编”规定的内容除外；（4）对书籍和音乐文本整体、全部的复制。

未经作者或所有者的同意并不支付费用的情况下可以对下列作品进行使用，但必须标明作者姓名和资源出处。

（1）以科学研究、辩论、批评、获取信息为目的对合法出版的作品进行合理引用；（2）为个人学习研究或科学研究为目的，对在图书、报刊或其他出版物上合法出版的作品进行使用；（3）报纸、期刊、广播电台、电视台等媒体刊登或者播放其他报纸、期刊、广播电台、电视台等媒体已经发表的关于政治、经济、宗教问题的时事性文章，但作者声明不许刊登、播放的除外；

[1] “损失计算指标”是一个计算税率、关税、罚款及其他对种类费用的单位，每年根据通胀率等因素依据《国家预算法》进行调整。

[2] 郝婷. 论中亚五国版权制度的国际化及版权保护的地域性［J］. 出版科学，2017（6）：97－101.

(4) 对公开发表的政治演讲、报告和其他类似作品以新闻传播为目的向公众以报纸、广播或有线电视上等方式传播。但作者声明不许刊登、播放的除外；(5) 对看到或听到的时事、事件，通过拍摄或录像、广播或有线电视通信等形式向公众传播的新闻中对已发表的作品适当的引用。但作者声明不许刊登、播放的除外；(6) 通过浮雕字体或其他方式为盲人使用为目的，不获利的复制合法出版的作品；(7) 为了还原图书馆和档案馆里遗失或损毁的合法出版的作品，不以获利为目的进行的复制。并将复制品提供给同样作品丢失或毁损的其他图书馆或档案馆。

未经作者或其他权利人的同意，未支付使用费的情形下，无获利的可对下列情形中的作品复制件进行使用。但必须标明作者和出处：(1) 图书馆和档案馆为了恢复、更换损毁或丢失的已发表的作品，可对其复制件进行使用；(2) 为了个人学习和科学研究，对图书馆和档案馆集录，报纸和其他平台上合法出版的独立文章、小型作品或合法出版的书面作品（带或不带插图）的简短摘录的复制件进行使用；(3) 教育机构以教学为目的对图书馆和档案馆集录，报纸和其他平台上合法出版的独立文章、小型作品或合法出版的书面作品（带或不带插图）的简短摘录的复制件进行无获利的使用。

未经作者或权利人同意并且没有支付使用费的情况下，可对陈列在室外免费进入的公共场所的建筑、艺术品、摄影作品等进行临摹、录像、摄影等。为了商业目的的除外。未经作者或其他权利人的同意，未支付使用费的可在正式宗教仪式、葬礼上对合法出版的音乐作品、宗教图片等进行使用。

三、其　　他

（一）著作权登记

受到保护的著作权的登记由主管机关自收到作者或著作权人的申请起20个工作日内作出。著作权登记申请书应经授权机构批准。

登记的依据是作者的申请或权利人的申请。著作权权利登记申请书应经授权机构批准。登记申请表应包含申请人的姓名、居住地、联系方式、申请人的身份证明文件。申请登记演绎作品或汇编作品的，应指明所用作品作者的姓名信息。

除了提交申请表，申请人身份证明文件复印件和确认支付国家注册费用的文件原件外，文学、科学、戏剧、情景剧作品的权利登记还应提交作品复印件。带词或不带词音乐作品和音乐剧作品进行权利登记时，还需要提交工作记录、文本、乐谱等。申请登记舞蹈、哑剧、视听作品的权利登记时，需提交工作记录、工作描述。申请建筑、城市规划、设计和园艺作品登记时，需提交草图、蓝图、图纸和工作的详细说明。绘画、图形、平面艺术作品和实用艺术作品权利登记时，还需要提供作品的复印件或照片以及工作的详细说明。登记计算机程序或汇编数据库作品需提交计算机程序，汇编数据库以及带有源代码的软盘或其他电子媒介，该程序或数据库的名称，申请人的姓名、日期、目的、适用范围，主要技术特点、功能、编程语言等。包括多个计算机程序的计算机软件应作为一个整体进行登记。

为履行公务或者用人单位职务而产生的职务作品的权利登记，还需提交劳动合同复印件。若作品权利人为法人的，还需提交法人国家注册证书复印件。合成作品和演绎作品的登记还需要提交与原作品权利人订立的合同复印件。

授权机构对所提交申请文件应在10个工作日内审查其完整与准确性。对资料不完整的授权机构将在规定时间内通知不予登记的决定并返还提交材料。此后作者有权重新申请登记。注册登记证书丢失或损坏的，授权机构可在10个工作日内提供证书复印件。

（二）共同作者

由两人或两人以上创作的作品的著作权属于共同作者，不论这种作品是不可分割的还是由不同的部分组成。如果部分作品可以独立于作品的其他部分使用，除非作者之间的协议另有规定，否则他们每个人可以自行决定使用自己创作的部分作品。整体作品的使用权属于共同作者，共同作者之间的权利义务可以通过他们之间的协议来确定。共同作者的作品构成一个整体，共同作者之间在没有充分理由的情况下，不能禁止其他共同作者使用作品。

（三）汇编作品、演绎作品、视听作品和职务作品

汇编作品是指对作品和其他材料的集合，例如：百科全书、选集和数据库等，通过对其选择或编排呈现出的创意活动的结果。汇编人享有汇编作品的著作权，但行使著作权时，不得侵犯原作品的著作权。出版百科全书、百科辞典、期刊、科学论文、报纸、杂志和其他期刊的出版商拥有将出版物整体作为汇编作品使用的专有权利。出版商在使用这些出版物时应指明原作品的名称或说明其出处。原作品的作者享有原作品的著作权。

翻译者和其他演绎作品的作者对其翻译、改编或其他方式演绎的作品享有著作权。演绎作品著作权人不得阻止他人对同一件原作品的翻译或其他形式进行演绎。

视听作品的作者有：（1）编剧；（2）专门为此创作的音乐作品（无论是否带词）的作者；（3）导演；（4）制片人；（5）艺术总监。作为视听作品一部分加入、加工或合并的先前创作作品的作者也是视听作品的共同作者。在使用视听作品时应指明视听作品制作人的姓名或出处。视听作品中的音乐作品的

作者有权在公开演出、公开宣传以及出租视听作品复制品等行为中获取报酬。

在执行职务或雇主分配的工作中创作作品的雇员享有个人非财产权。职务作品的财产权利归雇主所有，除非雇主与雇员之间的协议有其他规定。雇员均有权表明其姓名或要求提供此类表示。职务作品的相关规定不适应于百科全书、百科词典、报刊和其他期刊等作品。

（四）相关权利

相关权利应扩展到广播和电视台的演出、表演、录音制品、转播，不论其名称、内容和目标以及表达方式如何。

表演者、录音制品制作者和广播和有线广播组织是相关权利的主体。录音制品制作人和广播组织应当按照与作品的表演者和作者签订的合同中规定的内容行使权利。表演者可行使有关相关权规定的权利，但不得与作品作者的权利相违背。相关权的产生与行使不需要注册，也不需要遵守其他的特殊形式要求。录音制品制作人或表演者有权使用相关权利保护标志来体现其权利，该标志放置在作品的每个副本上，并且必须包含三个要素：（1）一个圆圈中的拉丁字母“P”；（2）相关权利人的姓名、名称；（3）录音制品的首次出版年份。

除非另有证明，在录音制品上标明名称的自然人或法人应认定为录音制品的制作者。

表演者的权利应在首次演出或制作后的70年内有效。表演者署名权，保护作品不受歪曲、篡改的权利可无限期的保护。录音作品制作人的权利在录音制品首次发表后的70年内有效。若在此期限内没有发表，则在录音制品首次录制后50年内有效。广播组织的权利自首次播出后70年内有效。有线电视台自首次向公众播出后的70年内有效。

（五）著作权集体管理组织

科学、文学和艺术作品作者、表演者、录音制品制作者和著作权、相关权的其他权利人，为使其财产权利在实践中得到落实，有权建立著作权集体管理组织。集体管理组织不得从事商业活动，不得使用集体管理的作品和相关权利客体。著作权集体管理组织由著作权和相关权利人为了利益管理方便而直接设立，并应在规定的权限范围内运作。

在以下领域可创建集体管理组织：管理与公共广播、有线电视通信或广播有关的音乐作品和音乐作品的片段的独家权利，包括通过转播；在广播电台、电视台使用音像作品、获得公共表演的酬金，或公开表演音乐作品；管理视觉艺术方面的转售报酬权；行使作者、表演者、录音制品制作者和音像作品的权利，以获得报酬，复制录音制品和视听作品以满足个人需要且不获利的；表演者获得公共表演报酬的权利；录音制品制作者获得报酬的权利；出版作品的著作权管理；以商业目的在广播和有线广播播出节目并获得报酬。

（六）著作权的转让

著作权根据合同和继承程序完成转让。著作权应根据法律或意愿进行转让。个人非财产权不得通过继承程序转让，继承人有权保护继承作品作者的个人非财产权。作品作者有权以遗嘱有关规定的方式向执行人指定一个人为其保护、管理其个人非财产权。该受托人应当履行其职责。若作品作者没有指定管理人则作者去世后其个人非财产权利由继承人履行，如果存在没有继承人或著作权终止的情形，则由授权机构行使。

作者的财产权利可以全部或部分转让，也可以根据作者的专有权转让合同或作者的非排他性权利转让合同转让使用。任何财产权转让内容都必须在作者和被转让财产权利人签署的书面协议中正式确定。转让协议应规定：使用作品的方式，权利转移的期限和地域，报酬金额和确定报酬金额的程序。转让协议必须以书面形式订立，作者对定期出版的作品使用的协议可以口头订立。

第三节 乌兹别克斯坦著作权法律制度

一、著作权制度概况

乌兹别克斯坦著作权和相关权利保护法，对著作权保护的原则、权利范围、权利客体、不受著作权保护的客体、著作权标记、著作权限制、相关权利、侵权责任等问题进行规定。根据该法的规定，乌兹别斯坦的著作权制度由该法以及著作权领域的相关法规构成。如果乌兹别克斯坦参加的国际公约对相关内容的规定与乌兹别克斯坦的法律法规不相同的，适用国际条约有关的规定。

（一）适用范围

乌兹别克斯坦著作权和相关权利保护法适用范围为：（1）乌兹别克斯坦公民或者具有乌兹别克斯坦永久居留资格的人创作或享有著作权的作品；（2）首次在乌兹别克斯坦出版的作品，作者是否是乌兹别克斯坦公民或永久居民不影响其著作权；（3）受乌兹别克斯坦遵守的国际公约所保护的作品；（4）如果在乌兹别克斯坦境外首次出版，30 日内又在乌兹别克斯坦出版的作品，视为在乌兹别克斯坦首次出版，受到该法保护。

（二）著作权客体

作为智力活动创作的成果，文学、艺术和科学作品受著作权保护，与作品的名称、特点以及表现形式没有关联。具体应满足下列客观形式：（1）书面形式；（2）口头形式；（3）录音或录像（机械、数字、磁性、光学等）；（4）图片（绘画、素描、平面图等）；（5）立体空间形态（雕塑、模型、建筑物等）；（6）其他形式。

著作权保护不适用于思想、概念、原则、方法、发现、事实、工艺、技艺等。能够获得著作权保护的作品形式主要包括下列形式：（1）文字作品；（2）戏剧舞台作品；（3）带词或不带词的音乐词曲；（4）音乐或戏剧作品；（5）舞蹈作品或哑剧；（6）视听作品；（7）书画、雕塑、图表、设计以及其他可视艺术作品；（8）装饰性实用艺术作品；（9）建筑设计图、城市规划设计和园艺作品；（10）摄影作品和类似摄影方式制作的作品；（11）地理地图和其他地图；（12）各种类型的计算机软件，包括任何程序语言和以任何形式表达的应用程序和操作系统；（13）以其他符合著作权法规定要件的作品形式。

演绎作品和汇编作品受著作权法保护。演绎作品是指科学、文学和艺术作品的翻译、修订、总结、摘要、评论、改编和进行其他修订的作品。汇编作品包括百科全书、选集、集合和其他对材料进行选取和（或）编排等智力创造产生的汇编数据库。

根据乌兹别克斯坦著作权和相关权利保护法规定，以下不是著作权保护对象：（1）官方文件（法律、法院裁决等）及其官方翻译文本；（2）国家官方标志，如旗帜、徽章、勋章、钱币等；（3）民间文学艺术作品；（4）具有常规新闻信息性质的日常或时事新闻报道；（5）在技术手段的帮助下获得的用于制作某种作品的，没有体现创造性活动的成果。

（三）著作权的产生以及作者的推定

作品的著作权来源于创作的事实，不需要进行著作权登记或其他特殊的合法化手续。

当匿名或化名出版工作，❶ 除非另有证明，在作品上标明名字或称号的编辑为作者的代表，有权保护作者的权利并确保专利权的行使。直到作者标明，公开自己的身份。

组织创作作品的人，如音像制品制作人、百科全书出版商和其他制作人，不是对应作品的作者。但是，在相关法律规定的情况下，这些组织者可以获得使用这些作品的专有权利。音像制品制作人有权要求他人使用时标明其姓名或名称。百科全书、百科辞典、期刊以及科学论文、报纸、杂志和其他期刊的出版商有权要求他人使用时注明其姓名、名称，或要求其他此类举措。

---

❶ 作者的化名并不会引起对作者身份怀疑的除外。

作者（权利人）有权使用著作权保护标志来体现其专有权，该标志放置在作品的每个副本上，包含下列三个要素：（1）一个圆圈中的拉丁字母“C”；（2）著作权权利人姓名；（3）作品的首次出版年份。

除另有证据证明，被标注的人被认为是享有著作权的人。

二、主要保护范围

（一）非财产权利

作者享有个人非财产权利，著作权在进行转让时精神权利不得转让。作者死后其个人非财产权按照《乌兹别克斯坦著作权和相关权利保护法》第30条规定，即“著作权转让”的相关内容进行。作者对其作品应享有下列个人非财产权：（1）署名权；（2）以笔名代替真实姓名或者不指明姓名的权利即匿名权；（3）保护作品不受歪曲、篡改以及作者的荣誉和名誉造成损害的权利；（4）已发表的作品对使用者造成损害（包括利润损失）的，作者有权拒绝早先出版作品的决定（撤回权），但前提是应补偿使用者的损失。对已经公开发表的作品，作者必须公开通知其撤销行为并自费收回以前制作的作品的复制件。此内容不适用于职务作品。

在出版、公开演出或其他方式使用，介绍作品时，只有在作者同意的情况下，才允许对作品名称、标题和作者姓名做出变动。未经作者同意，不得将其作品提交给出版物作为插图、前言、后记、评论或其他解释使用。

（二）经济权利

作者或其他权利人应享有以任何形式或任何方式使用作品的权利。法律和自然人，除本法规定的情况外，只有与著作权人或其他权利人达成著作权协议才能使用相关作品。其中还包括与作品创作组织者、集体管理组织达成的协议。如果没有上述组织或机构，则与能够执行相应职能的组织签订合同。

作者对作品的财产权利体现在：（1）对作品的复制（复制权）；（2）以任何方式出售或转让作品原件或复制件的所有权（发行权）；（3）向社会公众披露的权利；（4）雇用权；（5）进口权；（6）传播权；（7）再版权；[1]（8）公开展示权；（9）表演权；（10）无线传播权；（11）翻译权；（12）对公众重复公布权利；（13）获得报酬的权利。

购买合法出版的作品的复制件的，可以未经作者的授权或不支付报酬得进行后续进一步的发行（权利穷竭）。

---

[1] 管育鹰. 中亚有关国家知识产权环境报告［EB/OL］.［2018－01－20］. http://cnips.org/baogao/detail.asp? id=1215.

建筑、城市规划、设计和园艺作品的专有权利还包括这些项目的实际实施。

（三）保护期限

依照乌兹别克斯坦著作权和相关权利保护法的相关规定，没有其他明确规定的情况下，著作权应该延续到作者死后50年。署名权和作者声誉保护权不受时间限制。合作作品的著作权保护期应延续到最后一位去世的作者死后的50年为止。作者死后首次出版的作品的著作权自首次出版后的50年内有效。以笔名代替真实姓名或者不指明姓名形式合法出版的作品的著作权自发布后50年内有效。如果作者的笔名、化名等信息会指向特定之人，则没有其他明确规定的情况下，著作权应该延续到作者死后50年。有关规定的时间段从有关法律事实发生之年的下一年的1月开始计算。

（四）侵权责任

侵犯乌兹别克斯坦著作权和相关权利保护法中有关著作权和相关权利的按照法律承担责任。该法第62条明确列举了侵犯著作权和相关权的情形，具体如下：（1）侵犯作者的个人非财产权利，如姓名权和保护作品不受歪曲、篡改以及作者的荣誉和名誉造成损害的权利；（2）未经作者或其他权利人授权的情形下，复制、发行或以其他方式向公众传播作品；（3）违反有关报酬支付条款的；（4）盗版、假冒作品的；（5）对作品进行滥用的。

遭受侵权后，著作权人和相关权人有权要求：（1）确认权利；（2）恢复原状；（3）停止侵权；（4）无论损害事实是否发生，对损失进行赔偿；（5）采取其他与维权有关的法律规定的措施。

集体管理组织有权以自己名义对侵犯著作权的情形提起诉讼。盗版的作品以及相关的原材料和设备依照法律没收。在防止或终止侵权的过程中，对第三人造成的损失，费用由侵权人承担。此外，《乌兹别克斯坦著作权和相关权利保护法》第63条和第64条还对技术措施和权利管理信息的保护做了相关的规定。与著作权及相关权有关纠纷应按照法律规定的程序救济。

（五）著作权的限制

根据乌兹别克斯坦著作权和相关权利保护法规定，著作权的合理使用是指不影响作品正常使用，不会对作品造成任何损害，不会以不合理的方式侵犯作者合法权利与利益的使用。在没有不合理地损害作品的正常使用、没有以不正当的方式侵害作者的合法利益时，可以对著作权的行使制定一些限制。

未经权利人和作者同意和支付报酬的情形下，可以以个人使用为目的，未获得利润的情形下对合法出版的作品进行复制。但不适用于：（1）以房屋和类似建筑物的形式复制建筑作品；（2）对数据库或其重要部分的复制；（3）计算机程序的复制，但法律另有规定的除外；（4）对书籍和音乐文本整体、全部的复制。

未经作者或所有者的同意并不支付费用的情况下可以对下列作品进行使用，但必须标明作者姓名和资源出处：（1）以科学研究、辩论、批评、获取信息为目的对合法出版的作品进行合理引用；（2）为个人学习研究或科学研究为目的，对在图书、报刊或其他出版物上合法出版的作品进行使用；（3）报纸、期刊、广播电台、电视台等媒体刊登或者播放其他报纸、期刊、广播电台、电视台等媒体已经发表的关于政治、经济、宗教问题的时事性文章，但作者声明不许刊登、播放的除外；（4）对公开发表的政治演讲，报告和其他类似作品以新闻传播为目的向公众以报纸、广播或有线电视等方式传播。但作者声明不许刊登、播放的除外；（5）对看到或听到的时事、事件，通过拍摄或录像、广播或有线电视通信等形式向公众传播的新闻中对已发表的作品适当的引用。但作者声明不许刊登、播放的除外；（6）不以获利为目的将已经发表的作品改成盲文出版；（7）图书馆为陈列或者保存版本的需要，复制本馆收藏的作品，但只能在图书馆使用。

未经作者或其他权利人的同意，未支付使用费的情形下，无获利的可对下列情形中的作品复制件进行使用。但必须标明作者和出处：（1）图书馆和档案馆为了恢复、更换损毁或丢失的已发表作品，可对其复制件进行使用，以及对同样存在相似情形的图书馆和档案馆提供作品复制件；（2）为了个人学习和科学研究或教育机构为教学目的，对图书馆和档案馆集录，报纸和其他平台上合法出版的独立文章、小型作品或合法出版的书面作品（带或不带插图）简短摘录的复制件进行使用；（3）未经作者或权利人同意并且没有支付使用费的情况下，可对陈列在室外免费进入的公共场所的建筑、艺术品、摄影作品等进行临摹、录像、摄影等，为了商业目的的除外；（4）未经作者或其他权利人的同意，未支付使用费的可在正式宗教仪式、葬礼上等对合法出版的音乐作品进行使用或公开表演。

此外《乌兹别克斯坦著作权和相关权利保护法》第 30 ~ 32 条对行政、司法程序中利用作品、广播组织用于短期使用的免费录音、计算机软件、数据库的免费利用等情形进行了进一步的规定。

三、其　　他

（一）共同作者

由两个或两个以上人创作的作品的著作权属于共同作者，不论这种作品是不可分割的还是由不同的部分组成。如果部分作品可以独立于作品的其他部分使用，除非作者之间的协议另有规定，否则他们每个人可以自行决定使用自己创造的部分作品。整体作品的使用权属于共同作者，共同作者之间的权利义务可以通过他们之间的协议来确定。共同作者的作品构成一个整体，共同作者之间在没有充分理由的情况下，不能禁止其他共同作者使用作品。

（二）演绎作品、汇编作品、视听作品、访谈作品

演绎作品是对科学、文学和艺术作品进行改编，修改后生成的作品。演绎作品的著作权人对其演绎的作品享有著作权。演绎作品著作权人不得阻止他人以其演绎作品为基础进行的再次演绎。

汇编作品是指对作品和其他材料进行选择或编排呈现出的创意活动的结果。汇编人享有汇编作品的著作权，但行使著作权时，不得侵犯原作品的著作权。除非协议另有规定，原作品的作者享有原作品的著作权。汇编作品的著作权不得妨碍他人以对同一材料的选取或编排。

视听作品的作者包括：（1）导演制片人；（2）编剧；（3）专门为此创作的音乐作品（无论是否带词）的作者；（4）摄影指导；（5）艺术设计师。视听作品中音乐作品的作者有权公开演出、并有获取报酬的权利。

除非协议另有规定，访谈作品的著作权属于共同作者，即进行访谈和接受访谈的人，除非他们之间的协议另有说明。只有在征得当事人同意的情况下，才允许使用访谈作品。

（三）著作权相关权

相关权包括表演者权、录音制作者权和广播组织权，其权利的客体分别是表演者的表演、录音制品和广播组织有线或无线的广播传播。表演者、录音制品制作者和广播、有线广播组织应为相关权利的主体。相关权的产生与行使不需要注册，也不需要遵守其他的特殊形式要求。录音制品制作人和广播组织应当按照与作品的表演者和作者签订的合同中规定的内容行使权利。录音制品制作人或表演者有权使用相关权利保护标志来体现其权利，该标志放置在作品的每个副本上，并且必须包含三个要素：（1）一个圆圈中的拉丁字母“P”；（2）相关权利人的姓名、名称；（3）录音制品的首次出版年份。

除非另有证明，在录音制品上标明名称或名称的自然人或法人，除相反证据证明，应认定为录音制品的制作者。

（四）著作权集体管理

科学、文学和艺术作品作者、表演者、录音制品制作者、著作权和相关权的其他权利人，为使其财产权利在实践中得到落实，有权建立著作权集体管理

组织。集体管理组织是非营利性组织，依章程组织与管理。著作权中的财产性权利交由集体管理组织行使的范围，由作者自愿进行书面授权。

第四节 吉尔吉斯斯坦著作权法律制度

一、著作权制度概况

吉尔吉斯斯坦著作权法保护对科学、文学和艺术作品的创作和使用中形成的著作权和在录音制品、表演、广播电视传播过程中形成的相关权。

吉尔吉斯斯坦关于著作权和相关权利的立法包括宪法、民法典中有关计算机程序和数据库保护的内容，以及《吉尔吉斯斯坦著作权及相关权法》和其他法律法规。如果吉尔吉斯斯坦批准的国际条约规定的规则与《吉尔吉斯斯坦著作权及相关权法》规定的规则不同，则适用该国际条约的规定。

（一）适用范围

不论作者及其受让人的国籍如何，在吉尔吉斯斯坦境内发表的作品或未发表但在吉尔吉斯斯坦境内以任何客观形式保留的作品；作者为吉尔吉斯斯坦公民及其受让人，在吉尔吉斯斯坦境外发表的作品，或未发表但在吉尔吉斯斯坦领土外保留任何客观形式的作品；其他国家公民的相关适用规则由根据吉尔吉斯斯坦批准的国际条约决定。如果作品在吉尔吉斯斯坦境外首次出版后30天内在吉尔吉斯斯坦境内出版，则认为该出版物在吉尔吉斯斯坦首次出版。

（二）著作权客体

著作权适用于科学、文学和艺术作品，体现的是创造性劳动的结果，无论其目的、品质和方式如何。

作品形式应具有客观形式，主要可分为：（1）书面形式；（2）口头形式；（3）录音或录像；（4）图片；（5）立体空间形态；（6）其他未发表作品。

其中口头或其他未在物质载体上进行表达的作品只要第三方能够感知就具有客观形式。著作权保护不适用于思想、概念、原则、方法、发现、事实、提出解决方案等。作品的著作权来源于创作的事实，不需要进行著作权登记或其他特殊的合法化手续。作品的著作权与作品载体的所有权没有关联。将作品载体的所有权进行转移时作品的著作权不发生转移。

著作权客体包括：（1）文学作品；（2）戏剧和音乐戏剧作品；（3）情景剧作品；（4）舞蹈作品和哑剧；（5）带词或不带词的音乐作品；（6）视听作品；（7）绘画、图形和其他平面艺术作品；（8）实用艺术作品；（9）建筑、城市规划设计和观景艺术作品；（10）摄影作品和类似摄影方式制作的作品；

（11）地图、规划图、示意图、插图、三维地形图、测绘图和其他自然科学作品；（12）计算机程序；（13）其他符合条件的作品。

此外，著作权还包括：（1）演绎作品，即翻译、改编、注释、评论和其他对科学、文学和艺术作品进行演绎的作品；（2）汇编作品，如百科全书、选集、集合和其他对材料进行选取和（或）编排等智力创造产生的汇编数据库。

计算机程序保护以任何语言和任何形式（包括目标代码和源代码）制作的所有类型的计算机程序（包括操作系统）。

以下不是著作权保护对象：（1）官方文件（法律、法院裁决等）及其官方翻译文本；（2）国家官方标志，如旗帜、徽章、钱币及其他国家标志；（3）民间文学艺术作品；（4）具有常规新闻信息性质的日常或时事新闻报道；（5）在技术手段的帮助下获得的用于制作某种作品的、没有体现创造性活动的成果。

（三）作者的推定

作者是创作创造性作品的公民。除非另有证明，否则在作品首次出版时署名为作者的人被视为该作品的作者。

当匿名或化名出版工作（作者的化名并不会引起对作者身份怀疑的除外），除非另有证明，在作品上标明名字或称号的出版商为作者的代表，有权保护作者的权利并确保专利权的行使。直到作者标明、公开自己的身份。

作者（权利人）有权使用著作权保护标志来体现其专有权，该标志放置在作品的每个副本上，包含下列三个要素：（1）一个圆圈中的拉丁字母“C”；（2）著作权权利人姓名；（3）作品的首次出版年份。

未发表作品的作者为了避免他人非法使用或认为有必要将手稿存放的，授权机构有义务接收手稿，并颁发标明接收日期的证书。吉尔吉斯斯坦专利局对手稿存放安全负责。

作者为了证明对未发表作品的人身权利，以及权利人在著作权保护期间或相关有效期内的任何时间证明拥有作品的专有财产权协议的，有权进行著作权登记。授权机构按照法律规定的顺序进行登记。

二、主要保护范围和权利内容

（一）精神权利

作者享有个人非财产权利，财产权进行转移时非财产权不进行转移。作者对其作品应享有下列个人非财产权：（1）署名权；（2）以笔名代替真实姓名或者拒绝指明姓名的权利（匿名权）；（3）保护作品不受歪曲、篡改以及作者的荣誉和名誉不受损害的权利；（4）发表权（以任何形式发布或允许发布作品的权利，包括撤回权）。

已发表的作品对使用者造成损害（包括利润损失）的，作者有权拒绝早先出版作品的决定（撤回权），但前提是应补偿使用者的损失。对已经公开发表的作品，作者必须公开通知其撤销行为并自费收回以前制作的作品的复制件。此内容不适用于职务作品。

（二）经济权利

作者或其他权利人应享有以任何形式或任何方式使用作品的权利。作者对作品的使用专有权是指采取、授权或禁止下列行为的权利：（1）对作品的复制（复制权）；（2）以任何方式发行作品的原件或复制件（包括影视、计算机程序、数据库等作品的出租）；（3）进口权；（4）公开展览权；（5）公开表演权；（6）无线广播权；（7）电缆、电线或其他类似手段向公众传送作品的权利；（8）翻译权；（9）改编权；（10）向公众传达作品，使任何人都可以在任何地点、任何时间选择、访问该作品的权利。建筑、城市规划、设计和园艺作品的专有权利还包括这些项目的实际实施。

购买合法出版的作品的复制件的，可以未经作者授权或不支付报酬进行后续进一步的发行（权利穷竭）。

下列作品的原件或复印件可进行出租：音乐作品、录音或录像作品、视听作品、数据库、计算机程序。作者或其他权利人有权通过作品的使用获得报酬，各类作品报酬的数额以及相关合同的制定方式由著作权集体管理组织制定。

（三）保护期限

依照吉尔吉斯斯坦著作权及相关权法的相关规定，著作权应该延续到作者死后50年，该期限自作者死亡的下一年开始计算。作者的署名权和作者声誉保护权不受时间限制。合作作品的著作权保护期应延续到最后一位去世的作者死后的50年为止。作者死后50年内首次出版的作品的著作权自首次出版后的50年内有效，该期限自作者死后下一年开始计算。以笔名代替真实姓名或者不指明姓名形式合法出版的作品的著作权自发布后50年内有效。如果作者的笔名、化名等信息会指向特定之人，著作权应该延续到作者死后50年，该期限自作者死后下一年开始计算。有关规定的时间段从有关法律事实发生之年的下一年的1月开始计算。

（四）侵权责任

对侵犯著作权及相关权，违反了吉尔吉斯斯坦民法典和刑法典的行为，权利人依法请求救济。救济措施主要包含：确认侵权、恢复原状、停止侵权行为、赔偿损失、返还侵权所得收入。权利人有足够证据表明侵权行为的存在的，可以请求法庭颁发诉前禁令，进行财产保全、证据保全或行为保全。对于盗版产品，法院可以做出判决强制没收、销毁，还可没收用于制作盗版产品的设备、材料。赔偿金额不按原告损失、而是按吉尔吉斯斯坦共和国劳动立法规定的被告最低收入工资标准的20～5万倍补偿量返还侵权所得或要求法定赔偿的救济。

（五）著作权的限制

未经权利人或作者同意和支付报酬的情形下，可以以个人使用为目的，未获得利润的情形下对合法出版的作品进行复制。但不适用于：（1）以房屋和类似建筑物的形式复制建筑作品；（2）对数据库或其重要部分的复制；（3）计算机程序的复制，但法律另有规定的除外；（4）对书籍和音乐文本整体、全部的复制；（5）公众进行交互传播的复制使用；[1]（6）此外的任何其他可能损害作品正常使用的复制品，并不合理地损害作者的合法利益的。

未经权利人同意并不支付费用的情况下可以对下列作品进行使用，但必须标明作者姓名和资源出处：（1）以科学研究、辩论、批评、获取信息为目的对合法出版的作品进行合理引用；（2）为个人学习研究或科学研究为目的，对在图书、广播电视或其他出版物上合法出版的作品进行使用；（3）报纸、期刊、广播电台、电视台等媒体刊登或者播放其他报纸、期刊、广播电台、电视台等媒体已经发表的关于政治、经济、宗教问题的时事性文章，但作者声明不许刊登、播放的除外；（4）对公开发表的政治演讲、报告和其他类似作品以新闻传播为目的向公众以报纸、广播或有线电视等方式传播，但作者声明不许刊登、播放的除外；（5）对看到或听到的时事、事件，通过拍摄或录像、广播或有线电视通信等形式向公众传播的新闻中对已发表的作品适当的引用。但作者声明不许刊登、播放的除外；（6）制作作品的复制品可访问格式，使一些政府或个人可获取、使用作品。包括非营利性租赁或通过有线或无线的方式电子通信，以及其他可实现这些目标的行为活动。

未经作者或其他权利人的同意，未支付使用费的情形下，无获利的可对下列情形中的作品复制件进行使用，但必须标明作者和出处：（1）图书馆和档案馆为了恢复、更换损毁或丢失的已发表的作品，可对其复制件进行使用，以及对同样存在相似情形的图书馆和档案馆提供作品复制件；（2）为了个人学

[1] 郝婷，黄先蓉．新媒体时代的版权补偿金制度及其对我国的启示［J］．出版广角，2016（7）：28－31.

习和科学研究或教育机构为教学目的，对图书馆和档案馆集录，报纸和其他平台上合法出版的独立文章、小型作品或合法出版的书面作品（带或不带插图）简短摘录的复制件进行使用；（3）教育机构为教学目的对图书馆和档案馆集录，报纸和其他平台上合法出版的独立文章、小型作品或合法出版的书面作品简短摘录的复制件进行使用；（4）对陈列在室外免费进入的公共场所的建筑、艺术品、摄影作品等进行临摹、录像、摄影等，为了商业目的的除外；（5）在正式宗教仪式、葬礼上等对合法出版的音乐作品进行使用或公开表演。

此外，《吉尔吉斯斯坦著作权及相关权法》第23～25条对行政、司法程序中利用作品、广播组织用于短期使用的免费录音、计算机软件、数据库的免费利用等情形作了进一步的规定。

三、其　他

（一）共同作者

由两个或两个以上人创作的作品的著作权属于共同作者，不论这种作品是不可分割的还是由不同的部分组成。如果部分作品可以独立于作品的其他部分使用，除非作者之间的协议另有规定，否则他们每个人可以自行决定使用自己创造的部分作品。共同作者之间的权利义务关系由他们之间的协议确定，没有相关协议的由所有共同作者共同行使，平均分配报酬。

共同作者的作品构成一个整体，共同作者之间在没有充分理由的情况下，不能禁止其他共同作者使用作品。每位共同作者均有权以自己的名义并未经其他共同作者同意采取措施，保护其权利，除非两者之间达成协议另有规定。

（二）汇编作品、演绎作品、视听作品及职务作品

汇编作品是指对作品和其他材料的集合，通过对其选择或编排呈现出的创意活动的结果。汇编人享有汇编作品的著作权，但行使著作权时，不得侵犯原作品的著作权。除非协议另有规定，原作品的作者享有原作品的著作权。汇编作品的著作权不得妨碍他人以对同一材料的选取或编排。出版百科全书、百科辞典、期刊、科学论文、报纸、杂志和其他期刊的出版商拥有将出版物整体作为汇编作品使用的专有权利。出版商在使用这些出版物时应指明原作品的名称或说明其出处。原作品的作者享有原作品的著作权。

翻译者和其他演绎作品的作者对其翻译、改编或其他方式演绎的作品享有著作权。演绎作品著作权人不得阻止他人对同一件原作品的翻译或其他形式进行演绎。

视听作品的作者有：（1）编剧；（2）专门为此创作的音乐作品（无论是否带词）的作者；（3）导演；（4）制片人；（5）摄影指导；（6）艺术总监。

在使用视听作品时应指明视听作品制作人的姓名或出处。视听作品中的音乐作品的作者有权在公开演出、公开宣传以及出租视听作品复制品等行为中获取报酬。

在执行职务或雇主分配的工作中创作作品的雇员享有个人非财产权。职务作品的财产权利归雇主所有，除非雇主与雇员之间的协议有其他规定。雇主均有权表明其姓名或要求提供此类表示。报酬金额以及相应的支付程序由雇主与雇员之间的协议确定。在职务作品完成10年后，经雇主同意，不论与雇主原先订立的合同如何，职务作品使用权和收取报酬的权利归属于雇员。职务作品的相关规定不适应于百科词典、报刊和其他期刊等的创作作品。

（三）著作权的转让

著作权根据合同和继承程序完成转让。著作权应根据法律或意愿，按照继承程序进行转让。个人非财产权不得通过继承程序转让，继承人有权保护继承作品作者的个人非财产权。如果存在没有继承人的情形，则由专利局行使相关保护权利。

作者的财产权利应通过转让合同进行转让，可以根据作者的专有权转让合同或作者的非排他性权利转让合同转让使用。任何财产权转让内容都必须在作者和被转让财产权利人签署的书面协议中正式确定。转让协议应规定：使用作品的方式、权利转移的期限和地域、报酬金额和确定报酬金额的程序、双方认为对本协议至关重要的其他要件。未履行或不正当履行合同义务的一方有义务赔偿另一方的损失。合同违反著作权法的内容无效。转让协议必须以书面形式订立，作者对期刊作品使用的协议可以口头订立。转让协议可以经双方同意在专利局进行注册。

（四）相关权

表演者、录音制品制作者和广播电台和电视台应为相关权利的主体。相关权的产生与行使不需要注册，也不需要遵守其他的特殊形式要求。录音制品制作人或表演者有权使用相关权利保护标志来体现其权利，该标志放置在作品的每个副本上，并且必须包含三个要素：（1）一个圆圈中的拉丁字母"P"；（2）相关权利人的姓名、名称；（3）录音制品的首次出版年份。

与表演者有关的权利自首次表演后的50年内有效。表演者的署名权和保护作品不受歪曲、篡改以及作者的荣誉和名誉造成损害的权利受到无限期保护。录音制品的保护期限为首次制作完成后的50年。广播电台和电视台的权利保护期限为自首次公开后的50年。上述保护期限均从首次制作或首次公开后的下一年的1月1日起计算。

（五）著作权集体管理

为了使著作权人或其他权利人的财产权利更好的得到实施和保护，可建立著作权集体管理组织。依法享有著作权或者与著作权有关的权利人可以发起设立著作权集体管理组织，并应在规定的权限范围内运作。

第五节 本章小结

从哈萨克斯坦、乌兹别克斯坦和吉尔吉斯斯坦加入国际公约的状况来看，著作权法律环境和可能存在的法律风险与该国是否是 WTO 成员国有紧密联系。在其中最早加入 WTO 的是吉尔吉斯斯坦，随后哈萨克斯坦在 2015 年也加入了 WTO，而乌兹别克斯坦尚未加入 WTO。在《美国特别 301 报告》（以下简称《报告》）观察名单中，乌兹别克斯坦从 2000 年以来一直被列入其中。[1] 直至 2014 年乌兹别克斯坦才被取消对《伯尔尼公约》第 18 条关于追溯保护条款的保留。2017 年的《报告》中指出，乌兹别克斯坦未规定有效的政策和程序来确保本国政府机构不使用未授权软件。[2]

因此，我国企业在进行海外著作权输出与引进、开拓著作权市场、著作权侵权防范与制定著作权保护策略时都应该考虑哈萨克斯坦、吉尔吉斯斯坦和乌兹别克斯坦的著作权制度的国际化进程。

从民间文学艺术作品来看，哈萨克斯坦、吉尔吉斯斯坦和乌兹别克斯坦都在著作权法保护客体中明确排除了对其保护。不过这并不意味着民间文学艺术作品不受保护，如在非物质文化遗产、传统知识等领域法律法规中有相关的保护内容。

从保护的权利类型来看，哈萨克斯坦、乌兹别克斯坦和吉尔吉斯斯坦都是二元分类法即非财产权利与财产权利，与《伯尔尼公约》的规定相同，体现了著作权利的双重性。哈萨克斯坦、吉尔吉斯斯坦和乌兹别克斯坦在非财产权利中都规定了署名权、发行权、保护作品完整权，此外还对“撤回权”进行了规定，使作者可以撤回对其作品的使用。

从保护期限来看，哈萨克斯坦、吉尔吉斯斯坦和乌兹别克斯坦都加入了《伯尔尼公约》，相关规定遵循了《伯尔尼公约》中作者终生及死后 50 年的最低标准。[3] 对此哈萨克斯坦规定的是作者终生及死后 70 年，吉尔吉斯斯坦和

---

[1] 数据总结于 2000 ~ 2017 年的《美国特别 301 报告》。

[2] 详见 2017 年《美国特别 301 报告》，http：//ipr. gov. cn/zhuanti/Reports/2017_ Special_ 301_ Report. html，下载日期：2018 年 2 月 20 日。

[3] 详见《伯尔尼公约》第 7 条。

乌兹别克斯坦是作者终生及死后 50 年。

从著作权的限制来看，哈萨克斯坦、吉尔吉斯斯坦和乌兹别克斯坦都规定了相应内容，不过还是存在一些差别。有关“未经权利人、作者同意和支付报酬的情形下，可以以个人使用为目的，未获得利润的情形下对合法出版的作品进行复制”的例外方面，哈萨克斯坦和乌兹别克斯坦规定了 4 个例外，[1] 而吉尔吉斯斯坦规定了 5 个例外，增加了“公众进行交互传播的复制使用”。[2]

面对哈萨克斯坦、吉尔吉斯斯坦和乌兹别克斯坦法律制度国际化程度不一，执法状况有待改善的情况下，我国企业在中亚地区应制定相应的著作权保护策略。随着“一带一路”的深入，往后我国企业在沿线国家著作权交流的趋势会愈加显著，为了把握好保护策略的重点，应在相互尊重的基础上加强交流，做好相应策略的研究与制定。对可能存在的风险应严谨对待、认真分析，除了了解共同点，更要重点了解其特殊性，根据完备的著作权保护策略解决与预防侵权风险。首先需要熟悉中亚地区法律制度背景、著作权制度与执法司法体系的具体内容与流程。如果不了解其中的规则和实际执法环境，侵权风险则会大大提升。由于实践中存在法律条文与执法实施可能存在偏差的情形，因此需要对真实的执法环境做深入、全面知晓，免得遭到侵权、导致损失。除了熟悉法律背景外，也需对文化环境、宗教环境进行了解，并处理好几者之间的关系。对此还需要通过积极开展知识产权合作、建立和完善海外维权的工作体系和服务机制、完善风险预警系统、企业自身需强化著作权保护意识、加强涉外著作权专业人才的培养等方面的工作。

---

[1] 四个例外为：以房屋和类似建筑物的形式复制建筑作品、对数据库或其重要部分的复制、计算机程序的复制，但法律另有规定的除外、对书籍和音乐文本整体的复制。

[2] 详见《吉尔吉斯斯坦著作权及相关权法》第 18 条。

第三章　东南亚地区著作权法律制度

第一节　概　述

东南亚地区的政治、经济发展并不统一，东盟成员国中除了泰国，其他几个国家都曾长期处于西方发达国家的殖民统治之下，如越南被法国，菲律宾被西班牙和美国，新加坡和马来西亚被英国殖民统治，故其政治制度、法律体系均在不同程度上受到了殖民国家的影响，这一点在著作权法中体现得尤为明显。以马来西亚为例，18 世纪英国对马来西亚开始进行殖民，1957 年成立马来亚联合邦，整个殖民进程中都渗透了英国当时的法律制度和法律理念，后来马来西亚形成的著作权法律制度几乎都是沿着英国法的保护路径。典型的如 1936 年颁布《海峡殖民地法规修订本》第 160 章中的《著作权条例》，以及沙巴州 1953 年《北婆罗洲法规修订本》第 28 章中的《著作权条例》，均是英国 1911 年颁布的《联合王国著作权法》的翻本。

东盟十国已全部建立起适应本国发展阶段的著作权制度，基本上在本国的著作权法中都对著作权的人身属性和财产属性做出了规定，并根据各国具体情况的不同赋予著作权人不同的保护期限和保护措施。在著作权客体方面，由于其与各国的历史文化、传统习惯有关，所以在总体上东盟成员国较为相近，但在制度设计的细节上还是有着诸多不同。本章内容将着重对东盟国家中的新加坡、马来西亚、菲律宾和印度尼西亚四国的著作权制度加以介绍。

在国际层面上，为了迎合当今科学技术的发展和文化交流、融合的趋势，上述四个国家分别加入了不同的国际条约，印度尼西亚、新加坡、菲律宾和马来西亚四国加入有关著作权的国际条约的基本情况如表 3-1 所示。可以看出，四个国家均已加入最主要的三部国际条约，分别是《伯尔尼公约》《世界知识产权组织版权条约》《世界知识产权组织表演和录音制品条约》，其中菲律宾加入的著作权条约最多，在著作权保护方面比较全面。此外，新加坡在著作权保护的节目信号领域比较积极，加入了《发送卫星传输节目信号布鲁塞尔公约》。相比之下，印度尼西亚和马来西亚在著作权保护方面比较保守，签订的国际条约比较少。

表3－1 东盟四国加入的著作权相关公约的基本情况

东盟国家	印度尼西亚	新加坡	菲律宾	马来西亚
保护文学和艺术作品伯尔尼公约	√	√	√	√
世界知识产权组织版权条约 WCT	√	√	√	√
世界知识产权组织表演和录音制品条约 WPPT	√	√	√	√
保护表演者、录音制品制作者与广播组织公约罗马公约			√	
世界版权公约			√	
发送卫星传输节目信号布鲁塞尔公约		√		
录音制品公约				

第二节 新加坡著作权法律制度

一、新加坡著作权法立法沿革

新加坡从英国殖民地独立后初期，便有了著作权法最早的雏形，当时政府命名为《新加坡著作权（唱片和政府广播）法》，该法于1969年颁布，其内容仅仅涉及侵犯唱片著作权的处罚，并且免除了政府广播侵犯音乐作品和唱片著作权的责任。从严格意义上来讲，这部法律不是一部完整的著作权法，只是对音乐唱片这一类作品的保护和合理使用作出相应规定，但也为后来著作权法的制订奠定了一定的基础。

第一部完整的《新加坡著作权法案》于1987年颁布，该法用澳大利亚模式取代了英国模式，至今已修订多次，仍然秉承英美法系认为著作权是一种财产权性权利的理念。《新加坡著作权法》分别于1988年、1998年、1999年、2006年、2009年、2014年先后修订过六次。其中，1998年修订著作权法案是因为新加坡正式加入《保护文学和艺术作品伯尔尼公约》，至此新加坡立法机构才将作者的精神权利纳入著作权的保护范围之内。为了能够适应数字技术的发展，新加坡著作权委员会于1998年底决定再次修改法案，并将吸收《世界知识产权组织表演和录音制品条约》和《世界知识产权组织版权条约》中有关数字技术的要求和规定，其修改草案于1999年12月正式通过。2006年，新加坡著作权委员会对《新加坡著作权法》进行第四次修订，此次修订主要目的在于进一步完善著作权的限制制度，引入了与美国基本相同的开放式的“合理使用”标准。2014 年 6 月，新加坡著作权委员会拟对《新加坡著作权法》重新修订，并于 7 月 8 日新加坡国会正式通过这一著作权修正法案，此次修订主要针对提高和加强网络环境下的著作权保护。该法案允许著作权所有人或原告可直接向法庭申请禁令，强制网络服务提供商屏蔽涉嫌侵权网站或者删除有侵权内容的网页，无须首先确定网络服务提供商侵犯著作权的责任。

二、新加坡著作权主体与客体

（一）新加坡著作权法中的客体

1. 新加坡著作权法保护的客体

新加坡设定著作权法保护的客体与大部分国家基本一致，与我国著作权法有所不同的是，新加坡著作权法将编程和计算机程序统一纳入文学作品的范畴，并且没有对出版作品、录音制品、表演、电视电台广播等内容加以区分，而是直接将邻接权保护的对象包含在作品之中。具体情况如表 3－2 所示。

表 3－2 新加坡著作权法保护的客体

文学作品	• 书面作品、书籍 • 期刊或报纸上的文章	• 歌曲的歌词 • 计算机程序的源代码
戏剧作品	• 电影或者喜剧的剧本 • 表演或者舞蹈的编排剧本	
音乐作品	• 音乐（如某种旋律）	
艺术作品	• 绘画、图纸、照片 • 艺术性手工艺作品，如非量产的设计师家居 • 雕刻	• 雕塑 • 建筑物或建筑模型
已出版的文学、戏剧、音乐或者艺术作品	• 发表作品的印刷品	
录音制品	• 记录在磁带、光盘上的声音汇总	
电影	• 记录在磁带、影音光盘、数码影像光盘等的视觉图像和声音的汇总	
电视和无线广播	• 电视或者电台的播放	
有线电视节目	• 节目（视觉图像和声音）包括以电讯系统传送的有线节目服务	
表演	• 通过演员的表演，如音乐家、歌手和喜剧演员	

2. 新加坡著作权法排除的客体

著作权法保护的客体是对思想的表达，而不是思想，在新加坡著作权法中不受保护的客体有：（1）想法（如尚未形成文本新的商业构想）；（2）概念

（如还未被写下来的新游戏节目的想法）；（3）发现（如未知的研究发现）；（4）流程（如申请旅游签证的步骤）；（5）方法（如解决数学问题的独特方法）；（6）题材，但尚未摄像、录音或者书面形式表达（如未经书写或者记录的演讲或者舞蹈）；（7）非作者原创题材（如包含公共领域信息的作品，比如标准等）。

（二）新加坡著作权法中的主体

1. 作者

作者即创作作品的人。对于作者身份的确定，《新加坡著作权法》采用推定方式，该法第131条规定，如无相反事实，推定在文学、戏剧、音乐或艺术作品上署名的人为作者。

2. 著作权的归属

国际通行的著作权取得方法一般有两种，一种是著作权注册取得，另一种是著作权自动取得。新加坡采取自动取得原则，也即作品的著作权自创作完成之日起自动取得，不需要通过注册登记的手段来获取作品的著作权。一般来讲，作品的著作权由创作者或制作者（作者）取得，但也存在一些例外情况。本节将对新加坡著作权法中一些关于作品著作权归属的特殊规定加以介绍。

（1）雇佣作品。

雇佣作品，也称职务作品，是指雇员或者职员在被雇用期间内，为完成本职工作而创作的作品。在新加坡，如果作品是由雇员根据雇佣合同中特定条款所创造的，则雇主拥有工作的著作权，但报纸、杂志、期刊员工创作的作品存在特殊情况。根据《新加坡著作权法》第30条第（4）项规定，报纸、杂志、期刊的从业人员按照报社、杂志社或期刊社的雇佣合同条款创作的文学、戏剧、艺术作品，报社、杂志社、期刊社的所有人拥有在任何报纸、杂志或期刊上出版或为出版的目的复制作品的权利。而创作作品的员工拥有该作品著作权中其他剩余权利，比如表演或改编该作品的权利。

（2）委托作品。

委托作品，是指基于合同的意思自治原则，由委托人向作者支付一定的报酬，由作者按照委托人的意志和具体要求而创作的特定作品。委托作品的著作权可以由委托合同条款来约定，一般来讲，除受托方和委托方另有约定外，该委托作品的著作权属于委托方。但是如果一方委托他人创作画像、照片、雕刻类的作品时，受托方拥有作品的著作权。受托方如果为特定目的需要使用该画像、照片、雕刻时，则必须将此目的通知委托方，并且委托方有权阻止受托方进行该特定目的以外的著作权行为。

（3）电影作品。

电影作品的著作权归属在著作权法中比较特殊，根据《伯尔尼公约》第14条之2第2款（a）项规定："确定电影作品著作权的所有者，属于被要求给予保护的国家法律规定的范围。"因此，各国关于电影作品著作权归属的规定有所差异。美国著作权法将电影作品的著作权归属于制片人，德国著作权法认为电影作品的作者应该是编剧和导演，但电影作品的著作权法定转让给制片人，而意大利著作权法将电影作为一种合作作品，其作者包括文学作者、编剧、作曲、导演等，制片者享有电影作品的经济使用权和电影中使用的作品的改编修改权，电影作品作者在电影公映后拥有获酬权。《新加坡著作权法》采取与美国一致的态度，该法第98条第（2）项规定电影作品的著作权归属于电影的制片人所有，但该条第（3）项规定了一种例外情况，当一人出于价值考虑，与另一人协议由他人执导的电影，该电影作品的著作权归该人所有。

（4）由政府产生的作品。

《新加坡著作权法》第197条规定了由政府创作或者在政府的指导或控制下产生的文学、戏剧、音乐、艺术、电影、电视广播、有线电视节目等作品的著作权归政府所有。

三、新加坡著作权权利内容与保护期限

（一）精神权利

从历史原因看，东盟国家里新加坡作为英国殖民地，长期受英美法系的影响，在独立后也延续英美国家的立法模式，继受了该法系以经济价值观为中心的著作权立法哲学基础。[1] 在新加坡著作权法建立初期，其国内立法者认为著作权就是一种完全的财产性权利，它既可以就某一权利（如表演权）单独转让或者许可，也可以将其整体权利内容转让或许可，而并不重视对作者精神权利的保护。1998年新加坡正式加入《保护文学和艺术作品伯尔尼公约》，该公约第6条之2第1款规定："作者……有权反对对其作品的任何有损其声誉的歪曲、割裂或其他更改，或其他损害行为。"[2] 至此，新加坡著作权委员会才将作者的精神权利完全纳入新加坡著作权法的保护范围之内，赋予作者署名权、保护作品完整权，以及禁止在非其创作的作品上使用其名字（虚假表示）的权利。

---

[1] 杨静．东盟国家著作权制度之比较［J］．河北法学，2008（7）．

[2] 参见《保护文学和艺术作品伯尔尼公约》第6条之2第1款。

（二）财产权利

与我国著作权法立法模式不同，新加坡著作权法中并未明确定义作者享有的财产性权利，而是通过赋予作者行使特定行为的能力界定著作财产权的范围，并且针对不同作品，作者享有对自己的作品实施不同行为的权利。因此，在新加坡著作权法中，作者的著作财产权散见于每一种著作权客体的规定之中，具体如表3-3所示。

表3-3 《新加坡著作权法》中的著作财产权

对象	权利内容
文学，戏剧或音乐作品 [第26条第1款（a）项]	作者对以下行为享有独占权： 1. 以有形的方式复制该作品； 2. 发表该作品； 3. 公开表演该作品； 4. 将该作品传播给公众； 5. 改编该作品
艺术作品 [第26条第1款（b）项]	作者对以下行为享有独占权： 1. 以有形的方式复制该作品； 2. 发表该作品； 3. 将该作品传播给公众
已出版的文学、戏剧或音乐作品 （第86条）	出版商有著作权复制的独占权
录音制品 （第82条）	录音制作人对以下行为享有独占权： 1. 制作录音的复制品； 2. 出租录音； 3. 尚未发表的情况下，发表该录音； 4. 通过某种手段或作为数字音频传输的一部分向公众提供该录音 *通过非交互式数字音频传输的方式向公众提供录音的，录音制作者只需获得公平的报酬
电影 （第83条）	电影制片人对以下行为享有独占权： 1. 制作该电影的复制品； 2. 公开播放的权利； 3. 向公众以广播形式传播

续表

对象	权利内容
电视和声音广播 （第84条）	广播组织者对以下行为享有独占权： 1. 录制该广播； 2. 重播； 3. 向公众传播该广播； 4. 使付费观众看到或听到该广播
有线电视节目 （第85条）	有线电视节目制作人对以下行为享有独占权： 1. 录制该有线电视节目； 2. 重播； 3. 将有线电视节目传播给公众； 4. 使付费观众看到或听到该有线电视节目
表演 （第252条）	表演者可以授权以下使用该作品的行为： 1. 让表演能够被看到、听到，或者看到或听到，在公共场合生活； 2. 直接或间接地录制他的现场表演； 3. 向公众提供该表演的录制资料，以便任何人在任何地点和时间获得该录制品； 4. 发行或出售或进口以分销或出售此类唱片； 5. 发表载有该表演的录制品（如果以前没有发表过）；并向公众传播现场表演（包括广播、互联网传播和在有线电视节目中表演）

比较特别的是，对文学作品中的计算机程序，作者享有出租权，除非该计算机程序为非商业租用而编写［第26条第1款（c项）］。由于新加坡著作权法保护的客体对录音制品、表演等与一般作品加以区分，因此与大多数国家不同，该法没有选择以著作权和邻接权并存的立法模式。作品作者在享有以上权利的同时，可以依照个人的意愿许可或转让他人单独某一权利或者全部著作财产权的权利，只要该许可或转让不违反法律规定或公共利益。

（三）著作权保护期限*

2004年以前，新加坡著作权法中有关著作权保护期的规定参照相关国际版权公约的标准，对大部分作品的保护年限为作者有生之年加作者死后50年。2003年5月6日，新加坡政府与美国签订《美国—新加坡自由贸易协定》，根据该协定中的要求，新加坡著作权委员会于2004年全面修改著作权法，将部分作品著作权保护年限从作者死后50年延长至70年。值得注意的是，新加坡

* 参见《新加坡著作权法》第28~29条，第92~96条。

著作权保护期限根据保护对象的不同而有所区别：（1）文学、戏剧、音乐及除照片之外的艺术作品的著作权期限为作者的终生及死亡之后70年，如果文学、戏剧、音乐作品在作者死亡后发表，则著作权保护期为首次发表之日历年届满后70年；（2）录音作品和电影作品的著作权期限为作品首次发表之日历年届满后70年；（3）电视广播、电台广播或有线电视节目的著作权期限为节目被制作之日历年届满后50年；（4）对已出版的文学、戏剧、音乐和艺术作品版本的著作权保护期为该版本首次发表后25年；（5）对表演作品的著作权保护期为从表演之日历年届满后70年。

比较特殊的是，新加坡著作权法将雕刻和照片类作品单独立法，其中对雕刻作品，作者生前尚未发表的，其著作权将一直存在，直至首次发表之日历年届满后70年，而照片的著作权保护期为首次发表之日历年届满后70年。对无名作品或者匿名作品的保护，新加坡著作权法也作出了单独的规定，凡无名或者匿名的文学、戏剧、音乐以及除照片外的艺术作品，其著作权保护期为首次发表之日历年届满后70年。

四、著作权侵权行为与例外

（一）著作权侵权行为

《新加坡著作权法》第31条规定，著作权侵权行为是指在新加坡国内未经著作权人同意或者授权，他人擅自对文学、戏剧、音乐以及艺术作品实施著作权人专有权利的行为。例如，未经著作权人同意，擅自将他人作品进行复制、表演、改编等。新加坡著作权法针对不同作品，分别列举了不同的著作权侵权行为，同时也配以合理适用中"四要素"的检验标准，凡不满足该标准的使用作品的行为均可视为侵权行为。有关合理使用的标准问题将在下一部分进行介绍，这里主要介绍新加坡著作权法中侵犯作品著作权的行为和侵犯作品以外客体的著作权，本节统称为作品。[1] 除上述因行使著作权人独占权利而侵权外，在未取得著作权人同意或者授权前提下，他人实施下列行为，也属于著作权侵权：（1）为销售、出租而进口作品或其侵权复制品；（2）出售、出租作品或其侵权复制品，或其他影响到著作权人利益的交易行为；（3）利用图书馆、档案馆中的机器对作品或其复制品的侵权性复制。

---

[1] 在新加坡著作权法中，文学、戏剧、音乐、艺术作品，以及已出版的文学、戏剧、音乐作品统称为作品，而录音制品、电影、电视和无线广播、有线电视节目、表演统一定义为作品以外的著作权客体。

（二）侵犯著作权的例外情况

1. 合理使用

（1）合理使用的要素。

在吸收英国“具体类型式标准”和美国“概括式标准”各自优势的基础上，新加坡著作权法将两种范式的“合理使用”标准结汇于本法关于著作权侵权之抗辩缘由的规定中。[1] 具体来讲，该法除了规定合理使用的范围外，还规定了关于合理使用的判断因素。

在借鉴了《美国著作权法》第 107 条规定的关于合理使用的四要素判断标准后，《新加坡著作权法》第 35 条第 2 款规定了判断作品合理使用的“五要素”判断标准：（a）该使用行为目的和性质，包括这种使用是否具有商业性质，或者是否用于非营利教育目的；（b）作品或其改编作品的性质；（c）从整体上讲，对该作品或其改编作品复制部分的数量和实质内容；（d）该使用行为对作品或其改编作品潜在市场或价值的影响；（e）在一个合理的时间内以普通的商业价格获得该作品或其改编作品的可能性。

同时，新加坡著作权法在目的性标准层面延续了英国有关合理使用的“具体类型式标准”，列举了合理使用的几类目的：（a）为学习和研究目的而使用作品；[2]（b）为批评或者评论目的而使用作品；（c）为报道时事新闻目的而使用作品。

该法第 109 条单独规定了对“视听项目”[3] 的合理使用，在判断标准层面，采用与作品相同的“五要素”判断标准，在合理使用的目的性标准层面也采取了与作品相同的三类目的性使用行为。

（2）其他类型的合理使用。

在采取美国“概括式标准”和英国“具体类型式标准”相结合的合理使用制度立法模式的同时，《新加坡著作权法》第 38 条至第 39C 条中还列举了一些具体的情形。

（a）就文学、戏剧、音乐或艺术作品而言，如果是为了司法程序的目的或寻求专业的法律意见而行使著作权所有者拥有专有权利；

（b）基于信息传输技术而产生对作品或其改编作品的临时性复制，但不适用于对侵权作品或其改编作品的传输；

---

[1] 马治国，张磊. 新加坡著作权侵权行为研究［J］. 广西大学学报，2015，37（6）.

[2] 根据新加坡著作权法复制用于研究或者研究的具体目的，只要遵守复制限制，应当被视为合理使用。对于已发表的作品，至少可以复制 10 页的，复制限制为总页数或 1 章的 10%，以较大者为准。

[3] 根据《新加坡著作权法》第 102 条规定，“视听项目”是指录音制品、电影、声音广播、电视广播或者有线电视节目。

（c）为在计算机程序原始副本丢失、损坏或无法使用的情况下使用副本作为备份计算机软件，所有人从其拥有的计算机程序的原始副本中复制副本，或为了将该计算机程序与特定机器结合，计算机程序所有者复制、改编或授权他人改编该计算机程序。但不适用于侵权性计算机程序；

（d）在反编译信息不被获取，且该信息不被用于其他目的，也没有被提供给其他人的条件下，他人可以从低级语言反编译计算机程序，以获取创建独立的非侵权计算机程序所需的信息，且该计算机程序可以与反编译的计算机程序或与另一计算机程序一起运行；

（e）如果在装载、展示、运行、传输或存储计算机程序的过程中，为了确定该计算机程序基本思想和原则，他人有权对该计算机程序实施观察，研究或测试其功能的行为；

（f）合法用户对计算机程序的复制或改编为必要的合法使用，如为纠正计算机程序中的错误，合法用户对该程序进行必要的复制或改编；

（g）在对作品来源作以足够标注、鸣谢的情况下，为教育机构的使用，在书本、录音或电影里收纳或收集文学、戏剧、音乐、艺术作品的片段或简短摘要，或改编该作品。

2. 在文学、戏剧和音乐作品中不构成著作权侵权的行为

《新加坡著作权法》第3章第4部分专节规定了在文学戏剧和音乐作品中，不构成著作权侵权的几种情形：（1）公开阅读或朗诵该作品合理长度的节选内容；（2）在礼拜场所或其他宗教聚会的服务中，表演具有宗教性质的文学、戏剧、音乐作品或其改编作品；（3）广播他人作品，或为广播的目的而复制（包括录制和摄制行为）他人作品或其改编作品；（4）为数字联播的目的对他人的作品进行复制（包括录制和摄制行为）。

3. 在艺术作品中不构成著作权侵权的行为

《新加坡著作权法》第3章第9节中规定了以下行为不构成侵犯艺术作品的著作权：（1）对公共场所或向公众开放的处所内的雕塑或其他作品进行绘画、工业制图雕刻、拍照或在电影、电视广播或有线电视节目中报道播放；（2）对建筑物和建筑物模型进行绘画、工业制图雕刻、拍照或在电影、电视广播或有线电视节目中报道播放；（3）艺术作品附带的出现在电影、电视广播、有线电视节目中；（4）发表含有该艺术作品的绘画、工业制图、雕刻、照片或电影；（5）电视广播或有线电视节目为了包含该艺术作品而复制；（6）在不同维度上复制该艺术品，只要不会引起在该艺术领域的非专业人士误认为是该艺术品的复制件；（7）利用该艺术作品制造三维实用物品（包括为制造该物品而合理复制二维作品）或者任何非实物产品；（8）同一作者在后期艺术作品中部分复制前

期艺术作品，但并不是前期艺术作品的重复或者模仿；（9）对存在著作权的建筑物重建，或根据具有著作权性质的建筑图纸重建建筑物。

4. 其他著作权法客体中侵权的例外

新加坡著作权法将著作权其他客体的权利范围、侵权行为以及侵权例外都采用专章规定的模式，因此并未纳入一般作品的规定之内，有关其他著作权客体侵权的具体例外情形如表3－4所示。

表3－4 不侵犯其他具有著作权的作品情形

对象	适用条件
在图书馆或档案馆复制未出版的录音制品和电影（第112条）	1. 该作品在制作后50年内未发表； 2. 保存该作品的图书馆、档案馆依政府条例供公众查阅； 3. 以研究和学习的目的，自行复制或请求管理员复制或传输
为了保存和其他目的复制录音制品和电影（第113条）	1. 该录音制品和电影以公开形式馆藏于图书馆、档案馆； 2. 复制行为是由管理员或代表管理员做出； 3. 为保存该原件，防止毁损变质而复制，或为该馆学习研究而复制，或为替换毁损、变质、遗失、被盗的录音制品和胶片电影而复制
拍摄或录制广播或节目供私人和家庭使用（第114条）	1. 为私人或家庭使用而拍摄或录制电视节目、电视电台广播等； 2. 排除以下目的： （1）为出售或出租； （2）在有线电视节目中播放； （3）导致拍摄的画面或录制品公开播放
为教育目的使用广播（第115条）	1. 该“广播”内容包括声音广播、电视广播中的电影、有线电视节目等； 2. 该复制记录行为由该教育机构负责人或权力当局做出； 3. 仅在该教育机构的指示下使用
在电影或声轨的制作过程中，依据指示复制（第115A条）	1. 在制作电影或将声轨与特定视觉画面结合形成电影的过程中； 2. 由指示的发出者或接受者对录音制品、电影、电视广播、声音广播或有线电视节目进行复制
为考试目的完成的事情（第115B条）	1. 为考试目的； 2. 在设计问题、传达问题或回答问题中
作品版本的复制（第116条）	1. 满足合理使用的条件； 2. 符合第45条至第54A条规定
进口物品的附件（第116A条）	1. 该附件包含在物品中； 2. 该物品不是侵权复制品； 3. 该物品未经著作权人许可而被进口到新加坡

五、著作权法中的救济

《新加坡著作权法》第5章就著作权侵权的救济问题作出专章规定，新加坡著作权侵权的救济方式包括民事救济、刑事救济以及海关措施救济三种，其中民事救济和刑事救济主要以诉讼为主，法院可根据原告的请求发布禁令，判定损害赔偿等。海关救济主要表现为对侵权产品的限制性进口、搜查、扣押侵权产品等。本节将对新加坡著作权法中的三种救济形式进行介绍和说明。

（一）民事救济

著作权人的权利在遭受他人侵犯时，可以向法院提起侵权诉讼，请求予以救济。在新加坡著作权侵权的民事诉讼中，著作权人可以向法院申请的救济措施包括禁止令、法定损害赔偿、实际损害赔偿，以及回收利润。

著作权人可以就实际损害赔偿或者是法定赔偿任选其一，如果原告无法提供利润损失或实际损害，则可以选择法定赔偿。当然，在必要的情况下，法院考虑到侵权的严重性，也可以下令侵权方向著作权人支付额外的损害赔偿。新加坡著作权法中的法定损害赔偿实际是一种补偿（而不是损害赔偿），法院可以命令侵权方无须著作权人证明他因侵权而遭受的损失。该法第119条第（2）项规定被侵权作品每件赔偿不超过1万美元，所有被侵权作品赔偿总额不超过20万美元，除非原告可以证明其实际损失大于20万美元。该条（5）项规定在确定法定损害赔偿额时，法院应考虑这些因素：（1）侵权行为的性质和目的，包括侵权行为是否具有商业性质或其他；（2）侵权行为的严重性；（3）侵权行为是否恶意的；（4）著作权拥有者遭受或可能遭受的任何损失；（5）被告因侵权获得的任何利益；（6）诉讼之前和期间双方的行为；（7）需要阻止类似的侵权事件；（8）所有其他相关事宜。同我国著作权法一样，在新加坡，若被告能够证明在侵权行为发生时，不知道或者没有理由知道该行为构成侵权，则被告可以免除赔偿责任，但原告可以依据被告因侵权行为获得的利润请求救济。

除此之外，法院有权下达被告提交侵权作品，或为制造侵权作品的物品的指令。对指令交付的侵权产品，原告有权申请法院处理该侵权复制品或制造侵权作品的物品，法院依照合适的方式没收、销毁该侵权产品或将其交给原告。

（二）刑事救济——著作权犯罪

新加坡著作权委员会在立法时，将有关著作权犯罪的问题一并列入著作权法中，而没有将其交由刑法单独规制。总体来讲，有关著作权的犯罪类型主要是有关作品的侵权犯罪，其他犯罪类型散见于各章条文，比如有关规避技术措施、著作权管理的犯罪。本段主要介绍《新加坡著作权法》第136条专门规定了在作品著作权存续期间，作品侵权类的刑事犯罪内容，其他内容不再赘述，具体如表3－5所示。

表3－5 《新加坡著作权法》中的刑事犯罪

<table>
<tr><th>第136条</th><th>事由</th><th>主观要件</th><th>刑罚</th></tr>
<tr><td>第（1）款</td><td>（1）为出售、出租而制造侵权复制品；公开贸易展览侵权复制品；
（2）出售或出租，或为此目的而交易要约或展示侵权复制品</td><td rowspan="5">知道或应当知道</td><td rowspan="2">每件侵权复制品可处不超过1万美元的罚款，每次罚款总额不超过10万美元，以较低者为准，或监禁不超过5年，或两者兼具</td></tr>
<tr><td>第（2）款</td><td>为出售、出租、交易要约、展示或其他发行行为的目的管有或进口侵权复制品</td></tr>
<tr><td>第（3）款</td><td>（1）为交易目的而发行侵权复制品；
（2）为其他目的发行侵权复制品，在一定程度上对著作权人造成不利影响</td><td>可处不超过5万美元罚款或监禁不超过3年，或两者兼具</td></tr>
<tr><td>第（4）款</td><td>制造或拥有专为制作侵权复制品而设计的物品，例如制造侵权复制品的机器</td><td rowspan="2">对每件侵权复制品可处不超过2万美元的罚款，或不超过2年的监禁，或两者兼具</td></tr>
<tr><td>第（6）款</td><td>为谋取私人利益，在公众场合公开表演文学、戏剧、音乐作品，或导致电影未经电视广播或有线电视节目在公众场合被看见或听见</td></tr>
<tr><td>第（3A）款</td><td>凡做出第（1），（2），（3）或（6）款以外的为商业利益，侵权程度重大的行为</td><td>故意</td><td>（1）对首犯者，处以不超过2万美元的罚款或6个月以下的监禁，或两者兼具；
（2）对累犯者，处以不超过5万元的罚款或3年以下的监禁，或两者兼具</td></tr>
</table>

法律规定，如果发现一个人有5个或5个以上的侵权复制品，除非另有证明，推定拥有侵权复制品不是为了私人或家庭用途；或该等财产是出售的目的。

（三）海关措施救济

1. 侵权复制品的进口限制

《新加坡著作权法》第140B条规定，在发生进口侵权复制品时，著作权人或著作权被许可人必须以书面形式向海关总署递交通知，表明他反对即将进口的侵权复制品，并且必须向海关总署提供足够的信息，使海关总署能够查明涉嫌侵权的副本。当然，著作权人或者被许可人也可以随时将该通知撤回。这些通知信息包括但不限于：(1) 证明自己是著作权人或著作权被许可人的资料；(2) 确定进口该侵权材料的地点和时间；(3) 证明该材料为侵权复制品的。

海关总署在收到通知后，会采取适当行动，如果查明该侵权产品是为销售、出租、交易要约、交易展览或发行等损害著作权所有者或被许可人利益而进口的，则海关总署可以扣押、没收该涉案侵权材料，并将查封情况通知请求者和进口商。然后请求者可以决定是否向法院提起著作权侵权诉讼，并在扣押通知发出后10个工作日内通知海关总署。如果请求者没有选择向法院提起诉讼，并且进口商没有作出同意将被扣押的材料被政府没收书面通知，则海关总署应将这些被没收的复制品归还进口商。

2. 对侵权复制品的扣押和搜索

任何适当的海关人员、警务人员等有权人员亦可依据自身的权力，在存有合理怀疑的情形下，扣留他认为是侵犯著作权的复制品或材料，无论该著作权材料是进口到新加坡或从新加坡出口，还是委托给在新加坡有商业实体的人运输中。海关总署一经扣留，应通知著作权人、进出口商和收货人，并有权保留该涉案材料48小时。如果著作权所有者没有采取进一步行动，则被扣留的材料将归还给进口商、出口商或收货人。

依据《新加坡著作权法》和《新加坡著作权法细则》，对于进口侵权产品的案件，如果在48小时内，著作权所有者对于该批进口货物发出正式通知，要求进一步扣押被扣留的涉案物品，则该批物品的扣押时间将被延长至10个工作日，著作权所有者也必须向法院提起著作权侵权之诉，并向海关总署发出书面通知。如果著作权所有者没有提起诉讼，也没有发出相应通知，则被扣押的涉案物品将归还给进口商。对于从新加坡出口或在新加坡内运输侵权复制品的案件，著作权所有者必须在海关总署扣押通知发出后48小时内，向海关总署交付保证金，著作权所有者必须在总干事通知后10个工作日内就侵权行为提起诉讼，并向海关总署呈递法院的命令，授权其进一步扣押侵权物品。《新加坡著作权法》中并未明确规定保证金的数额，但必须满足当法院判定该出口货物运输的物品不构成著作权侵权或不会对著作权人造成损害而驳回诉讼，被告的利益因扣押行为而产生损害时，能够弥补被告的损失，因此需要个案中的具体认定。

此外，授权人员拥有广泛的搜索权。《新加坡著作权法》第140M~140Q条列举了获得高级授权的人员或普通授权人员可以对船只、飞机、车辆、包裹、人身甚至某些处所进行搜查，当搜查到任何涉嫌侵权的物品可以一并扣留，阻碍妨害搜查进行的人还将承担一定的刑事责任，如船只、飞机、车辆拒绝高级授权人员进入船体、舱体等，一经定罪可处罚款不超过15万美元，监禁不超过12个月，或两者兼具的刑罚。由此可见，新加坡海关救济措施规定将为细致和严格。

六、有关规避技术措施的规定

（一）规避技术措施

在数字网络环境下，电子形式的作品的复制和发行更加容易，并且在传输过程中不会造成作品的损耗，其复制件使用频率高，传播范围广的特点使得具有著作权的作品常常面临著作权侵权的问题，因此有的作品在上传至数字网络环境中时添加了设密等访问控制措施。为使著作权人的利益得到充分保护，有必要对著作权人采取的技术措施提供法律保护，以防止未经授权的访问或限制未经授权的人使用他们的作品。

《新加坡著作权法》在第13A章对规避技术措施的行为进行了规制，该法第261B条指出，规避行为是指他人避免、绕过、移除、停用、解频（在副本被添加扰频技术时）、解密（在副本被设密码时）或以其他方式破坏作品上的技术措施。该法第261C条第（1）项规定，未经著作权人的授权许可，他人对著作权人的作品采取规避技术措施的，著作权人可因下列行为对采取民事诉讼的方式救济。

“（a）他人在明知或应知的情况下，规避访问控制的技术措施。（b）在任何设备、产品或产品组件中制造、进口、发行、提供给公众，提供或以其他方式进行运贩卖的，该设备：（ⅰ）为规避技术措施而进行推广、广告或销售；（ⅱ）除了规避技术措施之外，仅具有有限的商业性目的或使用；（ⅲ）主要是为了规避技术措施而设计或制造的。（c）向公众提供或提供任何以下服务：（ⅰ）为规避技术措施而进行推广、广告或销售；（ⅱ）除了规避技术措施之外，具有有限的商业意义；（ⅲ）主要是为了规避技术措施的目的。”

有关民事救济的措施已在前面章节介绍，此处不再赘述，需要注意的是根据该条第（3）项，规避技术措施的民事诉讼救济具有一定的诉讼时效，著作权人或有关权利人应当在该规避行为发生后6年内向法院提起诉讼。

（二）故意违反第261C条的刑事责任

在新加坡，故意规避技术措施的人需要承担一定的刑事责任。根据《新加坡著作权法》第261C条第（4）~（5）款规定：（1）凡任何人为取得任何商业优势或私人经济利益而故意实施第261C条第（1）（a）款所规定的行为，即属犯罪。一经定罪，可处罚款不超过2万美元；（2）凡任何人为取得任何商业优势或私人经济利益而故意实施第261C条第（1）（b）或（c）款所规定的行为，即属犯罪。一经定罪，可处罚款不超过2万元或监禁不超过2年，或两者兼具。

同时，该条第（6）~（7）款对不同情况中规避技术措施的主观故意的判断标准做了详细说明：（1）对于上述条款（b）（ⅰ）和（c）（ⅰ），该行为不被认为是故意的，除非该人自己推广、宣传或销售，或授权规避设备或服务的推广、广告或营销。（2）对于上述条款（b）（ⅱ）和（c）（ⅱ），该行为不被认为是故意的，除非在违规时该人知道或有理由相信该规避设备或服务具有有限的商业意义，规避技术措施。（3）对于（b）（ⅲ），该行为不被认为是故意的，除非该人在违反时知道或有理由相信该规避设备的设计或制造主要是为了规避技术措施。（4）对于（c）（ⅲ），该行为不被认为是故意的，除非该人自己执行或授权执行规避服务。

（三）禁止规避技术措施的例外情况

对于规避有效控制访问作品的技术措施也存在着例外情况，《新加坡著作权法》第261D条列举出以下几种例外情形。

（1）为了使非营利图书馆，任何非营利性档案馆、教育机构、协助残疾人或智力障碍人士的机构能够获得其他方式无法获得的具有著作权作品或其他客体，而这些作品对于这些机构来说只是用来决定是否制作该作品副本的目的。

（2）对能够收集或传播个人身份信息，并反映个人上网习惯的技术措施，若未向使用者做出明显通知的技术措施，仅为确定和禁用此类技术措施的目的，而实施的规避技术措施。

（3）为了实现独立创建的计算机程序与另一个计算机程序操作上的互用性的目的，前提条件是：（a）该行为是善意的；（b）计算机程序的副本是合法取得的。

（4）对任何加密技术进行研究时，前提条件是：（a）对行为人而言，在该领域的研究是合法的，并且被雇用或者进行过适当的训练，或在该领域具有一定经验，或者代表上述的人；（b）该行为是研究所必需的；（c）该行为是善意的，并且该作品的副本是合法取得的；（d）行为人为取得著作权人的授权已经做出合理的努力。

（5）仅用于阻止未成年人访问互联网上的任何资料。

（6）为了测试、调查或者纠正该计算机、计算机系统或者计算机网络的安全漏洞或者薄弱环节，前提是得到计算机、计算机系统或计算机网络的所有者授权。

(7) 政府或任何政府授权人士为执法，情报，国防，基本安全或其他类似目的。

(四) 禁止制造、使用规避设备和提供规避服务的例外情况

作为规避技术措施的前置条件，《新加坡著作权法》第261E条单独对制造、使用具有规避技术措施功能的设备，以及提供技术规避服务的行为做出了例外规定，用以明确第261D条中的几类情况：(1) 对计算机程序而言有两种例外情形：(a) 为了实现独立创建的计算机程序与另一个计算机程序（根据条件）的互操作性的唯一目的；(b) 为了检测、调查或纠正计算机、计算机系统或计算机网络（受条件限制）的安全缺陷或漏洞，规避技术访问控制措施。(2) 在研究任何加密技术时规避技术访问控制措施；(3) 仅用于阻止未成年人访问互联网上的任何资料（视情况而定）；(4) 政府或任何政府授权人士为执法、情报、国防、基本安全或其他类似目的。

以上四类情况适用的前提条件与第261D条中规定的基本相同，此处不再赘述。

第三节 马来西亚著作权法律制度

一、著作权制度概况

近年来，马来西亚积极谋求建立著作权制度，提高著作权的国内保护水平，通过频繁的国内立法逐步向国际标准靠拢。其先后加入《保护文学和艺术作品伯尔尼公约》《世界知识产权组织著作权条约》(WCT)、《世界知识产权组织表演和录音制品条约》(WPPT)，确定与世界各国大致相同的标准，努力落实国际公约的规定并履行义务。同时，由于马来西亚的著作权制度沿袭英国，其现行的法律法规在很多方面也借鉴了英国著作权制度。

在马来西亚，有关著作权保护的法律法规主要为1987年《马来西亚著作权法》，该法为著作权作品提供全方位的保护。《马来西亚著作权法》于1987年制定，并经1990年、1995年、1997年三次修订，此后于1998年、2000年、2002年通过著作权修正案，再于2003年、2006年进行修订。[1] 现行著作权法共九章，分别为：序言、一般规定、著作权的性质和保护期限、著作权所有及

---

[1] 李顺德：《东南亚联盟国家知识产权环境研究》，国家知识产权局规划发展司2014年12月课题项目，第66页。

转让、著作权许可、著作权法庭、侵权行为和侵权救济、执行、其他规定。此外，马来西亚颁布一系列法规配合《马来西亚著作权法》的实施，包括《专利法（修正案）实施细则（2002）》《专利法（修正案）实施细则（2003）》《专利法（修正案）实施细则（2006）》、2012年颁布《专利法实施细则》等。

二、著作权保护范围与权利内容

著作权的保护范围为受著作权保护的客体种类，著作权的权利内容为著作权人享有的精神权利与经济权利。

（一）保护范围

首先，应当明确能够获得著作权保护的，1987年《马来西亚著作权法》第10条规定，作者为马来西亚公民、永久居民或《伯尔尼公约》成员国公民，其依法创作的作品可以取得马来西亚著作权保护。对于非伯尔尼公约国的外国作品，如果该作品是在马来西亚完成，并且在原出版国首次出版后30日内在马来西亚出版，也会受到马来西亚的保护。也就是说，只要满足作品在马来西亚首次发表，或者作品的作者是上文提到的有权获得马来西亚著作权保护的人这两个条件之一的作品，都能获得马来西亚的著作权保护。这条规定符合《伯尔尼公约》的要求。

著作权保护范围指著作权保护客体，马来西亚的著作权保护客体与我国规定基本一致。《马来西亚著作权法》第7条第1款规定：在符合本条的其他规定下，文学作品、音乐作品、艺术作品、电影、广播应有资格获得著作权。并且，马来西亚也采取了思想与表达二分法，明确规定著作权不保护思想，具体规定于该法第7条第2A款：著作权保护不应扩展到任何思想、程序、操作方法或数学概念。思想与表达二分法是出于将思想留在公共领域，为公共利益的考量，也是是否构成侵权的标准，但思想与表达之间的界限往往不够清晰，并未在该法中作出严格具体的区分。

另外，马来西亚著作权法保护衍生作品并规定了保护范围。在不损害所使用原有作品的权利情况下，对著作权作品的翻译、改编、排列和其他转换，都可以与原有作品一样获得著作权保护。1987年《马来西亚著作权法》中还规定，无论是机器可读的还是其他形式的作品或者仅仅是单纯的数据收集，都有资格获得著作权，只要其内容的选择和排列，创造出新的智力成果。可以看出，马来西亚对衍生作品的表达形式没有特殊要求。

（二）权利内容

著作权人有权使用其作品并避免任何未经授权的使用，权利内容是对使用方式的规定。马来西亚著作权法中的权利可分为精神权利与经济权利两种类型，精神权利相较于经济权利的最大特征，就是它不会因作者放弃作品的持有权而丧失，也不会因作品的所有权转移而转移。有学者认为，马来西亚规定的著作权实际上并不包含作者的精神权利，“著作权”仅仅指的是不包含人身权在内的著作财产权。[1] 而且，由于马来西亚沿袭英国的立法体例，没有规定邻接权，而是选择将邻接权所保护的对象包容于作品之中。

1. 精神权利

《马来西亚著作权法》第25条明确规定了作者的精神权利。当著作权存在于作品中时，任何人未经作者同意，或者作者去世后，其个人代表均不得作出或授权采取下列任何行为：（1）未指明作者或未表示作者身份时，以任何方式介绍作品。（2）作品的意思扭曲、残缺或其他修改：“（ⅰ）显著改变作品；（ⅱ）可能被合理地视为对作者的荣誉或声誉造成不利影响。”

总结此法条，可以得出两项精神权利。第1款规定了署名权，第2款规定了保护作品完整权。任何人都要尊重作者对其作品表明身份的权利，并且不得擅自修改作品。但是如果行为人被授权公开出版、复制或表演作品后（不论是凭借转让、许可或其他方式），有合理理由必须对作品进行修改的，行为人可以进行适当的修改。

作者去世后，其遗产代理人可以代表作者行使两项精神权利。当遗产代理人发现侵犯作者精神权利的行为时，可以提起诉讼，获得的赔偿金归入作者的遗产。

表演者依据马来西亚著作权法对其表演也享有精神权利。[2] 表演者就其现场表演或固定在录音录像制品上的现场表演而言，有权：（1）表明其为现场表演的表演者身份，除非省略身份是由现场表演的使用方式决定的；（2）禁止任何以损害其名誉为目的，歪曲、删减或以其他方式更改表演者的现场表演。

此为表演者表示表演者身份以及保护表演形象不受歪曲的权利。在表演者去世后，其精神权利并不断绝，若有人侵犯表演者的精神权利，将由获得表演者授权的人或机构行使表演者权利。

2. 经济权利

马来西亚没有像对精神权利的罗列一样，对经济权利进行单独概括，而是在文学作品、音乐作品等著作权保护客体分类下，规定各项客体的经济权利。[3]

---

[1] 杨静．东盟国家著作权制度之比较［J］．河北法学，2008（7）．

[2] 参见1987年《马来西亚著作权法》第25A条。

[3] 参见1987年《马来西亚著作权法》第13条。

在文学、音乐、艺术作品、电影、录音录像制品中，著作权人享有的经济权利如下：（1）复制权，以任何实质形式将作品制作成一份或多份的权利；（2）传播权，向公众传播作品的权利(未明确规定传播的方式)；（3）表演权，公开展示或表演作品的权利；（4）发行权，通过出售或其他所有权转让的形式将复制品提供给公众的权利；（5）出租权，有偿许可他人临时使用作品的权利。

对于设计作品及模型，著作权人享有复制权、发行权。

对于建筑作品，著作权人享有的以任何形式复制全部或大部分作品的建筑物的专有权，但是此种专有权利不包括同种风格的建筑作品。

对于广播著作权，是在马来西亚控制整个或大部分广播的录制、复制和转播以及在入场地向公众展示或播放的专有权利。并且电视广播的著作权应包括控制从这种广播中获取静态画面的权利。

对于出版作品，出版者对同一版本的作品的复制享有控制权。

同时，马来西亚规定了权利的例外，即在一定条件下，非著作权所有人实施下列行为也不构成对著作权的侵犯。

（1）为非营利性研究、私人研究、批评、审查或报导时事而以公开使用的方式使用作品的行为；（2）滑稽模仿行为；（3）将任何坐落于公众所能见到的场所的艺术品拍进电影，偶尔也包括不是坐落于公共场所而被拍进了电影的艺术品，但不能以私人宅邸为背景；（4）在艺术作品、录音制品、电影或广播中偶然包含作品；（5）为了教学说明目的而广播、表演、放映文学、音乐作品、录音制品、电影，此行为应符合公平合理的惯例并须标明作品的来源与作者的姓名；（6）在公开场合或由一人在广播中合理摘录已发表文学作品的片段，阅读或朗诵的行为；（7）由政府全资所有或控制的广播机构，复制作品并进行合法广播；（8）出于慈善或教育目的，作品在免费入场的非营利性质俱乐部或机构演出；（9）在法律程序中使用作品；（10）为了研究、私人学习、评论或时事新闻报道从已出版的作品中合理引用文章，包括以新闻摘要形式引用报纸文章和期刊的引文，同时须标明作品的来源与作者的姓名；（11）计算机程序的商业租赁，计算机程序不是租赁的基本对象。

三、保护期限

《伯尔尼公约》对精神权利的保护期限未做规定，留给各成员国按照各国实际情况自行决定；对于经济权利的保护期限，其规定一般作品的保护期限是作者有生之年加上去世后 50 年。马来西亚规定对精神权利的保护不受期限限制，对经济权利的保护期限仍然按照著作权客体的分类进行规定。1987 年

《马来西亚著作权法》中，从第17～23B条都是对经济权利保护期限的规定。

对于文学、艺术、音乐作品，其著作权须一直存在于作者的有生之年，直至作者去世后50年的期间届满为止。文学、音乐或艺术作品在作者去世前未出版的，其著作权须自该作品首次发表后的下一个公历年度开始计算，直至50年期间届满为止。以匿名或假名出版文学、音乐或艺术作品的，其著作权须自该作品首次发表或首次向公众提供后的下一个公历年度开始计算，直至50年期间届满为止，但如果作者的身份被世人所知，著作权须一直存在于作者的有生之年，直至作者去世后50年的期间届满为止。如果作品属于合作作品，须按照最后一位作者去世的时间计算50年的期限。

对于出版作品，出版者的著作权须自该作品首次出版后的下一个公历年度开始计算，直至50年期间届满为止。

对于录音制品，录音制品制作者的著作权须自该作品首次出版发行后的下一个公历年度开始计算，直至50年期间届满为止。若录音尚未公布，则录音制品制作者的著作权须从该作品制作完成后的下一个公历年度开始计算，直至50年期间届满为止。录音制品的录制人有获得合理报酬的权利，须自该作品首次出版发行后的下一个公历年度开始计算，直至50年期间届满为止；若当时《马来西亚第332号法案》尚未公布，录制人获得合理报酬的权利，须自首次录制的下一个公历年度开始计算，直至50年期间届满为止。

对于广播作品，其著作权须自首次广播后的下一个公历年度开始计算，直至50年期间届满为止。

对于电影作品，其著作权须自该影片首次发行后的下一个公历年度开始计算，直至50年期间届满为止。

对于政府、政府组织和国际机构的作品，其著作权须自其作品首次发表的下一个公历年度开始计算，直至50年期间届满为止。

对于现场表演，现场表演的表演者经济权利须自其演出之后的下一个公历年度开始计算，直至50年期间届满为止。

总结上述规定，马来西亚只在文学、艺术、音乐作品中采取作者有生之年加上去世后50年的经济权利保护期限，其余的作品一律规定在制作或发表后，计算50年的经济权利保护期限。

四、侵 权

（一）侵权行为

马来西亚规定的侵权行为涉及面非常广，已经覆盖了现今绝大部分的商业性利用形式。其于1987年《马来西亚著作权法》第36条规定了侵权行为，任何人未经著作权所有者许可，或未从著作权所有者处获得许可证，或超出了合理使用范畴，违反著作权法规定使用作品的行为，都构成著作权侵权。

具体的侵权行为有：（1）出售、出租该作品；（2）为商业目的或为其他任何会在某种程度上影响著作权所有者利益的目的，发布文章；（3）通过商业方式公开展示作品，并且行为人知道或应当知道该作品的制作是在未经著作权拥有人同意或特许的情况下进行的；（4）未经著作权所有者授权或法律允许，规避或致使任何其他人规避著作权所有者为实现其权利而使用的任何有效技术措施；（5）未经授权而删除或更改任何电子权利管理信息或未经授权而删除或更改任何电子权利管理信息，[1] 且行为人明知或应当知道实施上述行为会诱使、促成、协助或隐瞒侵权行为。

为严格打击侵权行为，马来西亚对限制进口侵权复制品进行规定。著作权所有者可以向管理者提出申请，认定进口的复制品属于侵权复制品。认定之后，助理管理员与不低于督察级别的警务人员或海关人员，均可搜查及没收进口的侵权复制品。此规定适用于在马来西亚领域以外制造的作品的任何复制品，而且复制品是未经该作品的著作权所有者同意或许可的情况下进行制作的。

（二）侵权救济

马来西亚在著作权侵权方面不仅规定了民事补救措施，还规定了严厉的刑事制裁措施。

关于民事补救措施，在著作权所有者提出诉讼时，或者在任何侵犯著作权的诉讼中，他人侵犯著作权的行为均可用以损害赔偿、禁令、扣押或销毁侵权复制品或其他方式予以济助。这些补救措施都有条件限制。在认定损害赔偿数额时，法院需要综合考虑侵权的严重性以及被告侵犯著作权而累积获得的利益等因素。另外，在侵犯著作权的诉讼中，不得发布强制令，要求拆除已经建成的或部分建成的建筑物，或者阻止部分建成的建筑物的完工。[2] 马来西亚著作权法规定的强制执行措施，将在"执行"部分介绍。

关于刑事制裁措施，[3] 首先，制作、出售、出租、展示出售或出租侵权复制品，对每件侵权复制品处不少于2000林吉特并且不多于2万林吉特的罚款，或判处不超过5年的监禁或并处；情节严重的，处不少于4000林吉特并且不多于4万林吉特的罚款，或判处不超过10年的监禁或并处。其次，制造用作

---

[1] 参见1987年《马来西亚著作权法》第36条第5款："权利管理信息"系指识别作品、作品作者、作品中任何权利的所有人的信息，或关于作品使用条款和条件的信息。

[2][3] 参见1987年《马来西亚著作权法》第37条。

制造侵权复制品的装置，对每个装置处不少于4000林吉特并且不多于4万林吉特的罚款，或判处不超过10年的监禁或并处；再犯的，处不少于8000林吉特并且不多于8万林吉特的罚款，或判处不超过20年的监禁或并处。规避著作权所有者设置的技术措施、在没有权限的情况下删除或更改任何电子权限管理信息、未经授权擅自将电子权利管理信息删除或者变更的作品、复制品，向公众分发、进口、传播的，对每件侵权复制品处不超过25万林吉特的罚款，或判处不超过5年的监禁或并处；情节严重的，处不超过50万林吉特的罚款，或判处不超过10年的监禁或并处。并且在证明为商业目的占有侵权物品时，只须证明被告占有3件以上的侵权复制品，即可证明被告的占有目的不是为了个人或家庭范围内使用而是为商业需要。

从著作权法对于刑事制裁措施的规定，可以看出马来西亚针对著作权侵权行为采取了非常严厉的管制手段。尽管如此，马来西亚的著作权侵权行为仍然十分猖獗，马来西亚曾被美国政府列为2003年、2004年度的“301条款”[1]重点观察名单和观察名单。[2]因此，如何有效地减少著作权侵权行为的发生，更好地发挥法律的效用，是马来西亚政府面临的急需解决的难题。

五、其 他

马来西亚著作权法与我国著作权法有许多内容相似，但是马来西亚的著作权立法也有其特色之处。

（一）著作权法庭

著作权法庭是马来西亚著作权法的一大特色，规定在1987年《马来西亚著作权法》第7章。该章主要介绍著作权法庭的成员构成及任命、著作权法庭的程序问题、如何向高等法院提交问题、著作权法庭的职能及相关规则。

部长的权力非常大，他能决定著作权法庭的各个事项。著作权法庭主要由主席、副主席和法官组成，三者属于刑法所指的公职人员并统一由部长任命，且每届任期不得超过3年，但是可以连续任职，担任法官的人数不得超过20人；部长需要决定委任法庭主席、副主席及法官的薪酬及其他条款和条件；当著作权法庭的成员不适合继续执政或无法履行职责时，部长可宣布法庭成员的职位空缺；法庭须设有秘书一名及协助法庭所需的其他人员一名，由部长委

---

[1] “301条款”是《美国1974年贸易法》第301条的俗称，是美国贸易法中有关对外国立法或行政上违反协定、损害美国利益的行为采取单边行动的立法授权条款。

[2] 李顺德：《东南亚联盟国家知识产权环境研究》，国家知识产权局规划发展司2014年12月课题项目，第71页。

任。另外，法庭的主席、副主席或任何成员都可随时向部长书面发出辞职申请。[1]

部长为了更好地履行法庭的职能，还可规定将任何事项提交法庭的方式、法庭在处理提交给它的任何事项时应采取的程序以及法庭须保存的记录、法庭召开的方式和法庭开庭的地点、在法庭进行的任何调查或法律程序的应付费用比例。

《马来西亚著作权法》第30条还规定了法庭相关的一些程序。比如，其规定了回避制度。法庭成员如在任何须由法庭裁定的事宜上有金钱利害关系，则不得参与法庭的任何法律程序。任何人如他、他的合伙人、雇主或其家庭任何成员，或其属于法定或非法定团体，在须由法庭裁定的事宜中，与法庭成员有金钱利益，即当作具有利害关系。如果主席有利害关系被取消资格，部长须委任另一名法庭法官担任该诉讼的主席。

马来西亚著作权法庭的主要职责是签发翻译许可证，其权限范围比新加坡著作权法庭小，新加坡著作权法庭还可以审查再利用产品应支付的特许费用，决定在法定许可权之下再利用作品应支付给所有权人的报酬及解决关于播放与表演的许可权利纠纷。[2] 签发翻译许可证是任何人可向法庭申请许可，以本国语言制作和出版其他语言写成的文学作品的译本。法庭在进行充分必要的调查后，满足一定条件的，可授予申请人一张许可证（并非专用特许）。[3] 条件如下：

（1）翻译权所有者（或其授权的任何人）在作品首次出版后1年内尚未出版作品的马来西亚语译文或者虽然已经出版，已成为绝版；或申请人已经向著作权所有者提出要求，但翻译权所有者拒绝授予翻译和出版译本的权利；或申请人经过全面的调查后，无法找到翻译权所有者；（2）申请人能够制作并出版正确的作品翻译，并有能力向翻译权所有者支付根据本条应付的使用费；（3）申请人承诺将作品原名和作者姓名印在所有已出版的译本上；（4）作品的作者没有撤回发行；（5）在可行的情况下，首先给予作品翻译权所有者发表意见的机会；（6）在翻译权所有者拒绝授予许可或无法找到著作权所有者的情况下，时间已过9个月，翻译权所有者或经其授权，仍未出版任何国语译本；（7）翻译是为了教学、学术或研究目的。

如果需要翻译的作品主要由插图组成，则不得授予许可证。翻译许可证的使用也存在限制，其只能在马来西亚翻译出版，并且根据许可证发布的所有复

---

[1] 参见1987年《马来西亚著作权法》第29条。

[2] 向朝．新加坡与马来西亚著作权法之比较［J］．法学论坛，1999（2）．

[3] 参见1987年《马来西亚著作权法》第31条。

制品应以马来西亚语通知，声明复制品只能在马来西亚分发。

此外，如果著作权法庭遇到无法解决的问题，可以主动或在当事人的申请下向高等法院提交法律问题。在高等法院审理案件时，法庭诉讼的每一方均有权出席和听取意见。

（二）执行

马来西亚著作权法的另一特色是其在著作权法中规定了强制执行措施，执法机构可以调查、搜查、扣押侵权复制品，在一定条件下还能逮捕犯罪行为人。

为及时制止侵权、犯罪行为，减少损失的扩大，法官如果得到经举报者发誓的信息，称有充分理由怀疑某处房屋或场所存有侵权复制品、设备、交通工具、书籍或文件，则可以签发搜查令指定相关人员不论日夜在必要的时间进入房屋或场所收藏、扣押；若有充分理由认为取得搜查令会拖延时间，相关人员还可以不经申请搜查令而强行进入调查。职级不低于督察级的警务人员进入住宅或场所时，还可携带必要的人员及设备；[1] 如果有需要，还可以打破住宅或其他处所的内外门、以武力将任何阻碍进入搜查的障碍移走、将在该地方发现的每一个人扣留，直至该地方被搜查完为止。

搜查后可能需要扣押侵权复制品，扣押程序也有特别的规定。《马来西亚著作权法》第46条规定，在查获扣押物品时，警务人员应准备一份清单，并将清单副本交给扣押物品所有人或其在场的代理人或仆人。若房屋空置，助理总监或不低于检查员级别的警务人员也应尽可能列出在该房舍内查获的物品清单。

而对于逮捕权，[2] 副检察官可以在没有逮捕令的情况下，逮捕他认为已经或正在企图犯下犯罪行为的人。但之后，他必须无延误地将被逮捕的人移交给最近的警务人员，或在警务人员缺席的情况下，将该人带到最近的警署。

第四节 菲律宾著作权法律制度

一、菲律宾著作权制度立法沿革

由于历史原因，菲律宾知识产权保护制度受到西班牙和美国的很大影响，混合了很多大陆法系与英美法系的要素。最早的著作权保护制度可以上溯至西班牙殖民统治时期（1521～1898年）的《西班牙知识产权法》。美国统治时期

---

[1] 参见1987年《马来西亚著作权法》第44条。

[2] 参见1987年《马来西亚著作权法》第50A条。

（1898～1946年），著作权的保护均按照美国的标准执行。独立后的菲律宾在1972年依据第49号总统令颁布的《知识产权保护法令》开始建立自己的著作权制度。1972年11月，菲律宾率先将计算机软件纳入著作权法保护范围，成为世界上第一个用著作权法来保护计算机软件的国家。

1998年生效的共和国第8293号法案即《菲律宾知识产权法典》，标志着菲律宾的著作权保护乃至知识产权保护逐渐走向成熟。

在现行的著作权保护制度中，除了《菲律宾知识产权法典》外，菲律宾还制定了《著作权实施细则》。国际上，菲律宾于1951年加入《伯尔尼公约》，1984年加入《保护表演者、录音制品录制者与广播组织罗马公约》，2002年加入《世界知识产权组织著作权条约》《世界知识产权组织表演及录音制品条约》。

《菲律宾知识产权法典》的第四编为著作权法编，共分为20章，自第171～229条。在2013年颁布第10372号法案，对原有若干条款进行修订，设立了著作权及著作权邻接权，细化并加强了对著作权的保护。

（一）著作权的客体

《菲律宾知识产权法典》对文学艺术类的原创作品和演绎作品给予著作权保护。

文学和艺术作品以下简称“作品”，是指在文学和艺术领域原创的智力创作，从创作之时受到保护，包括下列特定形式：（1）书籍、小册子、文章和其他书面作品；（2）期刊杂志和报纸；（3）讲课、演讲、布道、口头表达的论文、无论是否转变为书面形式或者其他有物质载体的形式；（4）书信；（5）戏剧表演或者戏剧音乐作品，舞蹈作品或者哑剧表演作品；（6）带词或不带词的音乐作品；（7）绘画、油画、建筑设计、雕塑、版画平版印刷画作品或者其他艺术作品，艺术作品的模型或者设计图案；（8）为制造商品的原创的装饰设计图案或者模型，无论作为工业外观设计是否具有可注册性，其他实用艺术作品；（9）与地理、地形、建筑设计或者科学相关的图表、地图、计划、图解、素描和三维作品；（10）具备科学或技术特征的制图或塑质品；（11）摄影作品，包括由类似摄影方法制作的作品，幻灯片；（12）视听作品和电影作品，和由类似于电影制作的方法或者制作视听记录的任何方法制作作品；（13）绘画插图和广告；（14）计算机软件；（15）其他文学、学术、科学和艺术作品。

演绎作品的保护主要有两大类：（1）剧本、翻译作品、改编作品、缩写作品、整理作品和其他文学或艺术作品的演绎形式；（2）文学、学术或艺术作品集，资料汇编，以及其他根据材料内容最早进行选择、调整或整理的汇编作品。演绎作品应作为新作品予以保护，而且这些新作品不影响所基于的原创作品的著作权效力。除由作者、继承人或受让人授予的著作权利外，出版人仅拥有包含作品的出版格式的版面设计的复制权利。

上述作品根据它们创作的唯一事实而受到保护，无论它们的表达方式或形式如何，也无论它们的内容、质量、目的如何。

《菲律宾知识产权法典》另外规定几种不予保护的客体，包括任何思想、程序、系统方法或者操作、管理、概念、原则、发现或有关的纯资料，即使它们在作品中表达、阐述、阐明和体现；每日新闻和其他具有纯粹新闻信息特征的事实；任何立法行政和司法性质的官方文本以及官方译本。

政府作品虽然不存在著作权，但如果利用政府作品进行营利，仍需取得该作品产生的政府机关许可。在演讲、讲课、发言和专题论文中，政府作品的作者拥有制作其作品集的专有权利。政府对已有著作权作品的使用不会导致作品原有著作权丧失。

（二）著作权的归属

《菲律宾知识产权法典》规定的著作权归属原则如下：(1) 原创的文学艺术作品的著作权属于作品的作者。(2) 共同作品在没有约定时，著作权属于共同作者共有，如果共同作品中有可以单独分割使用的部分，该部分的作者也可以被明确，那么作者拥有自己单独创作部分的著作权。(3) 如果一部作品是在雇用期间或雇用过程中创作的，那么著作权将属于：①雇员，如果创作的作品不是雇员日常工作任务的一部分，即使雇员在工作期间利用了雇主的设备和材料；②雇主，如果作品是雇员完成日常工作任务的结果，有相反约定的除外。(4) 对于委托作品，委托人享有作品的所有权，著作权归属于作者，有相反约定的除外。(5) 视听作品的著作权属于制片者、编剧、作曲家、电影导演和作品的改编者。如无相反约定，制片者享有以任何形式实施作品的展览所要求的著作权，融合在作品中的音乐的表演收取集体演出许可费用的权利除外。(6) 信件的所有权应属于作者。(7) 关于匿名作品，发表人被视为作者的代理人。

如无相反证明，在作品上署名的人推定为作者。即使是笔名或假名，对确定作者身份无疑问的，均适用此推定规则。以通常方式将其名称记载在视听作品上的人或法人，如无相反证明，应推定为作品的制作人。

二、主要保护范围和权利内容

（一）保护范围

《菲律宾知识产权法典》对于具有著作权的作品提供的保护，应适用以下范围：(1) 菲律宾国民或者在菲律宾具有经常居住地的作者的作品；(2) 制作人总部或经营地在菲律宾的视听作品；(3) 建造在菲律宾的建筑设计作品，或者其他的融合在位于菲律宾的建筑或其他建筑中的实用艺术作品；(4) 首次发表在菲律宾的作品；(5) 在其他国家首次发表并且30天内也在菲律宾发表的作品，无论作者是否为菲律宾国民或在菲律宾有无经常居住地；(6) 依据菲律宾参加的国际公约或国际协定应予以保护的作品。

(二) 精神权利

《菲律宾知识产权法典》规定了以下几个方面的精神权利：(1) 署名权，作者有权要求在其作品及复制品的公开使用中标明其姓名；(2) 在作品发表之前对其进行任意修改，或从发表时起保留修改的权利；(3) 禁止与其作品有关的，可能会损害其荣誉和名誉的任何歪曲、删改或其他的毁损活动；(4) 禁止在有关的非其创作的作品上或对其作品的歪曲版本上使用其名字。

当作者对集体作品有贡献时，除非明确声明保留，对他做出贡献的部分权利将被视为放弃。

作者不能被强迫履行创作作品或发表已存在作品的合同，但可以被起诉要求承担违约责任。

精神权利的保护应等同于经济权利，但是精神权利不得转让或实施许可。精神权利具有时间限制，为作者终生加上死亡后的50年。作者死亡后，权利的执行人要在国家图书馆备案登记。没有权利的执行人时，权利移交给继承人；没有继承人时，权利移交给国家图书馆馆长行使。

作者的精神权利遭受侵害的，权利执行人和权利继承人享有与著作权人相同的救济权。除此之外，权利人也可以依据民法典寻求损害赔偿，作者死后没有权利执行人和继承人的，由政府主张损害赔偿请求权，并获得相应赔偿。

(三) 经济权利

《菲律宾知识产权法典》规定的经济权利，包含实施、授权或着禁止下列行为的专有权利：(1) 作品或作品主要部分的复制；(2) 剧本、翻译作品、改编作品、缩写作品、整理作品或者其他形式的转换；(3) 首次公开销售作品的原件或复制件，或其他形式的所有权转让；(4) 视听作品、电影作品原件或复制件的出租权，包括录音、计算机程序、资料或其他材料的汇编作品，不考虑原件或复制件作为出租标的物的所有权；(5) 公开展览作品的原件或复制件；(6) 对作品进行公开表演；(7) 其他公开传播作品的行为。

(四) 保护期限

《菲律宾知识产权法典》中关于著作权保护期限的一般规定为作者终生加

上死后的50年，对死后出版的作品同样适用。对于共同创作的作品，其经济权利的保护期限截止于最后死亡作者死后50年。对于匿名作品或假名作品，其经济权利的保护期限是从该作品首次合法发表之日起计算50年，如果未发表，从创作完成之日起计算50年。但是在此期限届满前，作者身份得以确定的，保护期限适用一般规定。对于实用艺术作品，从创作之日起拥有25年的保护期限。对于照片作品，从作品发表之日起拥有50年的保护期限，如果未发表，从创作完成之日起计算50年。对于视听作品，包括类似摄影方法制作的作品，从作品发表之日起拥有50年的保护期限，如果未发表，从创作完成之日起计算50年。

关于期限的计算，上述保护期限中涉及的起算日，例如作者死亡之日或发表之日，将事实发生之日的该年的1月1日作为保护期限的起算日。

（五）著作权侵权

1. 侵权救济

关于侵权的救济：（1）法院可以发布禁令，命令被告停止侵权行为，包括侵权的进口商品进入市场；（2）侵权人应该向著作权人赔偿其受到的损失，包括诉讼费用和其他花费，因侵权而遭受的损失，包括侵权人可能通过侵权获得的利润，由原告证明其销售利润，被告证明相对应的花费事实，此类赔偿应当公平合理，不视为惩罚；（3）在诉讼期间，扣押销售发票及其他证明售卖的文件、所有被指称侵犯著作权的物品及制作该等物品的器具；（4）法院可以在无任何补偿的情况下销毁所有侵犯著作权的物品以及其他制造该侵权物品的器具；（5）其他的限制性规定，包括支付精神损害赔偿和惩罚性损害赔偿，只要法院认为是适当的、公正的，即使在刑事诉讼中宣告无罪，也可以作出销毁侵权复制品的决定。

2. 刑事惩罚

任何人侵犯著作权所保护的权利，或者帮助、教唆他人从事这些侵权行为，都应被处以下列的刑事惩罚：（1）对于首次犯罪，处以1~3年的监禁，加处5万~15万比索的罚金；（2）对于第二次犯罪，处以3~6年的监禁，加处15万~30万比索的罚金；（3）对于第三次及三次以上的犯罪，处以6~9年的监禁，加处50万~150万比索的罚金；（4）对于以上所有情况，在无力清偿债务时附加监禁。监禁年限和罚金数额应当综合考虑被告制造侵权物品的价值和著作权人因侵权遭受的损失。

3. 侵权认定

任何人当他知道或应当知道所占有的商品中的作品著作权是有效时，有下列行为之一的，以侵权论处：（1）出售、有偿出租、或者以出售、出租等商业目的提供、陈列商品；（2）为商业目的分发商品，或者为了其他目的使用，导致著作权人对作品的权利受到损失；（3）商业性的公开展览即属犯罪，一经定罪，即可处以刑事惩罚。

4. 证词证据

在诉讼中，著作权人应当提供经过公证的证书，说明下列内容：（1）作品或其他标的物的著作权有效存在；（2）确定的著作权人；（3）复制品和副本在任何诉讼环节都应该认定为证据，除非有相反证据出现。

5. 权利推定

（1）如果被告未提出关于作品或其他标的物的著作权是否有效的疑问，著作权应该被推定为有效；（2）如果原告宣布他是著作权人并且被告未对他的身份提出疑问，当著作权有效性确立时，原告应该被推定为著作权人；（3）当被告提出的关于著作权是否有效或著作权人身份的疑问时，存在恶意，推迟诉讼程序或引起了不必要的花费，法院可以命令由被告承当所有花费。

6. 诉讼时效

关于著作权诉讼的诉讼时效为 4 年，从应当提起诉讼的原因出现之时起算，4 年之后任何损害赔偿的请求都不予支持。

三、著作权的转让与限制

（一）著作权的转让

1. 著作权人与受让人的权利

（1）著作权可以全部或部分转让。在转让的范围内，受让人被授予转让人关于著作权的所有权利和救济措施。（2）除非有书面声明，著作权在生前不能被视为完成了全部或部分转让。（3）为发表目的，文学、图片或艺术作品向报纸、杂志或期刊的投稿应理解为只是单个发表的许可，除非声明了更多的权利授予。（4）如果两人或多人共有著作权，任何一位共有人都拥有授予许可转让的权利，无须其他共有人的事先书面同意。（5）作品中的经济权利中的任何独占性许可都是被允许的，在独占许可的范围内，被许可人有权享有许可人就著作权所拥有的一切权利和补救措施。（6）著作权人有权从受让人或被许可人那里就转让或被许可的作品进行定期报表报账。

2. 物质载体

著作权和其依据的物质载体是相互分离的。著作权的转移、转让或许可不能被认为是物质载体的转移、转让或许可。作品的唯一复制件或一份或多份复制件的转移、转让或许可并不意味着著作权的转移、转让或许可。

3. 转让登记

在缴纳规定的费用后，转让或专有许可协议可以在国家图书馆备案登记复制件。登记后，复制件返还，并在知识产权局公报上公布。

4. 社团选任

著作权的所有人或继承人可以选任一家艺术家、作家或作曲家社团，以实施它们的精神权利和经济权利。上述社团行使权利，需要知识产权局的事先认证。

5. 后续转让中的收益权利

对每件绘画或雕塑作品的原件或作者或作曲者的原稿进行出售出租，在第一次处分做出后，作者及其继承人有权获得此后每一次出售或出租的总收益的5%，这种权利的保护期限为作者的终生及其死后的50年。对于作者最初是以复制方法获得的作品，如印版画、蚀刻画、版画、实用艺术作品或类似种类的作品，不适用此规定。

（二）著作权的限制

1. 不视为侵犯著作权的情况

（1）以专门格式复制或分发专门供盲人、视力受损者和阅读障碍者使用的文章或材料，但此种复制和分发应在非营利基础上进行，并应注明著作权所有人和原始出版物的出版日期；（2）从已经发表的作品中引用，如果它符合正当使用并且仅在法定范围内为此目的使用，包括从报纸评论和期刊中以出版摘要的形式引用，但应注明作品出处和作者姓名；（3）大众媒体向公众复制或传播有关时事政治、社会、经济、科技或宗教主题的文章，讲课、演讲和其他同样性质的作品，这些作品已经公开发表并且没有明示的保留，这些使用是为了传播信息的目的，但应注明作品的出处；（4）通过图片、电影或播放的方式在必要的范围内为传播信息的目的向公众复制或传播作为时事报道的一部分文学、科技或艺术作品；（5）在出版、播放或其他向公众传播的方式中包含有作品、录音制品或电影，这些包含是为了教育的目的，采用图解的方式制作，并且符合正当使用，但应注明作品的出处和作者的姓名。（6）在学校或是教育机构中录制作品，仅在学校或教育机构中播放使用，这些录制品必须在第一次播放后合理期限内删除，而且不能从电影故事片的一般常备剧目的作品中获取，作品主题的节录除外；（7）播放组织使用自己的设备并且在自己的播放中使用而制作的短暂的录制品；（8）在政府的指导或控制下制作使用，由国家图书馆或者教育、科技专业机构实施，这些使用是为了公共利益并且符合正当使用；（9）由俱乐部或其他机构仅仅为了慈善或教育的目的，向公众公开表演或传播作品，没有营利目的，没有收取入场费；（10）以电影、幻灯片、电视图像或其他方式，或以任何其他装置或程序，将作品的原件或复制品公开展示，前提是作品已经发表或展览的原件或复制件的权利人或继承人已经出售、放弃、或以其他方式转让给他人；（11）为了司法程序的目的或由执业律师提供的建议而使用作品。上述所有规定，都须使该作品的使用方式与作品的正常使用并无不合理地损害权利持有人的合法权益。

2. 正当使用

为了批评、评论、新闻报道、教学（包括有限数量的课堂使用）、奖学金、研究和类似目的而合理使用著作权的作品，不属于侵犯著作权的行为。反编译在这里理解为再现代码和翻译计算机程序的形式，以实现独立创建的计算机程序与其他程序的互操作性，也构成正当使用，只要这样的反编译是为了获得实现这种互操作性所必需的信息而进行的。

在判断特定情况下作品的使用是否构成正当使用时，应考虑的因素包括：（1）使用的目的和特征，包括这些使用是否具有商业性质，是否是非营利的教育目的；（2）已经获得著作权的作品的性质；（3）数量，已经实际使用的部分和作品的全部相比的比例；（4）这些使用对潜在市场的影响，或是已获得著作权的作品的价值。另外，作品未发表的事实不应该作为判断是否构成正当使用的因素。

3. 建筑设计作品的著作权

建筑设计作品的著作权包括控制复制作品的全部或大部分的建筑物的权利，不论其原状或以任何可以辨认出的源自原作的任何形式复制。但这些作品的著作权，不包括以与著作权相关的建筑物的重建和修复的权利。

4. 已发表作品的复制

对已经发表的作品的单个的复制，私人的复制，当属于自然人专为私人学习研究而做出的复制，应当予以允许，即使没有著作权人的授权。但此规定不适用于下列作品的复制：（1）以建筑物或其他建筑形式表现的建筑设计作品；（2）通过电子技术的方式，复制整本书或其主要部分，或对音乐作品的全部或主要部分进行复制；（3）资料或其他材料的汇编作品；（4）计算机程序；（5）复制可能对作品的正常开发产生不合理的矛盾，或者可能对作者的合法利益有其他不合理的损害。

5. 图书馆实施的电子技术方式的复制

任何图书馆或档案馆，如其活动是非营利的，可以不经作者或著作权权利人授权，通过电子技术方式复制数量有限的副本，以履行职务需要。主要包括以下几种情况：（1）作品已损坏或者很珍贵，不能借给使用者原件；（2）当作品是包含在复合作品中的独立作品时，或者是其他已发表作品的摘要，复制行为是提供给借阅的人进行研究和学习的目的，来替代出借包含它的整本卷册是必要且合适的；（3）有限副本的制作是为了保存的需要，如果出现丢失、损坏或不能使用的情况时，作为必要的替换复制件，或者在其他同类图书馆和档案馆的馆藏中，复制件已丢失、损坏或不能使用并且已经不能从出版者手中重新获取。尽管有上述的规定，图书馆也不允许制作在数卷中已经发表的作品的某一卷，或者制作丢失的著作或杂志的某些页或类似作品，除非这些卷、著作或者部分已经不再发售。总之，图书馆的复制行为需要法律的授权，当出现特定原因时，还需要图书馆认为收藏所必需，并且这些作品已经停止发售。

6. 计算机程序

在复制或改编是必要的情况下，由计算机程序的合法所有人复制 1 份备份复制件或者对该计算机程序的改编应被允许，不需要计算机程序作者或其他著作权权利人的授权。具体来说：（1）计算机程序已经获得，为了计算机程序和计算机结合的目的而使用，或扩展其功能；（2）当合法获得的计算机程序丢失、毁坏或者不能使用时，为存档的目的替换用的复制件。复制或改编必须符合上述规定的目的，并且在合法使用结束后进行销毁。

7. 侵权物品的进出口

经财政部长批准，授权海关关长制定规则和条例，以防止进口或出口侵犯权利的物品，并根据《菲律宾知识产权法典》和菲律宾加入的有关条约和公约，禁止进口或出口侵权物品，并扣押和处置侵权物品。如果它们是在被进口之后或者在出口之前被发现的话，同样适用进出口的规则和条例。

四、邻接权

（一）表演者

1. 表演者的保护范围

（1）具有菲律宾国籍的表演人。（2）表演人不是菲律宾国民，但其表演：（a）在菲律宾发生；（b）固定在受本法保护的录音制品中；（c）虽未固定在录音制品中，但在本法保护的节目中播放。

2. 表演者的专有权利

（1）通过播放或者其他传播方式向公众传达他们的表演和固定他们未固定的表演。（2）以任何方式或形式，直接或间接复制他们固定在录音制品、视听制品或其他固定作品中表演的授予权。（3）通过授权出售或出租或其他形式的所有权转让，第一次公开分发固定他们表演的录音制品、视听制品或其他固定作品的原件或复制件。（4）授权进行商业性出租固定他们表演的录音制品、视听制品或其他固定作品原件或复制件，即使权利已经被表演者分发或依据表演者的授权被分发。（5）授权通过有线或无线的方式使公众可以获取到固定他们表演的录音制品、视听制品或其他固定作品，通过这种方式，公众可以在自己选择的地点和时间获取到他们。

3. 表演者的精神权利

表演者的精神权利独立于其经济权利，对于固定在录音制品、视听制品或其他固定作品中的现场表演或者表演，有权要求表明表演者身份，除非不表明身份是由表演的产生方式决定的，并且有权反对对其表演的任何歪曲、残害或其他有损其声誉的修改。

4. 保护期限

表演者的专有权利应在其生前和死后 50 年内由继承人保持和实施，没有继承人时，由政府保持和实施。（1）对于未融合在录制品中的表演，从表演发生之年开始起算 50 年；（2）对于声音或图像和录制品融合在一起的表演，从录制发生之年开始起算 50 年。

5. 权利限制

关于著作权的限制规定同样适用于表演者，另外，表演者一旦授权播放或固定其表演之后，其专有权利的规定就不再适用。

6. 后续转让中的收益权利

除非合同另外规定，第一次传播或播放后，由播放组织对表演实施的每一次后续传播或播放，表演者都应获得至少等价于他第一次传播或播放中获得的最初报酬的 5% 的额外酬金。另外，不允许剥夺表演者在使用其表演时以更有利于他们的条款和条件约定合同的权利。

（二）录音制品的制作人

录音制品的制作人的保护范围是：（1）制作人是菲律宾国民；（2）首次出版地是在菲律宾。

录音制品的制作人的专有权利包括以下几项：（1）以任何方式或形式，授权直接或间接的复制他们的录音制品，将这些复制品投放市场和出售出租的权利；（2）授权通过出售或出租或其他所有权转让的方式第一次公开分发他们的录音制品的原件和复制件；（3）授权进行商业性出租他们的录音制品的原件和复制件；（4）授权向公众提供其录音的权利，使公众可以在他们个人选择或选择的地点和时间取用录音，以及其他具有类似的传输效果的声音记录。

关于保护期限，其与表演者的保护期限相同。对于未融合在录制品中的表演，从表演发生之年开始起算 50 年；对于声音或图像和录制品融合在一起的表演，从录制发生之年开始起算50年。

关于著作权的限制规定同样适用于录音制品的制作人，在细节上稍作调整。

如果为商业目的出版录音制品或其复制件，因向公众播放或其他方式传播而被直接使用，或者具有营利目的的公开表演，应当单独给予表演者合理的酬金，使用者支付给表演者和制作者的酬金，没有约定时双方平分。

（三）播放组织者

播放组织者的保护范围如下：（1）播放组织者的总部位于菲律宾的节目；（2）从位于菲律宾的播放者传出的节目。

播放组织者的专有权利包括以下3项：（1）节目的重播；（2）为将同样的节目向公众传播的目的以任何方式录制，包括制作其节目的电影或适用节目的录像带；（3）为更新传播或录音而使用这些录制品。

其保护期限为从节目发生之日起20年，延期仅适用于在先前的法律下受到有效保护的老作品。

关于著作权的限制规定同样适用于播放组织者，在细节上稍作调整。

第五节 印度尼西亚著作权法律制度

一、印度尼西亚的著作权立法概况

印度尼西亚（以下简称印尼）加入的国际条约包括：《保护文学和艺术作品伯尔尼公约》《世界知识产权组织版权条约》《世界知识产权组织表演和录音制品条约》《与贸易有关的知识产权协定》，印尼也是世界知识产权组织（WIPO）的成员国。

根据《与贸易有关的知识产权协定》，印尼于1982年4月12日颁布了第一部国家著作权法，并于1987年9月对有关邻接权、知识产权及相关法律的执行、传统文化表现形式等方面进行修订。

2002年通过的第19号法取代了1982年的著作权法，于2003年6月29日开始生效。自此，“数据库”也被涵盖于印尼著作权法保护范围之内。

印尼现行的著作权法为2014年“第28号著作权法”。印尼众议院于2014年9月16日通过了最新的著作权法草案，并于2014年10月16日由总统签署并颁布第28号著作权法以取代2002年第19号著作权法。新颁布的著作权法，即“28号著作权法”（以下简称“该法”）对著作权保护期、术语定义、房东责任进行了调整修改，并且引入了集体管理组织。

二、印度尼西亚著作权制度的主要内容

（一）著作权保护的客体

依照该法第40条之规定，作品是以灵感、技能、思想、想象力、灵巧、技巧或技能表现出来的科学、艺术和文学领域的创作。包括书籍、小册子、已出版的论文著作以及其他所有的书面作品，讲座、演讲和其他类似的创作，为了教育和科学而制作的道具，有或没有文字的歌曲和/或音乐，戏剧、音乐剧、舞蹈、舞蹈、木偶剧和哑剧，各种形式的绘画、雕刻、书法、雕塑、拼贴等艺术作品，应用艺术品，建筑作品，地图，蜡染艺术作品或其他主题艺术作品，摄影作品，图像，电影作品，翻译、评论、改编、整理、修改等作品的转化，对传统文化表现形式的翻译、改编、汇编、改造或修改，编辑创作作品或数据（无论是以计算机程序还是其他媒体阅读的格式），表现形式是原创作品的传统文化的汇编，电子游戏，计算机程序。其中，翻译、评论、改编、整理、修改等作品的转化的作品应作为单独的作品保护，但不得损害原创作品的著作权。

著作权的保护包括对已经或尚未公布的作品的保护，但必须表现为可使作品重复的有形形式。

（二）著作权保护的排除客体

《印尼著作权法》第41条、第42条指出，没有通过有形体现出来的作品，任何想法、程序、系统、方法、概念、原则、发现或数据，[1] 仅用于解决技术问题而发明的工具、对象或产品，或仅用于功能需求[2]的产品，均是"无法识别的著作权作品"，并且列举了不受著作权保护的客体，包括国家机构公开会议的结果、法律法规、政府官员的演讲、法院裁决或法官的任命，以及圣经或宗教符号。

（三）著作权保护范围或权利内容

1. 精神权利

该法第5~7条规定了精神权利。依相关规定，精神权利是作者的固有权利，是一种永恒的自我。这种权利主要表现为：作者可以决定在公开使用作品时是否提及其名字，使用别名或假名，按照习惯修改作品，更改作品标题，捍卫其作品完整性，以及对作品以修改等形式影响作者荣誉或名誉的事件拥有的

[1] 即使它们已被披露、陈述、描述、描述或并入作品。

[2] "功能需求"的含义是指某种工具、客体或产品以其形式为基础的，对人类需求具有一定的功用和功能。

精神权利。这些权利通过著作权信息以及著作权电子信息管理进行保护，这些信息不得被删除、更改或损坏。前者包括可以确定作品及其创作者实质的原创性的方法或系统和访问代码等代码信息，后者应该包括一项与作品发表活动有关的电子出版物和附件，作者的名称、别名或假名，作者作为著作权所有者，该作品的使用期限和条件、作品数量和代码信息。

精神权利在作者生前是不可转让的，但可以通过遗嘱或按照法律规定的其他原因，在其离世后行使转移，接受者可以放弃或否认转让的精神权利，但应以书面形式公布。

2. 经济权利

该法第16条、第17条、第19条、第29条、第30条规定了经济权利。

经济权利是作者或者著作权持有人获得作品经济的专有权利，包括创作的出版，所有形式的复制、翻译、改编、汇编或改造，作品或其副本的发行，表演、出版、交流创造和收取版税。其他人行使上述经济权利需经作者或著作权人许可，未经许可，任何人不能进行复制或进行作品商业性使用。

禁止交易场所管理人员在其管理的交易地点出售或复制侵犯著作权或相关权利的商品。

对于已经出售或将其作品的所有权转让给任何人的作品或其复制品，著作权人或作者将不对其享有发行权。不是计算机程序的基本对象的计算机程序，其本身或副本不适用上文中的经济权利。

摄影、绘画、绘画、建筑、雕塑或其他艺术品的拥有者或持有人有权在未经作者同意的情况下，可以将作品出版或展览原件、复制作品，除非另有约定。

未经图片中肖像人物其或继承人的书面同意，禁止任何人商业性使用、复制、出版、发行或用于商业广告或广告的肖像传播。包含2张或更多照片的商业性使用、复制、出版、发行和/或肖像传播，应征得肖像人或继承人的同意。但是，出版、发行或传播公开表演中的表演者或表演者的肖像不被视为侵犯著作权，除非表演者在表演者或表演权人在表演之前或期间另行说明或许可。或者为了国家安全、公共利益或刑事司法程序的需要，主管当局可以在未经肖像中的一个或多个人同意的情况下进行公布、发行或传播肖像。

著作权是不可移动的物体，但经济权利可以通过继承、赠与、捐赠、遗嘱、书面协议或符合法律规定的其他合理理由进行部分或全部的转移，也能依照法律法规规定作为信托保证的对象。只要作者或著作权所有者没有所有经济权利转让给作品权利受让人，剩余未转让的作品经济权利应仍由作者或著作权所有者持有。作者或著作权人转让的全部或部分经济权利不得由同一创作者或著作权人再次转让。

书籍等文字作品、歌曲音乐等非文字作品通过违约销售协议和/或进行无限期的经济权转让，则转让的经济权利将在协议满25年后回到创作者手中。表演者以歌曲或音乐的形式转让或出售其经济权利，经济权利的所有权在25年后将恢复至表演者所有。

无论作者生前是否已经对作品进行发表、出版或者发行，在作者死后，其经济权将成为继承人或者遗嘱所有人的财产。

（四）保护期限

1. 精神权利期限

该法第57条规定，作者对于作品的署名权、修改权等精神权利，是没有期限的。

2. 经济权利期限

该法第58~61条规定了经济权利的期限。

著作权对书籍、小册子和其他书面作品，讲座、演讲和其他类似的创作，为了教育和科学而制作的道具，文字或非文字形式的歌曲或音乐，戏剧、音乐剧、舞蹈、木偶剧和哑剧，各种形式的绘画、雕刻、书法、雕塑、拼贴等艺术作品，建筑作品，地图，蜡染艺术作品或其他主题艺术作品的保护期限为作者的生命期间及其去世后70年（从次年1月1日开始）。若上述作品拥有2个以上作者，则著作权保护期限为最后死亡的作者生命期间以及其去世后70年。以上作品若为法人所有，著作权保护自首次公告之日起50年有效。

对于摄影作品，图像，电影作品，电子游戏，计算机程序，纸张的外观，翻译、评论、改编、汇编、修改等作品的转化，对传统文化表现形式的翻译、改编、安排、改造或修改，编辑作品或数据（无论是以计算机程序还是其他媒体阅读的格式），编辑过程中的原创的传统文化表现形式的汇编的保护，均自其首次公告之日起50年有效。

实用艺术品形式作品的保护期限为自首次公告之日起25年。国家所有的传统文化表现形式的著作权保护无限期有效。作者未知的作品或未发表的作品、已发表但作者或发表人未知的作品的著作权均属于国家所有，自发明首次公告之日起50年内有效。已发表但作者未知由发表人拥有作品著作权，自发明首次公告之日起50年有效。

具有多个部分的作品著作权保护期，自最后一部分公告之日起计算。在确定保护期限时，一个创作若有两个以上并非同时期的发表，则每次发表的部分都应被认为是一个独立的作品。

3. 相关权利的保护期限

该法第 62～63 条规定了邻接权的保护期限。

（1）表演者的精神权利无限期受保护，表演者的经济权利自演出者在录音制品或音像制品演出录制结束之日起 50 年内有效；（2）录音制品制作者的经济权利，自录音制品第一次录制以来有效期为 50 年；（3）广播服务机构的经济权利，自广播服务第一次广播起，有效期为 20 年。

（五）赔偿

1. 争端解决

该法第 95 条和第 96 条规定了争端解决相关问题。

解决与著作权相关的争议形式，包括以非法行为的形式出现的纠纷、许可协议，关于撤销权益或特许权使用费的争议等著作权纠纷可以通过仲裁、审判或其他解决纠纷的方式（通过调解、谈判）来解决。除著作权侵权或以盗版形式相关权利之外，只要已知存在或在印尼统一国家领土内的争端当事方必须首先通过调解方式解决争议，然后再提起刑事诉讼。除商事法院以外的任何法院均无权获得著作权争议解决。

作者、著作权所有者或相关权利人或其经济损失的继承人有权获得赔偿，该赔偿的主张应同时在法院对著作权或相关权的刑事犯罪判决中予以包括，支付赔偿金的时间不得晚于永久性法院裁决后的 6 个月。

2. 刑事规定

该法第 112～119 条规定了侵犯著作权的刑事责任。

侵犯著作权的刑事犯罪行为属于告诉才处理的罪名。

任何人无权行使对著作权管理信息或电子著作权信息的删除、更改或损坏，或非出于国防和安全利益或依照法律规定的其他原因，破坏、毁坏、移动对作品或相关权利产品加以保护以及确保著作权安全性的技术控制手段者，应判处最高 2 年监禁或 3 亿印尼盾罚款。

任何人侵犯著作权人的经济权利的，应判处最高 1 年监禁或 1 亿印尼盾罚款。

任何人如果没有创作者或著作权所有者的权利或未经授权，擅自以商业目的翻译、改编、汇编或修改作品，表演或传播作品，最高处以 3 年监禁或 5 亿印尼盾的罚款；若擅自以商业目的出版、复制、发行、发表作品，处以 4 年最高监禁或 10 亿印尼盾的罚款，盗版形式进行这些行为，将被判处最高 10 年监禁或 40 亿印尼盾罚款。

任何人在其管理的交易范围内，如果其管理的交易地点出售或复制侵犯著作权或相关权利的货物，将被处以最高 1 亿印尼盾的罚款。印尼购物中心管理协会对这项规定是不认同的。因为商场管理者或所有者没有参与到商人销售货物，而且也不具备足够鉴别正版与盗版产品的能力。

未经被摄影者或其继承人的同意，任何人在电子或非电子媒体上进行对其肖像的复制、发布、发行，或出于商业广告或广告目的的商业使用，最高可处5亿印尼盾的罚款。

没有将演出的录制品或其副本租赁给公众的经济权利的任何人的侵犯行为，应处以最高1年监禁或最高1亿印尼盾的罚款。侵犯演员表演的广播或传播，固定没有固定的表演，公开提供表演的录制的经济权利的任何人，应处以最高3年监禁或5亿印尼盾的罚款。侵犯以商业用途复制、发表，或发行演出及其复制品的经济权利的任何人，应处以最高4年监禁或10亿印尼盾的罚款；而以盗版的形式侵犯这些经济权力者，应处以最高10年监禁或40亿印尼盾的罚款。

任何人故意或无权情况下，复制录音制品后向公众出租，应判处最高1年监禁或最高1亿印尼盾的罚款。任何故意或无权情况下，以任何方式或形式重复录音制品，发行原始唱片或其副本，公开提供带或不带电缆的录音带，将处以最高4年监禁或10亿印尼盾的罚款；以盗版形式进行这些商业性行为者，将处以最高10年监禁或40亿印尼盾的罚款。

任何人故意且无权进行广播，广播形式的传播，录制广播，将广播内容固定在其他载体上，将处以最高徒刑4年或10亿印尼盾的罚款；以盗版行为实施这些行为者，将处以10年以下有期徒刑或40亿印尼盾的罚款。

任何没有部长业务许可的集体管理机构，若进行提取、收集、分发特许权使用费，会被处以最高4年监禁或10亿印尼盾的罚款。

（六）侵犯著作权的例外

该法第43~51条规定了侵犯著作权的例外。

1. 对著作权行使的限制

禁止任何人作出与道德、宗教、公共秩序或国防安全相违背的发表，发行或传播作品。

2. 合理使用

印尼著作权法中的合理使用大致有如下判断依据：（1）是否为商业目的的使用还是为非营利性的教育目的使用；（2）著作权保护作品本身的性质；（3）与著作权作品有关的部分的数量和实质性；（4）使用对著作权作品的潜在市场或价值的影响。

（1）个人使用。出于个人兴趣使用，只允许在未经创作者或著作权所有者许可时，对作品复制一份。供个人兴趣使用而复制的作品对象不包括建筑物或其他建筑物的建筑工程，书或乐谱的全部或部分实质性内容，数字化数据库的全部或大部分内容，计算机程序，为了个人利益而复制实施违反作者或著作权所有者的合理利益。

计算机程序的个人复制行为一般不属于合理使用，但一个合法用户可在没有创作者或著作权所有者的同意的情况下复制或修改计算机程序，用以计算机程序的研究与开发，[1] 或者归档或备份合法获得的计算机程序，以防止丢失、损坏或其他无法操作的情况。但如果计算机程序的使用已经过期，为了避免他人未经授权的使用，用户必须销毁或修改计算机程序。

（2）适当引用。第一种适当引用被称为"造物主或著作权持有人的合理利益"，是基于享受作品经济利益平衡的意愿。具体指教育、研究、科学论文的撰写，报告的编写，批评的写作或者不损害创作者或者著作权人合理利益，对其作品或其相关权利作品实质性部分使用、检索、复制和任意改动。第二种适当引用是为说明某一问题，并指明完整创建者的来源和名称的信息，并在各个领域的文章已经做了纸质和电子媒体形式的公告（除非它是由作者提供的），对作品和相关权利作品或其复件而进行的复制、广播或传播不被视为著作权侵犯。

（3）时事新闻报道中的使用。未经许可，使用作品或相关权利（邻接权）作品的简短摘录仅用于提供实际事件信息的报告，不构成对表演者、录音制品制作者以及广播机构对其邻接权的经济权利的侵犯。[2]

（4）对时事性文章的使用。充分提及新闻机构、广播机构、报刊等其他类似消息来源时，使用部分报道（不论是否为实质性部分）；或者在特定情况下看到或听到的实际事件报告或简短摘录，指明其来源和名称等信息而进行作品的复制、检索或传播不被视为著作权侵犯。

（5）在课堂教学和科研中的使用。仅为科学研究、教学目的（除作为教材发表的表演和录音制品以外）复制作品或相关权利（邻接权）作品，以及出于教育和科学发展的利益考虑而使用作品或相关权利（邻接权）作品，即使未经表演者、录音制品制作者或广播机构允许，也不构成对其邻接权经济权利的侵犯。

（6）国家机关公务性使用。由政府或其代表进行的所有发表、发行、传播或复制行为，除非作品事先声明受到法律法规保护。例如，政府或代表政府对所进行的国家资助研究的结果进行的所有事情的发表、发行、传播或复制。

---

[1] 用户（不是著作权持有者）计算机程序可以创建 1 个副本或修改合法拥有的计算机程序，用于研究和开发计算机程序，或者保留单独使用。制作备份不被视为侵犯著作权。

[2] 适用于自第一次向公众传播以来，3×24 小时（3 次 24 小时）内向公众发布或传达的新闻。

前总统、副总统、前副总统、民族英雄、国家机构负责人、部/非部级政府机构负责人，或地区首长根据法律法规，出于尊重和公正进行的发表、发行和复制行为。

未经著作权所有者许可，政府可以通过广播、电视或其他方式组织作品的发表、发行或者传播，但是有义务向著作权所有者提供补偿。因此进行发表、发行或传播作品的广播机构有权仅为广播机构提供后续广播的文件，且广播机构应取得著作权声明许可。

（7）表演。作品或其相关权利作品实质性部分因表演需要而使用、修改、复制和任何改动，只要不损害作者合理利益就不视为侵犯著作权。演讲、讲座或类似的作品提交给公众。

（8）制作盲文版本。为方便盲人或视力受损有阅读障碍者，为制作盲文、有声读物等或其他便于访问作品[1]的形式，而对作品及相关权利作品的任何使用、修改、复制和改动行为，如果完全提及或包括来源，则不被视为侵犯著作权的行为，除了商业性使用。

（9）建筑施工需要。以建筑工程的形式体现的作品，如果基于技术实施的实际情况而对作品进行修改，不应被视为侵犯著作权。"基于技术实施考虑"的含义是指土地面积变化不足，不对称的位置，不同材料的物质组成，以及自然因素造成的建筑形态变化等。

（10）图书馆馆藏需要。任何非商业性图书馆或档案机构均可在未经作者或著作权所有者许可的情况下，复制一份作品全部或部分内容。但上述机构必须要对其复制行为进行公告公示，公示的内容包括：保证这些副本只能用于教育或研究目的；所有复制行为是分开进行的，如果重复进行，这种重复应该是出于不相关的不同事件；集体管理机构未向图书馆或档案机构提供复印件的许可证。

如果在图书馆或其他档案机构的永久收藏中丢失、损坏或毁坏了复制品，而图书馆或档案机构无法在合理的条件下获取副本，并且复制行为是单独进行或者因无关事件反复进行，复制品的制作仅用于图书馆、档案馆之间信息交流或交换，则可以进行复印用以维修、更换所需的复印件或更换复印件。

（11）临时复制。"临时复制"是指利用数字媒体使创作增量，如电脑媒体复制的歌曲或音乐、书籍、图片和其他作品，或者通过内部网或互联网络临时存放在地方数字存储器内。当在数字传输或在存储介质中创建数字创建时，

---

[1] "便于访问作品"是指授予使用设施来取用、复制、改变格式，公告、分发或传播作品全部或部分内容。

或任何人经作者许可传播作品，或使用具有自动复制删除机制的工具使作品不可能再次显示创建，临时复制作品行为不视为侵犯著作权。

每个广播机构可以用自己的方式和设施，以创作活动的目的，在未经创作者或著作权所有者许可的情况下制作临时记录。广播事业单位可以出具一份临时录音制品，表明该录音制品有某些特征。[1] 而广播事务管理局应在临时记录制作之日起6个月内，或经造物主同意的较长时间内，销毁广播机构的临时录音。

（12）其他。出于国家标志和国歌原有性质，对其的发表、发行、传播或复制行为。

出于安全和治理，立法和司法事务而对作品实质性部分使用、修改、复制和任意改动。

出于非商业性目的，或使相关利益关系人获益目的，或在创造者表示不反对作品创作和传播的情况下，使用通信技术媒体制作或传播著作权保护的内容。

3. 许可协议

该法第80～83条规定了许可协议的相关内容。除非另有约定，著作权持有人或相关权利人有权根据书面协议向另一方授予经济权利、相关权利的行使许可，该许可协议有效期限不超过著作权及相关权的有效期限。除非另有约定，许可证持有者在许可证期限内应向著作权所有者或相关权利所有人授予著作权。

特许权使用费金额应根据现行行业惯例和履行司法要件确定（具体数目、作品对象等），特许权使用费的授予程序应当按照著作权人或者相关权利人与被许可人之间的许可使用协议进行。

上述许可协议禁止包含可能会导致印度尼西亚经济损失，违反民法典或反垄断法等的条款。

许可协议由部长登记在著作权许可协议通用注册簿中，并收取费用。未被登记的许可协议不具有法律效力。[2]

4. 强制许可

该法第85～86条规定了强制许可制度。依据知识产权总署部长的决定，

---

[1] “某些特征”是指为了国家的利益，或者属于已经过了法定保护期的纪录片、历史记录。

[2] 被许可人必须要遵守登记条款。尽管印度尼西亚一直都要求许可协议登记，不过在此之前并没有实施细则和指南来具体指导如何登记许可协议，提交的这些许可协议能否用来对抗第三方也不明确。为了解决这个问题，印度尼西亚法律和人权部发布了2016年第8号行政规章《知识产权许可协议登记程序和要求细则》。

基于申请科学教育、科学研究和发展活动，任何人都可以向部长申请对科学或文学作品进行翻译或复制的强制许可。部长可以要求著作权持有人在规定时间内在印尼境内自行翻译或复制作品；要求著作权持有者在有关著作权非单独持有时，准许对方在规定时间内在印尼境内进行作品的翻译或复制；如果著作权持有人不履行知识产权总署给定的义务，则部长可以指定另一方翻译或复制作品。其中后两种情况应该给与著作权人合理的报酬。

3 年内没有翻译成印尼语，上述翻译的工作将在创作发表之日起 3 年后执行。只要作品在数学、自然科学、社会科学、文学和艺术领域发表 3 年内从未在印尼的统一国家的领土上复制过，则上述复制将在创作发表之日起 3 年后执行。翻译或复制的作品只能在印尼的国家领土内使用。

三、其　　他

（一）表演者权

该法第 23 条规定了表演者权。表演者的精神权利是表演者的固有永久性权利，包括对表演的署名权，表演作品不受歪曲、篡改，或是有损名誉及人格尊严的改编等（除非另有约定）。

表演者的经济权利包括自行执行、许可或禁止他人对表演进行广播或者传播、固化没有被固定的演出、以任何方式或形式复制其表演的表演、展示或复制品的传播、将演出的录制品或其副本租赁给公众、提供公开表演的录制品。

但是，若表演者许可表演的录制，或经广播机构首次批准的广播或获得转播执照，则不受表演者对其表演进行广播或者传播权利的限制。另外，已经固定、出售或转让的展会作品不适用于展示或复制品的传播的限制。

（二）录音制作者权

根据该法第 24 条规定，录音带生产者有对录音作品自己行使、许可或禁止他人执行的经济权利，包括以任何方式或形式复制录音制品、原始唱片或其副本的发行，在录音制品复制后向公众出租，向公众提供带或不带电缆的录音带。其他人凡行使以上录音制品制作者经济权利，应获得制作人录音制品的许可。

已经出售或已经由制作人将录音制品所有权转让给另一方的表演内容复制品，不受到原制作者发行权的控制。

（三）广播机构的经济权利

依该法第 25 条的规定，广播机构有享有自行执行、许可或禁止他人行使经济权利，包括广播，广播形式的传播，录制广播，将广播内容固定在其他载体上。广播机构能禁止任何人擅自发布广播协会广播作品的商业内容。

第六节 本章小结

本章梳理了新加坡、马来西亚、菲律宾和印度尼西亚四个国家著作权法的立法制度，主要包括著作权主体与客体、著作权保护期限、权利内容、著作权例外与合理使用、著作权执法、民事责任等内容。

在著作权保护的主体和客体方面。各国均规定完成作品的人为作者，某些情况下可以将在作品上署名的人推定为作者。但对于一些特殊作品的著作权归属，各国有所不同，如菲律宾将视听作品的著作权属于制片者、编剧、作曲家、电影导演和作品的改编者，而新加坡著作权法在一般情况下将电影作品的著作权归属于电影的制片人所有，但规定了一种例外情况，当一人出于价值考虑，与另一人协议由他人执导的电影，该电影作品的著作权归投资者所有。因此，在特殊作品类型中需要注意各国之间的不同规定。对于著作权客体，有的国家按照伯尔尼公约规定了著作权保护客体类型，如新加坡。有的国家将本国特殊的作品表现形式单独作为一类作品纳入保护范围，如印度尼西亚将蜡染艺术作为一种单独的作品保护。

在著作权权利及其期限方面，各国均对著作权的人身权利和财产权利进行了规定。人身权利方面基本保持一致，均将署名权、保护作品完整权、修改权内容列入其中。但是，在人身权的保护期限上各国采取了不同的立法态度，马来西亚规定，作者的人身权利不受时间限制，新加坡与菲律宾则是作者终生加上死后 70 年，印尼对署名权并无期限限制，但修改权与保护作品完整权的期限是为作者终生加上死后 50 年。对于财产权利，考虑国家自身的发展状况，各国的立法差异较大，赋予著作权人不同的权利类型。

在著作权例外与合理使用方面，新加坡、菲律宾、印度尼西亚均采取二元制的立法模式，既吸收了美国“四要素”的概括式判断标准，也采取英国的具体类型式标准，两者结合形成的一套独特的著作权例外制度。而马来西亚在著作权例外方面与我国较为相近，为封闭式立法模式，但是已经将“采取滑稽模仿，歪曲或讽刺的方式使用”作为一种例外纳入合理使用范围。

在著作权执法方面，四国在著作权法中不仅规定了民事保护的措施，也包括了具体的行政保护和刑事保护手段。其中，主要的民事保护手段有申请禁令、赔偿损失、扣押或销毁侵权产品等，行政措施上各国规定了可以处理著作权争议的行政机关或者法律授权的裁判组织，提供了多元化解决著作权纠纷的机制。比较特殊的是，新、印、菲、马四国将刑事保护的手段直接引入民事法律之中，详尽规定了侵犯著作权需要承担刑事责任的情形，并对相应的刑罚制度作出规定，如在菲律宾首次著作权犯罪的，可以处 1 ~3 年的监禁，加处 5 万 ~15 万比索的罚金。

总体上看，四国的著作权保护水平均已超过相关国际公约中要求的最低标准，达到中等水平，但各国之间的著作权保护差异还是很大的，在执法力度和立法水平上也存在不同。综合看来，新加坡在著作权保护的制度设立上，无论是权利内容，还是执行力度，均远高于其他三个国家的水准。尽管各成员国的著作权法中均规定有多种救济措施和严厉处罚，但各国国内著作权侵权现象仍然频频发生。充分了解这东盟四国的著作权保护体制，能为我国在“一带一路”倡议背景下的对外投资建设中保驾护航。

第四章　南亚地区著作权法律制度

第一节　概　　述

一、区域总体情况

南亚指位于亚洲南部的喜马拉雅山脉中、西段以南及印度洋之间的广大地区，它东濒孟加拉湾，西濒阿拉伯海。本区域包括印度、巴基斯坦、孟加拉、尼泊尔、不丹、斯里兰卡与马尔代夫七个国家，是世界上人口最多和最密集的地域，同时也是继非洲之后全球最贫穷的地区之一。由于政治及宗教上的分别，当地的政局都不太稳定。

二、区域经济概况

南亚地区的国家都属发展中国家，属农业生产为主，工业为辅的综合型经济，但随着经济的快速发展，现已有一些高新技术产业得到发展，例如印度的“硅谷”班加罗尔等。据世界银行最新发布的全球经济展望报告显示，强劲的国内需求、出口改善、低油价、基础设施支出增加、宏观经济政策支持、外商直接投资流入强劲，使得南亚地区经济保持较高增长，预计 2017 ~ 2019 年增速分别为 6.8%、7.1% 和 7.3%，除印度外的其他南亚国家 2017 ~ 2019 年增长率为 5.7%、5.8% 和 6.0%。预计南亚各国将保持适度宽松货币政策，鼓励私营部门信贷发展；财政政策将轻度紧缩以抑制公共债务增加；政治紧张和安全形势将有所好转。

三、区域投资环境分析

由于地理位置毗邻，中国在南亚地区的投资有着天然的便利性。近年来，南亚各国为吸引外资，纷纷调整自身的经济结构与产业政策，降低税率，治理腐败，并且为外资企业的利润出境提供诸多便利。中国企业在南亚地区的投资也逐年增长，主要投资领域集中在贸易、投资、基础设施及服务行业。

第二节 印度著作权法律制度

一、立法概述

作为英国的殖民地，印度在1947年独立后开始制定著作权法，并于1957年在议会通过了印度历史上第一部著作权法《1957年著作权法》，此后印度分别于1983年、1984年、1992年、1994年、1999年、2012年对该法进行了六次修改。最近的一次修改从2010年开始着手，此次修法主要有两个目的：第一，使印度国内著作权法进一步与《世界知识产权组织版权条约》（WCT）、《世界知识产权组织表演和录音制品条约》（WPPT）等国际准则进一步接轨；第二，解决数字技术和因特网环境下出现的某些新问题，例如在数字时代复杂的权利主体间不同的利益诉求，确保利益相关者之间利益的保护与平衡，使其共享数字世界所带来的利益。

在国际条约方面，印度于1995年成为世界贸易组织成员国，并根据世贸组织的规定，对国内相关著作权规则进行调整，加入《伯尔尼公约》及《国际版权公约》，不过目前印度还没有加入《世界知识产权组织版权条约》和《世界知识产权组织表演和录音制品条约》。

二、著作权的客体、内容、归属与限制

由于印度是《伯尔尼公约》的成员，因此关于文字作品、口述作品、美术作品等著作权客体类型的规定，该国与《伯尔尼公约》的规定较为一致。[1]

（一）著作权的客体

1. 受著作权保护的客体类型

以下几类作品在全印度享有著作权：（1）独立的文学、演讲、底板、戏剧、音乐、建筑作品和美术作品；（2）电影作品；（3）录音。

其中：（1）"文学作品"包括计算机程序、表格及包含计算机数据库在内的汇编作品；（2）"演讲作品"包括演说、讲话和布道；（3）"底板作品"包括任何铅板或其他印模、石版、印版、模具、字模、转印装置、底片、复制设备或其他用于或准备用于印刷或制作任何作品复制品的装置，以及任何唱片模板或其他用于或准备用于制作以声音体现作品的录音的装置；（4）"戏剧作品"包括朗诵片段、舞蹈作品或哑剧表演，其舞台布景或演出形式系以书面

---

[1] 十二国著作权法翻译组．十二国著作权法［M］．北京：清华大学出版社，2011：216－222.

或除电影以外的其他形式固定下来的；（5）“音乐作品”是指由乐曲组成并涵盖该作品的任何书写符号，但不包括用于随同乐曲来唱、念、演的任何文字或动作作品；（6）“建筑作品”是指具有艺术特征或构思的任何建筑物或构筑物，或任何建筑物或构筑物的模型；（7）“美术作品”是指绘画、雕塑、绘图（包括图解、地图、图表、设计图）、版刻或摄影，不论此类作品是否具有艺术性，其中“雕塑作品”包括铸件与模型，“版刻作品”包括蚀刻、平版印刷、木刻、拓印，及其他类似作品但不包括摄影，“摄影作品”包括照相平版印刷品和以任何类似摄影术的方法创造的作品，但不包含电影的任何部分；（8）“电影作品”是指通过以任何方式制作的活动形象的过程，即在任何媒介上制作的伴有录音的录像作品，并且“电影作品”应被解释为涵盖通过任何类似电影摄制的过程制作的作品，包括录影。

2. 不受著作权保护的客体类型

以下作品在印度不受著作权保护：（1）任何电影，如果其实质部分侵害其他作品的著作权；（2）任何文学、戏剧或音乐作品的录音，如果录音的制作侵害该作品的著作权；（3）仅仅涉及建筑艺术特征和构思的建筑作品的建造工序及方法。

（二）著作权的内容

根据《印度著作权法》，著作权是指符合法律规定情况下，权利人就某作品或其任何实质部分实施或授权实施以下任何行为的专用权。

1. 计算机程序之外文学、戏剧或音乐作品

对计算机程序之外的文学、戏剧或音乐作品而言，具有以下专有权：

（1）以任何物质形式复制该作品，包括以电子方法将该作品储存在任何媒介中；（2）向公众发行该作品尚未进入流通的复制品；（3）公开表演或向公众传播该作品；（4）使用该作品制作电影或录音；（5）翻译该作品；（6）改编该作品；（7）对该作品的翻译作品或改编作品实施上述6项行为。

2. 计算机程序作品

对计算机程序作品，具有以下专有权：

（1）实施计算机程序之外文学、戏剧或音乐作品著作权中所列举的行为；（2）销售或商业出租计算机程序的复制品，或针对此种复制品允诺销售或允诺出租，但是上述商业出租不适用于其本身并非主要出租对象的计算机程序。

3. 美术作品

对美术作品而言，具有以下专有权：

（1）以任何物质形式复制该作品，包括将二维作品塑造为三维作品，或

将三维作品描画为二维作品；（2）向公众传播该作品；（3）向公众发行该作品尚未进入流通的复制品；（4）在任何电影中复制该作品；（5）改编该作品；（6）对该作品的改编作品实施上述5项行为。

4. 电影作品

对电影作品而言，具有以下专有权：

（1）制作该电影的复制品，包括作为其组成部分的任何影像的照片；（2）销售或出租该电影的复制品，或针对此种复制品允诺销售或允诺出租，不论该复制品以前是否已销售或出租过；（3）向公众传播该电影。

5. 录音作品

对录音作品而言，具有以下专有权：

（1）制作体现该录音的其他录音；（2）销售或出租该录音的复制品，或针对此种复制品允诺销售或允诺出租，不论该复制品以前是否销售或出租过；（3）向公众传播该录音。

（三）著作权的归属

根据《印度著作权法》，作品的作者为原始著作权所有人，但是以下情况除外：

（1）作品的作者根据劳务合同或学徒合同受雇于报纸、杂志或类似期刊的业主，在雇用期间，为了在报纸、杂志或类似期刊上发表而创作的文学、戏剧或美术作品，在无相反约定的情况下，只要著作权涉及该作品在任何报纸、杂志或类似期刊上发表，或涉及为此种发表而对作品进行复制，该业主即为作品的原始著作权所有人；但是在其他所有方面，作品的作者为该作品的原始著作权所有人；（2）在符合（1）项规定的情况下，经任何人提议而有偿拍摄的照片、绘制的图画或肖像或制作的版刻或电影，在无相反约定的情况下，该人为原始著作权所有人；（3）对于作者根据劳务合同或学徒合同在受雇用期间创作的作品，如果不适合用（1）项与（2）项的规定，在无相反约定的情况下，雇主为其原始著作权所有人；（4）对于公开发表的演说及讲话，发表该演说或讲话的人为其原始著作权所有人，如果该人代表其他人发表该演说或讲话，则该其他人为其原始著作权所有人，即使发表该演说、讲话的人或被代表发表该演说、讲话的人受雇于安排或者被代表发表该演说、讲话的其他任何人，或受雇于该演说、讲话发表的场所归其所有人的任何人；（5）就政府作品而言，在无相反约定的情况下，政府为其原始著作权所有人；（6）对于由公共事业单位或在其指导、控制之下创作或首次出版的作品，在无相反约定的情况下，该公共事业单位为其原始著作权所有人。

（四）著作权的限制

1. 不视为侵犯著作权的行为

根据《印度著作权法》，以下行为不视为对著作权的侵犯：

（1）为下列目的而对除计算机程序以外的文学、戏剧、音乐或美术作品进行合理使用：第一，进行包括研究在内的私人使用；第二，对该作品或其他任何作品进行批评或评论。

（2）计算机程序的合法复制品所有者使用该复制品对计算机程序进行复制或适应性修改：第一，以利用该计算机程序所提供的辅助功能；第二，仅为利用计算机程序所提供的功能而制作备份复制品，仅作为防止其丢失、损害或毁坏的暂时保护手段。

（3）计算机程序的合法复制品所有人实施任何必要行为，以获取为实现某独立设计的计算机程序与其他计算机程序之间的互操作性所必需的信息，只要此种信息无法以其他方式轻易获取。

（4）对计算机程序的功能进行评价、研究或测试，以确定突出该程序的任何要素的构想及原理，只要实施此种行为系利用该计算机程序的功能所必需。

（5）为商业性个人使用目的，使用个人获得的合法复制品对计算机程序进行复制或适应性修改。

（6）为报道时事新闻而以下列方式对文学、戏剧、音乐或美术作品进行合理使用：第一，在报纸、杂志或类似期刊上；第二，通过广播节目或电影，或以照片的形式。

（7）为法律程序或为报道法律程序的目的为文学、戏剧、音乐或美术作品进行复制。

（8）对议会秘书处编写的任何作品中的文学、戏剧、音乐或美术作品进行复制或发行，仅供议会成员使用。

（9）对根据任何现行法律制作或提供的经验证复制品中的文学、戏剧或音乐作品进行复制。

（10）在公开场合朗读或背诵从已发表作品中适当选取的节录。

（11）从并非为教育机构使用而发表的、享有著作权的文学或戏剧作品中选取短小片段，收进主要包括没有著作权的资料的汇编作品中出版，供教育机构用于善意目的，且在该出版物扉页上以及由出版者或代表出版者发布的广告中作如此说明。

（12）对建筑作品进行绘画、绘图、雕刻或者拍摄并出版，或展示建筑作品。

（13）对雕塑等其他美术作品进行绘画、绘图、雕刻或拍摄，只要该作品永久设置在某个公共场所或任何向公众开放的地点。

（14）在电影作品中进行以下复制：第一，任何永久设置在某个公共场所或任何向公众开放的地点的美术作品；第二，其他任何美术作品，只要该作品只是作为电影中的背景，或以其他方式作为电影中的主要内容的陪衬。

2. 强制许可

根据《印度著作权法》，对已发表或公开表演的任何印度作品，在其著作权保护期限内的任何时间，如果有人就作品著作权所有人的以下行为向著作权委员会投诉：

（1）拒绝再版或不允许再版该作品，或者不允许公开表演该作品，并且由于此种拒绝，致使公众无法获得该作品；（2）在投诉人认为合理的条件下，不允许通过广播向公众传播该作品，或就录音而言，不允许通过广播向公众传播被录制在该录音中的作品。

此外，著作权委员会还有权对以下未发表的作品做出强制许可：

（1）在作者死亡或不详或难以寻找，或无法找到该作品著作权所有人的情况下，任何人均可以向著作权委员会申请许可，以出版该作品或出版该作品任何语言的翻译作品；（2）提出申请之前，申请人应当在印度全国大部分地区发行的某一期英文日报上公布其申请；如果申请出版任何语言的翻译作品，还应当在某一期该语言的日报上公布其申请；（3）任何此种申请均应以规定的方式提出，并且附有一份公布的复制品并缴纳相关费用；（4）申请人向著作权委员会提出申请后，著作权管理委员会在按照规定进行调查之后，可以指示著作权登记官授予申请人许可，以出版该作品或者出版申请中提到的语言的翻译作品，但应支付由著作权委员会确定的版税，并遵守该委员会确定的其他条件；（5）授予许可后，著作权登记官可以通过命令指示申请人，以将著作权委员会确定数额的版税存入印度的公共账户或由著作权委员会指定的任何其他账户，以便著作权所有人、继承人、遗嘱执行人或者合法代理人在任何时间领取；（6）如果原作者已死亡，印度中央政府只要认为该作品的出版符合国家利益，即可以要求作者的继承人、遗嘱执行人或合法代理人在其确定的期间出版该作品；（7）上款中所述作品，如果没有在中央政府确定的期间出版，著作权委员会可以根据任何人关于出版该作品的申请，在听证后允许出版该作品，但应支付由著作权委员会确定的版税。

三、著作权的转让与许可

（一）著作权的转让

1. 转让

（1）现有作品的著作权所有人或未来作品可能的著作权所有人，可以全部或部分概括地或有限制地将全部或部分保护期限的著作权转让给他人，但在转让未来作品著作权的情况下，此种转让仅在作品实际存在的情况下生效；（2）在著作权受让人享有著作权中任何一种权利的情况下，为实施相关规定，受让人对于所转让的权利是著作权所有人，让与人对没有转让的权利是著作权所有人，本法的规定对其产生相应的效力；（3）就未来作品著作权转让而言，如果受让人在作品实际存在之前死亡，则“受让人”一语包括受让人的合法代理人。

2. 转让的方式

（1）除非经让与人或其正式授权的代理人书面签署，任何作品著作权的转让不发生效力；（2）任何作品著作权的转让应指明该作品、确定所转让的权利及转让所涉及的期间及地域范围；（3）任何作品著作权的转让还应确定在转让期间应向作者或其合法继承人支付版税的数额，在双方达成一致的情况下，转让的期间可以修订、延长或终止；（4）如果在转让之日起 1 年内，受让人不按照规定行使转让给他的权利，除非合同另有明确约定，该权利的转让应视为在前述期间届满后失效；（5）如果没有约定转让期间，转让期间应视为自转让发生之日起的 5 年；（6）如果没有确定转让涉及的地域范围，应推定该范围延及全印度。

3. 转让争议的解决

（1）如果受让人未能有效行使转让给他的权利，且此种未行使不可归责于让与人的任何行为或疏忽，则著作权委员会可以在收到让与人的投诉并且在进行其认为必要的调查之后撤销该转让；（2）如果当事人就著作权的转让发生任何争议，著作权委员会可以在收到受损害人的投诉且在进行其认为必要的调查之后，宣布其认为适当的命令，包括追索应支付版税的命令，除非著作权委员会确信在让与人同时系作者的情况下，转让条件对让与人十分苛刻，该委员会不得根据本条的规定撤销该转让；此外，在自转让发生之日起的 5 年内，不得根据本条的规定宣布任何撤销转让的命令。

（二）著作权的许可

1. 著作权所有人的许可

（1）现有作品著作权所有人或未来作品可能的著作权所有人可以由其本

人或其正式授权的代理人签署书面许可，授予该权利中的任何利益；(2) 但就未来作品的著作权许可而言，此种许可仅在作品实际存在的情况下生效；(3) 如果某人取得根据本条授予的未来作品的著作权许可，并在该作品实际存在之前死亡，在许可中没有相反约定的情况下，其合法代理人可以享有该许可的利益。

2. 翻译和出版翻译作品的许可

(1) 在文学或戏剧作品首次出版 7 年之后，任何人均可以向著作权委员会请求许可，以任何语言翻译该作品并出版该翻译作品；(2) 对于除印度作品之外的文学或戏剧作品，在该作品首次出版 3 年之后，任何人均可以向著作权管理委员会申请许可，以印度通用的任何语言进行翻译，并以印刷或类似的复制方式出版该翻译作品，只要该翻译作品为教学、学术或研究目的所需要，但如果翻译所使用的并非任何发达国家通用的某种语言，则该申请可以在作品出版 1 年之后提出；(3) 申请人提出的每项申请均应符合规定的形式，并且说明该翻译作品的复制品的计划零售价格；(4) 申请人向著作权委员会提出申请的情况下，著作权委员会可以在按照规定进行调查之后授予申请人非专有许可，以申请中提到的语言翻译该作品和出版该翻译作品。

3. 为特定目的复制和发行作品的许可

(1) 自文学、科学或艺术作品的某版本首次出版之日起的相关期间届满之后，如果该版本的复制品在印度未提供给公众或尚未向公众销售达 6 个月；或就系统教学活动而言，此种复制品在印度未由复制权所有人或经其授权的任何人按相当于印度同类作品的通行价格提供给公众，或尚未由复制权所有人或经其授权的任何人按上述价格向公众销售达 6 个月，则任何人均可向著作权委员会申请许可，为系统教学活动的目的，以印刷或类似的复制方式，以该版本的销售价格或更低的价格复制和发行该作品；(2) 每项此种申请均应符合规定的形式，并说明将被复制品的计划零售价格；(3) 申请许可的每个申请人均应在提出申请时一并向著作权登记官缴纳规定的费用；(4) 申请人向著作权委员会提出申请的情况下，著作权委员会可以按照规定在进行调查后授予申请人非专有许可，以复制和发行申请中提及的作品，但应当符合下列条件：第一，申请人应根据向公众销售作品复制品的数量，向作品著作权人支付由著作权委员会在各种情况下确定的版税；第二，将作品出口到印度境外的，应当在每件复制品上注明该复制品仅供在印度境内发行；(5) 除非某一作品的翻译作品已经由翻译权所有人或经其授权的任何人出版，并且该翻译作品使用的不是印度通用的语言，不得授予复制和发行该翻译作品的许可；(6) 上述规定也应当适用于仅为系统教学目的而制作和出版的视听固定物包含的文本进行复制和发行，或以印度通用的语言进行的翻译。

4. 许可的终止

（1）授予以任何一种语言翻译某一作品和出版该翻译作品的许可之后的任何时间，如果该作品的著作权所有人或经其授权的任何人以相同的语言并按相当于印度具有相同或类似主题、采用相同标准的翻译作品的通行价格出版了该作品的翻译作品，且该翻译作品实质上具有相同的内容，则授予的许可应当终止；但只有自翻译权所有人按规定的方式将前述翻译作品的出版一事通知许可证持有人之日起的3个月期限届满后，此种终止才生效；此外，许可终止生效之前，许可证持有人制作和出版的经许可作品的复制品可以继续销售和发行，直至已经制作和出版的复制品销售完毕；（2）授予制作和出版任何作品的复制品或翻译作品的许可之后的任何时间，如果该作品的复制权所有人或经其授权的任何人按相当于印度具有相同或类似主题、采用相同标准的作品的通行价格销售或发行了任何作品的复制品或相同语言的翻译作品，且该作品实质上具有相同的内容，则授予的许可应当终止。

四、著作权保护的期限

（一）已发表的文学、戏剧、音乐及美术作品的著作权期限

除《印度著作权法》另有规定的情况下，已发表的文学、戏剧、音乐及美术作品在作者有生之年及作者死亡之年下一个日历年初起的60年内享有著作权，就合作作品而言，作者应理解为最后死亡的作者。

（二）匿名作品和化名作品的著作权期限

就匿名或化名发表的文学、戏剧、音乐或美术作品而言，该作品在自首次出版之年下一个日历年初起的60年内享有著作权；但如果作者身份在该期间届满之前被披露，该作品自作者死亡之年下一个日历年初起的60年内享有著作权。

就匿名发表的合作作品而言，作者应理解为：第一，在其中一个作者身份已被披露的情况下，指该作者；第二，在多个作者的身份已被披露的情况下，指这些作者中最后一个死亡的作者。

就化名发表的合作作品而言，作者应理解为：第一，在一个或更多（但并非全部）作者姓名是化名，且其身份没有披露的情况下，指其姓名不是化名的作者；如果两个或更多作者的姓名不是化名，则指这些作者中最后一个死亡的作者；第二，在一个或多个（但并非全部）作者姓名是化名，并且其中一个或多个作者身份已披露的情况下，指在其姓名不是化名的作者和其姓名是化名但已披露的作者中最后一个死亡的作者；第三，在所有作者的姓名均是化名，其中一个作者的身份已披露的情况下，指其身份已披露的作者；如果两个

或更多作者的身份已披露，指这些作者中最后一个死亡的作者。

（三）作者死亡之后发表作品的著作权期限

在作者死亡之日享有著作权的文学、戏剧、音乐作品或版刻，或在最后死亡的作者死亡之日或死亡之前享有著作权的此类合作作品，如果该作品或其改编作品在该日期之前尚未发表，则该作品在自该作品首次出版之年下一个日历年初起的60年内享有著作权；如果该作品的改编作品已在此前任何一年发表，则该作品在自该年份下一个日历年初起的60年享有著作权。

如果文学、戏剧或音乐作品，或任何此种作品的改编作品已经公开表演，或该作品的录音已经向公众销售或允诺销售，则该作品视为已经发表。

（四）摄影作品的著作权期限

就摄影作品而言，该作品在自发表之年下一个日历年初起的60年内享有著作权。

（五）电影作品的著作权期限

就电影作品而言，该作品在自发表之年下一个日历年初起的60年内享有著作权。

（六）录音作品的著作权期限

就录音作品而言，该作品在自发表之年下一个日历年初起的60年内享有著作权。

（七）政府作品的著作权期限

就政府是原始著作权所有人的作品而言，该作品在自首次出版之年下一个日历年初起的60年内享有著作权。

（八）公共事业单位作品的著作权期限

就公共事业单位是原始著作权所有人的作品而言，该作品在自首次出版之年下一个日历年初起的60年内享有著作权。

（九）国际组织作品的著作权期限

就国际组织是原始著作权所有人的作品而言，该作品在自首次出版之年下一个日历年初起的60年内享有著作权。

第三节　巴基斯坦著作权法律制度

一、立法概述

与印度一样同为英国殖民地的巴基斯坦，在1947年独立后首先继承了

1911年的《英国著作权法》。巴基斯坦政府于1962年颁布《巴基斯坦著作权条例》，根据该条例，巴基斯坦于1963年在海港城市卡拉奇成立著作权办公室。而真正意义上的第一部《巴基斯坦著作权法》颁布于1967年，由于1968年颁布了《国际著作权条例》，此后于2002年对《巴基斯坦著作权法》进行修订，并于2005年成立了巴基斯坦知识产权局。

近年来，巴基斯坦著作权主管机构在信息化方面取得一些成就，支持通过网络提交著作权申请表，通过计算机化确认收据并签发文件编号给接待处的申请人，所有存档材料也都已经完成了数字化处理。

在国际条约方面，巴基斯坦加入了《建立世界贸易组织协定》（WTO）、《世界贸易组织与贸易有关的知识产权协定》（TRIPS协定）、《伯尔尼公约》及《国际版权公约》。

二、著作权的客体、内容、归属与限制

（一）著作权的客体

1. 受著作权保护的客体

根据《巴基斯坦著作权法》，以下客体受著作权保护：（1）原创的文学、戏剧、音乐及艺术作品；（2）电影作品；（3）录音作品。

上述客体受《巴基斯坦著作权法》保护，还需要满足以下条件：（1）如果作品已出版，作品应首先在巴基斯坦出版，或者在巴基斯坦境外首次出版，并且作者在出版之日是巴基斯坦的公民；（2）如果作品未出版，并且不是建筑艺术作品，作者在创作该作品时是巴基斯坦公民或居住在巴基斯坦境内；（3）如果作品为建筑艺术作品，则作品应位于巴基斯坦境内。

2. 不受著作权保护的客体

（1）侵犯了其他作品著作权的电影作品；（2）侵犯了其他文学、戏剧或音乐作品的录音作品；（3）建筑艺术作品的施工过程及方法。

（二）著作权的内容

1. 文学、戏剧或音乐作品的著作权

就文学、戏剧或音乐作品而言，具有以下专有权：（1）以任何形式复制作品；（2）发布该作品；（3）公开表演该作品；（4）制作、复制、执行或出版任何作品的翻译作品；（5）在电影工作中使用该作品的录音作品；（6）广播该作品，或通过扬声器或任何其他类似的文书向公众传播该作品的广播作品；（7）对该作品进行改编；（8）在翻译或对作品进行改编时采取的任何与（1）~（7）中的作品有关的行为。

2. 艺术作品的著作权

就艺术作品而言，具有以下专有权：（1）以任何形式复制作品；（2）发布该作品；（3）在电影作品中使用该作品；（4）在电视上播放该作品；（5）对作品进行改编；（6）就（1）~（5）所指明的与作品相关的任何作为而对作品进行改编。

3. 电影作品的著作权

就电影作品而言，具有以下专有权：（1）以任何形式复制作品；（2）使视觉图像构成的作品在公众面前公开发表，并且在由声音构成作品的情况下公开发表；（3）利用其中的声音作品在任何与该作品有关的任何部分作出任何包含该录音的记录；（4）播放该作品。

4. 录音作品的著作权

就录音作品而言，具有以下专有权：（1）制作包含同一录音的任何其他唱片；（2）在电影作品的音轨中使用该录音；（3）在公共场合播放该录音；（4）通过广播传播该录音。

（三）著作权的归属

1. 原始著作权所有人

根据《巴基斯坦著作权法》，作者为原始著作权所有人，但是：

（1）作者在受雇于报纸、期刊、杂志社工作时所完成并发表的文学、戏剧或艺术作品，如果雇佣双方对于作品的著作权归属没有相反约定，则除了涉及报纸、期刊、杂志出版发行的复制权之外，其他著作权的原始所有人为作者本人。

（2）除（1）条另有规定外，就作者的实际情况而言，如其拍摄的照片或所绘制的绘画或肖像，或做出的雕刻或电影作品，作者对其作品作出了实质性的贡献的话，则在没有相反约定的情况下，作者为著作权的原始所有人。

（3）在完成承揽及学徒合同聘用工作的过程中形成的作品，如果没有相反约定，则雇主为原始著作权所有人。

（4）在政府工作中所形成的作品，如果没有相反约定，则相应政府机关为原始著作权所有人。

（5）在国际组织工作中形成的作品，如果没有相反约定，则相应国际组织为原始著作权所有人。

2. 共同作品著作权所有人

根据《巴基斯坦著作权法》共同完成作品的著作权由全体作者共有。

（四）著作权的限制

1. 不视为侵犯著作权的行为

根据巴基斯坦著作权法，以下行为不视为侵犯著作权：

（1）为了以下目的，合理地使用文学、戏剧、音乐或艺术作品：第一，研究或私人学习；第二，批评或审查该工作或其他相关工作。

（2）为报道当前事件而通过以下方式合理使用文学、戏剧、音乐或艺术作品：第一，在报纸、杂志或类似的期刊中使用；第二，在广播或电影作品中使用。

（3）为进行司法程序或发表司法报告而复制文学、戏剧、音乐或艺术作品。

（4）在报纸刊登公开会议上发表的政治性地址报告，除非该报告的刊登被在建筑正门入口处或附近的讲座之前贴上并保留的显眼书面或印刷的通知所禁止。

（5）根据当时有效的法律授权或提供的经核证的副本，复制任何文学、戏剧或音乐作品。

（6）公开阅读或朗诵发表的文学作品或戏剧作品的合理摘录。

（7）为供教育使用的目的，在主要由非著作权事项构成的集合中出版内容包括发表的短文、文学作品或戏剧作品，并在标题和出版商或代表出版商发布的任何广告中描述著作权所有人，并且在同一作者的作品中不得出现两次以上的这段文字，并且在任何 5 年内出版相同的作品。

（8）在下列情况下使用的目的复制或改编文学，戏剧，音乐或艺术作品：第一，不论是在教育机构或其他地方，教师或学生以教学课程和教学的唯一目的通过非绘画方式进行复制或改编文学、戏剧、音乐或艺术作品；第二，作为教育机构考试问题的一部分复制或改编文学、戏剧、音乐或艺术作品；第三，在考试中基于回答问题的目的复制或改编文学、戏剧、音乐或艺术作品。

（9）在教育机构的活动过程中，如果观众仅限于该机构的工作人员和学生或电影作品或唱片的文学戏剧或音乐作品的表演学生、学生的父母和监护人以及与机构活动直接相关的人员。

（10）在任何文学、戏剧或音乐作品制作唱片的过程中使用录音作品，如果：第一，使用该录音作品以前由作品著作权人拥有或取得该作品的许可人同意；第二，文学、戏剧或音乐作品制作唱片的制作人已经按他订明的通知发出有意作出记录，并按照著作权委员会指定的费率向录音作品著作权人拥有或取得该作品的许可人支付了版税；但是，在制作文学、戏剧或音乐作品时，不得对所使用录音作品进行任何改动或遗漏，除非录音作品的记录事先经过或经过作品的所有者的许可或许可著作权，或者除非这种更改和遗漏对于适应或对有关记录的工作是合理必要的。

（11）使用已有录音作品录制用于在公共场合播放的录音作品，如果：第一，制作的录音作品作为专门或主要为居民提供的设施的一部分；第二，制作的录音作品的播放作为未成立或以营利为目的的俱乐部、社团或其他组织的活动的一部分。

（12）业余俱乐部或社团为了宗教、慈善或教育的目的进行文学、戏剧或音乐作品的演出，并且观众没有付费。

（13）在报纸、杂志或其他期刊上复制关于当前经济、政治、社会或宗教主题的文章，除非该文章的著作权所有人明确保留其复制权。

（14）在报刊、杂志或其他期刊上刊登公开演讲的报告。

（15）在公共图书馆负责人或非营利图书馆负责人的指导下，制作不超过3本书的副本（包括小册子、音乐片、地图、图表或图则）供公众免费使用或附属于教育机构的图书馆使用该图书，并且该图书不可出售。

（16）出于研究或私人学习的目的或为出版目的而复制在公众可获取的图书馆、博物馆或其他机构内未发表的文学、戏剧或音乐作品。但如果图书馆、博物馆或其他机构知道任何作者的身份或任何作者的联合作者的身份，则提供本条款仅适用于以下情况：在作者死亡之日起超过50年的时间内作出复制，或者如果是共同作者身份的作品，其作者身份已知，或者如果知道更多作者的身份而不是其身份已知，或者如果知道更多作者的身份，则可以从死于最后一位作者的那一位作者身上得知。

（17）复制或出版：第一，在政府报刊登的任何事宜，或由政府委任的任何委员会、理事会或其他类似团体的报告，除非政府禁止复制或公布该等事宜或报告；第二，法庭、审裁处或其他司法当局的任何判决或命令，除非法庭、审裁处或其他司法当局（视属何情况而定）禁止复制或公布该判决或命令。

（18）制作或发布绘画、雕刻、照片或建筑艺术作品，如果此类作品永久位于公共场所或公共场所可供使用的场所。

（19）在电影作品中出现以下作品：第一，任何永久位于公共场所或公众可进入的任何场所的艺术作品；第二，任何如果仅以背景或与作品中代表的主要事项就可以确定的艺术作品。

（20）如果作品的作者不是作品著作权的所有者，为作品的目的而制作的任何模具、演员、素描、计划、模型或研究，只要其不重复或模仿作品的主要设计。

（21）在作品本身不出现的情况下，在两个维度上对作品进行三维描述。

（22）根据建筑物或构筑物最初构筑的图纸重建建筑物或构筑物，如果原始建筑是在这些图纸或计划中的著作权所有者的同意和许可的情况下进行的。

2. 强制许可

根据巴基斯坦著作权法的规定，可以基于公共利益对享有著作权的特定作品予以强制许可。

（1）在巴基斯坦境内享有著作权的所有者在著作权存续期间有下列情形，可以向著作权委员会提出强制许可的申请：第一，拒绝再版或重新出版该作品，或拒绝允许公开表演该作品，并向公众隐瞒拒绝的原因；第二，拒绝通过播放该作品向公众传播信息，或者拒绝以合理地价格出版该作品的录音制品；第三，已死亡或未知或无法追查或发现，为公众利益重新公布工作是必要的；董事会在赋予作品著作权所有人合理的审理机会并在进行了认为必要的调查后，如果认定此种拒绝不符合公共利益，或者拒绝理由不合理，指示书记官长向申请人授予重新公布作品，公开进行作品或通过无线电传播向公众传播作品的许可证（视情况而定），但须付款给该等补偿的著作权拥有人，并须遵守董事会可能厘定的其他条款及条件；由此，注册官应按照董事会的指示，在支付可能规定的费用后，将许可证授予申请人。

（2）如果有两名或两名以上的申请人基于上述理由提出强制许可申请，著作权委员会应当许可给实施该著作权最符合公众利益的一方。

（3）联邦政府或著作权委员会可应任何政府或法定机构为公共利益提出的申请，授予以非营利为基础重印、翻译、采纳或出版任何教科书的许可。

三、著作权的转让与许可

（一）著作权的转让

1. 转让的内容

（1）现有作品的著作权所有人或未来著作权的未来所有者可以将任何人的著作权全部或部分转让给任何人，并且通常或受限于著作权的整个期限或其任何部分；但是，如果在未来作品的著作权转让中，作品只有在作品成立时才会生效；此外，如果作品的著作权所有者是作品的作者，作品著作权或著作权中的任何权益的转让应是有效的（除非转让是为了政府或教育、慈善、宗教或非营利机构而进行的转让）；从转让年度下一个日历年起计 10 年以上的期限；如果作品著作权的转让违反本条款的规定，作品著作权应在本条款规定的期限届满时归还给作者或其继承人。

（2）如著作权的受让人有权享有著作权所包含的任何权利，受让人在尊重如此转让的权利以及转让人在尊重未经转让的权利的情况下，转让具有效力。

（3）如著作权所有者或出版者或被赋予此权利的出版者认为任何转让条款可能会对其利益产生不利影响，其可以在此类转让申请的1年内向著作权委员会提出反对意见，著作权委员会在举行听证后作出的决定对听证双方均具有约束力。

（4）如果受让人在作品成立前去世，则"受让人"在未来作品中的著作权转让中所获得的权利转移至其继承人。

2. 转让的方式

除非经转让人签字或经其正式授权，否则任何作品的著作权转让均不具有效力。

（二）著作权的许可

任何现有作品的著作权所有人或未来作品的著作权所有人可以通过自己或其职责授权代理人签署的书面许可证授予著作权方面的任何权益：但在许可协议涉及未来作品著作权时，协议只有在作品成立时才会生效。

四、著作权保护的期限

（一）文学、戏剧、音乐和艺术作品的著作权期限

对于出版的文学、戏剧、音乐和艺术作品，除另有规定说明外，著作权期限应该止于任何文学、戏剧、音乐或艺术作品（除照片外）作者死亡之年下一个日历年初起的50年。

（二）死后公布作品的著作权期限

在作者死亡之日享有著作权的文学、戏剧、音乐作品或版刻，或在最后死亡的作者死亡之日或死亡之前享有著作权的此类合作作品，如果该作品或其改编作品在该日期之前尚未发表，则该作品在自该作品首次出版之年下一个日历年初起的50年内享有著作权；如果该作品的改编作品已在此前任何一年发表，则该作品在自该年份下一个日历年初起的50年享有著作权；

如果文学、戏剧、音乐作品或任何此种作品的改编作品已经公开表演，或该作品的录音已经向公众销售或允诺销售，则该作品视为已经发表。

（三）电影、录音和摄影作品的著作权期限

1. 电影作品的著作权期限

对于电影作品而言，著作权应自该作品上映年度之后的下一个日历年开始生效至50年。

2. 录音作品的著作权期限

对于录音作品而言，著作权应自该作品出版年之后的下一个日历年开始生

效至50年。

3. 摄影作品的著作权期限

对于摄影作品而言，著作权应自该作品发表年度下一个日历年开始生效至50年。

4. 匿名和化名作品的著作权期限

（1）对于以匿名或化名方式出版的文学、戏剧、音乐或艺术作品（不包括照片），著作权应自作品首次出版年度之后的下一个日历年开始生效至50年，如果在上述期限届满之前披露了作者的身份，著作权应自作者死亡之后的下一年的下一个日历年开始生效至50年。

（2）对于匿名合作作品按以下方式进行处理：第一，如果其中一名作者身份被披露，则作品著作权期限为该作者死亡之年下一个日历年初起的50年；第二，如果其中多名作者身份被披露，则作品著作权期限为最晚死亡的一个被披露作者死亡之年下一个日历年初起的50年。

（3）对于化名合作作品按以下方式进行处理：第一，如果一个或多个（但不是全部）作者的名字是化名，而且他或他们的身份没有披露，那么作品著作权期限为最后一个死亡的不是化名作者死亡之年下一个日历年初起的50年；第二，如果一个或多个（但不是全部）作者的名字是化名，并且披露了其中一个或多个作者的身份，那么作品著作权期限为不是化名作者与已披露的化名作者中最后一个死亡作者死亡之年下一个日历年初起的50年；第三，如果所有作者的名字都是化名，并且其中一个作者的身份被披露，则著作权期限为该作者死亡之年下一个日历年初起的50年，如果披露了两名或两名以上此类作者的身份，则著作权期限为披露作者中最后一位死亡作者死亡之年下一个日历年初起的50年。

5. 政府和国际组织作品的著作权期限

（1）对于政府作品而言，著作权期限为该作品首次发行年份之后的下一个日历年的起始年度起存续至50年。

（2）对于国际组织作品而言，著作权期限为该作品首次发行年份之后的下一个日历年的起始年度起存续至50年。

6. 未发表作品的著作权期限

（1）如果作者身份已知的作品在作者去世后50年内不在死后发表，则该作品的著作权期限应为该作者死亡之年下一个日历年初起的50年。

（2）如果作者的身份不明的作品在其作品创作后50年内未发表，则该作品的著作权期限应为该作品完成之年下一个日历年初起的50年。

第四节　孟加拉国著作权法律制度

一、立法概述

作为南亚地区人口第三多的国家，孟加拉国曾一度在政治和经济方面面临诸多挑战，包括政治斗争、公共部门效率低下以及贫困问题，后来经过一系列经济与社会改革，宏观经济稳定，国内生产总值增长迅速，且外商直接投资有所增长，特别在能源、电信与出口加工等范畴。

由于全国绝大多数的人口从事农业生产，政府对知识产权关注的力度不够。首部《孟加拉国著作权法》颁布于1962年6月2日，但是由于种种原因直到1967年2月27日才得以生效实施，其中主要规定了著作权及邻接权的基本规则，以及著作权行政管理机构的设立。此后，孟加拉国于1978年颁布了《著作权条例》，并于2000年颁布新的《著作权法》。新《孟加拉国著作权法》最近一次修订完成于2005年5月18日，此次修订规定了在孟加拉国著作权注册是自愿和非强制性的，在因著作权问题发生纠纷时，著作权注册起到证明作用。并且为了与TRIPS协定的规定相一致，本次修订还增加了与计算机程序和数字媒体著作权、数据库、出租权、电影院、广播权、表演者权、录音制品权利相关的内容。

在国际条约方面，孟加拉国加入了《建立世界贸易组织协定》（WTO）、《世界贸易组织与贸易有关的知识产权协定》（TRIPS协议）、《伯尔尼公约》及《国际版权公约》。

二、著作权的客体、内容、归属与限制

（一）著作权的客体

1. 受保护的著作权客体类型

根据《孟加拉国著作权法》，以下客体受著作权保护：（1）原创文学、戏剧、音乐和艺术作品；（2）电影作品；（3）录音作品；（4）计算机程序作品。

文学作品是指任何有关人类学、宗教学、社会学、哲学等人文社会科学方面的作品。戏剧作品包括朗诵片段、舞蹈作品或哑剧表演，其舞台布景或演出形式系以书面或除电影以外的其他形式固定下来的。音乐作品是指由乐曲组成并涵盖该作品的任何书写符号，但不包括用于随同乐曲来唱、念、演的任何文字或动作作品。艺术作品包括：（1）绘画、雕塑，图画（包括图表、地图、图表或图则）、雕刻或照片，不论该等作品是否具有艺术品质；（2）建筑艺术作品，即任何具有艺术特色或设计的建筑物或该建筑物的任何模型；（3）其

他工艺美术作品。电影作品是指通过以任何方式制作的活动形象的过程，即在任何媒介上制作的伴有录音的录像作品，并且电影作品应被解释为涵盖通过任何类似电影摄制的过程制作的作品，包括录影。录音作品是指通过记录再现方式记录声音的集合。

2. 不受著作权保护的客体类型

以下作品在孟加拉国不受著作权保护：（1）任何实质部分侵犯了其他作品著作权的电影作品；（2）任何在制作过程中侵犯了其他作品著作权的录音作品；（3）任何实质部分侵犯了其他作品著作权的广播作品；（4）仅以艺术特征和设计存在的建筑作品的施工过程及方法。

（二）著作权的内容

根据孟加拉国著作权法，著作权是指符合法律规定情况下，权利人就某作品或其任何实质部分实施或授权实施以下任何行为的专用权。

1. 文学、戏剧或音乐作品著作权的内容

对于文学、戏剧或音乐作品，著作权所有人可以自己实施或许可他人实施以下行为：（1）以任何形式复制作品；（2）发表该作品；（3）在公开场合表演该作品，或以其他方式传递给公众；（4）制作、复制、表演或出版该作品的翻译作品；（5）在电影或录音作品的制作过程中使用该作品；（6）通过扩音器或任何其他类似的方式将该作品广播给公众；（7）广播该作品或将该作品的广播传达给公众；（8）对该作品进行改编；（9）对该作品的翻译或改编作品实施以上（1）~（7）条所列行为。

2. 计算机程序作品著作权的内容

（1）实施上一项中（1）~（9）条所列的行为；（2）出售或出租，或提供任何形式的计算机程序副本。

3. 艺术作品著作权的内容

对于艺术作品，著作权所有人可以自己实施或许可他人实施以下行为：（1）以任何形式复制作品，包括二维、三维作品之间的互相转换；（2）发表该作品；（3）在公开场合表演该作品，或以其他方式传递给公众；（4）在电影作品中使用该作品；（5）对该作品进行改编或翻译；（6）对该作品的改编或翻译作品实施以上（1）~（5）条所列行为。

4. 电影作品著作权的内容

对于电影作品，著作权所有人可以自己实施或许可他人实施以下行为：（1）以任何形式复制作品，包括以 vcp，vcr，dvd 或任何其他形式的任何图像形成部分的照片；（2）以 vcp、vcr、dvd 或任何其他形式出售、出租或租用该电影的任何副本，不论该等副本是否已发表；（3）在公众场合公布和展示任何以vcp、vcr、dvd或任何其他形式出现的影片的听觉或视觉复制品。

5. 录音作品著作权的内容

对于录音作品，著作权所有人可以自己实施或许可他人实施以下行为：（1）制作包含该录音制品实质部分的唱片；（2）在电影作品中使用该录音作品；（3）在公众场合播放该录音作品；（4）广播该录音作品或将该录音作品的广播传达给公众。

（三）著作权的归属

1. 原始著作权所有人

根据孟加拉国著作权法，作者为原始著作权所有人，但是：

（1）作者在受雇于报纸、期刊、杂志社工作时所完成并发表的文学，戏剧或艺术作品，如果雇佣双方对于作品的著作权归属没有相反约定，则除了涉及报纸、期刊、杂志出版发行的复制权之外，其他著作权的原始所有人为作者本人；（2）除（1）条另有规定外，就作者的实际情况而言，如其拍摄的照片或所绘制的绘画或肖像，或作出的雕刻或电影作品，作者对其作品作出了实质性的贡献的话，则在没有相反约定的情况下，作者为著作权的原始所有人；（3）在完成承揽及学徒合同聘用工作的过程中形成的作品，如果没有相反约定，则雇主为原始著作权所有人；（4）公开发表演说或演讲的原始著作权所有人为演讲者，但如果此演讲为以他人名义作出，则原始著作权所有人属于演讲者所代表之人；（5）在政府工作中所形成的作品，如果没有相反约定，则相应政府机关为原始著作权所有人；（6）在国际组织工作中形成的作品，如果没有相反约定，则相应国际组织为原始著作权所有人；（7）计算机程序作品，如果没有相反约定，则程序开发人为原始著作权所有人。

2. 共同作品著作权所有人

根据孟加拉国著作权法，共同完成作品的著作权由全体作者共有。

（四）著作权的限制

1. 不视为侵犯著作权的行为

根据孟加拉国著作权法，以下行为不视为对著作权的侵犯：

（1）基于以下目的，合理使用文学、戏剧、音乐或艺术作品：第一，个人学习研究的目的；第二，批评或评论其他作品的目的。（2）为报道某一事件通过以下方式合理使用文学、戏剧、音乐或艺术作品：第一，在报纸、杂志或类似的期刊上；第二，在广播或电视上。（3）为完成司法程序，在司法报告中使用文学、戏剧、音乐或艺术作品。（4）为完成议会工作，在议会报告中使用文学、戏剧、音乐或艺术作品。（5）为公证的目的，在公证文本中使用文学、戏剧、音乐或艺术作品。（6）在公开场合朗诵文学或者或戏剧作品中的摘录部分。(7) 基于教育推广的目的，在正式或非正式出版物上发表的广告中使用文学作品或戏剧作品的部分短文。(8) 教师使用复制或改编文学、戏剧、音乐或艺术作品作为教育机构考试的一部分，或者考生在答题中复制或改编文学，戏剧，音乐或艺术作品。(9) 在教育机构的活动过程中，如果观众仅限于该机构的工作人员和学生或电影作品或唱片的文学戏剧或音乐作品的表演学生、学生的父母和监护人以及与机构活动直接相关的人员。(10) 在制作录音作品时使用其他录音作品及其中的文字，如果该录音作品是以前制作的，或曾经有人使用该录音作品制作录音获得过著作权所有人的许可；录音制作者按照规定的方式发出了其要使用该作品制作录音作品的通知书，并且按著作权委员会确定的费率向该录音作品著作权人缴纳了版税。(11) 使用已有录音作品录制用于在公共场合播放的录音作品，如果第一，制作的录音作品作为专门或主要为居民提供的设施的一部分；第二，制作的录音作品的播放作为未成立或以盈利为目的的俱乐部、社团或其他组织的活动的一部分。(12) 为了宗教、慈善或教育的目的，在业余俱乐部或文艺团体使用文学、戏剧或音乐作品进行表演，并且没有向观众收费。(13) 复制关于当前经济、政治、社会或宗教主题的报纸、杂志或其他期刊上的文章，除非该文章的著作权明确保留。(14) 在报纸、杂志或其他期刊上发表在公共场合做的演讲。(15) 在公共图书馆负责人或非营利图书馆负责人的指导下，制作不超过 3 本书的副本（包括小册子、音乐片、地图、图表或图则）供公众免费使用或附属于教育机构的图书馆使用该图书，并且该图书不可出售。(16) 基于个人研究的目的，复制存放于公众可以进入的图书馆、博物馆或其他机构的未发表的文学、戏剧或音乐作品。(17) 复制或出版以下内容的作品：第一，在议会法案以外的任何官方公报中发布的任何事项公告；第二，任何委员会、管理会理事会，董事会或其他机构的报告；第三，任何议会法案，以及对该法案的原始评论；第四，法院、法庭或其他司法机关的任何判决或命令，除非法院，法庭或其他司法机关禁止复制或公布该判决或命令。(18) 出版以任何一种语言翻译的议会颁布的法案、规则或命令，并且第一，政府之前没有出版过此法案、规则或命令的此翻译版本；第二，此翻译版本出版之后必须公开发售给公众。(19) 制作或出版建筑或建筑模型的绘画、绘图、雕刻或摄影作品。(20) 制作或出版陈列在公共场合雕塑的绘画、绘图、雕刻或摄影作品。(21) 在电影作品中出现以下作品：第一，任何永久位于公共场所或公众可进入的任何场所的艺术作品；第二，任何如果仅以背景或与作品中代表的主要事项就可以确定的艺术作品。(22) 如果作品的作者不是作品著作权的所有者，为作品的目的而制作的任何模具、演员、素描、计划、模型或研究，只要其不重复或模仿作品的主要设计。(23)根据建筑物或构筑物最初构筑的图纸重建建筑物或构筑物，如果原始建筑是在这些图纸或计划中的著作权所有者的同意和许可的情况下进行的。(24)计算机程序的合法持有人基于下列目的，复制或修改计算机程序：第一，为了电脑程序应用的目的；第二，为了临时保护来防止丢失、毁坏或损坏的目的，备份程序副本；第三，为了升级计算机程序的目的。(25)广播组织利用自己的设施制作自己的广播节目时，使用已存档的作品。(26)在任何真正的宗教仪式或政府当局举行的正式仪式向公众传播文学、戏剧或音乐作品的表演。

2. 强制许可

如果著作权所有人在著作权存续期间有如下行为，相关公众可以向孟加拉国著作权委员会提出强制许可申请：第一，拒绝再版或不允许再版该作品，或者不允许公开表演该作品，并且由于此种拒绝，致使公众无法获得该作品；第二，拒绝通过播放该作品向公众传播信息，或者拒绝以合理地价格出版该作品的录音制品。

三、著作权的转让、许可

(一)著作权的转让

1. 转让的效力

现有作品的著作权所有人或未来著作权的未来所有者可以将任何人的著作权全部或部分转让给任何人，并且通常或受限于著作权的整个期限或其任何部分；但是如果在未来作品的著作权转让中，作品只有在作品成立时才会生效。

2. 转让的方式

(1)除非经让与人或其正式授权的代理人书面签署，任何作品著作权的转让不发生效力；(2)任何作品著作权的转让应指明该作品、确定所转让的权利及转让所涉及的期间及地域范围；(3)著作权转让协议应当约定相应的版税，并且著作权所有人及其法定代理人也可以补充约定修改上述版税；(4)如果在转让之日起一年内，受让人不按照规定行使转让给他的权利，除非合同另有明确约定，该权利的转让应视为在前述期间届满后失效；(5)如果没有约定转让期间，转让期间应视为自转让发生之日起的5年；(6)如果没有确定转让涉及的地域范围，应推定该范围延及全孟加拉国。

3. 转让争议的解决

(1)如果受让人未能有效行使转让给他的权利，且此种未行使不可归责于让与人的任何行为或疏忽，则著作权委员会可以在收到让与人的投诉并且在进行其认为必要的调查之后撤销该转让。

(2) 如果当事人就著作权的转让发生任何争议，著作权委员会可以在收到受损害人的投诉且在进行其认为必要的调查之后，宣布其认为适当的命令，包括追索应支付版税的命令，除非著作权委员会确信在让与人同时系作者的情况下，转让条件对让与人十分苛刻，该委员会不得根据本条的规定撤销该转让；此外，在自转让发生之日起的5年内，不得根据本条的规定宣布任何撤销转让的命令。

(二) 著作权的许可

任何现有作品的著作权所有人或未来作品的著作权所有人可以通过自己或其职责授权代理人签署的书面许可证授予著作权方面的任何权益：但在许可协议涉及未来作品著作权时，协议只有在作品成立时才会生效。

四、著作权保护的期限

(一) 已发表的文学、戏剧、音乐及美术作品的著作权期限

除孟加拉国著作权法另有规定的情况下，已发表的文学、戏剧、音乐及美术作品在作者有生之年及作者死亡之年下一个日历年初起的60年内享有著作权，就合作作品而言，作者应理解为最后死亡的作者。

(二) 死后发表作品的著作权期限

在作者死亡之日享有著作权的文学、戏剧、音乐作品或版刻，或在最后死亡的作者死亡之日或死亡之前享有著作权的此类合作作品，如果该作品或其改编作品在该日期之前尚未发表，则该作品在自该作品首次出版之年下一个日历年初起的60年内享有著作权；如果该作品的改编作品已在此前任何一年发表，则该作品在自该年份下一个日历年初起的60年享有著作权。

如果文学、戏剧、音乐作品，或任何此种作品的改编作品已经公开表演，或该作品的录音已经向公众销售或允诺销售，则该作品视为已经发表。

(三) 电影作品的著作权期限

电影作品的著作权应自该作品上映年度之后的下一个日历年开始生效至60年。

(四) 录音作品的著作权期限

录音作品的著作权期限为自该作品发表年度之后的下一个日历年开始生效至60年。

(五) 摄影作品的著作权期限

摄影作品的著作权期限为自该作品发表年度之后的下一个日历年开始生效

至60年。

（六）计算机程序作品的著作权期限

计算机程序作品的著作权期限为自该作品发表年度之后的下一个日历年开始生效至60年。

（七）匿名或化名作品的著作权期限

（1）对于以匿名或化名方式出版的文学、戏剧、音乐或艺术作品（不包括照片），著作权应自作品首次出版年度之后的下一个日历年开始生效至60年，如果在上述期限届满之前披露了作者的身份，著作权应自作者死亡之年的下一个日历年开始生效至60年。

（2）对于匿名合作作品按以下方式进行处理：第一，如果其中一名作者身份被披露，则作品著作权期限为该作者死亡之年下一个日历年初起的60年；第二，如果其中多名作者身份被披露，则作品著作权期限为最晚死亡的一个被披露作者死亡之年下一个日历年初起的60年。

（3）对于化名合作作品按以下方式进行处理：第一，如果一个或多个（但不是全部）作者的名字是化名，而且他或他们的身份没有披露，那么作品著作权期限为最后一个死亡的不是化名作者死亡之年下一个日历年初起的60年；第二，如果一个或多个（但不是全部）作者的名字是化名，并且披露了其中一个或多个作者的身份，那么作品著作权期限为不是化名作者与已披露的化名作者中最后一个死亡作者死亡之年下一个日历年初起的60年；第三，如果所有作者的名字都是化名，并且其中一个作者的身份被披露，则著作权期限为该作者死亡之年下一个日历年初起的60年，如果披露了两名或两名以上此类作者的身份，则著作权期限为披露作者中最后一位死亡作者死亡之年下一个日历年初起的60年。

（八）政府作品的著作权期限

对于政府作品而言，著作权期限为该作品首次发行年份之后的下一个日历年的起始年度起存续至60年。

（九）国际组织作品的著作权期限

对于国际组织作品而言，著作权期限为该作品首次发行年份之后的下一个日历年的起始年度起存续至60年。

第五节　本章小结

作为中国的近邻，南亚地区在地理上无疑是中国企业投资板块中无法忽略的部分。近年来，随着经济的发展，以印度为代表的南亚国家正从传统的"农业为主，工业为辅"的经济模式，向依托"高附加值产业"的经济模式转变，如被称为"印度硅谷"的班加罗尔已成为世界软件产业中非常重要的一个区域，又如宝莱坞也成为了全球电影产业的又一"圣地"。

就著作权的国际交流而言，印度、巴基斯坦及孟加拉国都是世界贸易组织成员国，同时也是《伯尔尼公约》及《国际版权公约》的成员国，此外，印度正在积极筹备加入《世界知识产权组织版权条约》与《世界知识产权组织表演和录音制品条约》体系。

从著作权法立法渊源来看，由于印度、巴基斯坦及孟加拉国在历史上同为英国殖民地，在立法上都带着英美法系著作权法的烙印。最大的特点就是法律条文的规定十分细致，例如关于著作权的客体方面，具体罗列了计算机程序之外文学、戏剧或音乐作品、计算机程序作品、美术作品、电影作品、录音作品的著作权内容。此外还有以下差别：

第一，关于匿名作品及化名作品的相关制度，南亚国家著作权法从权利归属及权利期限两个方面进行规定，而我国著作权法并未明确规定此种制度。

第二，关于著作权强制许可制度，南亚国家的著作权法基本都予以详细规定，而我国著作权法并未明确规定此种制度。

第三，在著作权的限制方面，我国著作权法规定，将汉语言文字作品翻译成少数民族语言，不视为侵犯著作权，而南亚国家著作权法没有类似的规定。

由于巴基斯坦与孟加拉国的著作权制度均源自印度著作权法，在此仅讨论印度著作权法的借鉴，印度著作权立法早于我国，在某些特定制度方面也比我国完善，考虑到我国与印度同为发展中大国，并且都试图通过实施知识产权战略发展本国的经济，因此印度著作权方面的立法经验也很值得我国借鉴。

印度著作权法的规定十分细致，很多制度都对每一种不同类型的作品进行列举，因此可实施性较强，我国在修订著作权法时应当参照这一点，对相关制度进行更进一步地细化规定。

此外，印度著作权法根据本国的产业优势，对软件行业及电影行业予以特别保护，赋予程序开发者及制片者更大的权利，以激励创新，全面保护数字技术及互联网技术下的印度软件和电影产业。对此，我国在修订著作权法时也应当对我国优势的互联网产业及民间文艺作品予以专门地保护，以在国际竞争中更好地维护本国利益。

第五章　西亚地区著作权法律制度

第一节　概　　述

一、西亚概述

西亚又称西南亚，地处亚洲西南部。因位于亚洲、非洲、欧洲三大洲的交界地带，阿拉伯海、红海、地中海、黑海和里海（内陆湖）之间，所以被称为“五海三洲之地”。西亚是联系亚、欧、非三大洲和沟通大西洋、印度洋的枢纽，地理位置十分重要。西亚包括伊朗高原、阿拉伯半岛、美索不达米亚平原、小亚细亚半岛。西亚不仅是亚、欧、非三洲的结合部，也是人类古代文明发祥地之一；伊斯兰教、基督教、犹太教等世界性和地区性宗教的源地。西亚文化以伊斯兰教为主。

二、西亚部分国家著作权法律制度概况

伊朗现行著作权法是1970年1月12日颁布的《保护作者、作曲家和艺术家权利法》，2010年7月，伊朗议会修改了国家著作权法，授予作者或原创作者复制、分发和改编作品的权利。同年，伊朗伊斯兰协商大会对该法第12条进行改革，将作者死后的著作权期限延长至作者死后50年，但仅适用于2010年8月22日法律通过时仍在保护的作品。伊朗2000年通过了《计算机程序作者权利保护法》。

《土耳其智力和艺术作品法》是1995年12月5日颁布法案通过的，此后经过七次修订，现在执行的是2008年1月23日颁布的第5278号法案。此外，土耳其还颁布了《著作权和作者邻接权细则》法规，形成了完整的著作权保护法律体系。

第二节　土耳其著作权法律制度

一、土耳其现行著作权法基本概况

《土耳其智力和艺术作品法》是1995年12月5日颁布的第5846号法案通

过的，此后于1983年、1995年、2001年、2004年、2004年、2006年、2008年经过七次修订，现在执行的是2008年1月23日颁布的第5278号法案。此外，土耳其还颁布了《著作权和作者邻接权细则》法规，形成完整的著作权保护法律体系。

现行《土耳其智力和艺术作品法》共分为六部分，共91条，分别规定了智力和艺术作品、作者、著作权、合同及处分、民事侵权及刑事处罚、其他规定等。

二、土耳其加入著作权国际公约的情况

土耳其加入著作权国际公约的情况如表5－1所示。

表5－1 土耳其加入著作权国际公约的情况

国际公约/协定/条约	加入时间
《建立世界知识产权组织公约》	1976年
《建立世界贸易组织协定》	1995年
《WIPO版权条约》	2007年
《WIPO表演和录音制品条约》	2007年

三、土耳其著作权法律制度概述

（一）著作权客体

《土耳其著作权法》规定该法的保护客体是作品，即任何体现作者人格特征且依据本法规定属于科学、文学、音乐、美术、电影等一切类型的智力成果和艺术产品，具体包括以下内容。

1. 文学与科学作品

（1）以任何语言和文字形式表达的作品，以及以任何形式表达的计算机程序以及供后续阶段运行的计算机程序初步设计。（2）所有类型的舞蹈，书面编排的舞蹈（剧本）、哑剧和类似哑剧的作品。（3）技术和科学的摄影作品，各种地图、平面图、立体图、草图、图片、地理和地形模型等，各种建筑和城市设计的立体图、建筑模型、工业、环境和舞台设计图等。（4）任何构成某个计算机程序基本要素的思想和原理要素，包括计算机接口基础的思想和原理，都不能被视为作品。

2. 音乐作品

音乐作品是所有配词或不配词的乐曲作品。

3. 美术作品

（1）油画和水彩画，各类图纸、图案、粉彩、版画、手绘画、烫金、绘

制画，通过雕刻绘制或者固定在矿物、石头、木材或其他材料上的作品，雕刻、镶嵌或类似的装饰艺术作品；（2）雕塑、浮雕和雕刻作品；（3）建筑作品；（4）工艺品和小艺术品、装饰品和缩微模型，纺织品和服装设计；（5）摄影作品和幻灯片；（6）版刻作品；（7）卡通动漫作品；（8）所有具有审美价值类型的作品。

4. 电影作品

电影作品是指具有艺术、科学、教育或者技术特征的作品，其用于记录日常事务，包括一系列配声音或不配声音的图像，可以不用关心播放介质，只要能通过电子的或机械的或类似装置来显示即可。仅用于传播比赛、演讲、会议等内容的胶片，不视为电影作品。

5. 改编或汇编作品

根据另一作品创作但又不独立于该作品的知识和艺术作品都是改编，改编作品会承载改编人的特点，但并不损害原著作者的利益，根据该法，改编作品应当视为作品。主要类型如下：

（1）翻译作品；（2）把小说、故事、诗歌、戏剧等作品，从一种类型转换成另一种类型；（3）将音乐、美术、科学和文学作品转换成电影，或将其转换成适合拍摄或适合广播电视电台播放的形式；（4）重新编排的音乐作品；（5）将艺术作品从一种形式转换为另一种形式；（6）将同一作者创作的全部或同一类作品予以集合；（7）按照特定目的和特殊安排，将选定的作品予以集合；（8）通过科学研究使未发表的作品以适宜出版的方式形成的作品（普通的誊写和临摹不属于科学研究形成的作品，应排除在外）；（9）注释、评论或删减他人作品，体现了改编者的个性而形成的作品；（10）对计算机程序的改编、编辑或任何其他修改；（11）按照一定目的和特定计划选择和采集数据形成的数据库，其形式是可以被设备读取的形式或任何其他形式(但是，此处提供的保护不能扩展至数据和数据内的资料本身)。

（二）作者的认定

该法规定，创作作品的人为作者。除非存在当事人之间的特别约定或者工作内容等情形，由官员、公务员和工作人员等在本职工作中创作的作品，其财产权属于雇用或分配任务的人。同样的规则适用于法人机构。

改编作品的作者属于改编人，但原始作品的著作权人权利应予以保留。某个作品的生产商或出版者只能根据他与著作权人签订的合同行使财产性权利。在电影作品中，导演、电影配音的作曲家、编剧及旁白等是作品的集体作者，依据适当的补偿协议，集体著作权人可以将其财产权转让给制片人。

电影作品的集体著作权人转让其财产权后，除非另有规定，他们不能反对制片人对电影作品的复制、分销、有线传输、通过电视或其他媒体播放，募捐演出和译制等，除非另有规定。

如作品的创作者在一人以上，且作品可以分成几个部分，则每人视为其所创作部分的著作权人。除另有决定外，集体创作作品的每一个人可以要求其他人参与整个作品的修改或出版。如果其他人无正当理由不参加的，法院可以允许这样的行为。同样的规定也适用于行使财产权的情形。如果多个人参与创作的作品构成一个整体，那么著作权人就是创作者整体。关于普通法人的条款（规定）适用于整体著作权。如果某个著作权人无正当理由不允许集体行动，那么所需许可可以从法院获得。在整体利益受到侵犯时，每一个著作权人也可以单独行动。在创作作品期间，有关细节的技术服务或帮助不构成参与创作的条件。

关于著作权人的推断：（1）在作品上署名的人，推定为作者。（2）某人使用其姓名或其已知笔名，在出版作品的复制件或美术作品的原件上以著作权人名义署名的，推定为该作品的作者，除非另有证明的。

以通常的方式在公共场所、会议表演，或在广播电台播放时署名的作者，推定为该作品的作者；除非根据第一段中所述方法推断该作品的作者属于另一个人的情况除外。

在作品中未署名作者情形下，若根据上一条款无法推断出已发表作品的著作权人的，作者的权利可以由出版商行使；如果出版商同样也无法确定的，复制者可以自己的名义行使作者的权利。如果根据上述条款仍无法推断出作者的，上述权利由会议举办者或者表演者行使。

四、主要保护范围或权利内容

（一）精神权利

1. 发表权

仅有作者可决定作品发表或者不发表，以及发表的时间和方式。

如果某个作品的全部或实质部分尚未公开，或者作品主线尚未向公众公开时，只有作者可以向公众提供相关作品内容的信息。

如果作品的公开或发表会损害作者的名誉和声望，即使已经书面授权（许可）他人的，作者仍有权禁止其向公众介绍或公开作品的原件以及改编版本，包括放弃这种禁止的权利的合同应属无效合同，并保留向他方要求赔偿的权利。

2. 署名权

作者有权决定以其姓名、笔名或匿名发表作品或者发行作品。

应当以明显或者习惯做法署原始作品作者的姓名或者标识，在原始作品基础上再版或者改编的艺术品，必须指明这是副本或改编本。

如果某一作品的创作者是有争议的，或有其他人声称是作品的作者的，原作者有权请求法院确认其权利。

在承载有作品著作权的建筑物中，应作者的书面要求，作者的姓名应以合适的材料、在某个明显的位置上以不可磨灭的方式书写，这也是作品的一部分。

3. 禁止修改权

未经作者许可，不得对作品或作者的姓名进行缩写、添加或作其他修改。

在法律或作者许可下，有权对作品进行改编、公开、复制、发表、表演或其他方式传播作品的人，仅可以对作品进行改编、复制、表演或发表进行必要的技术性修改。

尽管作者已经无条件地授权他人使用自己的作品，但仍保留反对一切有损其名誉、声誉、作品的性质和特点的权利。即使合同有约定，但剥夺禁止修改权利会判定无效。

4. 作者针对作品持有者或所有者的权利

如有必要，在能提供满足保护条件时，作者可以要求作品原件的拥有者或持有者暂时提供艺术品原件（如作者或作曲家的手稿），供作者使用。

在拍卖、销售目录或其他相关文件中，交易方需向买者披露作者拥有的权利。

根据与作者的协议，作品原件的拥有者可以处分该作品原件，但是，他不得损坏或破坏作品，且不得损害作者的权利。

如果作品只有一件原件的，作者在提供充分保护的条件下，可以向拥有者要求在作品回顾展中使用，展览涵盖其某个时期的作品，展览结束后返还给作品的拥有者。

（二）经济权利

1. 改编权

作者享有对其作品进行改编的专有权利。

2. 复制权

作者享有对作品或作品复制件全部或部分、直接或间接、永久或暂时进行复制的专有权利。

制作作品原件的备份，或在已知的或将出现的各类媒体上录制作品，传输和再现符号、声音、图像、各种声音和音乐录制品，以及实施建筑作品的平面图、立体图和草图等均被视为复制。制作浮雕和穿孔模板也同样适用该规则。

复制权包括为执行装载、演示、运行、传输或存储等程序，在必需范围内临时复制计算机程序的行为。

3. 传播权

不管是对作品原件还是改编作品，对作品的传播、出租、出借或出售或以任何方式交易以及获取收益的权利专属于作者。如果作品的复制件是在国外复制且被带回国内的，则在国内传播作品以及从作品中获取收益的权利专属于作者。

作者在国内首次出售或传播作品的，视为作者通过传播权的行使已经转让了复制件的所有权。再次转售这些复制件的，不侵犯本法授予作者的传播权，但向公众出租作品的权利予以保留。

4. 表演权

作者享有对其作品在公共场所直接或者通过符号、声音、图像等设备传输，进行通过朗诵、演奏、展示等的专有权利。

以任何技术手段实现从公众场合到另一场合的表演传播，其权利也属于著作权人。

5. 广播权

通过无线或类似技术设备传输符号、声音或图像公开传播原始作品或改编作品，或者以这种方式转播已经传播的作品，通过有线或者无线方式传播在其他公共场所接收到的现场表演，通过扩音器或者类似的技术设备将现场表演用符号、声音、图像传播的，该权利专属于作者。

（三）保护期限

1. 人身权保护期限

土耳其著作权法没有规定作者人身权的保护期限，而是从具体行使的角度进行了规定。该法第 18 条规定，即使财产权的有效期届满，如果拥有著作权的自然人仍然生存或法人仍然存在的，仍可按照规定行使人身权。

如果作者去世前没有确定人身权行使方式的，或者也没有授权他人行使的。去世后其权利由其遗产管理人行使，如果也没有遗产管理人的，则由其尚存的配偶、子女及继承人、父母及兄弟姐妹各自行使。

作者去世后，上述所列人员可在财产权的有效期内以及作者死亡后的 50 年内，以自己的名义行使著作权人的权利。

如果管理人不止一人且不能就权利行使达成一致，法院可通过简易程序确定最符合作者意愿的权利行使方式。

如果没有授权的人存在，也没有其他行使权利人存在，或虽然存在但其行使权利的期限已经届满，文化部如果认为（该作品）对国家文化有重要意义，可以自己的名义行使作者的人身权。

2. 财产权的保护期限

作者的财产权受时间限制。保护期届满后，任何人可以免费使用作品。

原始作品和改编作品的保护期彼此独立。

对于以册或卷出版的作品，在册或卷的最后一页出版日期视为作品发表的日期。出版的每卷作品中包括了一定时段已发表的众多作品，或者公告、小册子、期刊和年鉴等构成了作品的内容，那么每个作品发表日期就是最初发表的日期。

保护期限的起算点从最初发表后的下一年第一天开始计算，或这天视为已公开发表。在计算作者死亡后开始的（作品）保护期间，作者死亡后的下一年的第一天被视为起算点。涉及合作作品的，保护期限始于该作品的最后一个作者死亡之日开始计算。

在作者终生及其死后 70 年内，财产权保护期间持续存在。

作品如果在作者死亡后发表的，财产权保护期为其死亡后的 70 年。

如果作品的第一作者是法人的，则保护期为作品发表之日起 70 年。

如果科学和文学作品最初以土耳其语以外的语言发表的，尚没有翻译成土耳其语的，已通过作者或其授权的人发表的，保护期限为作品发表之日起 70 年。70 年后，他人可以自由翻译成土耳其语。

手工艺品、小艺术品、摄影和电影作品的保护期为发表后的 70 年。

（四）侵权及赔偿

1. 民事侵权案件

（1）请求消除侵害、停止侵权。

被侵权人可以依法起诉侵权人，要求其停止侵权。如果侵权是由组织的代表或雇员在职务工作中实施的，该组织的所有人也应该作为被告起诉。侵权主体是否有过错不是认定侵权的必要条件。

法院考虑作者的人身性和财产性权利，侵权范围（程度），过错情形等，同时考虑到消除侵害的严重性和损害程度。法院可以决定在必要限度内实施停止侵权的适当措施。作者可以在其经常居住地向法院起诉请求停止侵权。

在考虑侵犯精神性权利的情形下，未发表的作品未经作者同意或违背作者意愿发表的，只有在行为是通过作品复制件的传播而发表时才可以向法院起诉请求消除（停止）侵权。作品上未署作者的姓名，或者署名错误，或者以易于导致混淆的方式署名的，作者可以要求侵权人按规定署名以消除侵权，侵权人必须在作品的原件和流通的复印件署上作者的姓名。且要求在最大的 3 家报纸上予以公告，侵权者承担相应费用。合理使用作品时，指明的作品来源有误、指明来源不充分的、或没有提供任何来源的，均可适用上述条款的规定。如果作品被不当修改的，作者拥有以下权利：（a）作品被不当修改的，作者可以要求侵权人停止复印，发行、表演和广播被修改的作品，可以要求侵权人纠正流通作品的错误或者回收流通作品。（b）如果作品是在报纸、期刊、广播等传播过程中被修改的，作者可要求报社、期刊和广播向公众传播纠正修改后的作品，并通过公告等方式对侵权人进行处罚。（c）对美术作品，对于不是自己修改、删除或改变署名等情形的，作者有权要求修改。如果回收旧的版本是可能的，且拆除修改的作品没有实质损害公众或拥有者利益的，作者可以回收其作品。

在考虑侵犯财产权的情形下，未经作者许可翻译作品的，违反合同出版，或超过合同规定的件数出版的，此外未经许可作品通过广播电视被改编、传播或表演的，作者可以要求侵权人支付最高3倍的损害赔偿。未经作者同意复制作品，但该复制品尚未流通的，作者可以要求侵权人销毁复制品、胶片、模具以及和类似用于制作复制品、配送复制品、胶片、模具等设备。销毁的复制设备数额不应超过作者订立合同时预期可以获得收益的3倍，这并不妨碍执行未经授权复制他人作品的法律责任。某人和作者签订了合同的情形下，他就获得了行使或代理行使针对侵权者的权利。

（2）防止侵权的情形。

当作者的财产权或人身权面临侵权危险时，可以向法院起诉请求防止侵权。同样的规定适用于认为可能发生的侵权正在发生、重复发生的情形。

（3）赔偿情形。

人身权利被侵害的人可以依法向法院起诉，请求侵权人支付精神损害赔偿弥补其遭受的精神损害。法院也可以决定用另一种精神赔偿方式替代或增加赔偿数额。如果侵权人有过错的，人身权被侵害者可以在侵权法的框架内要求精神损害赔偿。此外，被侵权人可要求除赔偿金之外的其他可得利益。

财产权利被侵害的人可以依法向法院起诉，请求侵权人支付其财产损失，包括实际损失和可得利益的损失，如果损失难以计算的，则以侵权人因侵权获得的收益计算。

2. 刑事案件

（1）侵犯精神性权利的。

行为人故意有下列行为的：（a）未经作者或者其继承人许可，向社会发表作品，或发行已发表或未发表的作品；（b）未经作者或者其继承人许可，在作品或其复印件上署自己名字的；（c）表明他人作品属于自己，或者自己作品属于他人的；（d）引用作品，不指明任何来源、或指明错误来源、或不充分指明来源、或指示欺骗性来源，违反本法规定的。判处3个月以上1年以下有期徒刑，并处3亿~6亿里拉的罚金。

（2）侵犯财产性权利的。

未经作者授权，行为人故意以任何方式复制、改编作品，自己出售或供应销售作品的复制件或者改编的复制件，在公共场所表演、演示、展示或通过广播等类似媒体发表或传播作品或其改编作品的，出租作品或其改编作品的，进口作品的，判处3个月至1年有期徒刑，并处3亿~6亿里拉罚金。

（3）其他犯罪行为的。

行为人故意：（a）侵权人知道或应当知道其复制品违反本法规定，使用复制品在公共场所表演、广播或以任何方式谋取利益的；（b）贩卖他人作品的复制品，知道或应当知道此行为违反本法规定，在公共场所通过表演、广播或以任何方式获取利益的；（c）转让、授权、质押或者将财产性权利或者许可证作为标的处分的，侵权人知道或应当知道未经授权做出上述处分行为是无效的；（d）复制或复制品的数量超出合同约定或法律规定的；（e）隐瞒商业目的复制作品，知道或应当知道其违反本法规定的；（f）为了保护计算机程序而设置的技术措施，未经许可以商业目的保留或散布了仅用于使技术措施失效或删除的技术方式。判处3个月到3年有期徒刑，罚金3亿~6亿里拉。

（4）侵权主体的相关规定。

如犯罪行为是由某个组织的代表或雇员在其职务活动中实施的，未阻止犯罪行为发生的组织的所有人或主管，或者以任何名义或称谓实际管理该组织的人，也应该作为侵权者受到惩罚。在此情形下，法案要求该惩罚应由组织的所有人、主管或者实际管理组织人承担刑罚责任，该组织代表或雇员作为帮助犯应受到惩罚。

任何人免费或有偿为他人展示（展览）作品提供场所的，如果知道将作品予以表演是违反法律的，应当作为违法表演作品的帮助犯受到惩罚。

如果罪行是在法人的经营活动中发生的，则法人应对惩罚和罚金承担继受责任。

3. 预防措施

考虑到确有必要采取措施以防止重大损失或突然危险，或者根据既有事实或其他理由认为采取措施确有非常可能性时，法院应本法享有的权利且正面临威胁或侵害的权利人请求，可以根据法律裁定要求其他当事人在诉前或诉讼中必须为或不得为某些行为，或决定采取预防措施扣押作品的复制件、或者用于工厂和类似复制手段的仿制件。在该裁决中，根据刑事诉讼法和破产法的相关规定，违反上述命令的行为将会受到刑事处罚。

此外，依照本法的规定需要处以刑罚的，扣押、没收和销毁复制品、模板和类似复制设备、传播和生产品等可以适用刑法典、刑事诉讼法的相关规定。

（五）著作权侵权的例外

1. 基于公共秩序的考虑

（1）授予作者的权利不得妨碍作品在法院和其他政府部门作为证据使用，也不得妨碍作为警察或刑事诉讼的主题使用。在考虑到公共安全和公务目的的情形，可以通过政府机关及其部门的命令，以任何方式复制和传播照片，而无需征得作者的同意。

（2）对公法中有关禁止作品通过任何途径进入商业流通、禁止其表演或以其他任何形式利用，或者利用作品需要经过批准或监控的规定予以保留。

2. 基于公共利益

（1）立法和判决。对官方颁布或宣告的法律、规章、条例、通告、通知以及法院判决，允许以任何形式复制、发行、改编等行为加以利用。

（2）演讲。为了新闻报道和提供信息、通过广播电台公开朗诵或广播、通过任何其他方式发行在大国民议会、其他官方的集会和会议、以及在法庭和公共集会上的演讲或发言。

在非必需的事务范围或情形下，可以不用指明发言或演讲者的姓名。

以不同于上述第一款提及的方式复制或传播他人发言或者演讲的，需要作者的许可。

（3）自由表演。仅以培训和教育目的而不是以营利为目的，可以在公共场合免费表演已经发表的作品。当表演净收入完全捐献给慈善（公益事业）时，该规则同样适用。但是，应当规范地指明作品名称及作者姓名。

（4）为培训和教育目的汇编作品。以培训和教学为目的，且借用（采用）适当范围的作品是允许的，可以将已经发表的音乐、科学、文学、美术等作品予以汇编。没有正当理由，这种使用不能对权利人的合法利益造成损害，也不得与作品的正常使用相冲突。

前款规定同样适用于学校广播电台，该广播电台只能限于学校使用且获得了教育部批准的。

在以上情形中，应当规范或按惯例指明作品名称及作者姓名。

（5）自由引用。在以下情形中，引用他人作品允许的：（a）在一个独立的科学和文学作品中引用已发表作品的某些句子和段落；（b）将已发表音乐作品的某些元素，如主题、模式、句子或想法合并到一个独立音乐作品；（c）为了描述已发表的美术作品和其他科学作品的内容，根据其目的在合理范围内引用的；（d）为科学课堂教学或者科学研究会议，在科技会议或课堂中通过幻灯机放映或其他类似方式展示已经发表的美术作品的；（e）上述引用必须以明显、清楚的方式标示。在科学作品中，不仅要提及所引用作品的名称和作者的姓名，还要提及引用的具体章节、段落。

作为报纸的内容予以引用，也是允许的。已在报纸、期刊上刊登的日常社会、政治或经济问题的作品，除非作者已经明确声明保留不得引用的。其他报纸、期刊予以引用或改编，以及通过广播或其他方式传播作品是被允许的。即使引用权予以保留，通过缩减方式引用文章和段落作为新闻摘要以及通过广播或其他方式传播是被允许的。在上述情形中，如果属于从其他来源引用作品的（转载），必须指明被引用文章作者的姓名、笔名或标记，也应当指明引用报纸的名称、期刊的发行日期、杂志或机构的名称、卷号等信息。

新闻报道中的引用，也是允许的。包括知识和艺术作品，在媒体上用做符号、声音或者图像传输时作为时事新闻报道的，应当予以允许。通过广播、电视等设备复制、发行、再现、播放等方式进行上述引用部分利用的，如果这一行为没有超出新闻报道范围的，也是被允许的。

3. 基于私人利益的考虑

（1）个人使用知识和艺术作品。没有传播或营利目的的，所有的知识和艺术作品可以被复制用于个人使用。但是，没有任何正当理由，这种复制不能对权利人的合法利益造成损害，也不得与作品的正常使用相冲突。任何人可以改编或引用音乐、科学和文学作品。

（2）个人使用计算机程序。当合同缺乏明确条款时，为了计算机程序本来用途的需要，个人复制和改编计算机程序，包括改正缺陷等是被合法允许的。个人通过合法方式获得计算机程序的，对该程序的装载、运行和故障修复等不应通过合同禁止。为了达到计算机程序所需要的用途，个人通过使用计算机程序获得备份副本权利不应被合同所禁止。

为了确定计算机程序在执行装载、成像、运行、传输或存储命令时的内在思想和原理，个人有权免费使用计算机程序用于观察、检测和测试运行程序。

为了获取独立编制的计算机程序和其他程序的兼容性所必需的信息，就计算机程序的复制和改编而言，当满足以下要求时，对该计算机程序的代码复制和代码形式转化是被允许的：（a）这些行为应当由许可证持有人、其他有权使用计算机程序复制件的人，或者代表其利益的被授权的人进行。（b）为了满足交互性（兼容性）使用所需的信息，不应被上一款提及的人使用。（c）上述对程序组件的使用行为应予以限制，即为了满足交互性（兼容性）的需要。

通过实践所获得的信息不适用上述条款的规定：（a）独立编制的计算机程序仅用于使用目的，而不是满足交互性（兼容性）的要求。（b）独立编制的计算机程序是为了提供给他人使用，而不是为了满足交互性（兼容性）使用的情形。(c) 使用计算机程序原始表达或类似表达，用于开发、编制或销售计算机软件，或者用于其他任何侵犯知识产权的行为。

对计算机程序的使用不得与计算机程序的正常使用相冲突，或不合理地妨碍作者的合法权益。

(3) 广播电视台对歌词的使用。在广播电视节目中可以自由地播放歌词，也可以打印歌词以用于声音传输设备的需要。使用时必须指明文学作品的名称和作者的姓名。

(4) 复制和展览。通过插图、图表、照片等方式复制，在公共场所通过幻灯片传播、展示，通过广播电台和类似媒介传播固定放置在公共道路、街道和林荫道上的艺术作品等是被允许的。这种权利仅限于建筑物的外形作品。

除非存在作者明确禁止展示的记录，美术作品的拥有者或经其同意的人可以将该美术作品放置在公共场所予以展示。

为了拍卖可以在公共场所展示作品，将作品的复制件和原件在公共场所展示，或通过拍卖活动的组织者的目录、手册或类似出版物予以出版，上述行为都是允许的。

(5) 在公共场所使用录音、影像和唱片。作者允许使用声音或/和图像展示作品的许可应记录在媒介上，且特别指明在公共场所播放或展示作品是可行的。但是，作品没有特别标明的，作品的作者或者获得授权的专业组织，要求适当赔偿的权利是予以保留的。

五、土耳其著作权法的特殊规定

(一) 邻接权及防止侵权

1. 著作权中的邻接权

在不损害作者的财产权和人身权的前提下，表演艺术家对智力及艺术作品进行的独特表演、录音制作者对其最先录制的声音和表演、广播电视组织等享有邻接权。

通过录音，复制和出租这些录有其表演的录音录像制品，或通过各种有线和无线方式对表演活动进行传播的，从中获益的权利是属于表演艺术家的，且需要获得表演艺术家的书面许可。表演者可以适当的价格将上述权利转让给制作者。

如果是由管弦乐团、合唱团或者剧团表演的，只需要经过指挥者（管理者）的许可。如果艺术家或者团体受雇于某个以朗诵、表演或展览为目的的投资人，也应得到该投资人的许可。

通过各种有线或无线方式在公众场所传播表演活动的，通过直接或间接方式复制、出租录音录像制品的，其权利属于录音录像制作者，需要获得制作者的书面许可。

未经广播电视机构的书面许可，任何个人或组织不得复制全部或部分广播节目，不得以各种有线和无线方式转播，也不得在控制接入的地方予以展示。

2. 无须获得相邻权人的书面许可的情形

向公众表演和提供智力和艺术作品，是为了公共秩序、培训教育、科学研究或新闻采访，而不是为了营利。

复制智力和艺术作品，录制广播电视节目是为了个人使用，而不是为了传播和营利。

广播电视组织自己临时录制，且用于自己广播的。

但是，没有正当理由，这种实施不能损害作者的合法利益，也不能与作品的正常使用相冲突。

艺术家、合唱团的指挥者、独奏者、伴奏者、首席或者剧团的主演可以要求在图像和声音传播中指明他们的名字。

3. 侵权及处罚

邻接权人和作者一样有权提起诉讼，以消除妨碍、防止侵害、请求损害赔偿。

未依据本法取得书面许可，侵犯邻接权人的权利的，判处 3 个月至 1 年有期徒刑，并处以 3 亿 ~6 亿里拉的罚金。

4. 防止侵犯著作权及邻接权

在复制作品时，印刷厂、生产公司或装订厂应当确认该人是作者，或者是经公证机构备案的合同中的当事人。复印作品的人员应填写经财政部批准的订单和提货单，并连同发票一起提交。

文化部应对非期刊出版物采取相应的措施。在不需要采取其他进一步的程序时，提交文件这一措施应当在 15 日内完成。有关接受文件的规则和原则，由文化部将要制定的规章决定。

未经许可，擅自行使智力和艺术作品的财产权或邻接权，事发地点的首席检察官可以根据作者、财产权人或获得授权的专业组织（协会）的申请书，请求被授权的法官将作品复制件或者表演复制品予以收缴，以及查封等用于该目的的技术措施。

在拖延会产生不利后果的情况下，首席检察官可以直接做出收缴和查封的决定，并在 3 日内提交被授权的法官批准。

权利人可以在自其知道该侵权之日起 6 个月内向首席检察官申请（收缴或

查封），并提供证明其权利的文件，以确保在起诉阶段没收犯罪财产。

未经书面许可，通过设备或方法复制或传播作品，用于符号、图片或声音重新播放的，以及应采取本条规定措施的，应判处3个月至1年的监禁，并处以3000亿~6000亿里拉的罚金。

5. 邻接权的范围和期限

本法与表演艺术家有关的规定，适用于以下表演艺术家：（a）是土耳其共和国的公民；（b）非土耳其共和国的公民，但是他们是在土耳其共和国境内表演的，包括依照本法规定通过声音传输设备传播；以及非通过声音传输设备记录，但是通过电视广播播放的，本法均予以适用。

本法关于邻接权的规定也适用于在土耳其共和国境内，根据国际条约应予保护的其他成员国的艺术家、制作者和广播电视组织。

表演艺术家的权利开始于演出的最初录制之日并持续70年。如果表演没有播出的，该期间从首次公开演出的时候开始计算。

制作人的权利开始于声音携带设备的最初播放之日并持续70年。

广播电视组织的权利开始于节目的最初播出之日并持续70年。

（二）关于不正当竞争的问题

（1）名称和标识。作品的名称、标记和复制件的形式不能在另一个作品或其复制件中使用，以免引起混淆。

（2）何人在某个设备上录制了符号、图像或者声音用于播放，或者为了商业目的以合理方式复制它们的，可以禁止第三人通过同样的方式复制或者播放相同的标志、图像或者声音。即使侵权人不是贸易商（经营者）的，有关不正当竞争的规定，也适用于不正当竞争行为的规定。本条规定也适用于通过类似方式制作的各类照片、图片，以及缺乏作品特征的电影产品。

（3）信件。即使信件、回忆录和类似书写品不具有作品的特征，未经作者或规定的人员同意不得发表；如果作者已经死亡的，除非该作者已经死亡10年以上的方可发表。

（4）照片和画像。未经被画的人（模特）或者其他规定的人同意，照片和画像不得通过展览或其他方式发表。如果被画的人（模特）已经死亡的，即使它们缺乏作品特征，除非被画的人（模特）死亡10年以上的方可发表。

无须第一段所提到的同意的情形：（a）在国家政治、社会生活中担任职务的人的照片；（b）参与军事评论、官方仪式或者一般会议的人的图片；（c）涉及日常事务，在电视和电影新闻中出现的照片。

除非另有约定，给予指示的人或被画的人（模特）或继承人可以使用根据他的要求制作的照片或肖像。

（三）建立著作权专业组织（协会）的规定

按照文化部的规章和示范条例且经过部长办公室的批准，作者和邻接权人可以建立著作权专业组织（协会），以保护其会员的共同利益，以及按照法律规定的原则和程序行使法律授予的权利，收取可接受的管理费，给作者分配相应的收益。同一领域可以建立多个专业组织（协会）。每个专业组织（协会）可以根据需要开设分支机构。

专业组织（协会）应按照文化部拟制定的示范条例建立一个上级机构（管理机构），且要经过部长办公室的批准。专业组织（协会）和联合会是根据特别法律设立的法人。他们的会员可以不承担资本保持、参与利润分配、分担损失和承担法律责任。

在依照示范条例建立的专业组织（协会）和联合会中，应当设立会员大会、董事会、监事会、科学技术委员会、名誉办公室等强制性机构。

专业组织（协会）和联合会的建立、管理和监督，以及召开首次会员大会的最低人数、其他任意性机构、董事会的设立方式、成员数量和他们的责任、可以接受的要求、辞职和开除会员的资格、决定何处可以建立分支机构、它们与国内外公共组织、机构、自然人的关系，以及法人的内部规范、它们的权利和授权之间的关系、它们与其成员之间的财产关系、著作权费用收取和损害赔偿费用的分配，以及其他程序和原则涉及的问题将由文化部拟制定的规章予以规范。土耳其公民作为作者的，其财产权不可以由依据本法在本国成立的专业组织（协会）以外的其他组织、协会和类似组织管理（继受）。

依照本法规定，财产权利所有人、出版商、设备制造商通过符号、声音和图片等展示智力和艺术作品的，应集体负责将符号、序号标记在所有用于销售、分发或其他手段销售的复制品上。

自然人和法人制造或者商业进口各种空的录像带、音乐带、压缩磁牒、计算机磁盘的，应该扣除相应的制造或进口价值，扣除的价值不超过同类产品价格的5%的水平，扣除的资金要在1个月内，最长1个半月内要存放在以文化部名义开设的国家银行特殊账户上。

文化部将收集资金的3/4分配给代表著作权人的专业组织（协会）。专业组织（协会）根据部门批准的分配计划向著作权人分配资金。当批准这些计划时，部门要考虑由专业组织（协会）所代表的著作权人作品的复制数量。

为了文化和社会目的以及为了预防知识产权的侵害，文化部门可以使用剩余的1/4的资金。

（四）追续权的相关规定

艺术作品的原件以及作者和作曲家手写的艺术作品被著作权人或其继承人

销售后，在该作品在展览会上销售、拍卖、或在商店销售时的价格和它最初销售的价格之间存在显著差异的，依据法令可以要求卖主支付一份适当的价格差额给予著作权人，如果著作权人死亡的应给予其三代以内（包括第三代）的合法继承人以及他的配偶，如果他们都无法获取的则应支付给专业组织（协会）。

在设立的机构销售作品的，机构所有人和卖主承担连带责任。

在被强制销售的情形下，只有另一方获得完全支付后，才可以支付份额。要求给付份额的权利经过5年后丧失，自销售导致该责任成立之日起计算。

（五）征用

对于某个对国家文化具有重要意义的作品，在该作品的财产权保护期内，主管部门可以根据某项法令给予著作权人适当补偿而征用该作品。在考虑征用情形时，该作品必须是已在土耳其境内传播或者被国外的土耳其公民传播，与此同时，该作品的复制件已经销售了2年，且作者不可能在适当的时间内再发行作品复制件。

以下是该征用命令的具体内容：作品的名称及作者人；应支付给被侵犯著作权人的补偿；行使著作财产权的主管部门或组织；在支付给定的补偿后，在文化目的方面所获得的净收益。

（六）国家收益权

对于存放在公共图书馆、博物馆和类似机构、附属的公共组织或机构内的尚未公开发表或出版的作品，在确定其财产保护期限已经过期的情况下，且作者并未明确禁止复制和传播的。公共组织的人员或机构等为了科学研究或类似目的需要使用上述作品的，需要获得公共组织管理部门的许可并支付管理费用，这些费用将被用于文化目的和其他事项，相关规章将由文化部征求相关组织的意见后予以颁布。

（七）著作权的转让与许可

作者或其继承人可以将其依法享有的财产权有偿或无偿转让给他人，可以采用限制或不加限制转让的期间、内容、地点等方式。作品原件或者复制件所有权的移转，除非另有约定，不得涉及著作权的移转。

权利人也可以许可他人行使财产权。非独占许可，它不禁止作者将财产权再给予他人相同的许可。独占许可，财产权的所有者只能许可给一个人。

涉及尚未创作完成或即将创作完成的作品，如果作者死亡或丧失完成作品的能力的，或者非由于自身过错而无法完成作品创作的，则已作出的承诺将自动终止。同样的规定也适用于另一方宣告破产或非由于自身过错无法履行合同中约定的财产权使用规定的情形。

六、土耳其著作权法评析

从著作权法律制度角度看，土耳其著作权法内容非常丰富，立法技术娴熟，立法水平较高。不但规定了作品类型、作者、作者的人身权与财产权、合理使用制度、侵权及赔偿以及刑事惩罚，还规定了著作权专业组织（机构）、著作权使用费收取及分配、作品的征用、著作权邻接权等内容。其中直接在《土耳其智力和艺术作品法》中规定著作权专业组织（机构）、作品征用等制度很值得我国借鉴。

从著作权行政执法和司法角度看，土耳其也形成了较为完善的著作权保护体系。在土耳其，文化部负责著作权领域的国际合作，著作权的登记及档案、证书的颁发及受理对著作权侵权行为的投诉并采取措施。针对知识产权案件专业性强的特点，土耳其建设了专门审判机构，计划在全国主要城市的法院设立 12 个专门的知识产权审判庭，目前已经在伊斯坦布尔、安卡拉、伊兹密尔等城市建立，专门审理知识产权民事和刑事案件。该国还在检察院设立知识产权检察处，专门办理涉及知识产权的刑事和民事案件。土耳其的知识产权民事案件，双方当事人可以直接到法院起诉、应诉，并委托律师代理诉讼。还可以请求检察官支持诉讼，检察官的地位更接近于当事人的代理律师，负责证据收集，当事人可以节省一大笔律师费。

在著作权国际交流方面，土耳其先后加入《建立世界知识产权组织公约》《建立世界贸易组织协定》《WIPO 著作权条约》《WIPO 表演和录音制品条约》等国际条约，在土耳其境内对外国人的著作权进行了很好的保护。与此同时，土耳其利用规则也很好地维护了本国的著作权利益。

第三节　伊朗著作权法律制度

一、伊朗现行著作权法基本概况

伊朗现行著作权法是 1970 年 1 月 12 日颁布的《伊朗保护作者，作曲家和艺术家权利法》。2010 年 7 月，伊朗议会修改了该国著作权法，授予作者或原创作者复制、分发和改编作品的权利。同年，伊朗伊斯兰协商大会对该法第 12 条进行了改革，将作者死后的著作权期限延长至作者死后 50 年，但仅适用于 2010 年 8 月 22 日法律通过时仍在保护的作品。2000 年通过《伊朗计算机程序作者权利保护法》。2017 年 11 月 7 日，伊朗通信和信息技术部宣布正在与议会研究中心和其他相关机构密切合作，制定新的著作权法案提交议会。时任伊朗信息和通信技术部部长表示，现行著作权法已不足以为企业提供当前所需的保护，但是该法案的具体细节尚未公布。

此前，伊朗认为没有必要成为任何国际著作权协议的缔约方，反而允许盗版和出售外国书籍、电子游戏、电影和其他软件。然而，现在伊朗成了软件的生产者，政府已经意识到著作权侵权实际上是在伤害自己的国内市场。著作权侵权已经成为伊朗企业开拓国际市场的一个重大问题，由于伊朗对国际版权公约缺乏承认，阻碍了当地企业与国际文化开发者之间的联系。

二、伊朗加入著作权国际公约的情况

伊朗目前尚未加入《伯尔尼公约》，也未受世界贸易组织版权法的约束，同意大量免费发放未经许可的软件。如果鼓励 WTO 成员遵守世贸组织的版权条例，伊朗在成为世贸组织的正式成员时可能会改变这一地位。不过，美国此前曾否决过 22 次伊朗的提议，并且自 2007 年起就积极拒绝伊朗正式加入世界贸易组织。因此，作为一个互惠的问题，伊朗已经确定其利益并不是遵守世界贸易组织的版权条约，因此行使了不改变其法律的主权权利，从而使某些外国作品理论上不受伊朗当局的强制保护。

是否加入《伯尔尼公约》曾在伊朗国内引发过长期争论。有学者对加入《伯尔尼公约》持谨慎态度，也有学者支持伊朗加入《伯尔尼公约》。

此外，伊朗自 2002 年以来是 WIPO 的成员，并加入了若干 WIPO 知识产权条约。但是，伊朗不是“世界知识产权组织版权条约”的签署国。2012 年，伊朗宣布计划加入包括《伯尔尼公约》和《罗马公约》在内的文学，艺术和科学作品保护的国际公约，但至今仍未加入以上国际公约。

伊朗于 1959 年批准了《关于在发生武装冲突时保护文化财产的公约》(1954 年 5 月 14 日，海牙)，1975 年批准了《关于禁止和防止非法进出口和转让文化财产所有权的公约》(1970 年 11 月 14 日，巴黎)，2005 年批准了《保护世界文化和自然遗产公约》(1972 年 11 月 16 日，巴黎）和《海牙公约第二议定书》(1999 年 3 月 26 日，海牙）中有关“武装冲突中的文化财产”章节的规定。

三、伊朗著作权制度概述

（一）著作权客体

《伊朗保护作者，作曲家和艺术家权利法》第 1 条规定：所有的作家、作曲家和艺术家都将被称为“作者”，其知识、独创性或艺术的产物，无论采用何种方法表达，在该法将被称为“作品”。

伊朗著作权法保护的作品类型如下：

（1）书籍、小册子、戏剧和所有其他文学、科学和艺术作品；（2）诗歌、歌曲和颂歌，无论其以何种方式写作、录制或播放；（3）通过舞台、银幕表演或广播和电视广播的视听作品，不论其以何种方式写作、录制或广播；（4）音乐作品，无论其以何种方式作曲、录制或播放；（5）油画、图画、素描画、设计图、装饰性作品、地图或任何简单或复杂的装饰和富有想象力的作品；（6）所有类型的雕塑；（7）建筑工程、设计图、建筑草图和建筑物；（8）用任何原始方法创作的摄影作品；（9）独创性的手工艺和工业艺术作品，地毯及地毯设计；（10）基于民间传说、民族文化和艺术遗产而创作的原创作品；（11）具有独创性的科学技术作品；（12）根据上述作品组合制作的其他独创性作品。

（二）作者

通常情况下，创作作品的人是作者。如果由两个或两个以上的作者合作共同创作的作品，当他们每个人的贡献是不分离的或不同时，可称为“合作作品”，由此产生的权利应被视为作者的共同权利。此外，职务作品的作者是雇员，但是作品的财产权属于雇主所有。对于法人作品而言，作者的财产权保护期为从出版或公开发表之日起30年。

四、主要保护范围或权利内容

（一）精神权利

《伊朗保护作者，作曲家和艺术家权利法》没有明确指明作者享有的精神性权利。与精神性权利内容相关的有“作者的权利包括发表、广播、表演和发行的专有权，以及因作品或作品名称而产生的任何财产性和精神性利益”。“作品名称、倾向、特征受本法保护，任何人不得使用相同或类似的方式使作品发生混淆”。“除非是在作者许可的情况下，禁止任何更改或错误引用已经出版的受保护的作品”。可以分析，伊朗国内作者可以享有发表权、署名权、修改权和保持作品完整权等精神性权利。

（二）经济权利

在伊朗，作者的权利包括发表、广播、表演和发行的专有权，以及因作品或作品名称而产生的任何财产性和精神性利益。伊朗国内作者可以享有广播权、表演权、发行权等财产权。同时，该法还规定：如果作者的作品首次在伊朗发表、发行或表演，且没有在其他任何国家或地区发表、发行或表演的，作者的财产权将受该法保护。

该法还规定了财产权的转让，即受该法保护的作品的作者，在下列情形下可以将其财产权转让给另一方：（1）制作电影、电视等类似影视作品的；（2）用于舞台演出，如剧院、芭蕾舞或其他演出；（3）用录音带或其他方式记录声音或视觉作品的；（4）通过广播、电视或其他任何方式传播的；（5）以绘画、印刷、摄影、蚀刻、影印、造型等方式翻译、复制、出版、公开展示作品的；（6）任何用于科学、文学、艺术、技术和广告目的等使用作品的；（7）使用作品以创作或生产本法第2条所列作品的。根据上述有关财产权的规定，可以分析出伊朗国内作者可以享有摄制权、表演权、复制权、广播权、展览权、发行权、改编权、演绎权等财产权。

（三）保护期限

1. 精神性权利保护期限

《伊朗保护作者，作曲家和艺术家权利法》规定，作者的精神性权利没有时间和地点限制，且不得转让。

2. 经济性权利保护期限

《伊朗保护作者，作曲家和艺术家权利法》规定，根据本法享有著作权的作者，其财产权性权利在其死后的50年内移转给他的继承人或受遗赠人。没有继承人或无人受遗赠的，也没有通过契约转让给他人的，由文化与艺术部在相同期限内为了公共利益使用而享有财产权。

合作作品，财产权保护期从最后一位生存作者死亡时计算。

（四）侵权赔偿及刑事处罚

1. 侵权行为

根据《伊朗保护作者，作曲家和艺术家权利法》的相关规定，下列行为属于侵犯著作权的行为：（1）他人以相同或类似的方式使用了作品名称、倾向、特征，使社会公众对作品发生混淆；（2）受让人、出版商和所有依照本法规定从事商业性应用作品的人，没有以通常接受的方式参考或引用作品，注明作者的姓名，代表作品特征的小标题、或者使用作品的原件；（3）未经作者许可，更改或错误引用已经出版的受保护的作品；（4）出版商、唱片公司、研讨会或他人在打印、录制、复制、发行或发表受本法保护的作品时，未注明其打印、录制、复制、发行和发表的记录、出版图书的序号、复制品的数量、印刷的日期和出版社的名称等；（5）未经许可以本人名义或作者名义，或未经许可以作者以外的人名义发表、发行或广播受本法所保护的他人全部或部分作品的；（6）未经作者许可以自己名义擅自印制、出版、发行他人译文的。

2. 民事赔偿

根据《伊朗保护作者，作曲家和艺术家权利法》的规定，作者的著作权保护期限届满后，公众可以依照本法自由使用该作品。

该法还规定，自诉案件可以要求法院做出最终判决，由侵权人承担侵权责任，并由侵权人在自己选择的报纸上刊登判决结果。因法人的决定而违反法律侵权的，其损害以法人所有的财产予以赔偿。如果法人资产不足，实际违法的第三人将以自己的财产在赔偿余额内承担责任。司法机关在审理当事人的诉讼案件时，经司法部授权，可以禁止有问题的作品出版、发行和公开。

3. 刑事处罚

《伊朗保护作者，作曲家和艺术家权利法》规定，未经许可以作者本人名义，或明知未经许可以作者以外的人名义发表、发行或广播受本法所保护的全部或部分作品的，应当处以 6 个月以上 3 年以下的有期徒刑。未经著作权人许可以自己名义擅自印制、出版、发行他人译文的，处 3 个月以上 1 年以下有期徒刑。

（五）著作权侵权的例外

《伊朗保护作者，作曲家和艺术家权利法》第 5 条规定了著作权侵权的例外，主要是科学研究或教育目的的利用、公共图书馆的使用、新闻机构的合理使用等，以下是具体内容：（1）为了用于文学、科学、技术或教育目的，以及为了批评或赞扬，均可以引用已发表的作品，但应注明作品的来源且应遵守习惯限制。教育机构中教师因为工作需要转载作品的，可以不用注明作品的来源，但应保证其没有涉及营利性使用。（2）公共图书馆、档案馆、科研机构和教育机构等非营利机构，根据部长委员会颁布的法令，可以通过摄影或类似方式复制必要数量的本机构收藏的作品。（3）随着本法的通过，新闻机构将保留使用任何已经发行出版的作品的权利。（4）随着本法的通过，教育部将保留使用已出版并与现行法律一致的任何教科书的权利。

同时，复制本法所保护的作品用于录制广播电视节目等都是被允许的，但仅限于个人和非商业性使用。

五、伊朗著作权法的特殊规定

（1）规定了一些特殊的作品类型。如颂歌、地毯及地毯设计图，基于民族传统、文化和艺术遗产的独创性作品，作品组合制作的其他独创性作品。颂歌作为作品类型与伊朗人主要信仰伊斯兰教有关。地毯及地毯设计图作为作品类型，与伊朗的地毯产业有关，波斯地毯编织的历史与其民族的历史一样悠久，其对原料的选择、色泽的搭配、图案的设计和编织技艺都要求极严，因此波斯地毯堪称世界上最精细、最富装饰性、最有价值和质地最优的地毯之一。

保护基于民族传统、文化和艺术遗产的独创性作品，这与伊朗悠久的文化艺术传统有关。

（2）伊朗文化与艺术部可以在法定情形下享有财产权。该法第12条规定：根据本法享有著作权的作者，其财产权性权利在其死后的50年内移转给他的继承人或受遗赠人。没有继承人或无人受遗赠的，也没有通过契约转让给他人的，由文化与艺术部在相同期限内为了公共利益使用而享有财产权。

（3）自愿登记著作权的规定。该法规定：作者可以在文化与艺术部指定的机构登记姓名、主题、作品及其主要特征。部长会议将发布有关办理登记手续的程序和办理登记手续的机构。

（4）伊朗有关著作权侵权的规定多适用刑法予以规制。

六、伊朗著作权法评析

从著作权法律制度角度看，伊朗著作权法仅有33条，内容不算丰富。主要规定了作品的类型、作者及权利、合理使用制度、侵权赔偿以及刑事惩罚等，对邻接权没有规定，侵权民事赔偿内容不详细。除了将地毯作为特殊一类作品保护外，其他法律规定对其他国家的借鉴意义不大。

伊朗既没有签署加入《伯尔尼公约》，也没有有效的著作权法。因此，伊朗作品在国际市场上的保护也比较弱，如在伊朗发表的作品在美国并不受著作权保护，其他国家的作品在伊朗也缺乏有效的著作权保护，如微软产品可以在伊朗免费复制和分发，无论是由政府部门，大学还是个人用户。伊朗国有电视广播组织IRIB可以播放经过波斯语编辑和审查版的好莱坞大片，一些电影院，例如德黑兰的电影院也用原始语言来放映电影，但必须经过审查。因为伊朗和美国好莱坞公司之间没有任何关系，所以很多影片没有经过美国著作权人的许可。学术界几乎完全依靠翻译教科书而没有外国出版商的许可。如果是英文，这些书是胶版印刷品，使学生能够以补贴价格购买教科书。然而，原版和非授权版教科书之间的差异，是为了顺应伊朗文化，而不是西方文化，而保留教科书中的大部分原始内容，取代教科书内的图像。而且，这些教科书经常以较低的价格出口到其他国家，容易引发著作权侵权纠纷。但是，该国还是有部分远见者以自己的行动保护著作权。

此外，因为伊朗是伊斯兰国家，所以该国对出版物的传播有很强的管制措施。伊朗文化及伊斯兰教令部是伊朗伊斯兰共和国的一个政府部门，负责禁止伊斯兰政权不许可的大众传播。电影、胶片、影视、录音带、唱片、书籍、出版物、小册子、商业宣传产品、商业目录、图像、凹版印刷、画作、舞台造型等的进出口都必须得到文化及伊斯兰教令部的许可。

第四节 本章小结

一、西亚地区著作权法制度的特点

西亚局势动荡，但社会现代化及艺术现代化从未止步。西亚各国的著作权法律制度在保护本国传统文化的基础上，也在不断完善，并逐步加入国际著作权保护条约。

（一）西亚各国的著作权法律制度正在不断完善

随着世界各国保护著作权意识的增强，西亚各国不甘落后，不断修改本国的著作权法律制度，提高本国著作权的保护水平。在西亚18个国家中，除了巴勒斯坦没有著作权法律制度，其他17个国家都建立基本的著作权法律制度，且在不断的完善之中。如2010年7月，伊朗议会修改了国家著作权法，授予作者或原创作者复制、分发和改编作品的权利，将作者死后的著作权期限延长至作者死后50年。土耳其自1995年颁布《土耳其智力和艺术作品法》，至今已修订七次，并颁布了《土耳其著作权和作者邻接权细则》法规，形成完整的著作权保护法律体系。以色列制定有专门的《以色列著作权法》《以色列表演者和广播组织权利法》《以色列为残疾人士制作作品、演出和广播的法律》《以色列表演者和广播者权》等著作权法律法规，形成完整的著作权保护法律体系。2007年，以色列议会通过了新的《以色列版权法》，吸纳了法律和技术方面的最新情况。如关于版权保护例外与限制，用"合理使用"原则取代"合理交易"原则，增加了版权使用例外的弹性。

但同时也应该理解，有些西亚国家由于经济落后，常年受战乱的影响，著作权保护的水平仍有待提高。如巴勒斯坦还没有任何著作权保护的法律制度；也门也仅颁布了《知识产权法》，普通民众几乎没有著作权保护意识；黎巴嫩则长期处于美国"特别301报告"中的"观察国家"名单之中。

（二）西亚各国的著作权法律制度体现了各国的文化传统

西亚文化以伊斯兰文化为主，很多国家的著作权法保护都体现了该特点。如《伊朗保护作者，作曲家和艺术家权利法》规定：颂歌、地毯及地毯设计图，基于民族传统、文化和艺术遗产的独创性作品，作品组合制作的其他独创性作品。电影、胶片、影视等文化产品的进出口都必须得到文化及伊斯兰教令部的许可。阿塞拜疆基于本国地毯产业的发展，制定了《关于保护和发展阿塞拜疆地毯工艺的法律》，以著作权法律的形式促进本国手工艺产业的发展。

（三）西亚各国著作权融入国际社会的步伐加快

在世界经济一体化的趋势下，需要各国加强知识产权保护制度的协调。西亚各国在保护本国利益的基础上，积极谋求加入相关著作权保护的国际公约，以下是西亚各国加入著作权保护国际公约的统计情况（见表5－2）。

表5－2 西亚国家加入著作权国际公约的情况

地区	《伯尔尼公约》（作品）	《罗马公约》（邻接权）	《版权条约》（WCT）	《表演与录音制品条约》（WPPT）	TRIPS协定（WTO）
西亚国家	除伊朗、伊拉克、巴勒斯坦外的国家	土耳其、格鲁吉亚、亚美尼亚、阿塞拜疆、约旦、沙特阿拉伯、黎巴嫩、亚美尼亚、以色列、巴林、卡塔尔、阿联酋、黎巴嫩	土耳其、格鲁吉亚、以色列、亚美尼亚、阿塞拜疆、约旦、巴林、卡塔尔、阿曼、阿联酋	土耳其、格鲁吉亚、亚美尼亚、阿塞拜疆、约旦、巴林、卡塔尔、阿曼、阿联酋	格鲁吉亚、亚美尼亚、土耳其、约旦、以色列、巴勒斯坦、沙特阿拉伯、巴林、卡塔尔、阿曼、阿联酋、科威特

二、中国与西亚地区的文化交流与著作权保护合作大有可为

中国与西亚地区各国间的友好交往历史悠久，丝绸之路是连接中国与西亚地区人民的传统文化纽带。做好对西亚地区文化工作，对扩大中华文化国际影响力、树立当代中国的良好形象、增进我国与阿拉伯国家的传统友谊和相互理解都具有重要意义。

随着“一带一路”倡议的实施，中国与西亚地区的文化交流日益频繁，双边及多边的著作权保护合作大有可为。中国与土耳其两国分别在对方国家开展“中国文化年”和“土耳其文化年”，双方将中土两国的文化交流纳入常态化、机制化的行列，促进两国人民的交流。再以中国与伊朗的文化交流为例，2012年，中国与伊朗签署了文化合作协议，伊朗经济状况较好，十分重视文化产业的投入，但目前国内反映东方文化的作品不足，伊朗国内文化公司制作动漫作品的能力十分欠缺，伊朗国内企业有挖掘本民族文化创意产业的强烈需求，但缺乏拍摄和制作动漫的相关技术，中国企业可与伊朗企业开展相关的文化合作。再如中国与伊朗均是对当今世界影坛具有重要影响的国家，两国间电影产业及著作权保护合作潜力巨大。

第二编　欧　　洲

第六章　欧盟版权法律制度

第一节　欧盟版权立法概况

一、欧洲版权发展基本状况

2007 年欧盟委员会通过《世界全球化中的欧洲文化议程》，提出在欧盟框架下由各成员国共同实施的欧洲文化战略框架，并确定了三大基本目标，其中一个目标是“加强文化在创意、发展和就业中的促进作用”，标志着欧盟将原先属于成员国权限的文化政策上升至欧盟层面，开始从全球层面考虑欧洲区域性文化议程，基于这一认知，欧盟通过《促进版权产业作为欧盟增长和就业的推动力》的框架性政策文件，将版权产业发展作为战略目标之一。在国际层面，欧盟文化产业的国际竞争力在于其拥有深厚的历史文化底蕴。根据欧盟委员会《关于解放文化创意产业潜力的绿皮书》，在欧盟，版权产业包括“建筑设计、档案和图书馆、工艺品、影视领域（电影、电视、录像、多媒体）、文化遗产、设计（含时尚设计）、艺术节、音乐、绘画、出版社、广播等”，音乐、影视音像、广播电视和出版业是最具活力的版权产业；时装设计和视觉艺术以及工艺是世界领先企业；另外，欧洲丰富的文化遗产使其成为世界上最大的旅游地并拥有世界上最具吸引力的博物馆，在欧洲，文化遗产带来的旅游的间接收入和对就业机会的推动高于城市新建项目。

据相关统计，欧盟2003 年版权产业对 GDP 的贡献值是2.6%，达6 540 欧元，版权产业在 1999 ~ 2003 年的增长相比于其他经济模式要高出 12.3%。[1] 在欧盟，音乐、影视音像、广播电视和出版业是最具活力的版权产业。欧盟成员国虽然具有丰富的文化资源，但版权产业对欧盟经济和社会的发展所作出的贡献在此前并没有得到充分认可，版权产业在经济中所占的比重被严重低估，欧洲的版权经济产业报告中并未将很多重要的元素计算在内，例如著作权管理

---

[1] “The European Motor Vehicle Industry, Key Figures 2005”, a report from the ACEA (Association des Constructeurs Européens d'Automobiles - European Automobile Manufacturers Association), Brussels, March 2006.

价值、文化产品服务交易价值（如电子商务）、智力资本投资（如无形资产）以及对公共事业所作的贡献。文化产业中如设计、行为艺术以及建筑设计等均未被列入数据统计范围。正因如此，近年来欧盟将版权产业战略的发展模式定为文化资源驱动型发展模式，发挥自身的比较优势，以欧盟广泛的文化元素为基础，通过技术、创意和产业化的方式开发、运用和营销知识产权，将欧洲文化和艺术的优势转化为版权产业和服务的附加值，将时尚、奢侈品和旅游业作为版权产业三个重要的领域，使其成为欧洲新的经济增长点。

二、欧盟现行版权指令立法基本概况

欧洲委员会对于版权立法的目的只有一个，就是追求欧盟内部版权一体化的最大进程，自1980年开始的欧盟版权及相关权一体化项目的最终目的即为消除欧盟成员国之间法律规范的差异性，消除因法律差异性对欧盟市场内部商品和服务贸易的自由流通形成的阻碍，而该项目的立法成果就是欧盟委员会发布的一系列协调成员国版权法律的指令。自1991年以来，欧共体一共发布了9项指令，2001年前发布的6项指令属于第一代立法，分别是1991年的"计算机软件保护指令"、1992年的"出租权指令"、1993年的"卫星和有线转播指令"、1993年的"保护期指令"、1996年的"数据库保护指令"、2001年的"追续权指令"，第一代指令深受1988年委员会发布的版权与技术挑战之绿皮书❶的影响。2001年的"信息社会版权指令"属于第二代指令，网络（委员会所指的"信息社会"）的出现可以提供超越国界的服务，涉及版权和相对权的广泛客体保护，这对第一代指令的程序提出了紧迫的要求，因此委员会在1994年初期开始了一轮新的版权法一体化进程并于1995年发布了另一本信息社会版权与相对权绿皮书。❷另外还有2012年的"孤儿作品指令"和2014年的"版权集体管理指令"，这两部指令是除2004年制定的解决一般知识产权权利执行的执行指令❸外的在2001年后制定的两部涉及版权领域的指令，这与之前的7部指令间隔的时间相当长，这是因为欧盟委员会在政策上的转变，委员会开始由运用其独立权限定一体化指令转变为发布更加"灵活柔和"的法

---

❶ European Commission, Copyright and the Challenge of Technology, Green Paper, COM (88) 172 final, Brussels, 7June 1988 [Green Paper on Copyright and the Challenge of Technology].

❷ European Commission Copyright and Related Rights in the Information Society, Green Paper, COM (95) 382 final, Brussels, 19 July 1995 [Green Paper on Coyright and Related Rights in the Information Society].

❸ Enforcement Directive (Direcitve 2004/48/EC, on the enforcement of intellectual property rights, OJL 195/16, 2 June 2004).

律文件。[1]

事实上，在欧盟版权指令发布之前，伯尔尼公约和罗马公约已经开始实行统一协调欧洲成员国版权立法的任务。欧共体成员国都是这两个公约的缔约国，根据这两个公约设定了国内法中对实施版权和相关权保护的基本原则和最低要求。所以，从某种意义上说，伯尔尼公约和罗马公约已经在很大程度上对于欧共体成员国的版权立法进行协调。然而，欧共体需要更为协调的版权立法来鼓励和促进版权产业的发展，以此对抗美国的版权产业，因此，欧共体理事会颁布的各项指令的一体化标准在事实上都超过了伯尔尼公约和罗马公约要求成员国遵守的最低标准，这些标准往往还超出了执行前成员国的平均保护水平。欧共体在1988年发布的名为“关于版权和技术挑战——需要立即采取行动的版权问题”的绿皮书中分析了版权保护水准的重要性以及协调成员国版权立法的必要性，在绿皮书中，委员会确定了4个基本要素和6个建议欧共体立法机关立即采取行动的领域，包括：（1）盗版；（2）音像制品的家庭复制；（3）传播权、权利用尽与出租权；（4）计算机程序；（5）数据库；（6）多边及双边外部联系，绿皮书的后续文件中补充列举了几个领域，包括法律保护的期间、精神权利、复制权与艺术家追续权。

以上绿皮书的计划在20世纪90年代得以实现，第一代指令涉及的问题较为零散，计算机程序指令是第一个指令，该指令是为了应对软件行业的迅速发展，创立了以“文学作品”保护计算机程序的一体化框架。随后出台的是1992年的出租权指令，该指令对表演者、录音制品制作者、广播组织与电影生产者的保护超越了罗马公约的最低保护水平。1993年委员会又制定了卫星和有线转播指令和保护期指令，前者的预想是建立一个广播服务的内部市场，后者统一了作者死后70年和相对权50年的保护期间。委员会在1996年制定了数据库指令，创立了电子与非电子的数据库的双轨保护机制。2001年在制定追续权指令之后，第二代版权指令的制定计划拉开帷幕。在委员会签署世界知识产权组织（WIPO）在1996年颁布的世界知识产权组织版权条约（WCT）和世界知识产权组织表演者与音像制品条约（WPPT）之后，2001年通过了“信息社会版权指令”，该指令在更广泛的范围内，以“网络—证据”的方式协调了经济权利，而且规定了广泛的权利限制和例外，并设计对技术措施和权利管理信息的保护。在此之后，欧盟委员会在2005年10月发布了“关

[1] ［英］埃斯特尔·德克雷．欧盟版权法之未来［M］．徐红菊，译．北京：知识产权出版社，2016：2.

于合法在线音乐服务之版权与相对权跨越边境集体管理的建议",[1] 该版权集体管理建议针对网络环境下的音乐作品进行集体管理尤其是对欧盟内集体管理的规定提出了原则性建议，根据该建议，委员会于2014年正式发布了版权集体管理指令。针对数字技术和网络技术对于版权和相对权保护的挑战，欧盟还于2008年7月16日发表了"知识经济中的版权绿皮书",[2] 绿皮书的发布代表着欧盟新一轮版权立法的开始，绿皮书关注的重点问题在于社会公共利益，包括知识传播、科学研究、文化教育以及图书馆、档案馆、博物馆等方面，因此，在新一轮的版权立法活动中，欧盟委员会于2012年正式发布孤儿作品指令，作为对关注社会公共利益与版权保护之间平衡关系的回应。

一般认为，版权立法主要涉及三个方面的内容，即有关版权和相关权的实体法，有关权利转让和许可的合同法，以及有关权利实施的法律，权利的许可包括集体管理组织的规定，目前欧盟委员会发布的9个指令全部涉及版权法的三个领域，这说明欧盟委员会已经比较全面地协调了成员国有关版权保护的法律。本章将就欧盟全部9个版权指令内容进行介绍和讨论。

第二节　欧盟版权法律实施

一、孤儿作品保护指令

针对孤儿作品的问题，欧盟采取的政策是制定了2012/28/EU号关于孤儿作品利用的指令[3]（以下简称"孤儿作品指令"或"指令"），设立了孤儿作品数字化和在线展示的通用规范，从立法上解决孤儿作品的版权问题。孤儿作品指令共有12条，还包含有助于解释的25条陈述。

（一）立法背景

为促进欧洲文化发展与书籍的运用，欧盟最初于2009年召开共听会,[4] 收集集体管理团体组织及相关权利组织对于孤儿作品议题发展的意见与经验。其中重要的意见如下。

---

[1] Commission Recommendation of 18 October 2005 on collevtive cross – border management of copyright and related rights for legitimate online music services, Official Journal L 276, 21/10/2005.

[2] Commission of European Community: Green Paper on Copyright in Acknowledge Economy, July 17, 2008, COM (2008) 466 Final.

[3] Directive 2012/28/EU of the European Parliament and of the Council of 25 October 2012 on certain permitted uses of orphan works.

[4] Public Hearing on Orphan Works (26. 10. 2009).

1. 欧洲作家协会

欧洲作家协会支持以数据化保护欧洲文化资产，以造福社会大众，在保护权利人权利的前提下，即使受版权保护的孤儿作品也应该由图书馆、博物馆数字化。作家协会该建议“尽力搜寻”的条件应该更细致，依照各种类的著作而规定不同的搜寻方法。在北欧各国国内法的基础上建立集体授权方式。

2. 欧洲视觉艺术家协会

欧洲视觉艺术家协会认为辨识孤儿作品的程序必须标准化，应明确区分欧盟指令规定范围与国内法规定的范围，并决定哪些机关可以作为管理机构，以收受分配利润。

3. 德国文学作品管理团体

德国文学作品管理团体（VG WORT）认为孤儿作品是可以有效地利用的，并分享了利用程序，首先是图书馆依照发表时间将已进入公众领域的作品数字化，其次对于其他作品，图书馆或德国出版社团体出版社资料库中心搜索该书的出版状态。如果经历过该程序后，仍未有任何出版状态，则称为“完全孤儿作品”。如果找到出版社但该出版社无权力授权，且又找不到权利人的作品，称为“不完全孤儿作品”。

4. 开放权利团体

开放权利团体主张应开放孤儿作品之使用，并立法增加制定版权之例外。该团体对于孤儿作品之授权利用的建议为在利用人举证证明已经通过特定欧洲资料库及公开领域合理检索而未查得权利人资讯的情况下，权利人不得对其主张损害赔偿，但是权利人得在主张权利之后要求版权费。对于学术利用，不必收取版权费，但对商业使用则必须收取，并将其放入保管账户，保存一段时间。

在收集社会各权利方的意见后，欧盟于2011年5月24日公布了知识产权蓝图，其中关于版权的部分，制定了数字化图书馆计划，并将立法方向定为孤儿作品与电子化两大主题。同年欧盟委员会通过了欧盟孤儿作品利用指令草案（2011/0136（COD）Proposal for a DIRECTIVE OF THE EUROPEAN PARLIAMENT AND OF THE COUNCIL on certain permitted uses of orphan works），制定了孤儿作品的授权应用方向，并配合ARROW计划成立了全欧洲统一的数字资料库储存ARROW系统的搜寻过程与授权结果，最后在2012年10月25日欧盟理事会通过欧洲议会指令2012/28/EU关于孤儿作品的议题，明确规范出关于孤儿作品各会员国间之授权应用范围。

同时，欧盟委员会也努力向图书馆、出版社、作者、权利团体取得对非商业流通书籍电子化的共识，并制定了备忘录，因此如果是要将非商业流通书籍电子化，则应适用此一备忘录的规定，而不适用于2012/28/EU 指令。

（二）主要保护范围或权利内容

1. 适用范围

孤儿作品的范围包含音乐作品、摄影作品、文字作品等所有类型，而孤儿作品授权最主要的问题为如何衡平利用人和所在不明之权利人之间的利益。

孤儿作品与非商业流通作品的区别，依定义可知孤儿作品指受版权法保护的作品，但因无法辨识权利人或权利人所在不明，致权利人无法取得授权使用；非商业流通作品指已绝版且不再版的作品，即该作品不在市场流通，但不包含在图书馆、书店和民间流通。

据《孤儿作品指令》第 1 条，所指向的范围仍受限于版权或相关权利所保护，未落入公共领域，首次出版地为欧盟成员国、或未经出版但首次广播地为欧盟成员国的图书馆、教育机构或博物馆、档案馆、电影或声音文化资产机构的典藏作品，而该作品可为已出版的书籍、期刊、电影或视听作品与录音物，和2002 年12 月31 日前由公共广播机构所制作并典藏的电影或录音物。

若为前述作品与录音物，虽未经出版或广播，但经权利人同意保存于图书馆、教育机构或博物馆、档案馆、电影或声音文化资产机构供公众使用，合理推测权利人不会反对本指令公益用途的情况下，也属于指令的范围。而如果前述作品与录音物有嵌入或并入其他作品或其他受保护的标的的，也适用指令。

2. 孤儿作品的定义

《孤儿作品指令》第 2 条给出了孤儿作品的定义，即若一部作品不止一个版权人，文化机构在勤勉查找后找到了一部分版权人，但没有找到全部版权人，这时，如果已经找到的版权持有人授权许可，则此作品可以使用。这分为两种情况，一是该作品与录音物的版权人无法被辨识；二是该作品与录音物有一位以上的权利人已被辨识，依该指令第 3 条规定的"尽力搜寻"仍找不到任何一位权利人的所在位置，则该作品与录音物被定义为孤儿作品。

在多位权利人共有作品或录音物的情况下，若有其中一位权利人被辨识与找到，并将所拥有的权利授权前述机构行使，则该作品与录音物也可依指令所为利用，但该利用不得损害已被辨识与找到权利人的权利。

3. 尽力搜寻

《孤儿作品指令》第 3 条规定的是关于"尽力搜寻"（"勤勉查找"）的要件，尽力搜寻应先于使用作品或录音物之前执行，成员方也应保存搜寻的记录和资讯，储存在欧盟知识产权局，依据 Regulation（EU）No386/2012 所建立管理的线上全欧洲统一的资料库中，并有义务向有决定权的国家机关提供勤勉查找版权人的结果和提供报告。提供搜寻资讯的可以是图书馆、教育机构或博物馆、档案馆、电影或声音文化资产机构等组织。

指令还规定了尽力搜寻的“最低标准”：为了认定一部作品是否是孤儿作品，文化机构在使用作品前，通过作品类别的适当来源，文化机构必须忠实、勤勉地查找版权人；文化机构应当先在作品的首次出版发行成员国进行勤勉查找，如果有证据表明在其他国家有可能发现与版权人相关的信息，也应该查询这些可供利用的信息源；作品类别的适当来源由欧盟成员国自己决定，但其应当至少包括孤儿作品指令附件所列的相关信息源。

为避免重复搜寻，尽力搜寻的执行地原则上应该是该作品首次出版或广播地；而若是电影或视听作品，其制作人在某一成员方境内有总部或惯居地时，尽力搜寻应在其总部或惯居地的会员国内执行，若该电影或视听作品是由不同国家的制作人合力完成的，则尽力搜寻应在该成员方境内每一个国家执行；若为未公开发表但已经获得权利人同意公开利用于公共机构之中，则尽力搜寻应获得权利人同意；对于有嵌入或并入其他作品的，尽力搜寻应包含该嵌入或并入作品的搜寻地。另外，如果有证据显示权利人在上述国家以外出现的信息，则该国家也应被列为搜寻地之一。所有的尽力搜寻都应在诚信原则下执行。

4. 孤儿作品的相互承认与终结

若一作品依该指令第 2 条在一个成员国被认为是孤儿作品，则其孤儿作品的状态在其他成员国也会被承认，成员国可依该指令所指定孤儿作品的使用方式进行使用。但文化机构如果没有勤勉查找版权人而错误地认定一件作品是孤儿作品，版权人获得的版权救济按照本国的国内法律执行。

为确保权利人的权利，被认定为孤儿作品的权利人可在任何时间出面终结孤儿作品的状态。若成员国的组织已依照指令的规定使用了该著作，则应给权利人合理的报酬，报酬由成员国以这些利用孤儿作品的组织据以设立的法律自由决定。

5. 孤儿作品准许的用途

《孤儿作品指令》第 6 条适用于该指令第 1 条图书馆、教育机构或博物馆、档案馆、电影或声音文化资产机构等组织，于公共利益的目的下，可依据 2001/29EC 指令第 3 条的规定由成员国提供作者可公开提供其作品供公众使用，且该权利具有排他的效力。且以上组织可以直接或间接的方式暂时或永久的以任何形式重制该作品，使其得以数字化，以向公众提供等目的存孤儿作品于其馆内。成员国可对该权利享有限制和例外。

成员国应确保上述组织在使用孤儿作品时，完整标示权利人的姓名。另外为了达成公益目的，使组织与私人有合作关系时，商业合伙人不得借由契约剥夺他人权利，或借由此权利干扰利用人使用权限，或扩大指令所允许的使用行为，以保障孤儿作品的利用不受契约影响。

6. 收费与补偿金

关于收费与补偿金的规定，执行尽力搜寻的组织可为依该法第6条第2项的规定的组织，也可是其他组织执行，而该执行搜寻的组织需对其提供的搜寻的服务收费。

（三）评析

孤儿作品指令与之前的草案相比，指令明显对孤儿作品的定义与尽力搜寻的要件严格了许多，这也是孤儿作品指令较之先前立法的最大进步，即在于明确了"尽力搜寻"的最低标准，例如在附件中列出了尽力搜寻版权人的适当来源，使孤儿作品的认定有章可循。这样规定的主要目的在于避免搜寻资源的浪费，规定对于孤儿作品的搜寻过程以及利用结果和资讯都有详细的列举，以确保孤儿作品的资料能有效管理，并且在指令中以条文明示了应建立线上资料库系统，并且声明对于潜在的孤儿作品可以通过集体扩展授权许可使用。而对于之前草案中第7条提及的按规定方式利用孤儿作品而获得的版权费用，在一定时间内无人领取可任意使用，在正式的指令中没有出现，可推及欧盟故意将此问题保留给成员国处理。

但孤儿作品指令同样存在局限性，即仅对小规模的孤儿作品数字化利用价值较大，并没有达到便于孤儿作品大规模数字化的目标。主要问题是其制定的前提是基于孤儿作品的再利用对版权人不公平的推定，因此孤儿作品的使用应该尽可能地受到限制。

总体而言，孤儿作品指令确立了图书馆等机构利用孤儿作品的类似法定许可模式。该指令制定了孤儿作品的数字化和在线展示法规，与别国孤儿作品的立法相比，明确了尽力搜寻的最低要求，但是在大规模数字化和在商业上使用孤儿作品方面，指令还有待修订和完善。

二、计算机软件指令

（一）立法背景

欧共体对计算机软件程序法律保护指令[1]（以下简称"软件指令"或"指令"），于1990年1月在征求欧共体各方面意见的基础上，于1991年4月为欧洲议会所认可，同年5月14日，欧洲理事会正式通过并公布。

软件指令的立法历程源于欧洲版权法的一体化进程的开展。欧洲共同体委

---

[1] The Council Directive on the legal protection of computer programs (91/250) (the "Computer Program Directive", also known as the "Software Directive").

员会在对版权进行了数次研究后，于1988年提出《版权和技术挑战的绿皮书》。该绿皮书呼吁立即采取行动，以确保在1992年年底前完成建立欧共体的单一市场。在绿皮书中提出了发布软件指令的建议：决定对原创性的形式予以独立保护；软件版权持有人的广泛垄断权，包括复制（但合法使用人复制一份备用拷贝除外）、出租、改编和翻译权；举证责任由软件伪造嫌疑者承担，不再由于已经证明被怀疑的复制品与持有人软件的相似性，和伪造嫌疑者接触了该软件的合法版权而由持有人来承担。考虑到对通信工业的竞争可能产生的严重后果。绿皮书建议：磁盘操作系统和接口系统不予保护。1989年委员会提出《关于计算机软件的版权保护的指令（议案）》。

在欧共体内部对绿皮书和指令（议案）经过大约3年的仔细讨论，欧洲共同体部长理事会于1991年5月14日最终通过旨在协调欧共体计算机程序保护的软件指令。指令规定，计算机程序应在伯尔尼公约的含义之内作为文学作品受到保护。要求各成员国在1993年1月1日前颁布贯彻实施该指令的法律。制定软件指令的目的可以从指令的序言得知，归纳重点如下：

（1）在指令制定之前，各个成员国对计算机程序的保护存在不一致性，现存的相关保护也有着不同的目的；（2）人类、技术和经济发展的莫大进步都与计算机软件的发展息息相关，但是有助于此类软件独立发展的微小部分都极易被仿制、抄袭；（3）计算机软件的发展对于欧盟软件产业的发展是极其重要的，可以借此推动软件创新，特别是为中小型公司提供充分保护；（4）计算机软件保护规定的不一致会给欧盟统一市场的建立带来负面影响；（5）对于复制权的例外和限制需要特殊的规定进行规制，包括租赁、流转和互操作性等，为信息和通信技术的竞争维持最佳环境，无限制的版权保护会削弱的目的；（6）当国内软件提供者拒绝为互操性提供信息时，软件指令的规定并不排斥适用《罗马条约》第81条和第86条规定的竞争规则。

2009年4月23日，欧盟议会和欧盟理事会对1991年的旧指令进行修订，将欧盟成员国版权法中计算机软件相关规定方面的差异予以统一，以确保统一内部市场的正常运转，形成DIRECTIVE2009/04/23/EC。[1] 修改之处并不多：仅增加了第4条第2款和第6条第1款c，前者系“首次销售原则”，后者是规定为了获得互用性而对计算机软件进行编译时，仅限于原软件的必要部分，即获得互用性必须编译的部分。同时，删除了其中保护期的规定，因为欧盟已经以协调版权与有关权指令和延长保护期指令解决了计算机软件保护期问题。另一个值得注意的是，2009年指令明确规定：任何合同条款若违反指令关于

---

[1] Directive 2009/24/EC of the European Parliament and of the Council of 23 April 2009 on the legal protection of computer programs（condified version）.

编译的权利限制，或者关于软件备份和为了确定软件的思想与原则而观察、研究和测试软件功能而实施的安装、显示、运行、传输或存储行为的合理使用限制，均属无效条款。换言之，软件权利人无权通过合同限制合法使用人的合理使用行为。

（二）主要保护范围或权利内容

1. 指令的序言

计算机软件指令包括序言和11个条款。计算机软件指令的序言部分明确规定了指令的目的和指令中所需的部分名词解释。关于指令目的的阐述，新指令的内容与上述1991年指令一致。2009年指令序言增加了对如何判断计算机软件具有独创性的标准，即"关于确定计算机程序是否为原创作品的标准，不应该对程序的质量或美学价值进行测试"，将该标准法典化，欧盟属于首创。序言对"计算机程序"一词所下的定义是："计算机程序应包括任何形式的程序，包括纳入硬件的程序。这个术语还包括导致计算机程序开发的准备性设计工作，前提是准备工作的性质使得计算机程序可以在稍后阶段产生。"计算机程序的功能是与计算机系统的其他组件以及用户进行通信和协同工作，为此目的，需要进行逻辑的、适当的物理互连和交互，在软件和硬件元件之间提供这种互连和交互的程序部分通常被称为"接口"。这种功能互连和互动通常被称为"互操作性"。这种互操作性可以被定义为交换信息并相互交换使用已交换信息的能力。"租赁"一词是指在有限的时间内为盈利而使用计算机程序或其副本。这个术语不包括公共借出。

已经颁布的有关电信行业界面或理事会有关信息技术和电信领域标准化界面决议的共同体法律以及伯尔尼公约不受指令规定的影响。

2. 精神权利

计算机软件指令没有规定关于精神权利的特别条款，但是根据伯尔尼公约的要求，成员国必须为版权权利人提供精神权利的保护，因此关于计算机软件作者的精神权利的保护由成员国的国内法律给予保护，例如，《法国1992年版权法案》第121－7款（French 1992 Code，art. L. 121－7）和《英国1988年版权法案》第79条第2款（a）项、第81条第（2）款（UK1988，Act s. 79（2）（a），s. 81（2））都是计算机软件作者的精神权利保护条款。

3. 经济权利

《计算机软件指令》第4条规定了在不违反该指令第5条和第6条的情况下计算机软件权利人享有的经济权利内容。

首先，计算机软件指令授予权利人"以任何方式，部分或全部永久或暂时"对作品进行复制的专有权，在计算机程序的加载、显示、运行、传输或存储过程中进行这种复制都需要权利人的授权。指令对于“暂时”是代表多久没有做规定，因此对于短暂性的并入计算机程序的行为需要多久才构成侵犯复制权，指令并没有给出答复。

其次，指令承认作者改编程序的专有权，作者可以对计算机程序进行翻译、改编、安排和其他修改以及对其结果的复制。这项权利并不影响改编者的权利，也就是说在没有权利人授权的情况下，改编者也可能享有对作品的版权。

最后，作者享有销售、许可、租借和出口软件的权利，指令要求任何形式的销售都要征得权利人允许。但是有关销售和进口，指令同时规定，权利人对此拷贝的销售权因首次销售而穷尽。销售人可以是权利人；也可以是获得权利人同意的人。即使在首次销售之后，权利人仍保留对程序或其拷贝的出租的控制。这种首次销售限制的例外加强了权利人的垄断地位。

4. 保护期限

根据保护期指令的规定，计算机软件作品享有的保护期为作者终生及死后70年。[1]

5. 保护客体

指令通过版权来保护计算机程序作者的权利，指令第1条规定，计算机程序根据伯尔尼公约规定的含义作为文学作品受到保护。序言还规定共同体在保护计算机程序方面的法律框架首先可以局限于确定成员国应当将根据版权法的计算机程序作为文学作品予以保护，并进一步确定谁应该受到保护，受保护人应当能够依赖的权利，以便授权或禁止某些行为以及适用多久的保护。指令没有对“计算机程序”做定义性的解释，但序言部分指出“计算机程序”可以是任何形式，包括纳入硬件的程序，还包括为计算机程序开发的准备性设计工作，前提是准备工作的性质使得计算机程序可以在稍后阶段产生。

6. 保护标准

计算机软件指令将计算机程序作为文学作品进行保护，因此指令下提供的保护标准与伯尔尼公约一致。

指令的序言和正文都体现了思想—表达二分法原则，指令第1条第2款规定计算机程序中包括接口的任何元素的思想和原则，不受指令的版权保护。序言中明确指出就逻辑、算法和程序设计语言构成思想和原则而言，思想和原则在本指令下不受保护。另外，指令第1条第3款还规定计算机程序如果是作者自己的智力创作意义上的原件，应予以保护。没有其他标准适用于确定其保护

[1] 1991年保护期指令（规定50年的保护期）被1993年保护期指令第11条第（1）款废止，所以计算机程序的保护期执行的是70年的规定（这也被规定在2006年保护期指令的第1款中）。

资格。当涉及关于国际和首次发行地的问题时，计算机程序的保护标准适用《伯尔尼公约》第3~6款的规定。

7. 保护的受益人

指令将版权保护扩展到按照国内应用于文学作品的版权立法所给予保护的所有合格的人。合格受益人如果是自然人，则根据国籍或居住地确定；如果是法人，则根据其在某个成员国的有效存在来确定。此外，成员国国内法如有规定，则根据计算机程序的首次发表授予作者保护。因此，指令授予程序作者的是伯尔尼公约有关文学作品规定的国民待遇。

8. 权利的限制和例外

计算机软件指令规定了三种类型的权利例外。第一种是合法使用者的合理使用，合法使用计算机程序收购方根据所预期的目的实施使用计算机程序所必需的行为而无须经权利人的同意。指令规定这种权利包括对错误的修正。一个人若有权使用该程序，则也有权将该程序载入计算机并进行运行。第二种是制作备份，为使用需要，使用者有权制作备份软件，此种行为不能通过合同来阻止。第三种是观察、研究或测试软件功能，指令赋予有权使用计算机软件的人可以对程序进行观察、研究和测试，以确定构成计算机程序任何元素的思想和原则。

同时指令第6条的规定表明了欧盟对反向工程的态度。关于反向工程在计算机程序中的意义，举例说明，如果生产商A想制作一个程序能够与生产商B制造的程序相适应，他就必须知道生产商B制造的程序中的构造和连接点才能实现互操作性的目的，因此生产商A必须对生产商B的程序进行反向工程，这就需要对生产商B的程序进行复制和编译。如果未经同意，上述行为就会侵犯生产商B的作品版权。指令第6条容许在限定条件下的反向工程，必须满足以下条件：行为是由被许可人或者有权使用程序副本的其他人执行的，或者是被授权的人执行的；这些行为仅限于原有计划中为实现互操作性所必需的部分且需要进行反向工程的人不容易获得实现互操性所需要的资料。与此同时，指令明确禁止为开发和生产具有"实质相似"的表现形式的计算机程序而进行的反向工程。

9. 侵权与赔偿

计算机软件指令没有具体规定什么是对计算机程序的侵权行为，但是指令第7条规定了成员国必须对有以下行为的任何人提供赔偿或补救：

（1）任何知道或有理由相信这是将侵权的计算机软件复制品投入流通的行为；（2）以商业目的使用该侵权拷贝并知道使用的是侵权备份的；（3）以商业流通或占有为目的，擅自移除或规避任何可能用于保护计算机程序的技术设备。

（三）特殊规定

指令的规定不得损害专利权、商标、不正当竞争、商业秘密、半导体产品保护、合同法等其他法律规定。违反指令第6条的任何合同条款或第5条第2款、第3款规定的例外情况均为无效。

（四）评析

计算机软件指令为计算机软件的有效保护提供了框架，将为提高软件开发质量和保护已经投入计算机程序开发中的巨大投资，促进欧盟的计算机软件共同市场的协调和发展起着重要的促进作用。

指令全文都遵循妥协和实用主义，对作者身份的认识、法人能否成为作者的判断，指令并不更多地纠缠，而是由各国依国内法处理，同样，在有关反向工程的条文之中亦充分反应出立法者的灵活性。至于对非著作权法救济手段的规定（指令第7条），则更是实用主义的典范。

同时，关于对计算机程序的版权保护和专利保护的争议一直存在。指令对该问题给出了合理的答复，从指令规定来看，指令不排除版权之外对计算机软件的保护，这些保护可能同时存在。对于计算机程序的可专利性保护，虽然《欧洲专利公约》第52条采用排除方法将计算机程序排除在专利保护范围之外。在该条款执行初期，欧洲专利局对计算机程序的可专利性的要求非常严格，只要发明的实现需要使用计算机程序，该发明就不能被授予专利权。但随着实践的进程，欧洲专利局逐步放松了要求。欧洲专利局的审查实践对计算机程序的可专利性的探索使得很多人相信计算机程序将完全被接纳到专利保护范围中，但是欧盟理事会与欧洲议会关于《计算机程序可专利性指令》的激烈争议表明欧盟内部在计算机程序专利保护问题上利益不一致，欧盟立场的最终确定需要加以时日。

然而，由于各成员国传统法律规定的差异和对某些原理的不同解释，加上指令本身存在的一些缺陷及某些规定的不确定性，不可避免地会导致各成员国之间适用指令上的分歧，从而给指令的实施贯彻造成困难。这些问题有待于各国的共同努力和实践的完善，其中法院的判决实践将起着重要的作用，例如著名的SAS案[1]就对计算机程序的著作权范围进行了新界定，对计算机软件指令等相关立法作出进一步的解释，该案在欧美知识产权法学术界和计算机产业界引起广泛关注。

---

[1] Institute，Inc v. World Programming.

三、数据库保护指令

（一）立法背景

20世纪90年代以来，国际上要求对那些非独创性数据库给予法律保护的呼声越来越高。欧盟在世界上率先尝试解决这一问题。欧盟数据库保护96/9/EC号指令（以下简称“数据库保护指令”或“指令”）于1996年3月11日生效，截至1998年1月1日，各成员国的国内法转化完成。数据库保护指令完成了欧盟数据库一体化，为保护非独创性数据库而专门设立特别权利制度。这一指令诞生的立法背景与信息技术的出现及迅速发展有关，数据库以其方便快捷、信息量丰富的优势越来越受欢迎，成为促进经济、文化发展和科技进步的重要工具。这一信息资源是一种不会随着开发利用而枯竭、具有重要价值的可再生资源。非独创性数据库虽然在内容的选择和编排上没有体现独创性，但是通常收集了大量的事实信息。在很大程度上，非独创性数据库往往正是因为全面囊括了某类信息而导致欠缺独创性，内容越全面、越丰富的数据库，其具有的使用价值和商业价值通常就越大。然而关于数据库的保护是稀缺的，如果那些制作者花费了大量人力、物力、财力开发的非常有用但又不具备独创性的数据库得不到法律保护，那么将会直接影响到开发者的利益和投资积极性，最终抑制数据库产业的良性发展。因此，欧盟委员会意识到统一数据库保护对于欧盟统一市场的建立将有极大的帮助。

指令的规定不排除对其他欧盟法律或成员国国内法律的适用，为了达到上述目标，指令在序言中列出了3个原则性条款：（1）延续现有规则保护组成数据库的个体（包括对版权和邻接权的保护）；（2）对数据库的创作者，即对数据库中的信息进行有序的排列和选择的人，给予独立的保护；（3）对数据库的制作人进行特殊权利的保护，采取版权和专门权利双轨制保护办法。

（二）主要保护范围或权利内容

1. 受保护的条件

数据库保护指令对以下5项客体提供保护：（1）数据库作品中的独立项目（除了计算机程序），例如文本、音乐片段、图片等。指令的规定不影响对上述作品中存在的版权保护。（2）有以下特征的计算机软件，其包括用来制作或运行数据库的软件；作为数据库作品中的独立项目而存在的计算机软件。（3）数据库中具有邻接权的独立项目，例如表演，录音等，指令的规定不影响该权利。（4）有序排列的作品、数据或其他材料组成的，并且能以电子或非电子方式单独访问的集合体。（5）数据库中项目的集合体。

《数据库保护指令》第3条提出了数据库受版权保护的条件，即对数据库作品的作者提供的保护。第 3 条第 1 款指出，因选择或安排其内容而构成作者自身知识创造的数据库应用版权予以保护，不应用其他标准来判断其是否有资格受到此种保护，前言第 15 条进一步规定，用于判断某一数据库是否应受版权保护的标准应被限定为数据库内容的选择和安排是作者本人的智力创造。这种保护应包括数据库的结构。而第 16 条则强调除了意味着作者的智力创作的创作性外，不应用其他标准去判断数据库是否有资格用版权进行保护，特别是不能用审美和数量标准，这说明指令对版权的解释严格遵循了传统概念的界限，即以在选择和安排数据库内容上的独创性为唯一依据，欧盟考虑到传统版权法观念的深刻影响和各国的一般做法，并没有将数据库完全置于版权法之下，依然强调对内容的选择和安排必须到达明显的智力创造标准才能享有版权。

《数据库保护指令》第 7 条对数据库的制作者提供了单独的非版权意义的保护，以避免对数据库内容的侵权行为。指令以不同形式的权利分别满足了数据库作者和制作者不同的权利要求。

2. 权利的受益者

根据《数据库保护指令》第 4 条的规定，指令权利的受益者一方面是数据库的作者，即持有数据库版权的人，如果数据库是由一群自然人共同创作的，则专有权公有。根据指令第 11 条的规定，另一方的受益者是数据库的制造者，关于制造者的含义指令没有明确规定，根据条款的规定更趋向于从“投资”中获得的意义。

3. 保护客体

《数据库保护指令》第 3 条第 1 款指出，因选择或安排其内容而构成作者自身知识创造的数据库应用版权予以保护，这个保护不涉及单独项目的内容，而是涉及内容如何安排和选择。《数据库保护指令》第 7 条第 1 款指出，数据库由定性或定量大量投资获得验证或报告的内容，这样的内容可获得制作者的特殊权利保护。指令规定的版权和特殊权利均不得延伸至其内容，且不应对存在于其内容自身的权利产生损害（如文学作品和音乐作品）。

4. 保护条件

就数据库的版权而言，数据库要得到保护的标准是必须达到“独创性”，必须包含作者自己的智力创造。就特殊权利而言，为了满足特殊权利的保护条件，数据库必须证明其获取的、验证或报告的内容具有制造者大量定性或定量的投资，序言第 40 条进一步规定这样的投资可能在于金融资源的部署或时间努力和能量的消耗。

通常情况下，数据库会包括一个文学作品，因此对其的保护可以遵照伯尔尼公约的规定，适用作者的国籍国或首次发表地的法律。关于第 7 条对特殊权利的规定适用于数据库的制作者是欧盟成员国公民或他们的惯常居住地在欧盟。同时也适用于在成员国境内成立或注册的公司和企业，或是中央机构或主要营业地点在欧盟范围内。数据库的制作者只要在满足了国籍标准（第 7 条第 4 款）和第 1 条第 2 款对数据库的定义并且满足第 7 条第 1 款的要求，即使数据库的内容不受版权和其他权利的保护，也不影响特殊权利提供的保护。

5. 精神权利

指令没有规定关于精神权利的特别条款，但是根据伯尔尼公约的要求，成员国必须为版权权利人提供精神权利的保护，因此关于计算机软件作者的精神权利的保护由成员国的国内法律和伯尔尼公约给予保护。

6. 经济权利

指令第 5 条规定了享有版权的数据库作者的经济权利，包括：（1）以任何方式和任何形式永久或暂时对作品的全部或者部分进行复制的专有权；（2）翻译、改编、整理和其他任何变更；（3）以任何形式对社会公众发布数据库或其副本，经权利人同意或版权持有者本人在共同体内第一次出售数据库的一份拷贝即用尽了控制在共同体内对该拷贝再出售的权利，即在一般情况下承认发行权一次用尽；（4）任何向公众传播和展示的权利；（5）任何对翻译、改编、整理或变更的结果向公众复制、传播、发布或展示的行为。

针对在线传输的情况，前言第 33 条指出，用尽发行权的问题在提供服务领域的在线数据库中并不存在，每一项在线服务事实上都是必须经过授权才能提供版权的行为。

指令第 7 条赋予数据库的制作者防止第三人提取或二次利用数据库中全部或部分、定性或定量评估的内容的权利。序言第 42 条指出特殊权利防止未经权利人授权从使用者处超越其合法权利提取或二次利用数据库的内容，从而损害制作者对数据库的投资。

指令第 7 条第 2 款规定了首次销售一次用尽的问题，数据库在线传输一次销售用尽相比较于传统的一次销售用尽具有特别之处，在传统发行场合作品在首次销售后发行权用尽作品的合法复制件或录音制品的所有人有权自行将复制件出售或以其他方式处置该复制件或录音制品；但数字信息可以通过网络进行无数次的在线传输并不需要传统的有形载体如图书、录音带、录像带、光盘等。因此，欧盟绿皮书认为发行权一次用尽原则不适用于通过数字传输的发行和数据库作为数字信息的一种既可能附着于有形载体也可以通过网络传输指令。指令第 43 条因此规定鉴于在在线传输的情况下禁止再利用的权利对于数据库，以及对于经权利持有者同意，收件人制作的数据库拷贝或包含其部分内容的拷贝而言都未用尽。但是这个规定有模糊不清之处，因为根据该规定，隐含的意义是当再次利用没有经过授权人同意时，再次利用的权利即被用尽，这并不符合立法者制定这条规定的初衷。[1] 除此之外，序言第 44 条规定鉴于当在屏幕上显示某一数据库内容需要永久或暂时传输全部数据库内容或实质性部分至另一媒体时，该行为应当获得权利持有者的授权。

7. 权利的限制和例外

《数据库保护指令》第 6 条提供了两种类型的数据库版权的例外。第 6 条第 1 款规定合理使用的行为必须符合以下两个目的之一：一是接触数据库的内容；二是合法使用者对内容的正常使用。成员国在满足以下条件的情况下可以提供权利的限制：（1）为私人目的复制无电子化的数据库；（2）仅以教学或说明为目的使用或是在清楚来源的情况下进行非商业性的使用；（3）为了公共安全或是行政和司法目的而使用；（4）在不违反上述理由的情况下，其他例外由成员国国内法另行规定。

指令第 6 条第 3 款是《伯尔尼公约》第 9 条第 2 款三步检验法的延伸，即上述条款规定的合理使用不得影响权利人对数据库的合法合理使用或是与数据库的正常开发相冲突。

指令第 8 条是对数据库的特殊权利的例外和限制，第 8 条第 1 款指出数据库的制作者不可以阻止合法的使用者，第 2 款指出一个合法的使用者不可行使与数据库的正常开发相冲突的行为或是不合理地影响数据库制作者对数据库的合法性利用。另外，指令第 9 条规定的各个成员国可以进行合理使用的条件与第 6 条规定的一致。

8. 保护的期限

对于数据库版权的保护期限的规定适用国内法关于作者作品的期限。在保护期指令（EC Term Directive）规定的作品范围内的数据库版权保护期是作者终生及死后 70 年，其他情况下，保护期由保护期指令规定。[2]

9. 侵权与赔偿

《数据库保护指令》第 7 条指出数据库版权的权利内容包括分配、许可等，特殊权利的内容包括转让、分配或是有条件的许可。指令第 7 条第 5 款规定了数据库特殊权利的侵权行为，即重复或系统地提取或二次利用数据库部分内容的行为妨碍对数据库正常利用或是未经数据库制作者的同意对数据库的合

---

[1] 英国的 British Hporseracing Board（BHB）案就揭示了这个立法中的失误。

[2] 2006 年保护期指令第 7 条。

法使用造成不利的影响的都属于侵权的行为。对于特殊权利保护的仅是第一次使用还是所有线上对同一信息的多次使用，是否要追踪信息的首次提取的问题，对于该提问，序言第39条给出了答复，除了保护数据库内容版权的首次选择或安排，指令还旨在保护数据库的制作者反对使用者和竞争者对数据库信息的滥用。指令第12条提出成员国需要对指令规定的侵权行为给予赔偿，指令对这个问题没有专门的规定。

（三）评析

《数据库保护指令》第16条第3款指出本指令提交至欧盟委员会，经济和社会部需要对指令中特殊权利的运用进行评估，委员会对指令的第一份评估报告在2005年发布，报告在最初认为数据库保护指令是失败的，原因在于保护数据库实质投入的特殊权利有可能造成信息的垄断，使自由竞争与获取信息自由陷入危险的境地。因此，报告最后得出的结论是指令并未实现其目标，即通过授予数据库一种新的财产权激励投资，以达到繁荣欧洲数据库产业的目的，委员会甚至考虑撤回指令，或者仅撤回关于特殊权利的部分。

以上问题的根源在于指令对于特别权利保护的数据库内容的实质性内容没有一个明确的判断标准，对于界定特殊权利的门槛是比较宽泛的，根据指令第10条第3款，只要是实质性的，通过连续不断地"更新升级投入"就可以得到无限的保护。在Magill案的判决中，按照爱尔兰版权法，对广播组织用来阻止综合电视指南独立服务提供商提供服务的电视节目表，给予了过于宽泛的版权保护，使得欧盟法院认识到要对此种情况进行补救。欧盟法院最终在BHB v. Hill案中找到了解决的折中方案。欧盟法院在该案中采取的是以严格目的论证为基础的方法，进一步回答了关于特别权利保护的未决问题，BHB v. Hill案中对于数据库"实质部分"概念的标准转换可以降低特别权利的负面影响，即保持数据库制作者有意的保护与不过度限制自由竞争之间的平衡，适当降低"升级数据库"的保护范围，并对提取和二次利用的概念加以解释。今后欧盟委员会对于数据库保护指令的实践性做法是依据2005年评估报告对特别权利进行必要的修正，特别是为了促进新权利与获取信息公共利益之间的平衡，在欧盟与成员国知识产权体系内对特殊权利进行明确的界定和定位。

四、卫星和有线转播指令

为了协调各国相关的著作权法，欧盟共同体理事会于1993年9月27日通过了协调有关卫星广播和有线转播的著作权、邻接权规定的指令[1]（以下简称“卫星版权指令”或“指令”），截至1995年1月1日，各个成员国的国内法转化完成。指令共15条，分为四章，即定义、卫星广播、有线转播、其他规定，序言部分则介绍了指令产生的背景和目的，并对部分条款做出了限定和解释，具有重要意义。

（一）立法背景

早在1989年10月3日，欧共体就曾经制定过一项协调各成员国有关电视活动指令，旨在促进共同体内部的电视节目生产和传播。但是该指令主要涉及广告、赞助以及青少年保护等问题，回避了版权法问题。随着卫星广播和有线传输技术的不断普及，尤其是通过卫星或者有线电缆的广播，是同时实现共同体政治、经济、社会、文化和法律等目标的最重要途径之一，各成员国相关版权的不同规定逐渐妨碍了广播电视节目的传播。一方面，一些版权人的作品在境外被使用而他们不能获得报酬；另一方面，有的版权人滥用权利，抵制其作品在其他成员国的使用。卫星著作权指令的制定正是为了消除不同成员国国内版权规则之间的差异性，使权利人不再面临他们的作品被无偿利用的威胁，从而使共同体内部的节目可以自由流通。[2] 第93/83/EEC号与1989年指令的不同在于规定了对欧洲电视节目销售和生产的提升，并规定了广告和赞助、未成年人保护以及回复权。[3]

共同体条约制定的目标是建立一个更为紧密的欧洲联盟，通过共同行动减少分割欧洲的障碍以确保共同体成员国经济和社会的进步，为了达到这个目标，卫星版权指令可协调成员国有关从事自由职业的法律、法规或行政行为。

（二）主要保护范围或权利内容

1. 指令保护的基本内容

为了通过卫星向公众传播的目的，指令规定成员国需要为作者提供通过卫星向公众传播其享有版权的作品的专有权。同样地，表演者、录音制作者和广播组织的权利应该根据第92/100/EEC号指令第6～8条和第10条得到保护。关于有线转播权，指令第8条规定成员国应确保当其他成员国的节目通过有线电缆转播至本国领土内时，版权和邻接权可以得到尊重。所有成员国同时需要

---

[1] The Council Directive on the co－ordination on certain rules concerning copyright and rights related to copyright applicable to satellite broadcasting and cable retransmission（the“Satellite and Cable Retransmission Directive”）（93/83）；该《指令》英文、德文本分别载Ⅱc1994 pp. 887－896，grur int. 1993 s 936－940。

[2] 指令序言第5条。

[3] 指令序言第4条。

遵守《伯尔尼公约》第11bis条对广播和卫星转播的规定。“卫星”指在频段上运营的任何卫星，这些频段是根据电信法保留给公众接收信号的广播的或者保留给封闭的点对点通信的，“通过卫星向公众传播”指在广播组织控制并由它承担责任的情况下，将载有节目的供公众接收的信号纳入不中断的传播链条，发射给卫星，再由卫星传回地面的行为。

2. 保护客体

对于卫星广播的保护客体，指令归纳为两种类型，第一种是第3条规定的在相应的国家被保护的作者的作品，第二种是指令第4条规定的表演、录音制品和广播作品。有线转播的保护客体涉及相应国家版权及邻接权保护的所有内容。

3. 权利的受益者

对于指令第2条规定的通过卫星向公众传播享有版权的作品的专有权的受益人是作者，另外，根据租赁指令和相邻权指令，受益人还包括表演者、录音制品制作者和广播组织，对于有限转播权利，权利的受益者包括版权和邻接权的权利持有者。

4. 保护期间

指令规定的保护期间被规定在保护期指令。

5. 权利的限制和例外

卫星版权指令没有对权利的限制和例外做特别的规定，因此应该适用的是伯尔尼公约关于作者权利限制和例外的规定，关于邻接权的限制和例外适用出租权和出借权指令第10条的规定。

6. 精神权利

指令没有对精神权利做规定。

7. 经济权利

指令要求成员国提供作者授权通过卫星来传播自己的作品，同时，指令要求成员国应确保当其他成员国的节目通过有线电缆转播至本国领土内时，版权和邻接权可以得到尊重，并确保这一转播是基于版权人、邻接权人和有线广播运营商之间单独或集体的契约性协议而发生的（指令第8条第1款）。

指令第4条第1款的规定是表演者、录音制作者和广播组织的权利应该根据第92/100/EEC号指令第6~8条和第10条得到保护，但是其实第92/100/EEC号指令已经被2006年的指令所取代，因此原第92/100/EEC号指令第6条、第8条和第10条是现在2006年出租权和出借权指令的第7条、第8条和第10条，原第92/100/EEC号指令第7条被信息社会版权指令第2条取代。

8. 权利的利用

(1) 卫星广播。指令第3条第1款规定关于第2条规定的作者通过卫星授权作品的行为只能通过协议取得，也就是说指令排除了实行强制许可的可能性。指令第3条规定了关于集体管理组织如何与广播组织缔结合同实行权利的问题，为了减轻广播组织和作者之间的缔约负担，指令在第3条第2款借鉴了北欧的延伸性集体管理模式，即通过立法的形式将广播组织和集体管理机构缔结的合同适用到并没有参加集体管理机构的作者身上。但是，为了维护这些作者的利益，指令允许他们随时排除集体合同对自己作品的扩大适用，从而保留自行行使权利或委托集体管理机构代为行使权利的机会。

(2) 有线转播。指令第1条第3款定义的有线转播有严格的含义包括：第一，是对节目的同时的、完整的即不加修改的初次播放；第二，初次节目应该是公开播送的广播或电视节目；第三，初次播放是通过有线的或者无线的方式，包括通过卫星；第四，转播是跨国界的，即首次播放发生在另一个成员国，发生在同一国境内的有线转播行为由国内法规范；第五，通过有线电缆或微波系统同步。上述规定的主要用意在于一是保证授权需通过合同方式进行，除非已存在的法定许可计划规定了暂时的例外；[1] 二是避免由于第三方拥有节目个别内容的权利而加以干扰并因此陷入麻烦。[2]

指令第9条第1款给出了强制性集体管理的规定，即"成员国应确保著作权人和邻接权人只能通过集体管理组织来行使其允许或禁止有线广播运营商转播的权利"。也就是说如不接受集体管理，就等于放弃权利。这实际上是对著作权和邻接权的一种限制。[3] 与卫星广播权类似，指令在第9条第2款中针对有线转播也做了延伸性集体管理的规定，同时指令第10条规定强制性集体管理不适用于广播组织，广播组织就转播涉及的权利，无论是广播组织自己的权利还是其他著作权人和/或邻接权人转让给它的权利，转播公司都需要得到广播组织的允许。从实践意义上来看，这条规定从侧面强化了广播组织的权利，虽然欧共体表示这样规定的原因是广播组织的数量是十分有限的，转播哪一家的节目有线台十分清楚，因而应当自行去和广播组织协商解决，因此不会出现上述有线转播的问题，但是从实际效果来看，广播组织的地位仍就因此上升。

9. 侵权与赔偿

卫星版权保护指令没有对侵权行为和赔偿做特别规定。

---

[1] 指令序言第27条。

[2] 指令序言第28条。

[3] 韦之．论著作权集体管理机构管理的权利［J］．法商研究，1999（3）．

(三) 特殊规定

指令第 11 条和第 12 条规定，成员国应制定民事或行政法律，确保涉及授权有线转播的当事人，依诚实信用原则谈判，不得滥用自己的权利，无故妨碍协商的顺利进行。如果当事人不能达成协议，则任何一方有权利将事宜提交有关的独立调停机关调解。

(四) 评析

欧共体卫星版权保护指令是实现"无国界电视"目标的重要法律框架文件。指令的制定有助于促进欧共体的卫星广播和有线转播产业的发展，为了实现序言规定的目标，指令在保护作者和邻接权人权利的同时，在必要的地方对著作权和邻接权作了适当的限制。

此外，指令还澄清了一个多年来困扰卫星广播的问题，即卫星广播组织到底应该在发射国还是在接收国获得授权，对于这个问题，学术界有两个理论支撑，一个是"发射地理论",与其相对立的是"接收地理论"。根据后者，卫星广播组织应该在卫星信号传播到的每一个国家获得著作权人的授权，欧共体认为该理论实际上增加了广播组织的负担。因此指令在第 1 条第 2 款第 3 项中正式确立了"发射地理论"，广播组织只要在发射地获得卫星广播权，即可以合法地向其他共同体成员国发射节目信号。但"发射地理论"可能使广播组织选择成员国中保护水平低的国家作为发射地，这种行为可能损害作者权益，为了防止这种现象。指令并没有以技术上的信号发射地为"起源国",而是以控制节目发射过程并承担相应责任的广播组织所在地作为"发射国"(指令第 1 条第 2 款第 1 项)。

指令将强制性集体管理和延伸性集体管理模式灵活运用在新技术的版权保护上，对完善我国的著作权法具有启示意义。

五、出租权指令*

(一) 立法背景

欧盟共同体理事会于 1992 年 11 月 19 日通过了涉及知识产权领域的租赁权和出借权以及与版权有关的某些权利指令（以下简称"出租权指令"或"指令"），截至 1994 年 7 月 1 日，各个成员国的国内法转化完成。通过对 1992 年版本的修改和指正，新版本指令（Directive 2006/115/EC）于 2006 年 12 月 12 日生效，接下来的内容引用的都是 2006 年指令的规定。

---

* 涉及知识产权领域的租赁权和出借权以及与版权有关的某些权利指令，The Council Directive on rental right and lending right and on certain rights related。

指令主要涉及两方面的内容：一是作者、表演者、录音制作者和录像制作者的租赁权和出租权（指令第1~6条）；二是表演者、录音制作者、录像制作者和广播组织的与版权相关的某些权利（指令保留了爱尔兰及英格兰对制作者版权的称呼方式，用“related rights”代替“neighbouring rights”）。制定本指令的主要原因在于各个成员国对于有关作品的出租权、出借权以及某些与版权有关的权利方面的制度缺乏统一性，妨碍了成员国之间的贸易和竞争并对欧盟内部单一市场的形成造成消极影响，其消极作用随着各自新法令的颁行以及司法实践的推进而呈现出扩大的趋势。此外，制定统一的指令目的还在于，对发行权、广播权和传播权保护关系权的主体的保护，被认为是对共同体的经济和文化发展具有根本的重要性，弥补权利人因技术进步而蒙受的经济损失，同时打击猖獗的盗版行为及其他侵权活动。指令共16条，分为四章：出租权和出借权、邻接权、保护期、共同规定。指令的序言阐明了制定的目的和基本方向。

（二）主要保护范围或权利内容

1. 权利的受益者

（1）出租权和出借权。指令指出同意或阻止出借或出租的专有权属于作者、表演者、录音制作者和第一次固定录像作品的制作人（指令第3条第1款a-d）。

（2）与版权有关的权利。成员国要赋予表演者、录音制作者、录像制作者和广播组织提供特定的与版权有关的权利（指令第6~9条）。

指令的制定者认为作者和表演者等自然人的创作对音像事业的繁荣起着决定性的作用，他们应同时受到保护，以便维持不同权利主体之间的利益平衡，因此将出租权和出借权既赋予给音像作品的制作者，也赋予作者。

2. 保护的客体

（1）出租权和出借权。第一个类别是作品的原件和复制件，根据指令第2条第1款作者对其作品的原件或者复制件享有出租权。作品的“原件”包括文学、戏剧和音乐作品和艺术作品（如雕塑等）。“复制件”包括印本、光盘、磁带和用模子制作的复制品等。同时，电影制片人对他摄制的电影原件或复制件享有出租权。

第二个类别是表演的固定件，根据指令第2条第1款表演者对他的表演的录像制品享有出租权，对于表演作品，罗马公约、TRIPS协议和WIPO表演和录音作品协议对表演的固定件有不同的规定，指令明显采用了将第一次固定件和固定件的复制品都纳入出租权和出借权保护客体的范围的方式。

第三个类别是录音制品，录音制作者对他的录音制品享有出租权，“录音制品”包括声音的第一次固定和其复制品。

第四个类别是录像制品的原件和复印件，录像制作人对其摄制的录像原件或复制件享有出租权，包括有声、无声电影作品、视听作品或录像制品等。无论录像制品是否成为电影作品或仅仅是一系列非独创性的动画的组合，录像制品的制作人都可以获得该权利。它们必须是“首次记录”的。首次记录的含义和《罗马公约》第3条第3项的规定相同，其目的在于排除那些翻录的结果。

由上述的规定可知，出租权和租借权的保护对象仅限于作品或客体的有形载体，例如书籍、磁盘、光盘等，所有的电子件不属于保护对象的范畴，但是指令允许成员国在国内法中对“电子出租”进行规范。

（2）与版权有关的权利。与版权有关的权利保护的客体包括表演、录音制品、首次记录的电影和有线和无线的广播（指令第7~9条）。

3. 保护标准

指令第11条第1款规定本指令适用于1994年7月1日仍受成员国立法保护的版权作品、表演、录音制品、广播和本指令所涉及的第一批录制品及相关权利，或符合本指令在该日期的保护标准。据上述规定，“保护标准”指的是保护客体的类型和保护期限。

4. 精神权利

指令没有对精神权利做特别的规定。

5. 经济权利

（1）出租权和出借权。出租权是指著作权人、邻接权人出租其作品或者邻接权客体的专有权利。根据指令第1条第2款，出租是指“为了直接或间接的经济利益而在有限期间内提供使用”。欧共体委员会十分强调对出借行为和出租行为同等评价。它认为两者都是著作权法意义上的使用行为，权利人应该对之享有相应的权利。指令第1条和第2条规定，出借权是指权利人允许或者禁止有关机构出借其权利客体的权利。出借权的主体包括作者、表演者、录音者和电影制片人。其客体包括作品、录音制品、电影作品和录像制品的原件和复制件。而“有关机构”是指对公众开放的机构。出借必须是非为直接或间接的商业利益目的而将上述客体在一定期限内交付他人使用的行为。

出租权和出借权的内容包括将作品的原件或复制件出租或出借的权利，但是指令将建筑作品和实用艺术作品排除在外（指令第3条第2款），因为这两种作品出租时其实用价值起着决定性的作用，而美感方面的作用是次要的。建筑作品和实用艺术作品仅指实际建造、制造完成的实物，至于它们的图纸、模型或其他图片仍受出租权保护。

另外，根据指令第4条对计算机程序出租权的规定，出租权指令不应损害1991年5月14日关于计算机程序法律保护的理事会指令91/250 / EEC第4（c）条。成员国对于指令的规定可以在允许的范围内在国内法中进行适当的调整。

（2）与版权有关的权利。由于欧洲各国对邻接权（在出租权指令中即指与版权有关的权利）的保护模式差别巨大，有些成员国甚至不保护这些权利，如果仅仅协调出租权、出借权而不触及邻接权制度本身，那么著作权法一体化的构想是难以奏效的。故指令便在第二部分集中协调各国的邻接权法，指令赋予了主体5项权利内容，包括表演者和广播者的固定权（指令第7条）；表演者向公众广播和传播权和表演者（指令第8条第（1）款）和录音制作者向公众广播和传播录音制品权（指令第8条第（2）款）；广播组织向公众广播和传播权（指令第8条第（3）款）；分销权（指令第9条），分销权赋予给每个权利受益人。

①固定权。

表演者有权授权或禁止固定他们的表演：这项权利指的是对现场表演进行录制或是对表演的画面和声音进行录制（指令第7条第（1）款）。广播组织，无论这些广播是通过有线还是通过无线电，有权授权或禁止对他们广播作品的固定，包括有线电视或卫星传播的形式，无论是声音还是图像广播（指令第7条第（2）款）。有线传输的分销公司无权授权或禁止对传播的固定，这样的传输仅指由广播组织提供的有线或无线的传输。

②复制权。

欧盟版权指令[1]第11条第（1）款规定成员国应为作品的作者、固定表演的表演者、录音作品的制作者、录像作品原件或复制件的制作者、广播组织等提供复制权。

③向公众广播或传播权。

首先，成员国应向表演者提供授权或禁止以无线方式播放和向公众传播其表演的专有权，除非表演本身已经是广播表演或是以录制方式表演。因为是用无线传播的方式，所以第8条第（1）款的内容排除对现场或录制的表演进行的首次有线传播。

其次，指令第8条第（2）款遵循《罗马公约》第12条的规定，涉及对报酬方面的规定，但规定的内容略有差异。公约要求成员方自己选择是否将报酬给予权利受益者，而指令的要求是成员国必须提供一项权利，以确保用户支

[1] 欧盟议会和理事会关于协调信息社会中版权和相关权某些方面的指令。

付单一的合理报酬，如果出于商业目的而出版的录音制品或这种录音制品的复制品被用于通过无线方式进行广播或用于并确保有关表演者和录音制品制作者分享这种报酬，实践中，报酬往往是五五分成。如果表演者和录音制品制作者之间没有达成协议，成员方可以在分享他们之间的这种报酬方面规定条件。

最后，指令向广播组织赋予了两项权利，第一项是提供授权或禁止以无线方式转播其广播的专有权利；第二项是向公众传播其广播的专有权利。

④发行权。

指令规定成员方应通过出售或其他方式向公众提供表演录制品、录音制品、录像制品的第一批作品的原始和副本件，以及广播节目。共同体内对于上述物体的分配权利不得用尽，除非该物体在共同体内首次出售是由权利人出售或者是经其同意的。

6. 权利的限制和例外

（1）出租权和出借权。

指令不涉及建筑物和应用艺术作品的租赁和出借权（指令第3条第2款），成员国可以减损公共借贷方面第1条规定的专有权利，条件是至少作者可以获得这种借贷的报酬。成员国可以考虑到文化促进目标，自由决定这种报酬。如果成员国没有适用第1条规定的音像、电影和电脑程序的专有出借权，则应至少为作者提供报酬。除此之外，成员国可以免除某些类别的机构支付上述所述的报酬。

（2）与版权有关的权利。

指令第10条第1款指出成员国可以就指令提供的权利作出如下限制：私人使用；使用与时事报道有关的简短摘录；广播组织利用自己的设施暂时固定广播节目；仅用于教学或科学研究的目的。这与《罗马公约》第15条规定的内容是一致的。指令第10条第2款规定任何成员国都可以就保护表演者、录音制品制作者、广播组织和首批电影制作者的制片人提供同样的限制，保护文学和艺术作品的版权。上述提供的限制只适用于符合“三步检验法”提供的情况下。

7. 保护的期限

根据1993年保护期指令和2006年的出租权保护指令，与版权有关权利的一般保护期限是50年。

8. 权利的运行

（1）出租权和出借权的转让。授权或禁止出租或出借作品的专有权以转让，或授予合同许可。

（2）表演者与录像制作者之间的合同，对出租权的转让。在不影响指令

第3条第6款的情况下，有关电影作品的合同单独或者集体地由表演者和电影制片人订立的，本合同约定的表演者应当按照合同条款的规定来处理租赁权相关事项，但须符合关于不可剥夺的公平报酬权的规定。

（3）作者与录像制作者之间的合同，比照上述对表演者与录像制作者的规定。

（4）不可避免的公平报酬权。根据指令第5条的规定，如果作者或表演者将录音制品或电影原件或复制品的出租权转让或转让给录音制品或电影制片人，则作者或表演者应保留获得公平报酬的权利。作者或表演者不能放弃获得公平报酬的权利。获得公平报酬的这一权利的管理可委托给代表作者或表演者的收集社团。

（5）对发行权的转让，分销权可以被转让、分配或者授予合同许可。关于发行权，指令同样重申了权利耗尽原则，即有关客体由权利人或经其同意首次售出之后，对该客体的发行权即不复存在（指令第9条第2款）。

9. 侵权与赔偿

指令没有对侵权行为和赔偿做特别规定。

（三）评析

欧盟出租权保护指令是欧洲版权发展的一个阶段性成果，指令在很大程度上沿袭了罗马公约的体制，部分条文直接取自公约，部分条文虽与公约不完全一致，但在制定过程中也承袭了公约的内容。但指令在以下三个方面突破了公约保护的水平：（1）赋予表演者发行权；（2）赋予电影制片人邻接权；（3）扩大了广播组织的范围。指令强化了对作品和表演者、制作者和投资者的保护，使权利得到更充分的利用，同时保证了版权和邻接权的保护和行使不违背欧洲自由贸易的标准，同时继续保持和国际公约的协调。

指令全文体现了对新的技术与经济挑战做出的积极回应，既协调了各国的相关制度，又在已有国内法和国际公约的基础上进一步完善了版权及其与版权有关的权利的具体内容。

六、版权集体管理指令

最早起源于欧洲的著作权集体管理组织距今已200多年，[1] 迄今，著作权集体管理制度仍然被广泛视为解决大规模授权与降低授权成本并扩大著作权作品许可范围的最佳规则。一个有效率的授权许可系统有助于提高对著作权作品

[1] Riis T and Schovsbo J, "Extended Collective Licenses and the Nordic Experience – It's a Hybrid but is it a VOLVO or a Lemon?" (2010) 33, CJLA, 26.

的保护，从而推进一国文化产业的发展。著作权集体管理指的是著作权集体管理组织（Collective Managemengt Organization，CMO）经权利人授权，集中行使权力人有关权利并以自身名义进行活动的行为。著作权集体管理主要包括4个方面的内容：（1）CMO取得管理作品的授权；（2）向使用者发放许可证；（3）使用费的收取和分配；（4）CMO代表著作权人提起诉讼。

（一）立法背景

2014年2月欧盟委员会通过《关于著作权和邻接权以及内部市场音乐作品线上使用的跨国权利许可指令》[1]（以下简称“集体管理指令”或“指令”），该指令是版权集体管理制度发展历史上的分水岭，同时也是推动欧盟一体化过程中具有重大意义的事件。指令的制定目的在于保障权利持有者在其权利的集体管理中享有话语权，同时在保障欧盟标准的前提下设立一个更加完善的集体管理组织运作模式。新规则也将缓解由集体管理组织许可的对内部市场音乐作品线上使用而带来的困境。欧盟对于著作权集体管理的规制，基于一项前提，即CMO活动必须超过一国的范围。在欧盟委员会和成员国间紧密合作的态势下，欧盟集体管理指令于2016年4月10日正式完成国内法的转化。指令分5编共45条，5编分别是一般条款、CMO、由CMO发放音乐作品线上权利跨国许可、强制措施、报告及最后条款，内容涵盖著作权集体管理运行、监督、争议解决的主要方面，构建了联盟范围内一个比较完整的著作权集体管理法律框架。

（二）主要保护范围或权利内容

1. 会员制度

指令充分给予权利人加入和退出CMO的自由，权利人有权选择任一CMO管理其全部或部分版权，不必考虑权利人自身或CMO的国籍、住所地等因素，CMO只能出于客观合理的原因予以拒绝，权利人的授权应采取书面形式；权利人可以自己发放许可，不过该许可使用应出于非商用目的；权利人也有权终止对CMO的授权或是将全部或部分著作权撤回（指令第5条）。CMO应该公开组织对会员资格的要求，应该对被拒绝加入的一方本着客观、透明和非歧视原则说明理由。对于增加关于非CMO会员的权利人权利的规定，CMO在对待不属于CMO、但根据法律或合同与组织具有直接法律联系的权利人时应该遵守指令关于权利人联系、信息公开以及纠纷解决等内容的规定。

---

[1] DIRECTIVE 2014/26/EU OF THE EUROPEAN PARLIAMENT AND OF THE COUNCIL of 26 February 2014 on collective management of copyright and related rights and multi – territorial licensing of rights in musical works for online use in the internal market.

2. 权利的许可

指令除了规定CMO发放许可的一般原则之外，[1] 最重要的变化是新增音乐作品线上权利的跨国许可，该内容集中规定于第3编，本编规定也仅适用于音乐作品线上权利的跨国许可。要获得跨国许可证需要以下五个步骤。

第一，符合能力要求。可以发放跨国许可的CMO需要具备能够在通过特定鉴定人和有关数据能准确认定有关作品及其权利人和相关地域范围的能力。

第二，跨国作品目录信息的透明度和准确性。CMO需要提供的目录信息包括：所代表的音乐作品、作品有关的著作权、覆盖的地域范围等，网络服务提供商、权利人及其他CMO在提供合理证据情况下，可以对提供该跨国许可的CMO要求对有误的信息进行更正。

第三，准确适时地报告、出具发票以及向权利人付款。CMO应为网络服务提供商创造便利，方便他们以电子手段报告音乐作品线上权利的实际使用情况，网络服务提供商则应提供准确的报告。

第四，协议为非独占性质。CMO应向其会员通告协议的主要条款，如期限、服务费用等；不发放或不打算发放其管理的音乐作品线上权利跨国许可的CMO，在通过代表协议请求其他CMO代表这些权利时，接到请求的CMO如果对同类作品权利发放跨国许可，则应该不迟延地书面同意前者的请求，代其进行管理的费用不得超出合理范围，提出请求的CMO应提供充分的信息。

第五，获取许可证。授权不发放或不打算发放跨国许可的CMO进行管理的权利人可以将权利撤回。此外，指令将广播电视节目中的音乐作品线上使用排除在跨国许可之外。

3. 争议解决机制

指令第33条规定成员国应确保CMO设立及时有效的投诉程序，尤其是有关权利管理的授权，权利管理的终止或撤回权利，会员条款，使用费的收取、扣减、分配等事宜的投诉。CMO应该以书面形式作出答复，对于不受理的投诉，应提供理由。指令还引入了替代性争议解决机制（ADR程序），对版权集体管理利益相关者之间发生的争议，可依指令要求提交ADR程序来解决，争议类型包括：（1）CMO同实际或潜在的网络服务提供商关于发放许可（指令第16条）；（2）作品目录信息（指令第25条和第26条）；（3）出具报告及发

---

[1] 指令第16条第1款：CMO同使用者谈判许可协议应符合诚实信用原则，相互之间应该提供必要的信息；确立了CMO发放许可时应遵守客观和非歧视原则；不能要求CMO在对提供的新型线上服务向欧盟公众开放未满3年的使用者发放许可时，使用在其他线上服务作为先例的许可条款；强调了CMO应该及时处理使用者的许可请求，无论是发放许可还是经提供合理解释后拒绝发放许可，都不得有所延误。

票的争议（指令第27条）；（4）同一个或多个权利人关于作品目录信息、出具报告及发票、报酬支付等的争议（指令第28条）；（5）跨国许可证的争议（指令第29~31条）。同时，成员国应确保CMO同使用者之间的争议可提交法院解决，或者适当情况下，提交至拥有知识产权法方面的专家、独立公正的其他争议解决机构，特别是关于现行或计划中的许可条件或是违反契约方面的争议。

4. 内部监督机制

指令对于全体大会增加了许多细节化的规定，内部监督机制就是其中之一，内容主要围绕CMO内部管理的程序规范化和运作透明化，指令对于CMO内部的监督和管理机制提出了更高的要求。对于指令第8条第5款[1]增加的几项决议事项，第8条第6款规定，全体大会可以通过决议或是组织章程的条款授权负责监管的机构进行上述事项的决议。

行使监督部门职能权利的人应该能够公平地代表CMO会员的不同类别，指令赋予监督部门如下权利：（1）行使由全体大会下放的权力，包括选任和解聘组织负责人，制定风险管理规定，决定处分不动产资产，决定合并、设立分支机构，决定接受或发放贷款等事宜；（2）对第10条[2]提及的管理者的行为和表现进行监控。该部门应该至少一年一次就其行使权力的情况向会员大会报告。

5. 外部监督机制

外部监督的主体主要是使用者、公众和公权力机关，指令第2编第5章"透明度和报告"对增强CMO的管理透明度和充分公开信息做了具体规定。

为了保障信息的透明度和充分公开，指令要求CMO应每年至少一次对权利人和作为其会员代表权利人的企业提供如下信息：（1）权利人授权CMO的合同细节；（2）分配给权利人的报酬；（3）用于管理费支出的扣减；（4）用于管理费之外的所有扣减，包括为提供社会、文化、教育服务产生的支出；（5）其他收入。

当权利人、使用者或是其他CMO提出要求时，CMO也应用电子手段提供所需的信息，应该向公众披露的信息包括：CMO的章程，如果章程中不包括

---

[1] 指令第8条第5款关于在全体大会上做出决定的事项中增加了如下几项：（1）风险管理政策；（2）有关不动产的购买、出售或抵押的批准；（3）有关合并和联盟、附属机构的设立、购买其他实体或股权或其他实体权利的批准；（4）有关申请或授予贷款、提供贷款担保的批准。

[2] 指令第10条规定了管理CMO事务人员的职责，CMO应通过健全管理、会计程序和内部控制机制确保管理人员正确行使职责，应采取一定程序避免权益冲突，无法避免有关冲突时，该程序可用于确认、管理、监控、揭露现实或潜在的权益冲突，以避免对组织管理的集合利益造成不利影响。该程序包括由管理事务的人对全体大会作年度个人陈述。

会员条款和终止授权的条款，则后者也需要专门披露；标准许可合同及使用费标准，如有折扣也需要公开；管理人员的名单；对收入进行分配和扣减的一般规定；CMO 签订的代表协议清单，代表协议中涉及的 CMO 名单也需要明列；使用不可分配金额的一般规定；CMO 应在其网站公开前述信息并保持更新。CMO 应在每个会计年度末后 8 个月内草拟并公开年度透明度报告，并在其网站上公开，报告应可供公众查询至少 5 年。报告应包含下列信息：（1）财务报告，应包含资产负债表或有关资产和负债的报表，该会计年度的收支账目和现金流报表；（2）一个会计年度内所有活动的报告；（3）根据指令第 16 条第（3）款拒绝发放许可证的信息；（4）有关 CMO 法律及治理结构的说明；（5）CMO直接或间接、全部或部分为 CMO 控制的所有企业的信息；（6）上一年度支付给行使监督和管理职能的人员的总金额，包括其他形式的利益；（7）特别报告中包含的审计信息；（8）所有有关的财务信息；（9）同其他 CMO 关系的信息。

6. 使用费与分配规则

指令第 16 条第（2）款的规定合理使用费所包含的因素有被使用权利在贸易中的经济价值、作品使用的性质范围以及 CMO 提供的服务经济价值。使用费的标准和用途必须向使用者告知，一般使用费只分配给权利人，但根据指令的规定，使用费也可以被用于符合权利人利益而进行的投资等有关活动。另外，关于管理费的扣减必须符合透明度及合理度，用于社会、文化、教育的支出也必须有一定限度。

使用费的分配原则是“快速”，指从收到该笔收入的会计年度年末起算至迟不晚于 9 个月，除非存在合理的客观原因，如由使用者的报告，对权利、权利人或作品配套信息的确认，使得 CMO 或其会员无法按期完成。当 CMO 采取了能够确定和查找权利人的所有必要措施，仍然无法分配这笔款项，在 9 个月期限届满后 3 个月，CMO 应向那些它无法确认到的权利人提供如下有关信息：（1）它所代表的权利人或是属于 CMO 会员的代表权利人的企业；（2）同它签有代表协议的所有 CMO 名单。前述措施都达不到目的时，CMO 应在该 3 个月期限届满之后 1 年内将有关信息向公众公开。自收到该笔收入的会计年度年末起算经过 3 年，便可以将这些款项视为不可分配。成员国可以出于资助社会、文化、教育活动的目的，对 CMO 使用这笔款项做出限制。

（三）评析

从“建议”到“提案”再到“指令”，欧盟取得的进步是明显的，体例更完善，内容更深化细致。例如，指令不仅是在规范概念名称上有所突破，对概念的解释也更为深入，第 3 条（a）款对著作权 CMO 的定义更突出组织的行为是为了其所代表的众多权利人的集体权利，而且CMO代表权利人行为还要符合两个标准：（1）该组织由其成员所拥有或控制；（2）该组织建立于非营利基础上。这个定义突出了CMO的信托职能和社会文化职能。指令的制定者还考虑到网络时代中多种版权管理方式和管理实体并存的特点，在指令中将"独立管理实体"纳入著作权集体管理制度的主体范围，指令考虑到实践中实施集体管理及类似行为的实体不只有CMO，还有许多协会、合作社、有限公司等，还有许多CMO在设立时，没有版权权利人这样的会员，也就是说，进行版权集体管理的组织表现出多种法律形式，因此，指令将独立管理实体纳入欧盟集体管理制度的研究范围。

除了优点之外，指令中也存在一些尚未解决的问题。在引入竞争机制的问题上，指令的设立原意是试图借此为各国CMO构建一个跨越多国领土的公平竞争环境，特别是有关音乐作品线上权利的许可。指令的规定偏重于对权利人的保护，竞争机制的引入主要方便了较大规模权利人（比如一些主流音乐制造公司）实现他们的权利，但该政策对使用者产生的作用很小。同时竞争机制也可能造成多重许可，增加许可成本的问题。

欧盟对版权集体管理制度进行的改革目前已经取得了意义重大的成就，对版权集体管理制度产生了深远的影响，但因为欧盟在这部分也还处于探索阶段，指令仍不可避免地存在缺陷与不足。

七、保护期指令

（一）立法背景

版权自产生起就受到保护期限的限制。世界上第一部版权法英国1709年的《安娜女王法》规定，所有受著作权法保护的作品受到保护的期限都是相同且固定的，即自作品发表之日起14年；这个期限可以被延长一次。

在著作权保护期方面，欧盟各成员国的规定不尽相同，欧盟大多数成员国规定著作权保护期为作者有生之年加死亡后50年，德国是作者有生之年加死亡后70年。在与著作权相关的权利方面的保护期限规定也各有特色。欧盟法院对一个案件的判决使欧盟各成员国意识到著作权保护期的差异给共同体市场带来的妨碍。在该案中，法院指出：由于共同体缺乏统一的相关规定，因而有关文学艺术产权的保护条件依各国法律规定执行。该案的判决使欧盟理事会意识到保护期的差异危害到了著作权及相关权共同市场的运行，协调各国著作权及相关权保护期是实现统一大市场的必要步骤，随即版权及相关权保护期问题被列入协调的议题日程。正是在这一案件的启示下，欧盟于1993年10月29日通过了关于版权及相关权的保护期指令即Directive 93/98/EEC（以下简称

“保护期指令”或“指令”)，[1] 后来在修订1993年指令的基础上于2006年12月12日颁布了新的保护期指令（Directive 2006/116/EC）并于2011年11月27日通过DIRECTIVE 2011/77/EU对部分内容进行改动。

（二）主要保护范围或权利内容

1. 保护原则

指令没有特别解决关于保护原则的问题，指令的保护客体主要是版权和相关权的客体，与国内立法、国际立法和欧盟立法一致。指令的宗旨与目标就是通过协调版权与相关权的保护期，使文学、艺术、科学作品在欧盟任一成员国成为公共产品后，就能在其他所有成员国自由传播。从保护期指令的内容中可以看出其基本原则是：（1）全面协调版权与相关权的保护期及其起算标准；（2）促使保护水平较低的成员国向保护水平高的国家看齐；（3）保护既得权利；（4）平衡版权与其相关权之间的复杂关系。另外，指令从四个方面调整并影响成员国关于版权及相关权的立法：（1）指令建立了欧盟内版权及相关权保护的标准；（2）指令定义了对摄影作品的保护标准；（3）指令要求成员国认定电影或视听作品的主导演为作品的作者之一；（4）指令要求成员国对首次合法地出版之前未曾出版作品的作者提供版权保护。

2. 保护的受益者

指令保护的受益者一般是相关版权或相关权的权利持有人。其中，指令特别规定，将主导演认定为电影作品或视听作品的作者（指令第2条第（1）款），在1994年7月1日前的电影作品或视听作品的主导演可以不被成员国认定为作品的作者之一（指令第10条第（4）款）。在此之前，关于主导演是否应该被认定为电影作品或视听作品的作者，各个成员国有不同的规定，一方面，英国及爱尔兰认定录像作品的制作者是录像作品经济权利的持有者；另一方面，一些成员国将导演和其他智力创造者认定为电影作品的作者。指令的一般性规定意味着英国及爱尔兰应该修改国内法，增加导演作为电影作品的作者之一。当主导演被认定为电影作品的作者之一后，成员国中关于电影作品其他合作作者仍保留不同的规定。

指令第4条规定任何人，在版权保护期到期后，首次合法地出版或向公众传播未曾出版过的作品的，可以获得与经济权利的作者同样的保护期限。因为指令没有特别规定哪类人可以获得该权利，因此推测由各个成员国进行规定。出版者同时可以享有指令第5条赋予的权利，出版者对于学术评论性及科学性

[1] The Council Directive harmonising the term of protection of copyright and certain related rights（“the Term Directive”）(93/98).

出版物享有的权利保护期自其合法出版之日起最高不超过30年。该项制度的目的在于保护学者对既有的、不受著作权保护的文献的整理、评注成果。

指令对于作品所有权人的保护问题是沉默的，因此推测该问题留给成员国自行解决。

3. 保护客体

指令的保护客体包括作者的作品、表演节目、录音作品、电影固定作品、有线或无线的广播作品。除此之外，一个独立的客体分类是指令第4条规定的首次出版的未曾出版作品。成员国可以选择保护存在于公共领域的评论性或科学性的作品。

4. 保护标准

成员国的国内法，与国际法相协调，为每个保护客体制定了不同的保护标准。而保护期指令特别地规定了一个与保护期限没有关联的权利，即维持摄影作品的版权。在英国，只有一种类型的摄影作品可以被版权保护，那就是包含原创性的艺术作品。在其他国家，比如德国，两种类型的摄影作品可以得到保护，一种类型是和英国相同，另一种类型是"非原创性"作品。因此，关于摄影作品的版权保护各个成员国的规定有重叠和模糊的地方，指令的目的是使摄影作品的保护标准清晰化，至少说明什么才是原创性的标准。指令第6条指出摄影作品具有作者自己的智力创造的可以获得伯尔尼公约规定的作者权利的保护。在欧共体范围内的原则是摄影作品只有符合伯尔尼公约下艺术作品的条件，才可以获得版权保护，保护期指令试图寻找到摄影作品原创性的统一标准。指令明确了"作者自己的智力创造"是摄影作品原创性的标准。

5. 精神权利

指令第9条指出指令不能影响成员国内关于精神权利的规定，也就是说指令没有包含对保护期精神权利的规定。但是，成员国内关于精神权利保护期的规定一定程度上受到了指令的影响，即将精神权利的保护期限与经济权利的保护期限相联系。例如在英国，精神权利的保护期限与经济权利相同，因此根据保护期指令的规定，英国版权法延长了版权的保护期，根据1988年法案制定的精神权利的保护期也得到了延长。

6. 经济权利

除了指令第4条规定的任何人，在版权保护期到期后，首次合法地出版或向公众传播未曾出版过的作品的，可以获得与经济权利同样的保护期和指令第5条规定的关于对存在于公共领域的评论性或科学性出版物的保护之外，指令没有再特别对经济权利进行规定。

7. 保护期限

以下是关于成员国需要遵守的指令保护期规定（指令第7条）的总结。

（1）作者的权利。

①文学与艺术作品：保护期为作者有生之年加死亡后70年，该保护期不受作品合法公之于众的具体时间影响。❶

②合作作者的作品：依最后去世作者的死亡时间来计算，这与大多数国际公约的规定是相同的。但是由于各国对合作作品本身有不同的理解，故这种规定的协调作用是有限的。例如，有的作品是由多人创作的可以单独使用的数个部分组成的，它们在德国不被视为合作作品，而被称为"作品联合"，其各个部分的保护期单独计算。但是，这样的作品在法国则可能被视为合作作品。❷

③匿名或使用笔名的作品：对于匿名或者假名的作品，其保护期终止于它合法公之于众后70年。但是在以下两种情况下，保护期仍按前述第1款的规定计算：虽用假名但作者身份可以明确者；匿名或假名作品在前述期限内，作者公开其身份的。❸

④集体作品或法人作为著作权人作品：如果成员国对于集体作品的著作权或者法人作为著作权人有相关规定，在具体的自然人作者身份不公开的情况下，保护期终止于它合法公之于众后第70年。

⑤多卷、多部或分期发行的作品：每一部分的保护期限分别计算，从其合法公之于众之日起算。❹ 对于不能以作者死亡之日起算，且该作品在创作完成之后70年之内未合法公之于众的，该作品的保护期即终止。❺

⑥未发表的作品：作品创作之日开始70年。

⑦电影作品或视听作品：电影作品或视听作品的保护期为作者有生之年加70年。根据规定，无论成员国是否将主导演、剧本作者、对白作者及为有关作品谱曲的作曲家认定为电影作品或视听作品的作者，作者死亡后的70年都是从下述人中最后一人死亡时起算：主导演、剧本作者、对白作者及为有关作品谱曲的作曲家。❻

（2）相关权。

在相关权的保护期层面，保护期指令不但协调或者统一了各成员国关于相关权的保护期规定，而且协调或者统一了计算保护期的方式。

---

❶ 保护期指令第1条第1款。
❷ 保护期指令第1条第2款。
❸ 保护期指令第1条第3款。
❹ 保护期指令第1条第5款。
❺ 保护期指令第1条第6款。
❻ 保护期指令第2条第2款。

①表演作品：从表演作品创作之日起50年，但是如果表演作品在上述50年保护期内合法地公之于众，则其保护期止于其首次公之于众之后50年。[1]

②录音制品：从录音制品被首次固定起50年，但是如果录音作品在上述50年保护期内合法地公之于众，则其保护期止于其首次公之于众之后50年。[2]

③电影作品：从作品被固定之日起50年，但是如果电影作品在上述50年保护期内合法地公之于众，则其保护期止于其首次公之于众之后50年。[3]

④广播作品：第一次被传播之日起（无论是有线还是无线）50年。[4]

⑤版权保护期已过的，首次出版的未曾出版过的作品：首次合法地将未曾公开、且已超过保护期的作品公之于众的人，享有与作者同等的财产权保护，期限为作品公之于众之日起25年。[5]

⑥学术评论性及科学性出版物：自其合法出版之日起最高不超过30年。该项制度的目的在于保护学者对既有的、不受著作权保护的文献的整理、评注成果。[6]

（三）特别规定

当成员国国内法的保护期限长于指令规定的时间并实际从1995年7月1日前开始实行该法律，则不必按照指令的新规定缩短保护期。[7]

（四）评析

保护期指令的目的是延长表演者和录音制作者的版权保护期限至70年，使之与作者保护期的规定（作者今生加死后70年）更加吻合。扩展的保护期可以使表演者在有生之年获得更多的收入，对于表演者而言，依靠版权收入获得报酬很重要，因为他们通常没有固定收入获得的薪水。延长的保护期也会使录音制作者受益，他们额外收入来源产生于录音制品在商店和线上的销售。这将使生产者适应快速变化的商业环境，帮助他们维护在人才项目上的投入。

指令设计了特别的配套措施以保护表演者，指令要求"使用或放弃"条款必须被包括在表演者和唱片录音公司的合同中，只有这样，如果唱片录音公司没有按照合同约定在延长的期限内将作品在市场上进行销售，则表演者可以根据此条款要求收回权利，并且通过网络寻找到另一个愿意出售音乐的唱片公

---

[1] 保护期指令第3条第1款。

[2] 保护期指令第3条第2款。

[3] 保护期指令第3条第3款。

[4] 保护期指令第3条第4款。

[5] 保护期指令第4条。

[6] 保护期指令第5条。

[7] 保护期指令第10条第1款。

司。最后，唱片录音公司不得不建立一个基金，将在延长的期限内通过版权获取收入的20%用来资助音乐家们。

八、追续权指令

2001年9月27日欧盟委员会通过了欧盟追续权指令（Resale Right Directive，2001/84/EC），[1] 正式转化为成员国国内法的时间是2006年1月1日。追续权是源于法国民法的大陆法系概念并于1920年被最先引入知识产权法，其含义是允许艺术家对艺术品原件首次出售后的再次出售分享一定比例收益的权利，在英美法系国家也被称作转售版税权或转售权。

（一）立法背景

关于艺术家是否享有对自己已经出售的作品再次出售时分享一定收益的权利，一直以来都是争议的焦点。其核心冲突主要集中于追续权对艺术家的保护是否具有合理性基础和有效的操作方法，以及对艺术品市场交易是否会产生负面影响。经典的案例是“梵高”，他在他的有生之年没能卖掉一件作品，他的作品却在其死后获得了极大的价值，像这样的艺术家还有很多。从法国1920年法案开始，很多国家开始陆续赋予艺术家对自己的作品再次出售后不断获得收益的权利，最后，伯尔尼公约也引入这项权利。大部分的欧洲国家在2001年之前开始在国内法中设立追续权制度，但他们的规定缺乏统一性，追续权指令最终设立了追续权制度并开始向成员国成功植入，指令的实施在欧盟内部乃至世界范围内产生深远影响，其很好地解决了关于追续权的核心争议问题并建立起欧盟模式的追续权制度体系，也为世界各国提供了构建追续权制度的参考样板。

指令序言中关于追续权争议问题的要点如下：

（1）在版权领域，追续权是一项不可转让的、不可剥夺的权利，由原作品的图形或塑造艺术作者享有，以连续出售有关作品的经济利益。

（2）追续权旨在确保平面和立体艺术作品的作者分享他们原创艺术作品的经济成功。它有助于平面和立体作品的作者的经济状况与其他创作者的经济状况之间的平衡，这些创作者从他们作品的连续开发中受益。

（3）追续权是版权的组成部分，是作者的一项基本特权。在所有成员国实施这种权利都需要为创作者提供充分和标准的保护。

（4）伯尔尼公约规定，只有在作者所在国法律允许的情况下才能获得追

---

[1] Directive 2001/84/EC of the European Parliament and of the Council of 27 September 2001 on the resale right for the benefit of the author of an original work of art.

续权。因此，这项权利是可选的，并遵循互惠原则。根据欧洲共同体法院的判例法，如 C－92192 和 C－326192 判决中所示，适用条约第 12 条规定的不歧视原则法庭认为不得依赖含有互惠条款的国内条款来否认其他成员国的国民赋予本国作者的权利。

（5）各国关于追续权的规定之间存在差异，导致共同体内竞争和销售流失的扭曲，并导致艺术家之间根据其作品的销售地点而受到不平等待遇。缺乏共同体行动将与条约要求纠正对竞争和不平等待遇的扭曲相冲突。鉴于国家规定之间存在分歧的规模，因此有必要采取协调一致的措施来处理成员国法律在这种差异可能造成或维持扭曲的竞争条件的地区之间的差异。然而，没有必要协调成员国关于追续权的每一项条款，为了尽可能为国家决策留出足够的空间，只需将协调工作限制在那些最具有国内规定的国家直接影响内部市场的运作。

（二）主要保护范围或权利内容

1. 权利的受益人

追续权指令规定的权利受益人是原创作品的作者，“原创作品”是指平面的或立体的艺术品，例如绘画、拼贴画、图画、雕塑、雕刻品、印刷品、平板印刷品、挂毯、陶瓷、玻璃器皿和摄影作品，上述作品来自艺术家的制作或是其授权的有限数量的复制品。追续权规定的转售版税应支付给作品的作者，在其死后也是以其名义来继承。有权领取版税的第三国国民，其所有权继承人应根据本指令和有关成员国的立法享有追续权，只有在提交人或其继承人为国民的国家允许该成员国及其所有权继承人的作者在该国得到追续权保护。

2. 保护标准

指令的保护标准即满足指令第 2 条对“原创作品”的标准，只要满足标准，所有原创作品的作者就按照指令的规定享有追续权。

3. 精神权利

指令没有对精神权利做规定。

4. 经济权利

指令只规定了一项经济权利，即作品的作者获得转售作品的版税的权利，版税应由卖方支付。成员国可以规定，除卖方以外的买方或中介人的艺术市场专业人员之一应单独承担责任，或与卖方分担责任以支付版税。[1] 追续权的范围应扩展到所有转售行为，除非那些直接在没有艺术市场专业人员参与的情况下以私人身份行事的人员之间进行。这项权利不应包括以私人身份为博物馆转

---

[1] 追续权指令第 1 条第 1 款。

售非营利且向公众开放的行为。关于直接从作者手中收藏作品的艺术画廊的特殊情况，应允许成员国免除在收购后3年内进行的转售行为。艺术家的利益也应该考虑在内，将这种豁免限制在转售价格不超过1万欧元的转售行为中。[1]

5. 权利的限制和例外

成员国规定当卖方从作者处直接获得作品的情况下，下列行为不得适用追续权[2]：（1）转售前的过渡期少于3年；（2）转售价格不超过1万欧元的转售行为。

6. 保护期限

追续权的保护期限应符合指令93/98/EEC（保护期指令）第1条的规定，即作者的有生之年加死亡后70年，不得要求在不迟于2010年1月1日到期的期间内不适用追续权的成员国为死后的艺术家有权享有的权益申请追续权。以上成员国可在一定情况下最多再延长2年，以使该成员国的经营者能够在保持其经济可行性的同时逐步适应追续权制度。在到期之前的12个月之内，有关成员国应通知委员会说明理由，以便委员会在收到此类信息后的3个月内经适当协商后提出意见。如果会员国不遵循委员会的意见，它应在1个月内通知委员会并说明其决定的正当性。

7. 权利的运行

指令第3~6条规定了版税的计算方式和报酬。应由成员国设定最低销售价格，此最低销售价格在任何情况下均不得超过3000欧元。指令规定的版税应按下列费率：（1）销售价格5万欧元的部分为4%；（2）销售价格从50 000.01欧元至20万欧元的部分为3%；（3）销售价格从200 000.01欧元到35万欧元的部分为1%；（4）销售价格的35 000.01欧元至50万欧元的部分为0.5%；（5）销售价格超过50万欧元的部分为0.25%。

但是，版权使用费总额不得超过125万欧元。如果最低销售价格低于3000欧元，成员国还应确定适用于销售价格最高为3000欧元的部分；这个比率不得低于4%。成员国可对上述版税提供强制或可选的集体管理模式。同时，成员国应规定，在转售后的3年内，有权享有转售版税的人可以要求任何艺术市场专业人员提供可能需要的任何信息，以确保有关转售的版税。

8. 侵权与赔偿

追续权指令没有专门规定权利的侵权行为和赔偿方式。

（三）评析

追续权指令促进了欧盟内部英美法系与大陆法系国家在艺术品交易领域法

[1] 追续权指令序言第18条。

[2] 追续权指令第1条第3款。

律规则的协调与统一，也在世界范围内影响着其他国家对追续权制度的理论思考与法律构建。

追续权制度本身具有激励艺术家和平衡利益的作用，一方面，追续权可以使得艺术家不能在第一次销售中充分实现艺术品价值的损失得到补偿，这既是对艺术家付出的回报，也是对其继续从事艺术创作的激励，为此，追续权指令将追续权视为具有促进艺术家创作特征的权利，由此明确了该制度的艺术家激励机制作用。另一方面，追续权制度具有矫正艺术品市场利益失衡的作用。这是因为该制度限制了权利穷竭原则和契约自由原则的滥用，使艺术家能够获得与销售商平等参与市场运作并获取经济利益的机会。事实表明，艺术家对原件的转让往往是有失公平的，固有价值理论认为艺术品的潜在固有价值通常不会在第一次销售中得以体现，因为艺术家的想象力是超前于时代的，其作品的真正价值只能在一段时间后为市场所认可。为此，追续权指令将追续权制度视为艺术家与销售商之间的利益平衡机制，试图实现艺术品交易的形式公平与实质公平的统一。

伯尔尼公约的1948年布鲁塞尔文本在两大法系的争论声中引入追续权制度。该公约规定对于艺术品原件和作家、作曲家的手稿，作者或者作者去世后由国家法律所授权的人或机构享有不可剥夺的权利，在作者第一次转让作品之后可对作品进行的任何出售分享利益。公约规定的追续权不具有强制性，而且仅在成员国互惠互利的条件下才得以行使。在该公约的推动下，欧盟极力推动追续权制度的建立，使各成员国艺术品市场在统一规则下均衡发展。追续权指令颁布前大陆法系国家多已建立追续权制度，因而该指令侧重于推动英国为首的英美法系国家对此项制度的接受，由此看出，指令将追续权制度视为促进欧盟内部艺术品市场均衡发展和确保整体国际竞争力的有效机制。

九、信息社会版权与相对权保护指令

（一）立法背景

为解决欧盟一体化和计算机技术、数码技术和光纤通信技术等新技术带来的信息社会的挑战，从20世纪90年代开始欧盟加快了信息社会版权立法的步伐，这一立法活动是一个循序渐进的过程，这一改变也源于整个国际信息社会发展的推动。

早在1988年，欧共体委员会就发表了《版权与技术挑战绿皮书》，[1]认为新技术使国家之间的疆界事实上消失，明确提出了欧洲知识产权协调保护的目标。1991年1月欧洲委员会批准了《绿皮书后续行动：欧洲委员会在版权与相关权领域的工作计划》，[2]1994年欧盟委员会在《增长、竞争、就业——通向21世纪的挑战与道路》白皮书中正式使用了“信息社会”一词。在白皮书后，由本格曼领导的团队向欧盟理事会提交了一份报告，报告提到知识产权在信息社会建设中的作用，建议继续在欧洲以及国际层面将知识产权作为优先的领域。1994年7月欧盟委员会又召开了有关利益团体参加的听证会，会后发表了这些利益团体对信息社会知识产权保护的有关意见。欧盟委员会接着以通讯的形式发表了《欧洲信息社会之路：行动计划》[3]的咨询文件。该文件提出了欧盟委员会的行动框架，明确提出欧洲信息社会知识产权保护的行动目标。认为面对新的网络技术环境，欧洲共同体及成员国在版权及相关权利方面已存在的和正在考虑的措施需要重新评价。[4]

在上述咨询报告的推动下，欧盟于1995年7月19日发表《信息社会版权与相关权绿皮书》，欧盟委员会认为在新技术推动的信息社会下有五个与版权相关的概念需要重新解释，包括作者的概念、原创性标准、首次出版概念、权利内容、公平使用或私人使用。在此之后，欧盟委员会先后批准了计算机软件保护指令、出租权指令、卫星和有线转播指令、保护期指令和数据库指令，以上指令都是欧盟进行信息社会版权立法的阶段性成果。

1996年12月，世界知识产权组织主持的外交会议缔结了《世界知识产权组织版权条约》和《世界知识产权组织表演和录音制品条约》。随后，欧盟即开始制定实施上述两个条约的指令。1997年12月10日，欧盟委员会向欧盟议会和欧盟理事会提出《关于协调信息社会中版权与相关权某些方面的指令建议》，简称“版权指令草案”。欧盟委员会在对草案进行审议后提出修改建议，在2000年9月25日发布了一个关于修改草案的“共同意见”，根据“共同意见”的内容，欧盟继续修改指令草案，最终在2001年6月22日公布了“欧盟

---

[1] Green Paper on Copyright and Challenge of Technology: Problems in Copyright Calling for Immediate Action, COM (88) 72 final, 17 J une 1988.

[2] Follow - up to the Green Paper Working Programme of the Commission in the Field of Copyright and Neighboring Rights, COM (90) 584 Final, 17 January 1991.

[3] Communication from the Commission to the Council and European Parliament and to Economic and Social Committee and Committee of Regions, COM (94) 347 final, Brussels, 19 July 1994.

[4] 陈传夫.《欧盟信息社会版权与相关权利协调指令》简介［J］. 理论探索与研究，2001(10).

议会和理事会关于协调信息社会中版权和相关权某些方面的指令"[1]（以下简称"信息社会版权指令"或"指令"），公布之日指令即生效，并于2002年12月22日前正式完成欧盟成员国国内法的转化。欧盟版权指令由61条"序言"和15条"指令正文"两部分构成，"序言"部分主要说明制定的立法依据、立法过程和立法目的，以及"指令"部分条文的基本含义等。

（二）主要保护范围或权利内容

1. 权利的受益者

在信息社会版权指令中，权利的受益者包括作者、表演者、录音制作者、首次固定电影的制作者和广播组织。

2. 保护客体

信息社会版权指令的保护客体包括作者的作品、表演作品、录音作品、电影的固定片段和广播（无论有线还是无线，包括通过电缆或卫星传输）。

指令第10条指出指令的内容应适用于指令所指的在2002年12月22日在版权和相关权利领域内受成员国立法保护的，或符合本指令规定的保护标准的或第1条第2款规定的所有作品和其他客体。除此之外，指令没有规定其他的保护标准（如独创性、首次发表地点等）。指令第1条第2款说明信息社会版权指令不得影响其他指令。

3. 保护标准

虽然指令没有明确特别的保护标准，但是，成员国国内法中相关的保护标准也可以用来作为是否符合欧盟版权指令保护客体的判断标准，例如是否需要固定的形式；受保护作品的目录或是独创性的定义；作者的国籍国和作品首次发行地等标准都可以是欧盟版权指令的一般保护标准。

4. 精神权利

指令没有涉及关于精神权利的规定，关于表演者的精神权利可以适用WIPO表演和《表演者权条例》第5条规定的表演者精神权的内容。

5. 经济权利

信息社会版权指令的核心是对经济权利的规定，也是最为重要的部分，该部分影响着欧盟成员国中对经济权利的协调和统一，指令中规定的经济权利包括复制权、公众传播权（包括向公众提供权）、发行权。

（1）复制权。

指令第2条规定了复制权，内容为成员国应规定下列授权或禁止直接地或

[1] The European Parliament and Council Directive on the harmonisation of certain aspectis of copytight and related rights in the information society（2001/29）（"the Information Society Directive"）.

间接地、临时地或永久地通过任何方法和以任何形式全部或部分复制的专有权：作者，就其作品；表演者，就其表演的固定；录音制品制作者，就其录音制品；首次固定电影的制作者，就其电影的原件或复制件；广播组织，就其广播的固定，无论这些广播是以有线还是无线方式传输的，包括通过电缆或卫星传输。

《伯尔尼公约》（1971 年版本）第 9 条第 1 款对复制权进行简单定义，即“受本公约保护的文学艺术作品的作者，享有授权他人以任何方式或形式复制其作品的专有权”，这是一个既简单又广泛的定义。WIPO 版权条例清晰地表明伯尔尼公约中规定的复制权应该被运用到数字环境中，特别是运用到以数字形式为载体的作品上。所以，信息社会版权指令对复制的概念进行了更加细致的界定，指令第 2 条明确规定，复制包括以任何方式或形式所进行的直接的或间接的复制、永久的或暂时的复制，而且无论该种复制是全部复制还是部分复制。显然，这是依据数字化技术和作品在网络中传播的特点而对复制重新进行界定。总之，信息社会版权指令在版权和相关权方面都对复制权的定义做了统一的规定。

（2）公众传播权和向公众提供权。

《伯尔尼公约》第 11 条给公众传播权的定义留下了一定的空间，例如在对戏剧作品和戏剧音乐作品权利的限制的保留和缺乏对网络传输权的规定等。WIPO 版权条例填补了该空白并在该条例第 3 条中正式规定了“公众传播权”和特别地规定了向公众提供权（包括网络传输和相似的服务）。信息社会版权指令完全接纳了以上对于传播权定义的重大变革，在第 3 条中规定了“向公众传播作品权和向公众提供其他受保护客体权”。第 3 条第 1 款要求成员国向作者提供专有权利，使他们可以授权或禁止他人以无线或有线的方式向公众传播其作品，包括将其作品向公众提供，使公众中的成员在其个人选定的地点和时间获得这些作品。第 3 条第 2 款要求成员国向表演者、录音制品制作者、电影制片人和广播组织提供专有权利，使他们可以授权或禁止他人以有线或无线的方式向公众提供其已经固定的表演、录音制品、电影的原件和复制件以及已经固定的广播节目，包括将上述受保护客体向公众提供，使公众中的成员在其个人选定的地点和时间获得这些受保护客体。与 WIPO 的表演和录音制品条约中的“向公众提供权”和版权条例中的“向公众传播权”相比，信息社会版权指令将公众传播权不仅赋予给作者，也赋予给了表演者和录音制品制作者，并将向公众提供权赋予给了电影制片人和广播组织。

《信息社会指令》第 3 条第 3 款进一步规定，向公众传播权或向公众提供权不因向公众传播作品或提供受保护客体的行为而穷竭。这一规定的目的是想明确，当有关作品的所有人向公众传播该作品以后，当有关受保护客体的所有人向公众提供了该受保护客体以后，他们仍然就有关的作品或受保护客体享有向公众传播权或向公众提供权。有关的权利不因作品或受保护客体的一次或多次的传播或提供而穷尽。

（3）发行权。

伯尔尼公约没有规定对作品的有形版本（如书、CD、CD—ROM、录音带等）进行分销的权利，WIPO 的版权条约（第 6 条）和表演和录音制品条约（第 8 条、第 12 条）都规定了发行权。另外，在信息社会版权指令之前，《欧盟出租权指令》第 9 条已经就表演者和录音制作者的发行权进行了规定，因此，信息社会版权指令需要的只是规定作者的发行权，指令将其规定在第 4 条。《信息社会版权指令》第 4 条第 1 款赋予作者授权对其原作或复本进行任何形式的通过销售或其他方式发行该作品的排他权。除非作品的所有权发生转移或作者、权利所有人同意，该发行权在共同体内不会穷竭。指令序言第 28 条指明指令规定的控制发行只代表对有形物体的发行，对各种形式或在线服务不适用。[1] 第 4 条第 2 款还规定了“共同体内穷竭”，即倘若销售是由权利所有者直接进行或在其同意下进行的，那么分销权于其作品第一次在共同体内销售后，在整个共同体内耗尽。

6. 权利的限制和例外

伯尔尼公约允许成员国对专有权设定一定的限制和例外，例如对于复制权，对其的限制和例外是“三步检验法”。WIPO 的条约没有对权利例外和限制的类型进行专门列举，而是赋予权利人在合同中在符合“三步检验法”的情况下进行自由的规定。相比较公约和 WIPO 条约的规定，信息社会版权指令对于权利的例外和限制的规定略显模糊，指令的第 5 条系在共同体的范围内针对网络环境中的权利（版权与相关权）的例外与限制而制定。

根据指令第 5 条第 1 款的规定，某些暂时性复制应当被排除在复制权的范围之外，条件是该行为是短暂偶然的且是技术过程中不可分割的主要成分。其唯一的目的是由作为中介的第三方在互联网上传送作品或其他受保护客体，或者是为了他人能够合法地使用作品或其他受保护客体。而且，排除在复制权之外的还必须是没有独立经济意义的暂时复制。这样，某一暂时复制行为，只有

---

[1] 欧盟版权指令序言第 28 条：“本指令规定的版权保护包括控制发行以有形物体现的作品的专有权。经权利人授权或经其同意，在共同体内首次销售作品原件或其复制件的，在共同体内将穷竭其对再次销售该物品的控制权。经权利人授权或经其同意，在共同体之外再次销售作品原件或其复制件的，该控制权并不穷竭。《第 92/100/EEC 号指令》规定了作者的出租权和借阅权。本指令规定的发行权不影响该指令第一章所包含的与出租权和借阅权有关的条款。”

在符合上述种种条件之后，才可以被排除在复制权的范围之外。对暂时复制的免除责任，还必须符合《伯尔尼公约》第9条所确立的“三步法”，即有关的例外与限制是就某种特定的情形而言，并且不与作品或其他受保护客体的正常使用相冲突，也没有不合理地损害权利人的合法利益。除此之外，指令的序言部分还对可以免除责任的复制行为做了进一步明确的规定，序言规定复制权的例外应当包括允许浏览的行为以及实施缓存的行为，其中包括允许传输系统有效运作的那些行为，只要该中间服务商未更改有关信息，也未阻碍被业界广泛承认和使用的、通过使用该信息获得数据的合法的技术上的使用。由权利人授权的使用或不为法律所禁止的使用，就应当被认为是合法的使用。[1]

指令第5条第2款和第3款规定了19条成员国可以适用的关于“复制权的例外与限制”以及“复制权与向公众传播和提供权共同适用的例外和限制”。根据指令第5条第3款（o）项的规定，成员国中已经存在的关于例外和限制的规定不得影响指令第5条所包含的其他例外和限制。第2款仅涉及复制权的例外和限制。

根据规定，在以复印机或类似程序在纸张或其他介质上复制作品时，成员国可以限制复制权，但其前提条件是有关权利人获得了合理的补偿。同时，这一例外不涉及乐谱的复制。这主要是指静电复印及类似的复印。同样的限制也适用于自然人（不包括法人）为了个人使用和其他没有直接或间接商业目的而进行的复制，其前提条件也是相关权利人获得了合理补偿。这主要是指对听觉、视觉制品和视听制品的复制，而且不仅涉及以有形物为介质的复制，还涉及数字化的复制。同时例外还包括广播组织利用自有设备为自己的广播对作品制作临时录制品，以及由无商业目的的社会机构如医院或监狱，复制广播，前提条件依然是合理补偿。对于“合理补偿”的界限和范围，指令的序言部分有做出说明。序言指出对于合理补偿的形式、安排和效果应该根据个案进行评判，在衡量这些情形时，受质疑的行为可能对权利人造成的损害将是有价值的评判标准。根据指令第5条第4款的规定，对于发行权的例外可以参照第2款对于复制权的例外来规定，但要以正当的许可复制行为的目的为限。

第3款详细列举了15种可以就复制权、向公众传播权和向公众提供权的免责情形，其中主要包括：为教学的举例说明目的或科研目的而使用，只要指出来源并以实现正当的非商业性目的为限；为残障人士的利益而使用，与残障直接有关，并且是非商业性的；报刊复制、向公众传播或提供有关当前经济、政治或宗教方面的已发表的文章或广播作品或其他同类性质的客体，条件是没

[1] 欧盟版权指令序言第33条。

有明确的保留，且应指出来源，或与报道的时事有关，其使用程度以正当提供信息的目的为限，并应指出来源；为了批评或评论的目的而引用，条件是有关的作品或其他客体已经向公众合法提供并应指出来源；为了公共安全目的或为了保证行政、议会或司法程序的正常履行或报告而使用；使用政治演讲以及摘录公开演讲或类似的作品或客体，其使用程度以正当提供信息的目的为限，并应指出来源；在宗教庆典或由公共当局组织的官方庆典中使用；使用永久设置在公共场所的作品，如建筑或雕塑作品；在其他材料中偶然包含的作品或其他客体；为给艺术作品的公开展览作宣传或促销的目的而使用，但限于推广活动的必要范围，并排除任何其他商业性使用；与为演示有关的内容或维修设备而使用；为了重建目的，将艺术作品用于建筑物或建筑物的草图或蓝图。❶

7. 保护期限

《保护期指令》第3条第2款的规定被《版权指令》第11条第2款所取代，即录音制品制作者的权利应在其被固定后的50年期满。但是，如果在此期限内该录音制品已被合法出版，上述权利应自首次合法出版之日起50年期满。如果该录音制品未能在第一句提及的期限内被合法出版，并且在此期限内该录音制品已合法地向公众传播，上述权利应自首次合法地向公众传播之日起50年期满。除了上述的改变，其他权利的保护期仍适用保护期指令的相关规定。

8. 侵权与救济

虽然信息社会版权指令没有专门性地规定侵权的条件，但是根据对WIPO《版权条约》第11条和第12条以及对WIPO《表演者与录音制作者条约》第18条和第19条的植入性规定，版权指令第6条和第7条规定了技术措施的保护以及对权利管理信息的保护。

（1）技术措施。

在数字化和互联网络的环境中，作品和其他受保护客体还可以由某些技术措施加以保护，如控制访问的措施、控制复制的措施等，然而技术措施经常会被规避，因而对技术措施的保护也开始被纳入版权制度。WIPO的版权条约和表演和录音制品条约要求成员国对技术措施加以保护。《版权条约》第11条的标题为"有关技术措施的义务"，要求"缔约各方应规定适当的法律保护和有效的法律救济，制止对作者为行使本条约或伯尔尼公约所规定各项权利而使用的，就其作品限制未经作者授权或法律许可的行为的技术措施加以规避"。《表演和录音制品条约》第18条就表演和录音制品也有相似的规定。依据以上的规定，世界知识产权组织的两个条约只要求缔约方禁止规避的行为，而没

---

❶ 李明德．欧盟"版权指令"述评［J］．环球法律评论，2002（冬季号）：460－462.

有要求禁止制造和提供用以规避的设备或设计。根据以上规定，《信息社会版权指令》第 6 条第 1 款、第 2 款要求成员国提供适当的保护措施以避免对技术措施的规避。根据指令第 6 条第 3 款的规定，“技术措施”一词是指任何正常运行时用于防止或限制未经任何法律规定的版权或版权相关权利或根据第 96/9/EC 号指令第三章规定的特殊权利的权利人的授权使用作品或其他客体的技术、装置或组件的行为。第 6 条第 1 款要求成员国提供适当的法律保护，禁止对任何有效的技术措施的规避。这是禁止规避的行为。第 6 条第 2 款则进一步要求成员国提供适当的法律保护，禁止制造、进口、发行、销售、出租、做广告以销售或出租，或以商业性目的拥有设备、产品或零件，或提供服务，只要它们是为了规避有效的技术措施而被促销、做广告或上市；除了规避有效的技术措施，它们只有有限的商业意义或用途；其设计、生产、改装和操作的主要目的是用于规避有效的技术措施。这是禁止制造和销售用以规避的设备或设计。这是与 WIPO 两个条约不同的地方，即增添了禁止用以规避技术措施的设备的规定。另外，指令第 6 条第 4 款采用“两步法”解决了在技术措施的保护下如何处理与“合理使用”或权利的例外和限制的关系的问题。首先，要求成员国推动权利人为了实现权利的例外和限制所要达到的目的而采取“自愿措施”，包括实施权利人与其他利益集团之间为此而缔结的协议。其次，如果权利人没有采取这样的“自愿措施”，或者权利人与其他利益集团在合理的期间内没有达成这样的协议，成员国就应当介入并采取适当的措施，以确保权利人提供权利的例外和限制所带来的好处。“两步法”应当适用于以下七种例外和限制：复印；图书馆、公共教育机构、博物馆和档案馆所从事的某些复制；广播组织所制作的某些临时录制和存档副本；某些社会组织所复制的广播节目；为了教学和科学研究的某些使用；为了残疾人的某些使用；为了公共安全和立法、行政、司法程序的使用。

（2）权利管理信息。

WIPO 的版权条约（第 12 条）和表演和录音制品条约（第 18 条）都要求成员国充分而有效地保护权利管理信息。在这方面，信息社会版权指令与上述两个条约的规定大体相同。指令第 7 条要求成员国禁止任何人未经授权从事两种行为，第一种是去除或改变任何电子权利管理信息；第二种是传播、为传播而进口、广播或向公众传播其电子权利管理信息已被未经授权而删除或篡改的作品或其他受保护客体。同时，指令第 7 条第 3 款规定“权利管理信息”一词是指由权利人提供的任何被用来识别本指令所指的或第 96/9/EC 号指令第三章规定的特殊权利所包含的作品或其他客体、作者或任何其他权利人的信息，或有关作品或其他客体使用期限和条件的信息，以及代表这些信息的任何数字或代码。

关于对侵权的救济，《信息社会版权指令》第8条第1款规定成员国应对侵权和违反指令义务的行为规定适当的制裁和救济，并采取一切必要措施保证这些制裁和救济的实施。上述制裁应当是有效的、与损害相当和劝阻性的。第8条第2款要求成员国应确保权利持有者能够提起损害赔偿之诉和/或申请禁令，以及在适当条件下，申请没收侵权材料以及用来规避技术措施的装置、产品或组件。第8条第3款与服务提供商的责任相关，要求成员国应保证权利人有资格申请禁令制止中间服务商因第三方利用其服务侵犯版权或相关权利。

（三）评析

信息社会版权指令制定的目的主要是完成两个目的，第一个目的是就数字化和网络环境中的版权保护和相关权保护协调各成员国的法律，尤其是协调各成员国在复制权、发行权、向公众传播权和向公众提供权以及对技术措施和权利管理信息提供保护方面的规定。第二个目的是实施WIPO的版权条约和表演和录音制品条约，这个目的已经在欧盟内部实现。然而关于协调的目的，还有许多需要改进的地方。例如，版权指令中涉及复制权、向公众传播或提供权的例外与限制，是一个穷尽式的清单，这样就冻结了产生新的例外和限制的可能性，尽管序言中提到列举这样的清单是为了协调各国关于限制和例外的规定，但是实际上在权利的例外和限制方面，版权指令并没有达到协调各成员国立法的目的。同时信息社会版权指令在重视协调各国的经济权利的同时却忽略了精神权利，这将使社会公共利益与版权保护之间的关系失去平衡，同时，信息社会版权指令在经济权利上的扩张，尤其是在技术措施保护方面比WIPO版权条约的规定还要严格，这是对社会利益的挤压。欧盟一体化的版权保护，更多地代表了信息工业严格说是大信息公司的利益，对教育和其他非商业性机构和社会公众的免责与例外规定得太窄。尤其是信息社会版权指令共同立场对成员国的免责规定不是强制性的义务，而对复制权等垄断权则规定了强制义务，这将有损欧盟法的公正性。

第三节　本章小结

欧盟版权一体化程序启动的目的在于消除国家间法律的差异对实现一体化商品、服务贸易自由流通造成的障碍，在过去20多年版权及一体化的相关进程中，欧盟委员会发布协调成员国版权立法的指令已有9个之多，但是引用学者的隐喻："欧洲版权仍处于变化不定的状态之中，就像一个尚未完成的挂毯，有着不同性质和地位的广阔的空白空间。"

成员国间不可避免地会存在差异，“上行”或“下行”一体化也经常会产生问题。欧盟版权指令的基调是“上行”（提高版权保护水平）。例如期间问题，欧盟选择延长保护期限，这样欧盟范围内的版权所有人获得了更长时间的保护；还有在原创标准的问题上，欧盟指令选择了较高的“作者智力创造”的标准。欧盟“上行”的协调策略迎合了知识经济发展的需要，提高版权保护水平，激励了作者的创造热情。但是对于将来是否有继续进行上行一体化的必要，则需要不同成员国对版权期间不断延长带来的实际效果的考察，因为一直保持上行，也会导致作者的继承人继续坐享其成，阻止创新的进步。

欧盟版权一体化的进程仍有很多阻碍，首先，这与版权与相关权地域性的本质有关。与欧盟商标法不同，欧盟在版权方面只发布了协调指令，而没有创设在欧盟范围内一体有效的版权。这主要是由于版权的地域性造成的，只要存在界定版权及相关权的地域性，就不可能建立完整统一的内部市场。版权的地域性导致一方面在欧盟内部，各个国家间版权法体系与著作权法体系的差异，很难就一部统一的“版权条例”达成一致；另一方面版权法与著作权法中的权利内容繁多，涉及关系复杂，只有在充分协调成员国版权立法的基础上，才有可能制定和发布统一的“版权条例”，创设在欧盟内一体有效的版权法。

其次，欧盟现有的指令和尚未制定的指令中也存在许多急迫的需要一体化的领域。欧盟应当解决的核心问题是通过发布关于影响内部市场功能问题的指令，并删除相关的国内法，这样就会消除版权法的地域性特征。计算机程序与数据库指令是下一个最需要修改的领域，需要增加更多关于侵权例外的条款，强制推行成员国加以采纳，并赋予其重要性。计算机程序指令的首要问题是尽快明确其与数据库指令公用的合法使用者的概念。另外，关于版权法与其他知识产权法之间的关系，欧盟也从未解决，许多问题仍悬而未决：当作品同时被版权法、商标法、外观设计或专利法所保护，相互之间应该关联吗？数据库与计算机程序间的关联是什么？版权与竞争法之间的关系该如何明确？以上问题在判例法（微软案、IMS Health 案）中也显得相当模糊。

对于以上问题立法结构的解决方法是，引入与过去欧盟立法机构颁布的商标与外观设计指令一致的欧共体版权，或许能够消除现有版权领域的差距，一个共同体版权指令（或欧盟版权法）或许能够建立起真正统一的立法框架，从而建立起版权及相关权的单一市场。可以明确的是，欧盟委员会仍在继续着一体化的进程，至少是在特定的领域。然而对于未来的方向，委员会还有很多需要解决的问题，而这些问题也是中国未来版权立法建设中会遇到的核心问题，欧盟的态度和应对方式值得中国借鉴。

第七章 欧盟成员国著作权法律制度

第一节 概 述

一、区域总体情况

欧洲联盟简称欧盟（EU），是世界上第一大经济实体，总部设在比利时首都布鲁塞尔。随着1993年11月1日《马斯特里赫特条约》正式生效，欧洲联盟正式成立。该联盟现拥有27个成员国，初始成员国为法国、德国、意大利、荷兰、比利时、卢森堡6国。此外还包括丹麦、爱尔兰、英国、希腊、西班牙、葡萄、奥地利、芬兰、瑞典、波兰、捷克、匈牙利、斯洛伐克、斯洛文尼亚、塞浦路斯、马耳他、拉脱维亚、立陶宛、爱沙尼亚、保加利亚、罗马尼亚，2013年7月1日，克罗地亚加入欧盟。

“一带一路”倡议旨在实现和平和共同繁荣，中国愿意借“一带一路”倡议的契机进一步拓展并加强与欧盟的合作。而欧盟成员国也期望能够参与到“一带一路”的建设中来，以下将介绍欧盟范围内对“一带一路”倡议积极响应的几个主要国家的基本情况。

（一）德国

德国是欧盟的创始成员国之一，也是欧洲大陆的传统强国。作为欧洲第一大经济体，德国以其汽车和精密机床为代表的高端制造业闻名。以汽车制造业为例，德国汽车工业长期保持德国第一产业地位，且德国汽车生产企业高度重视研发，仅在2013年，德国汽车工业研发投入就高达182.7亿欧元。

我国历来重视与德国在经济贸易方面的合作。如今，中国已成为德国汽车工业最重要的合作伙伴和销售市场。2009~2013年，德国轿车在华销量从160万辆增至370万辆，德国汽车在中国市场所占份额也由2009年的15.1%增加至2013年的20.5%，中德经济贸易关系由此可见一斑。而在“一带一路”框架下，中德合作又取得了不俗的进展，德国已成为亚投行最大的域外出资国，一些德国城市如杜伊斯堡已成为中欧货运班列的重要节点。

（二）法国

法国同样是欧盟的创始成员国之一，欧洲四大经济体之一。法国是世界第二大农产品出口国，其农副产业以高度机械化生产著称。此外，法国的第三产业在国内经济所占比重也逐年上升，其中服务业产值占国内生产总值的75%以上。

我国与法国贸易合作长期保持较高发展水平，据法国雇主委员会统计数据显示，2016年前三季度中法双边贸易额达352.2亿美元，法国在华新增投资项目161个，同比增长11%，实际投资额7.04亿美元。法国是所有欧盟成员国中对我国“一带一路”倡议响应最积极，支持最坚定的国家之一。一方面，法国身体力行参与“一带一路”建设，如中法合作开发英国核电市场，已经为“一带一路”框架下第三方市场合作树立了榜样；另一方面，法国还呼吁欧洲积极参与中国“一带一路”倡议，强调中国和欧洲应该在“均衡的伙伴关系框架”内开展合作。

（三）意大利

意大利是欧盟创始成员国之一，也是欧洲四大经济体之一。意大利国内以私有经济为主体，中小企业占企业总数的98%以上。对外贸易是意大利经济的主要支柱，外贸产值占意大利GDP的40%以上。在“一带一路”倡议的影响下，意大利同中国的经济贸易合作不断加强，据意大利外贸保险服务公司发布的研究报告显示，中国已经成为拉动意大利对外出口的最大目的地市场。2017年1~10月，意大利企业对华商品出口额约为111亿欧元，比2016年同期增长21亿欧元，增长率为24.2%。

（四）丹麦

丹麦是北欧五国之一，同时也是亚投行的创始成员之一。丹麦拥有发达的农牧渔业与食品加工业，国民经济对外贸业的依赖程度较高。中国是丹麦在亚洲最大的贸易伙伴，丹麦则是唯一一个与中国建立全面战略伙伴关系的北欧国家。根据丹麦统计局数据显示，2017年，中国与丹麦双边贸易额达115.3亿美元，同比增长5.6%。丹麦是我国在北欧地区“一带一路”倡议的坚定伙伴，丹麦首相拉斯穆森在2017年5月访华期间表示，丹麦愿在多层面积极参与“一带一路”建设。

（五）瑞典

瑞典是北欧五国之一，拥有发达且种类完善的工业体系，属于经济外向型国家，国民经济对外贸业有较高的依赖程度。

中国与瑞典保持长期稳定的经贸合作关系。据欧盟统计局统计，2017年瑞典与中国双边货物进出口额为152.4亿美元，同比增长15.3%。机电、化工产品在瑞典对中国出口中占据首要位置，而瑞典自中国进口的主要商品为机电产品、纺织品及原料、家具玩具。中国和瑞典的合作主要分布在瑞典比较擅长的领域，比如基础设施、机械制造、企业创新策划、清洁能源、生命科学和医药领域。

二、本章主要内容以及写作体例

17世纪末，随着英国哲学家洛克的“劳动价值论”与资产阶级所提倡的“财产权”理念深入人心，1709年，英国议会通过了世界上第一部版权法——《安娜女王法》。正如该法序言中指出的：颁布该法的目的，是防止印刷者不经作者同意就擅自印刷、翻印或出版作者的作品，以鼓励有学问、有知识的人编辑或写作有益的作品。该法第一次将作者作为保护对象，标志着人类在著作权法律保护制度史上的第一个飞跃。但此时的著作权法制度仅仅狭隘地局限在对作者享有的印刷、出版等经济权利的保护之内。

到了18世纪末，在轰轰烈烈的法国大革命的影响下，著作权法保护制度完成了它的第二次飞跃——强调对作者精神权利的保护。这一点在法国及其后的德国、意大利等大陆法系国家的著作权法中得以体现。无论是在坚持著作权“一元论”的德国还是坚持“二元论”的法国，作者享有基于其自身创作作品行为而产生的精神权利这一点是毋庸置疑的。

著作权法的发展从来都是与信息传播技术的进步紧密相关的。随着复制、广播、信息网络等新技术的不断出现以及快速的更新迭代，著作权法的发展也在冲击和适应的反复中曲折前进。在欧盟成员国内，一方面，以原欧盟成员的英国为代表的“版权”国家与德国、法国为代表的“作者权”国家形成两种截然不同的著作权保护模式；另一方面，这两类著作权法律制度也各自在应对新出现的复制技术、传播技术的过程中相互借鉴与融合。

欧洲作为现代意义上著作权法的发祥地，其著作权及相关权利制度的发展距今已有300多年。因此可以说，欧盟成员国的国内著作权法律制度构建对于我国的立法和司法实践具有重要的借鉴意义。“一带一路”所提倡的“五通”，其第一“通”就是“政策沟通”。本章具体翔实地对欧盟五个主要成员国（德国、法国、意大利、丹麦和瑞典）的国内著作权及相关权法律进行介绍，并配以典型案例，予以阐释。

第二节 德国著作权法律制度

一、概 述

（一）国家概况

德意志联邦共和国是位于中欧的联邦议会共和制国家，该国由 16 个联邦州组成，首都为柏林，领土面积约 36 万平方公里，人口约 8267 万人，是欧洲联盟中人口最多的国家，以德意志人为主体民族。目前，德国是欧洲第一大经济体，也是欧盟的创始会员国之一，还是北约、申根公约、八国集团、联合国等国际组织的重要成员国。德国是一个高度发达的资本主义国家，是欧洲四大经济体之一，其社会保障制度完善，国民具有极高的生活水平。以汽车和精密机床为代表的高端制造业也是德国的重要象征。

（二）德国著作权法的基础理论及相关组织机构

德国 1965 年的著作权法确立了“著作财产权与著作人格权不可分离地构成一项统一权利”的“一元论”原则。[1] 在该原则下，德国著作权法形成不同于“二元论”国家的独有特点：著作权不可转让、不可放弃；著作权尽可能的保留于作者；使用权的授予和转让需经作者同意；作者享有特殊情况下的召回权等。

德国没有专门的著作权注册或登记机构，但拥有完善的著作权集体管理制度。其集体管理组织是非营利组织，负责管理著作权人的权利，主要是授予许可、收取许可费并分发给著作权人。

德国专利商标局（DPMA）有权批准成立集体管理组织并对其进行监管，目前德国共有 13 个集体管理组织。德国专利商标局还内设有著作权仲裁委员会，受理著作权集体管理组织与作品使用人之间作品使用费纠纷，且此种纠纷必须先经该仲裁委员会仲裁，才能提起民事诉讼。具体参见仲裁部分。

德国著作权集体管理组织主要包括以下几个。

（1）音乐表演权与机械复制权协会（GEMA）。这是德国最主要的音乐著作权集体管理组织，主要负责管理音乐作品的公开演出权、播放权、以音像制品的形式通过广播或电视对音乐进行公开重现的权利、机械复制权及发行权等。

---

[1] 德国著作权法奠基人欧根·乌尔默（Eugen Ulmer）以“树”类比著作权，它具有财产利益和人格利益的“树根”，作为统一权利的“树干”，以及从“树根”吸收养分的各项具体权利的“树枝”。

（2）邻接权使用管理有限公司（GVL）。这是权利人和使用者之间的中介，代表艺术家、制作人和组织者行使其邻接权，保障其获得应有的收益。

（3）文字作品协会（VG WORT）。这是获得 DPMA 批准的集体管理组织，由作者及出版商组成，致力于对著作权的共同开发使用。

除此以外，还有音乐版本协会（VG Musikedition）、美术作品协会（VG Bild－Kunst）、电影作品使用权有限公司（VGF）等集体管理组织。

（三）德国参加的国际组织、公约情况

（1）国际范围内的有：1886 年《伯尔尼公约》、1961 年《保护表演者、录音制作者和广播组织罗马公约》、1994 年 TRIPS 协议、1996 年《世界知识产权组织版权条约》（WCT）和《世界知识产权组织表演和录音条约》（WPPT）。

（2）欧洲范围内的有：1991 年《计算机程序著作权保护（欧洲共同体）2009/24 号指令》、1992 年《出租与出借权（欧洲共同体）2006/115 号指令》、1993 年《卫星广播与有线继续播送（欧洲经济共同体）93/83 号指令》《协调著作权保护期限（欧洲联盟）2011/77 号指令》2001 年《数据库法律保护（欧洲共同体）96/9 号指令》《信息时代的著作权（欧洲共同体）2001/29 号指令》《后续权（欧洲共同体）2001/84 号指令》2012 年《为实现知识产权法律（欧洲共同体）2004/84 号指令》《使用孤儿作品（欧洲联盟）2012/20 号指令》。

二、作品与作者

（一）作品

《德国著作权法》第 2 条第 1 款列举了七种传统观念下的作品类型，而著作权法的保护对象实际上已经突破了传统局限，如地图、技术图纸及地址簿等，因此该法第 2 条第 2 款在对“作品”概念进行立法定义时，并未将其局限于具体的领域。[1] 对于未列举出的新的作品形式，可依据第 2 款判定为作品，继而受到著作权法保护。其中具体的作品类型如下：（1）语言作品，如文字作品、言谈及计算机程序；（2）音乐作品；（3）包含舞蹈艺术作品在内的哑剧作品；（4）包含建筑艺术与实用艺术作品在内的美术作品及这些作品的草图；（5）摄影作品及以摄影作品类似方式创作的作品；（6）电影作品及以电影作品类似方式创作的作品；（7）科学或技术性质的图示描述，如图画、平面图、地图、草图、图标及三维立体图示；（8）作为演绎者个人智力创作的对作品的翻译及其他演绎，以独立的作品受到保护；对作品的演绎，包括不改变作品

[1] Schack，Urheber－und Urhebervertragsrecht，Mohr Siebeck Verlag，2010，5. Auflage，S. 97.

内容但改变作品形式，如将作品改编成话剧或对作品进行语言上的翻译，或者是改变作品的内容；（9）汇编作品与数据库作品：不同于邻接权中的数据库，数据库作品是个人的智力创造，受著作权保护。数据库作品包括电子数据库作品和非电子数据库作品。对作品、数据库或其他独立成分的汇编，基于对各成分的选择或编排而成为个人的智力创作的汇编作品，以独立的作品受到保护。数据库是指依据一定的编排方法，将所有要素进行有条不紊地系统安排而成的汇编作品，且该作品可以通过电子手段或其他手段单独获取。为创作数据库作品或为能进入其成分而使用的计算机程序不是数据库作品的组成部分。电影和电视作品也是汇编作品，但因其制作和内容上的复杂性，著作权法将其单独列为特殊的作品类型。

（二）作者

德国是在著作权领域坚持“创作者原则”，只有赋予作品独创性的人才可以称为“作者”，这与著作权“一元论”是一脉相承的。《德国著作权法》第8条规定“作者是指作品的创作者”。因此只有自然人才能成为作者，而法人不具有资格；同样的原因，在雇佣关系或委托关系中创作的，雇员或受托人为作者。

1. 共同作者

作为财产权的利用权以及为实现财产利益所必要的著作人格权中的发表权归共同作者共同共有，在著作权无特别规定下，可以依据德国《民法典》[1]关于合伙的规定；仅经共同作者允许才可修改作品。

2. 汇编作品的作者

在汇编作品中，被汇编的作品可以单独利用，作者分别对其作品享有著作权。多个作者为了共同利益而相互结合其作品的，每个作者可以请求其他作者允许发表、利用或修改结合作品，但以根据诚实信用原则该允许对于其他作者是可以合理期待的为限。

3. 作者或权利人资格的推定

在已出版作品的复制件或美术作品的原件上以通常的方式标记为作者的，至提出相反的证据为止被视为作者；[2]未标记作者的，推定在作品的复制件上标记为编者的人被授权主张作者的权利。未标记编者的，推定授权于出版者。

---

[1] 见德国《民法典》第705条。

[2] 举证责任倒置，作者通过对相关信息的说明被推定为作者，而另一方当事人负有举证证明其不是作者的义务。这体现了德国著作权法在出现疑惑时保护作者的原则。

三、著作权的权利内容

《德国著作权法》第11条规定，"著作权保护作者与作品的智力与人格联系及对作品的使用，同时旨在保障因利用作品而产生的适当报酬"。与同为大陆法系的"二元论"国家法国不同，德国立法者认为，尽管经济权利和精神权利被视为著作权的不同方面，但推定两者具有绝对的不可分离性。[1] 著作权对作者人格利益的保护，仅限于与作品相联系的人格利益，从而使得著作权法与保护人格利益的其他法相区分。作者与作品的智力联系，体现为通过发表作品而影响人的教育思想的形成。

（一）精神权利

德国的精神权利主要源于19～20世纪国内学说和判例法的发展，而"著作人格权"这样的术语在1965年著作权法令中得到了详细的定义和规范，并仍可由法院通过进一步司法解释加以修订。[2]

发表权是人格权力与财产权利的结合，通常只有通过发表，作品才能实现其财产权的利用；发表权包含"首次发表权"与"作品内容公布与描述权"：作者有权决定是否及如何发表其作品。

作者有权请求承认其对作品的作者身份，其可以决定是否在作品上标记作者及使用何种标记。但是如果在某个不是作者的作品上署作者的名字，作者则不能援引《德国著作权法》第13条进行申诉，因为其不享有该作品的著作权，而只能根据"一般人格权"及《德国民法典》第12条规定的"姓名权"予以保护。此外，对作品的歪曲或其他损害，足以危及作者在作品的智力或人格方面的合法利益的，作者有权予以禁止。

作者还可以请求其作品原件或复制件的占有人，使作者可以取得原件或复制件，但以该取得为制作复制件或演绎作品所必要且不妨碍占有人的合法利益为限；占有人不负返还作者原件或复制件的义务。精神权利可以继承。[3]

（二）经济权利

在德国著作权法中，作者的经济权利即利用权。利用权是著作权的所有人享有的排他性的著作财产权，其不可转让，但是可以授予他人。德国著作权法将利用权划分为有体形式利用作品的权利（如复制权）和无体形式利用作品

---

[1] Elizabeth Adeney，The Moral Rights of Authors and Performers，Oxford University Press，Oxford，2006.

[2] Gesetz uber Urheberrecht und verwandte Schutzrechte（Urheberrechtsgesetz）of September 1965.

[3] R. Moufang，Urheberrechtsgesetz，in festgabe fur Gerhard Schricker zum60 Geburtstag，Beck，Munich，1995，pp. 571－597.

的权利（公开再现权），如演出权。如果出现对作品的新的利用形式，则可划归到一般性的利用权。与其他类型的知识产权不同，著作权中作者对作品的利用权不但具有“消极的权利”，即一种只能阻止他人使用的权利，[1] 还具有“积极的权利”，即作者可以主动行使这些权利。

（1）作者享有以有体的形式利用其作品的排他权利，该权利包括复制权、发行权、[2] 展览权。

（2）作者享有以无体形式公开再现其作品的排他权利（公开再现权）。公开再现权包括朗诵权、演出权、放映权、网络传播权（公开获取权）、广播权、录音录像载体再现权、广播与网络传播的再现权。对演绎与改变的作品的发表或利用行为，需要经被演绎或被改变作品作者的允许、对于将作品改拍成电影的行为，美术作品的平面图与草图的实施行为，建筑艺术作品的仿造，或数据库作品的演绎或改变的行为，需要经被演绎或被改变作品作者的允许、自由使用他人作品创作的独立作品（独立作品是指他人作品只是自己创作作品的诱发因素，被使用作品的独创性在新创作作品的独创性中处于边缘地位），不经被使用作品的作者同意而可以发表与利用，但不适用于对于音乐作品的使用。

（3）不同于以上同时具有“积极权能”与“消极权能”的利用权，德国著作权法中存在两种只具备消极权能的利用权，即后续权和对出租与出借的报酬权。作者基于两种权力只享有相应的请求权，而不具有禁止权。

四、著作权中的权利转移

按照德国的一元论体系，权利只能以许可的形式授予。德国承认转移部分的许可或全部权利的许可，独占许可与非独占许可都是基于作为著作权中一部分的经济权力而授权。但由于著作权强调人格权属性，独占许可方的法律地位要弱于英国法。继受人享有的著作权既包括著作财产权，也包括著作人身权，但继受人不是作者。著作权可以继承，也可以通过遗嘱将著作权的行使托付给

[1] W. Cornish and D. Llewelyn (2007), Intellectual Property: Patents, Copyright, Trede Marks and Allied Rights, London: Thomson/Sweet and Maxwell, 6, 501.

[2] “发行权穷竭”规则：作品的原件或复制件经有权发行的人同意在欧盟或《欧洲经济区协议》的成员国以转让的方式交易的，准许其继续发行，但出租除外。发行权穷竭的条件包括：作品的原件或复制件以转让的方式予以交易（不包括提供行为）；作品的原件或复制件的首次发行必须经有权发行的人同意；作品的原件或复制件的首次发行可以在德国领域内，也可以在欧盟或《欧洲经济区协议》的成员国内。

遗嘱执行人；著作权不可转让，但其在履行死因处分[1]中被转让或在遗产分割中被转让给共同继承人的除外。

（一）使用权

使用权是指著作权人将其不可转让的利用权授予他人，他人因此获得使用作品的权利。利用权与使用权在内容上是一致的，其实际上是国际上其他大多数国家的"许可"。作者可以授予他人以个别的或全部的使用方式使用作品。使用权可以作为普通的或排他的权利在地域、时间及内容方面受限制地被授予。

1. "合同目标理论"

在授予使用权时，未具体单个指明使用方式，对于是否授予使用权，是普通还是排他使用权，使用权与禁止权的范围及使用权受哪些限制，以双方当事人的合同目标为基础进行确定。[2] 例如，《德国著作权》第 37 条"使用权授予合同"第 1 款规定："作者授予他人对作品的使用权的，有疑义时，允许发表或利用作品的演绎的权利保留于作者；"第 2 款规定："作者授予他人复制作品的使用权的，有疑义时，录制作品于录像或录音载体的权利保留于作者；"第 3 款："作者授予他人公开再现作品的使用权的，有疑义时，该他人无权在再现所确定的活动之外通过屏幕、扩音器或类似技术设备使再现可公开感知。"但在第 38 条"汇编中的成分"第 1 款第一句"作者准许将作品编入定期出版的汇编的，有疑义时，出版者或汇编者获得复制与发行的排他权利"中，以及第 88 条第 1 款与第 89 条第 1 款又体现了与合同目标理论相反的解释规则。[3]

2. 合理的报酬

在授予使用权与准许使用作品时，对于事前显示所支付的报酬不合理的情形，作者享有请求支付合理报酬的权利；对于事后根据所确定的实际的经济成果确定为明显不相当的对待给付的情形，作者可以请求相对人或第三人允许作者根据情形继续分享。对后来所知的使用方式，作者享有对相对人或第三人的支付单独的合理报酬的请求权。

3. 使用权的继续效力

排他使用权及普通使用权对后来授予的使用权继续有效；授予了使用权的权力所有人变更或放弃其权力的，在先设立的权利依旧有效。

---

[1] 死因处分是一个德国继承法上的概念，即处分人通过死因处分行为对其死后的财产归属作出指示，并且该处分行为在处分人死后才生效。

[2] Rehbinder, Urheberrecht, C. H. Beck Verlag, 2010, 16. Auflage, S. 221 – 222.

[3] Schack, Urheber – und Urhebervertragsrecht, Mohr Siebeck Verlag, 2010, 5. Auflage, S. 519.

4. 使用权的让与与再授予

使用权仅经作者同意才能让与，作者不得违背诚实信用原则拒绝同意；排他使用权的所有人仅经作者同意才能再授予使用权，著作权集体管理组织授予使用权则不需经过作者同意。

5. “未知的使用方式的合同”与“将来作品的合同”

据以将对未知的使用方式的权利授予他人或使自己有义务将对未知的使用方式的权利授予他人的合同有效，该种合同必须以书面形式，并且作者享有撤回权；据以使作者有义务授予对根本未进一步确定或仅根据类型确定的将来作品的使用权的合同，需要作出书面形式，任一当事人自合同签订起的5年期限届满之后享有通知终止权，通知终止权不得事先放弃。

（二）召回权与强制许可

排他使用权的所有人未行使或仅仅非充分地行使权利并因此而显著侵害作者的合法利益的，作者可以召回使用权，但作者不得在自授予或让与使用权，或自交付起的2年届满之前（可以约定为5年）主张召回权。

制作录音载体的强制许可：为防止单个唱片生产商占据市场垄断地位，作者在授予录音载体制作者音乐作品使用权后，有义务以合理的条件同样地授予任何其他的有主要营业场所或住所的录音载体制作者以具有相同内容的使用权。

五、著作权的期限与限制

（一）著作权的期限

著作权在作者死亡后70年消灭，这意味着著作人格权也因作者的死亡而失去与作者的联系。著作权归多个共同作者的，该著作权在寿命最长的共同作者死亡之后70年消灭；为了转化欧盟《著作权保护期限指令》，[1] 德国著作权法将不是电影作品作者的剧本作者、对白作者及为相关电影作品所创作的音乐的作曲者列入保护期限的规定内在电影作品及以电影作品类似方式创作的作品中，著作权在寿命最长的下列人员死亡之后70年消灭：主要导演、剧本作者、对白作者及为相关电影作品所创作的音乐的作曲者。

（二）著作权的限制

为了与《信息时代的著作权（欧洲共同体）2001/29号指令》相对接，在

---

[1] EC Council Directive 93/98/EEC of 29 October 1993 harmonising the term of protection of copyright and certain related rights，O. J. L290 193 - 11 - 24，at. 9 et seq，. now superseded by the codified version in Directive 2006/116/EC 2006 - 12 - 27，at. 12 et seq.

著作权的限制部分，德国立法者采取了封闭式列举方法。[1] 具体如下。(1) 暂时性地复制行为，准许短暂（网络浏览）或伴随性的（缓存）、作为技术程序地完整及主要部分的、无独立经济意义的且唯一目标是使作品或其他保护客体能满足下列需要之一的暂时性复制行为：通过中间人（网络服务提供商）在网络中在第三人之间传播；被合法使用。(2) 为司法与公共安全目的。(3) 准许不以营利为目的为因残障而不能或显著困难地以现存可用的感觉方式获取作品的人复制作品以及仅向这类人发行作品。(4) 为教堂、学校或教学使用的汇编。(5) 学校广播节目。(6) 公开言谈（为方便新闻报道）。(7) 报纸文章与广播评论。(8) 准许媒体为报道的目的在所要求的范围内复制、发行或公开再现在所报道事件中可感知的作品。(9) 准许为引用目的而复制、发行及公开再现已发表的作品。(10) 为所举办的特定活动而对作品的公开再现予以限制。(11) 为教学与研究目的的网络传播。(12) 在公共图书馆、博物馆及档案馆的电子阅览桌再现作品。(13) 为私人及其他自己使用的复制。

六、邻接权以及对计算机程序和电影的特别规定

不同于英美版权法将“创造”转变为法律承认并规范的抽象的“财产”概念，大陆法系国家的著作权法更强调作品之中体现出的人的因素——作品之中体现出的作者人格属性的标记或印记。作品上这一带有人格属性的标记是作者创造性努力的结果。[2] 在著作权体系中，原创性这一基础性概念强调的是：若要获得保护，作品必须具有一定的创造性。不同于英美版权体系的新颖性，[3] 原创性是一个相对较高的门槛。因此，德国法在著作权和著作邻接权之间进行了区分，以对较低的“独创性”进行较低水平的保护。此外，邻接权的主体与著作权的主题有很大差异，邻接权保护表演者、作品传播者或者一些低于著作权门槛的无形财产。

邻接权具体包含如下七类：(1) 对特定版本的保护；(2) 对于照片以及类似照片的方式制作的产品的保护；(3) 对表演者的保护，表演者权的内容明显区别于其他邻接权类型，因为它同时具有人格权和利用权两个部分；(4) 对录音载体制作者的保护；(5) 对广播组织者的保护；(6) 对数据库制

---

[1] 《信息时代的著作权（欧洲共同体）2001/29 号指令》第 5 条适用于版权及相关权的保护客体（计算机软件和数据库例外），在复制权、公共传播权和发行权方面，对限制规定了穷尽性列举，成员国可以在国内立法中规定，不允许添加或者规定第 5 条列表中未包含的例外。

[2] See Strowel (1993), 401.

[3] Lucas and Lucas (2006), 73, 7.

作者的保护。欧盟数据库法律保护96/9/EC号指令完成了数据库一体化，[1] 德国也相应在其著作权法中加入了对数据库作者的保护。著作权法中对数据库概念的规定如下："本法意义的数据库是指对作品、数据或其他独立成分的汇编，而这些作品、数据或其他独立成分是系统地一定的方法编排，借助电子手段或通过其他方式能够单个进入，且其获得、核实或描述需要性质或规模方面的重大投资。在内容上作了性质或规模方面的重大修改的数据库视为新数据库，但以该修改需要性质或规模方面的重大投资为限。"（7）对报刊出版者的保护。针对以谷歌为代表的搜索引擎和新闻聚合器在互联网上免费使用报刊文章的行为，修正案创设了报刊出版者权。根据第8修正案，在报刊产品出版后1年内，报刊出版者对其享有以商业为目的进行网络传播的专有权。

德国著作权法对计算机程序的定义是"包含准备性的设计材料在内的任何形式的程序"。因为计算机程序是作者个人智力创作结果意义的独特作品，但由于其特殊性，不应该适用其他标准特别是质量或美学标准来否认其受保护性。计算机程序的基本表现形式是计算机高级语言，所以其适用语言作品的规定。

在德国1901年文学作品著作权法和1970年艺术作品著作权法中，并没有包含电影的相关条款。1910年5月22日两个法令的修正案改变了这种情况，其效力一直保留至1965年改革。第一个修正案涉及文学与音乐作品，第二个涉及艺术作品与照片。这两个修正案使电影可以依据几个系列得到保护，划分入两个大的范畴之内。电影作品得到完整的著作权保护，也可能作为系列照片进行保护。随着工业发展，试听作品在著作权、原始所有权以及精神权利方面的特殊性凸显，德国不得不将电影作品列为一项特殊的著作权客体进行保护。

七、保护的补充性规定

德国2003年9月修订发布《信息社会著作权规制法》，一方面是为了与《欧盟信息社会版权指令》条款和WCT第11条款进行对接，另一方面为适应现代社会数字网络技术的发展，德国著作权法已经将《信息社会著作权规制法》的部分条款纳入其中。依据修订后的德国著作权法，著作权人有权对作品实施"有效技术保护措施"，阻止未经权利人授权对技术保护措施的规避和破解的行为。同时，为防止著作权技术保护措施的滥用，德国著作权法针对著作权人确立了强制执行的限制和著作权人对采取技术措施的标签义务。

---

[1] Directive 96/9/EC of the European Parliament and of the council of 11 March 1996 on the legal protection of Database, OJ EC L 77, at 20 et seq.

八、权利侵害的规定

著作权的实现主要是通过民事责任手段，刑事制裁只是例外的形式。存在侵权行为时，权利人在启动法院程序之前应该向侵害人发出并指明其侵害行为，要求将来停止实施该行为以及一定期限内作出合理的违约金作保证的承担不作为义务的允诺，权利所有人也可以请求排除妨碍，有重复危险时可以请求不作为。损害赔偿请求权以过错为构成要件。由于侵权行为所导致的损害通常难以计算，《德国著作权法》第 97 条第 2 款提供了三种损害计算方式：权利所有人首先证明具体的损害，其次可以按照合理的许可费为基础计算，最后可以请求侵害人返还侵权利润。通过转化《为实现知识产权法律（欧共体）2004/48 号指令》德国著作权法规定了若干种保障著作权实现的措施，如权利所有人对本身没有侵害著作权的经营者也享有信息提供请求权。

第三节　法国著作权法律制度

一、法国著作权法概况

（一）国家概况

法兰西共和国简称法国，首都巴黎，是一个半总统共和制国家，其领土面积为 55 万平方公里（不含海外领地），为欧盟面积最大的国家。法国是一个高度发达的资本主义国家，欧洲四大经济体之一，其国民拥有较高的生活水平和良好的社会保障制度，是联合国安理会五大常任理事国之一，也是欧盟和北约创始会员国、申根公约和八国集团成员国，欧洲大陆主要的政治实体之一。[1]

（二）知识产权法概况

法国的知识产权保护一直走在世界的前列。1804 年，法国颁布实施了世界上第一部《民法典》，并于 1992 年 7 月 1 日颁布 92 - 597 号法律，将当时 23 个与知识产权有关的单行立法汇编整理成统一的《知识产权法》（法律部分），从而形成世界上知识产权保护领域的第一个法典。此后，法国又先后多次对法典进行修改和增补，使其知识产权立法始终处于领先水平。

目前，法国已经加入《世界知识产权组织版权条约》《世界知识产权组织

[1] 中华人民共和国外交部 . http：//www. fmprc. gov. cn/web/gjhdq _ 676201/gj _ 676203/oz _ 678770/1206_ 679134/1206x0_ 679136/.

表演和录音制品条约》《伯尔尼公约》《布鲁塞尔公约》《建立世界知识产权组织公约》《录音制品公约》和《罗马公约》。从总体上看，《法国知识产权法典》（法律部分）具有以下四个方面的特点。

1. 保护范围较为广泛

在法典颁布前，法国经过二百多年的立法和司法实践已经形成门类齐全的知识产权法保护体系，法典的制定使这些相对独立和零散的知识产权各部门立法汇聚成一个内容丰富的有机整体，充分体现了法典这种立法形式结构清晰、逻辑严密的优点。《法国知识产权法典》共分三个部分：第一部分为文学和艺术产权，包括著作权，著作权之邻接权，关于著作权、邻接权和数据库制作者权的通则；第二部分为工业产权，包括行政及职业组织、工业品外观设计、发明及技术知识的保护及制造、商业及服务商标和其他显著性标记四卷；第三部分为在海外领地及马约尔属地的适用，包括在海外领地及马约尔属地的适用一卷。卷下设编、章、条，由上可知，法典几乎囊括了所有的知识产权保护内容。

2. 保护水平较高

法国知识产权的保护水平是随着知识产权立法两百多年的演变发展而逐步提高的。目前世界上公认的作者自完成作品之日起自动获得著作权的理论，即源自法国。法国于1791 年颁布的《表演权法》和1793 年颁布的《作者权法》明确规定作品自创作完成即获得著作权，不需要履行任何登记手续。另外以著作权为例，立法者在制定1791 年的表演权法和1793 年的复制权法时即将文学和艺术产权称为“最神圣的所有权”。1957 年的著作权法全面提升了著作权的保护水平。1985 年的修改更上一层楼，将软件作为作品纳入著作权保护，并增加对邻接权的保护，尤其是大量增加了著作权及邻接权集体管理方面的内容。

3. 法律保护更新快

法国制定知识产权法典后并未故步自封，尤其是为了贯彻欧盟近年来颁布的一系列有关知识产权的条例以及世界贸易组织《与贸易有关的知识产权协定》，曾先后12 次修改或增补法典，这说明法国知识产权立法进程出现加速发展的势头，而这在其他法律部门是十分少见的。

4. 保护手段有力

法国一贯重视加强知识产权保护手段的力度，例如在查出侵犯著作权及其邻接权时，专门设置了侵权扣押或海关扣押程序，通过这些扣押，权利人可以及时、有效地获得有关侵权的来源，范围方面的信息并作为证据在法庭上被采用，极大地便利了案件的查处。法国知识产权法典代表了大陆法系立法的最高成就，1992年颁布的《知识产权法典》（法律部分）不仅系统整合了法国已有的知识产权立法，而且使其他大陆法系国家有了一个知识产权立法的完整参照体系。

二、法国著作权的主体

大陆法系国家的著作权法不承认法人能够成为作品的作者，法国的著作权法更是将著作权原始归属于作者的原则发挥到了极致，不承认政府或任何非自然人能够原始取得著作权，规定“作者”当然必须为实际创作作品的自然人。法国学者也指出：根据支配法国著作权法的基本原则，只有创作作品的自然人才能被视为作者，而那种承认法人不但能够获得原始著作权，还能获得作者身份的职务作品著作权归属规则在法国著作权法中是不存在的。

《法国知识产权法典》明确规定：作者对作品享有专有的、对抗所有人的无形财产权的唯一事实依据是对作品的创作。存在或签订雇用或服务合同的作者享有的权利不产生任何消极影响。这意味着即使是为了完成雇主所交付的任务而创作的作品，原始著作权人仍然是创作作品的雇员，雇主能根据法律规定或合同约定行使或受让著作财产权，但绝不可能被视为作品的“作者”。

三、法国著作权法的客体

著作权是知识产权中重要的组成部分，著作权是民事主体依法对作品及相关客体所享有的专有权利。法国的著作权制度来源于“天赋人权”，将作品与载体分开，对作者的精神权利颇为关注。作品创作完成，即可受到保护，作品的固定不是受保护的先决条件。在法国，不论是否公开发表，只要实现作者的构思，即使没有一定的物质形式，作品即视为创作，也受到著作权的保护。《法国知识产权法典》第1条规定：创作智力作品的作者对其作品享有专有的，对一切人都有抗辩力的无形财产所有权。这些权利具有的智力和精神的权利以及财产方面的权利，均由本法予以规定。[1] 雇佣合同、服务合同的存在或者智力作品的作者签订上述合同的行为丝毫不影响作者享有第1条确认的权利。第2条规定：本法保护作者对其创作的各种形式的智力作品的权利，而不论智力作品的种类、表达形式、价值、目的如何。

（一）著作权的保护客体

著作权的客体对于作品的保护有着重要的意义，狭义著作权与邻接权的关

[1] 葛卫民．英法两国著作权制度若干问题比较研究［J］．西南民族学院学报（哲学社会科学版），2000（10）．

键区别就在于客体不同。《法国知识产权法典》第3条规定：本法所指的智力作品主要是书籍，小册子及其他有关文学、艺术、科学的文字作品；会议报告、讲演、布道词、辩护词及其他性质相同的作品；戏剧作品或歌剧作品；用文字或其他方式固定的舞蹈、马戏节目与表演、哑剧作品；配有或未配有歌词的音乐作品；电影作品及其他由有声或无声活动图像构成的作品统称为视听作品；图画、油画、建筑、雕塑、版画、石板画作品、绘制和活版印刷作品；摄影作品及使用类似摄影的技术完成的作品；实用工艺品；插图、地图；同地理学、地形学、建筑学、科学有关的平面图、草图、模型。

除了上述几点之外，《法国知识产权法典》还规定了其他作品类型以对其进行保护。第4条规定：翻译、改编、改写、整理智力作品者，在不损害原作品著作权前提下受本法保护。各种文选、文集因其选材、编排构成智力创作，其作者享有同等保护。第5条规定：智力作品的标题，只要具有独创性，同作品一样受本法保护。第7条规定：不论是否公开发表，只要实现作者的构思，即使没有完成作品，作品也可被视为创作。

总之，法国知识产权法典及时回应了科学技术对知识产权法的挑战，确认了这些新的客体，其范围远远超出其他大陆法系国家及一些国际公约，几乎囊括了所有的知识产权保护内容，从而在全面地界定新客体的基础上，强化了对知识产权人利益的保护。

（二）对集体作品的保护规定

数名自然人参加创作的作品为合作作品。将已有的作品，在其作者未予合作的情况下，并入另一新作品时，称为组合作品。在某一自然人或者法人的提议下，并在其领导和以其名义编辑、发表、披露，而参加创作的各个作者的个人贡献已融为一体，不可能在整个作品中分别个人权利的作品，称为集体作品。合作作品为合作人共有财产。

（三）委托作品

《法国知识产权法典》虽然没有对委托作品的著作权归属做出具体规定，但根据有关创作作品的自然人才能被视为作者并原始取得著作权的基本原则，委托作品的著作权仍然归属于受托人，委托人只能根据委托合同的约定行使或受让著作财产权。

四、法国著作权的内容

法国属于大陆法系，大陆法系的著作权法将作品更多地视为作者人格的延伸和精神的反映，并非普通财产。因此，大陆法系的著作权法更加注重保护作者的人身权利，对著作权的转让施加较多限制，对人身权利一般不允许转让和放弃。在法国，属于作者的使用权包括：表演权、复制权、转让权、署名权、出版权、保护作品完整性以及精神方面的权利等。

（一）表演权和复制权

《法国知识产权法典》第27～28条规定：表演主要指通过下列方式将作品直接向公众传播：公开朗诵；演奏；戏剧表演；展览；公开放映；在公众场所转播无线传播作品；复制指用各种可使公众间接得知的办法对作品加以有形的固定。第30条规定：表演权和复制权可以有偿或者无偿转让，转让表演权不包括转让复制权，转让复制权也不包括转让表演权。全部转让本条所指的两种权利之一时，转让的范围只局限于合同中所指的使用形式。本法第三编所指的表演和出版合同应为书面合同。无偿行使上述权利的许可也应为书面的。

（二）转让权的特殊规定

作者即使转让了使用权，甚至在作品出版之后，仍有对受让人反悔、收回的权利。作者只有在首先赔偿受让人因此遭受到的损失后才能行使该权利，但全部转让未来的作品无效。

（三）出版权

在出版方面，作者授权一出版者优先出版作者的已经完全确定了体裁的未来作品的条款是合法的。优先出版权局限于对作者自签订第一部出版合同之日起的5部作品或以后5年内的作品。出版者行使优先权时，应在作者每次向其提交手稿后3个月内将是否出版的决定书面通知作者。享有优先权的出版者如两次拒绝出版作者按合同规定的种类交付的新作品时，作者即可当然地解除出版未来同类作品的合同。如作者已预收出版者的定金，应首先予以偿还。

（四）署名权

法国著作权法理论甚至将这一权利称为"父权"。作者享有署名权，意味着他人必须尊重作者关于是否在自己创作的作品上署名，以及以何种方式署名的权利。第6条同时规定：作者有权使用其姓名、资格和作品得到尊重。上述权利是人身权利。人身权利是终身的、不可转让、不可剥夺的权利。作者去世后，上述权利可转让给作者继承人。根据遗嘱上述权利可由第三人行使。

（五）保护作品完整性

在极端重视著作权人身权的法国，对作品完整权的保护已经达到了无以复加的程度。作者在法国以保护作品完整权受到侵害而起诉时，甚至不需要证明他人对作品的使用行为已经或者可能损害其声誉或者名誉，也不需要说明他拒绝容忍这种行为的理由。因为《法国知识产权法典》对于侵犯保护作品完整权采用主观标准，由作者自行判断这项权利何时受到侵犯。换言之，对于某种使用作品的行为是否侵犯保护作品完整权的问题，不允许用使用者、公众甚至法院的判断代替作者自己的判断。例如，在《等待戈多》一案中，《等待戈多》这一作品的作者——著名戏剧作家贝克特就成功地借助保护作品完整权阻止了《等待戈多》的导演使用女演员，因为贝克特已经事先明确表示不能在其戏剧中使用女演员。同样，广告商也不能将为宗教目的而创作的音乐作品用于商业广告。未经许可为早期的无声电影配音也被判定侵犯了保护作品完整权。基于对作品完整权的尊重，法国甚至对电视台在播放作品过程中插播广告的行为进行限制。

（六）追续权

新的《法国知识产权法典》明确了追续权所适用的对象。依《法国知识产权法典》第L122－8条之规定，追续权适用于“原创的图画作品及雕塑作品”。因此，这些作品的原创作者或继承者可在作品出售时获得相当于售卖价格一定比例的追续金。“新法”同样规定，追续权所适用的对象仅限于艺术家本人或在该艺术家指挥下所创作的“有限数量”的样本（如模塑等）。另外，“新法”扩大了追续权的适用范围。在传统意义上，作品通过公开拍卖出售的，原著作权人可行使追续权；而1957年3月11日的法律则明确规定，作品通过商人（如艺术画廊）出售的，同样适用追续权的相关规定。但应当指出的是，由于相关的适用法令一直未出台，因此，该条规定事实上形同虚设，未曾得以适用。“新法”则在原先法律的基础之上极大地扩展了追续权的适用范围。[1]

（七）精神权利

在《法国知识产权法典》中，所有权的概念除了对解释知识产权中财产权利的性质显得不足，也不能包含精神权利，因为精神权利是不可转让的和不具时效的权利。据此，应当得出知识产权中精神权利呈现的性质难以符合所有权的特征和性质。法国知识产权法典规定的精神权利表现为以下四种：（1）归属权，即表明作者姓名、明确声明作者身份的权利；（2）发表权，即唯一有权决定作品何时首次加以利用的权利；（3）撤回权和反悔权，即允许作者重新考虑其作品和其与作品关系的权利；（4）尊重权，即主张尊重作者的荣誉、名誉和作品本身的权利，作者有权反对和阻止对作品的任何修改。

根据《法国知识产权法典》第L.111－1条，著作权由财产权利和精神权利构成，则著作权不能整体转让，因为精神权利具有不可转让性。这样的转让显然和所有权的转让是有区别的。所有权是典型的财产权利，著作权还集合了

---

[1] 张耕，施鹏鹏．法国著作权法的最新重大改革及评论［J］．比较法研究，2008（2）．

作者的精神权利。更深层次地，精神权利的目标和所有权的逻辑截然不同。所有权实际上是人和物之间的排他性关系，精神权利则致力于创造者的保护。所有权来自取得，精神权利自始存在。所有权是财产主要成分之一，精神权利和其完全不同。[1] 尽管作者的精神权是永久的，其他权利却有时间的限制，是从作品产生当年起到作者死亡后70年之内。70年过后，该作品就进入公众领域，可以在尊重作者荣誉权的前提下自由使用。

需要特别指出的是，新的《法国知识产权法典》第L121－7－1条对公务员的精神权利进行了严格的限制，以防公务员在行使精神权利时违反公务职责。例如，公务员作品的发表权便受到了一定的限制：在一些情况下，公务员有义务发表其作品，尽管该发表行为有悖其意愿；而在另一些情况下，公务员则不得发表其作品，尽管该公务员希望发表这一作品。此外，行政机关可基于公务利益修改公务员之作品，该公务员不得对抗之，除非有充分的证据证明该修改行为将极大损害著作权人的荣誉或名誉。公务员的作品收回权和修改权也受到相当的限制，即必须经过上级行政机关的批准方可行使。

五、著作权的保护期

在法国，作者的精神权利期间是永久拥有的，所以很有必要了解涉及经济权力的期间。按照规定，保护期间为作者有生之年，加上死后70年，死后为继承人受益。这一条适用于所有可以继承的权利，包括主要为原创作者利益规定的追续权、复制权及代理权。从作者死亡当年年末开始，70年保护期限过后，作品进入公有领域，任何人均可使用。[2]

六、邻接权

邻接权产生的主要原因，是某些有价值的非物质劳动成果由于"独创性"不足，无法受到狭义著作权的保护。大陆法系国家著作权法理论认为：只有那些能够反映作者个性、打上了作者个性智力烙印、体现一定智力创造水准的智力成果才算具有"独创性"，才能受到著作权法的保护。随着时代的发展，多数国家的选择是在著作权法中新设一种与传统著作权并列的新型权力类型，专门用于保护这些"独创性"不高的作品，这种新型权利就是邻接权。《法国知识产权法典》规定：邻接权不损害著作权，因此对本编任何一个条款都不得

---

[1] 葛卫民．英法两国著作权制度若干问题比较研究［J］．西南民族学院学报（哲学社会科学版），2000（10）．

[2] ［英］埃斯特尔·德克雷．欧盟版权法之未来［M］．徐红菊译，北京：知识产权出版社，2016.

做出限制著作权所有者行使其权利的解释。除了所有因涉及其利益而进行诉讼的人之外，负责文化的部长可以提出诉讼，特别是在无已知权利所有者、权利所有者空缺或无继承人的情况下。

《法国知识产权法典》第 16 条规定：表演者或演奏者指表演、演唱、背诵、朗读、演奏或以其他方式表演文学艺术作品、各种节目、马戏、木偶节目的人，但不包括职业惯例中的辅助演员。表演者享有要求尊重其姓名、资格和表演的权利。此项不可转让不可剥夺的权利只属于表演者本人。为了保护已故表演者的表演和怀念死者，此项权利可转让给其继承人。

（一）表演合同

表演合同指智力作品的作者及其他权利所有者通过合同授权一自然人或法人在规定的条件下表演作品。表演总合同指作者职业组织通过合同授权某一演出组织者单位在合同有效期内，按照作者及其权利人规定的条件，表演该组织现在和未来的供演出的一切作品。

《法国知识产权法典》第 44 条规定：表演合同应规定公演的期限和次数。除非合同有明确的专有权的规定，表演合同不授予演出组织者垄断性使用权。戏剧作品作者授予的专业使用权有效期不得超过 5 年，连续两年中断表演，专有权自动丧失。演出组织者在没有作者或作者代理人正式书面同意情况下，不得转让合同中的权利。

除了上述规定，《法国知识产权法典》还规定演出组织者应向作者或作者代理人提供确切的公开演出和演奏的场次安排并提供收入证明，按时向作者交纳规定的使用费。市、镇为了组织地区性公开庆祝活动，经教育部部长批准的群众教育组织为组织其工作范围内的活动时，可以少缴使用费。演出组织者应确保在尊重作者精神权利的技术条件下演出或演奏。

（二）出版合同

出版合同指智力作品的作者或其他权利所有人在限定条件下授权被称为出版者的人制作或委托他人制作一定量的份数，由其出版、发行的合同。出版合同应规定第一版的最低份数。但如合同已规定出版者保证作者最低限度权利，该规定不适用。出版者应根据合同规定的形式、格式、条件制作或请他人制作作品。

其中，《法国知识产权法典》第 53 条规定：必须经作者本人书面同意。在不违反关于未成年人和被剥夺政治权利者签订合同的法律规定的前提下，即使作者无行为能力也应征求其同意，除非作者因身体状况无法表示同意。第 54 条规定：作者应保证出版者无争议地、排他性地行使转让的权利，有相反规定的除外。第 56 条规定：出版者应按照商定的形式制作作品。未经作者书面授权，出版者不得对作品进行任何修改。

出版者应在每一出版物上标明作者姓名、笔名或者作者标志，但有相反协议的除外。如无特别协议，出版者应在职业惯例规定的期限内出版作品。凡有期限的合同，期限届满时无须另行通知，受让人自动丧失全部权利。出版者可在期限届满后3年内，继续用正常价格销售库存商品，除非作者愿意购买这些商品。在作者购买库存商品的情况下，价格由双方协定，协定不成时由专家确定。出版者行使上述权利时，不得禁止作者在30个月内发行一新版本。

（三）邻接权的保护期限

邻接权同时含有财产权利和精神权利，这种精神权利是永久性的，邻接权财产性权利的期间是50周年，从演出第二年公历1月1日起算。为了不会发生精神权利在财产权利届满之前终止的情况，表演者精神权利与作者精神权利一样具有永久性。

（四）特殊权利

法国作为对著作人身权加以高水平保护的大陆法系国家规定了收回作品权。其基本含义是：即使作者已经转让了经济权力或许可他人行使，如因其表达思想、感情发生了变化而希望修改作品或者不希望原作品继续流传，可以收回已转让或许可的权利。但是，收回作品权的行使必然会影响先前合法获得权益者的利益，因此，作者在行使此项权利时必须进行合理补偿。收回作品权实际是“收回权利”而不是作品或其有形载体本身，只是收回权利的实际效果是使作品不再以有形或无形方式进一步在市场上流通。《法国知识产权法典》规定：作者虽然让与了其经济权利，即使在作品出版后，对受让人仍然有权修改或收回作品。但如作者没有对因其修改或收回作品而可能遭受损失的受让人进行补偿，则不得行使此项权利。作者在行使了修改或收回作品权之后，如果又决定出版其作品，应当首先向原来的受让人按照原先的条件出让经济权力，并按照原先的条件让与。

七、对著作权的限制

著作权法规定专有权利的目的并不是使创作者对作品的传播和使用进行绝对垄断，也不是单纯地对创作者加以奖励，而是通过赋予创作者有限的垄断权，保障其从作品中获得合理的经济收入，以鼓励和刺激更多的人投身于原创性劳动中。欧洲大陆法系国家的著作权法中并没有“合理使用”和“法定许可”的称谓，而是将所有不需要经过著作权人许可的使用作品的行为归入“权利的限制与例外”条款。比如法国，这种“规则主义”学说严格遵循了国际条约的要求，例外的“封闭式”体系建立在合法行为的详尽列举上，限于在规定的范围内解释，不能进行扩张解释和类推。回避了著作权合理使用的合理性标准这一重大理论问题，把千差万别的具体情况归结为简单的几个典型情形，对于现实中不断出现的新问题，法官往往束手无策，其滞后性和狭隘性可见一斑。

世界各国的著作权法都对合理使用制度有相应的规定。合理使用通常是指在法定条件下，当事人可使用著作权人之作品而不必征得著作权人同意，亦不必向其支付报酬。合理使用的“三步检测法”最早出现在《伯尔尼公约》。因为考虑到不同法律传统的国家之间的差异，难以统一例外和限制行为的范围和数量，也无法完全穷尽所有的具体情形。更为弹性的做法是提供一个普遍适用的标准，把具体的合理使用判断方式留给各成员国国内法加以规定。所以法国对合理使用亦提出了“三步测试法”，即合理使用必须仅限于特殊情形；必须不得妨碍著作权的通常行使；必须不对著作权人利益造成不合理损害。临时复制的例外、有利于残疾人的例外、版本备案及归档的例外、信息查阅的例外、议会程序例外、教育用途的例外，当然，“新法”也取消了一种例外，即拍卖师复制例外。自此以后，拍卖师不得免费复制某一艺术作品以在法定拍卖表上登记。

（一）合理使用

本编所规定的权利的所有者不得禁止：(1) 仅在家庭范围内进行的私人无偿表演。(2) 并非为了集体性使用，而仅限于复制者个人使用的复制。(3) 在有足够的资料说明来源的情况下：在评论、论述、教学、科学和情报作品中进行分析和简短引用；报刊评摘；为了新闻报道的目的，甚至是全文传播在政治、行政、司法或学术性会议上，或者在政治性群众集会、官方仪式上的公开讲演。(4) 符合有关体裁的规律的讽刺、模仿和漫画。如果表演在一段作品或视听文献中仅处于主要事件的附属地位时，表演者不得禁止复制和公开传播他们的表演。

（二）法定许可

随着现代音像制品的普及，法定许可的使用范围必然有所扩展。通过法定授权制度，一些音像制品发行者便无须向该类制品的生产商申请不计其数的授权，而只需支付一定的报酬便可自由使用各种商业音像制品。依“新法”之规定，“音像传播公司或为音像传播公司所无线播放的节目配音、支付正当酬金之通信公司所无线播放的节目配音”均属于法定许可范围。但判例对此进行严格的解释，拒绝将事先的录音视为法定许可。

八、诉讼程序与处罚

（一）诉讼程序

因实施本法引起的司法纠纷由主管法院处理，但不影响受害方按普通法的规定向刑事法院起诉的权利。按法定程序组成的维护自身利益的职业组织有资格参加诉讼以维护该组织章程规定的所应保护的利益。《法国知识产权法典》第66条规定：受本法保护的作品，作者或者其权利所有者提出请求时，由警察分局局长或在没有分局长的地区由法官负责扣押该作品的复制品。因扣押非法复制品将使正在进行的或已公布的公开演出或演奏延迟、中断，必须向地区法院院长申请，由其做出特别裁定。对违反刑法、侵犯作者著作权的复制、表演或以任何方式进行的传播所带来的收入进行扣押。地区法院院长可以在上述的裁定中，裁定财物扣押人预先准备适当的担保金。

（二）处罚规定

所有违反有关著作权的法律及有关法规的出版活动，包括出版图书、音乐作品、绘画作品、油画作品及其他类型的制作活动，如全部或部分印制、雕刻作品，都是非法制作行为。非法制作行为构成轻罪。在法国领土内，非法制作在法国或在外国出版的著作时，处360～2万法郎的罚金。进出口非法制作著作的，受同样处罚。同时规定累犯加倍处罚。

九、小　结

通过以上阐述，可知《法国知识产权法典》主要有以下几个特点。

（一）《法国知识产权法典》较好地处理了特别法与一般法的关系

知识产权是一种私权，不少人认为知识产权法是民法的一个分支，属特别法。1804年《法国民法典》颁布时，知识产权的重要性没有现在这么突出，《法国民法典》中也就没有针对知识产权的专门规定。因此，法国决定对知识产权采取单独立法后，就十分注意处理同民法、商法以及劳动法等一般法的关系问题，比如：知识产权是一种无形财产，《法国民法典》中关于有形财产的很多规定不能直接适用于知识产权；为保护作者权益免遭侵害，对契约自由进行大量限制，如规定全部转让未来作品无效，要求采用书面合同，未经作者事先授权，不得将合同权益转让第三人。此外，在著作权与婚姻和继承的关系方面也有不同一般法的特别规定，当然，除了以上所举的例外规定外，一般法的普遍原则仍然是适用的，例如为获得因转让、经营或使用作品最近3年欠付的报酬及收益，作者、作曲者及艺术家可享有《法国民法典》规定的优先权等。

（二）《法国知识产权法典》较好地明确了知识产权内部各部门立法的关系

知识产权的保护标的种类繁多，且容易交叉，法典十分注意划分各个保护标的的界限，避免这种内部冲突，例如规定翻译、改编、改动或整理智力作品的作者在不损害原作品著作权的情况下享有著作权保护；有关邻接权的任何规定均不得解释为限制著作权所有人行使其权利。

（三）《法国知识产权法典》术语准确、逻辑严密、互相借鉴

法典十分注意术语的准确使用，例如在涉及转让、质押及许可使用时，法典一律是针对系于标的的权利而言，而不是标的本身。逻辑严谨方面，在规定相关权利时，又对于一些必须予以限制的行为进行例外规定，尽可能平衡权利人和其他人的利益。

当然，《法国知识产权法典》（法律部分）也存在一些不足，比较突出的是，1992年颁布法典时基本上只是将当时的知识产权各部门法汇编到一起，体例上仍然保持相互独立。此外，法典在数字网络时代仍将著作权的财产权截然分为复制权和表演权，在扩大保护上将驰名商标与著名商标等同看待。

第四节 意大利著作权法律制度

一、概 述

（一）国家概况

意大利共和国地处南欧的亚平宁半岛，国土面积约30万平方公里，人口约6000万，是一个高度发达的资本主义国家。意大利是欧洲四大经济体之一，也是欧盟和北约的创始会员国，还是申根公约、八国集团和联合国等重要国际组织的成员。意大利现行宪法1947年12月22日由立宪大会通过。宪法规定意大利是一个建立在劳动基础上的民主共和国。总统对外代表国家，由参、众两院联席会议选出。总理由总统任命，对议会负责。

意大利共拥有48个联合国教科文组织世界遗产，意大利在艺术和时尚领域也处于世界领先地位，米兰是意大利的经济及工业中心，也是世界时尚之都。

（二）意大利作家与出版商协会

意大利作家与出版商协会是意大利的非营利著作权集体管理组织，可以帮助著作权人管理经济权利。意大利作家与出版商协会（Società Italiano degli Autori ed Editori，SIAE）是意大利的著作权集体管理组织，是一个非营利公共组织，可以管理著作权人的经济权利。与世界上其他的著作权集体管理组织不

同，SIAE 是一个综合性的著作权集体管理组织，它不单纯管理某一种类型的作品或某一类型的权利，而是管理全部著作权领域的经济权利。SIAE 的主要职能有：负责代理著作权人授予作品使用许可并收取许可使用费，然后分给相应的权利人。与世界上其他国家的集体管理组织合作，通过签署代理合同保护其他国家著作权权利人。

作者在作品完成后可以向 SIAE 缴费交存或注册作品并且获得一份证明其作品存在以及注明日期的证书，以作为证据使用。注意，SIAE 接受注册或交存并非授予作品著作权。

根据意大利法律，所有带有计算机或多媒体程序的载体以及带有声音、语音或动图的载体（如 CD、DVD 等），如果内容受到意大利著作权保护且为了营利意图在意大利销售，则必须付费贴上 SIAE 发放的标签。SIAE 发放的标签可以证明非盗版产品。

根据意大利法律，所有书名页上也必须付费贴上 SIAE 发放的标签。SIAE 发放的标签可以帮助作者验证其授权出版商出版的书籍数量。作者与出版商首先在出版合同中约定须使用 SIAE 标签，然后出版商向 SIAE 申请发放一定数量的标签，SIAE 在发放标签后将通知作者发放的标签数量。

（三）加入国际公约情况

意大利是《保护文学和艺术作品伯尔尼公约》的成员，此外还加入的著作权国际公约包括《保护表演者、音像制品制作者和广播组织罗马公约》《保护录音制品制作者防止未经许可复制其录音制品公约》《世界知识产权组织版权条约》《世界知识产权组织表演和录音制品条约》《视听表演北京条约》《关于为盲人、视力障碍者或其他印刷品阅读障碍者获得已出版作品提供便利的马拉喀什条约》等。

二、著作权法保护范围

在意大利，著作权（diritto d'autore）自作品完成之日起自动获得，无须注册或登记；录音制作者、影视或视听作品制作者、表演艺术家、广播和电视台享有邻接权。意大利著作权法保护具有创造性并属于文学、音乐、平面艺术、建筑、戏剧和电影范畴的智力作品，不论其表达方法或形式如何。

作品类型包含：（1）通过文字或口头表达的文学、戏剧、科学、教育、宗教作品。（2）附词或未附词的音乐作品和乐谱，音乐剧作品和构成创作的音乐改编。（3）以文字或其他方式固定表演形式的舞蹈作品和哑剧。（4）雕塑、绘画、版刻和类似的平面艺术作品，包括舞台美术；如应用于工业产品，其艺术价值应当能与工业特征分离而独立存在。（5）建筑设计图和建筑作品。

(6) 电影艺术作品，不论有声或无声。(7) 摄影作品和以类似方法表达的作品。(8) 计算机程序，以任何形式作为作者的智力创作的结果表达。任何一个方案的基本思想和原则，包括基于其界面的方案，都被排除在著作权法所规定的保护之外。“方案”一词还包括方案本身设计的筹备材料。(9) 数据库作品，系指以系统或系统的方式安排，单独通过电子手段或其他方式获取的作品、数据或其他独立要素的集合。数据库的保护不扩展到其内容，不影响对这些内容的现有权利。(10) 工业设计，具有创造性和美学价值，艺术价值应能与实用特征分离而独立存在，标准较高。

为特定的文学、科学、宗教、政治或艺术目的，通过选择、编排多部作品或其中若干部分而汇集成的具有独创性的集合作品，如百科全书、词典、选集、杂志和报纸，可同原作一样受独立保护，但不得损害其中包含的原作或其中一部分的著作权。

在不损害原作著作权的情况下，具有独创性的演绎作品，如翻译、改作、实质性的修改和补充、改编、节略以及不构成新作品的变更形式等也受到意大利著作权法的保护。

三、著作权的内容

(一) 经济权利

意大利著作权法赋予权利人以下列经济权利。

(1) 发表权：首次向公众公开作品（首次行使作者权利视为发表）。

(2) 复制权：直接或间接、临时或永久性、以任何方式或形式、全部或部分复制作品。《意大利著作权法》第 13 条规定“专有复制权的目的是以任何方式或形式直接或间接复制临时或永久的全部或部分作品”，但这并不能表明在意大利，临时复制行为受专有复制权控制。该法第 68 – 2 条中规定：“……暂时性复制行为不具有经济意义，不属于暂时性复制权，因为它们是暂时性的或附属性的，也是技术性过程中不可或缺的组成部分。其目的只是为了允许第三方在中间人的介入下进行网络传输，或是合法使用作品或其他材料。”

(3) 转录权：口述作品作者可享有将其作品转录为书面形式或以任何形式复制的权利。

(4) 公开表演、展示、朗诵权：通过表演、展示或朗诵的方式向公众传播作品，使得观众或听众能在现场感受到，但家庭、学校、医院等范围内非以营利为目的的传播不在此列。

(5) 向公众传播权：通过任何传播方式向公众传播其作品，包括电视、广播以及网络。

(6) 演绎权：修改、改编作品而不改变作品原意即为演绎，包括翻译、改编、对作品进行较大修改或增删、简写等。

(7) 向公众出借或出租权：出租指提供作品给公众在一定时间内使用并且获得直接或间接的经济或商业利益。出借指通过公众可用的场所将作品提供给公众在一定时间内使用，没有获得直接或间接的经济利益。

(8) 追续权：艺术作品或文稿的作者在其原始作品转让给他人后能够获得其作品再次销售的部分价金的权利。再次销售指经由专业艺术品销售商进行的销售。

此外，还有商业发行权[1]、翻译权、阐述权、汇编出版权、修改权。

(二) 精神权利

同其他大陆法系国家著作权法相同，意大利著作权法保护作者基于创作作品行为的精神权利。即使著作权的经济权利被转让，作者仍有权主张其精神权利来禁止有损作者尊严或声誉的损毁作品的行为。具体包括：(1) 决定作品是否公开；(2) 被认定为作者以及署名的权利；(3) 反对有损于作者声誉或荣誉而对作品进行修改、歪曲、贬损等处理的权利（建筑作品除外）；(4) 权利人不能反对对已完成或正在建设的建筑作品作出必要修改；(5) 使用假名或匿名的权利；(6) 不被冒名为某作品作者的权利；(7) 放弃特定作品父权（作者与作品之间关系）的权利；(8) 因为特定重大思想情感方面的理由有权从市场上收回作品，包括道德、思想、政治、宗教理由，甚至是作者个性的改变。当然作者需要对相关权利人进行补偿。

(三) 对某些作品的特别规定

意大利著作权法对歌剧、轻歌剧、长篇独白、配有文字的音乐作品、配有音乐和舞蹈的芭蕾舞剧、编舞、哑剧做出了特别规定，例如：作曲者可以单独行使其曲谱部分的经济使用权，但不得妨害合作作者的共同权利。经济使用收益按各作者对文学和音乐部分的创作比例分成。歌剧中的音乐部分的创作比例视为整体作品的3/4。小歌剧、歌曲、舞蹈配乐中的文学和音乐部分的创作比例视为均等。在不违反其他规定的情况下，各合作作者有权单独使用各自的创作部分。[2]

舞蹈、哑剧作品中音乐部分不占主要地位的，经济使用权由舞蹈或哑剧部

---

[1] 《意大利版权及相关权利法》第17条。发行权还涵盖将在非欧盟国家制作的复制品引入欧共体国家的领土以发行的专有权；以及在欧盟境内的发行权穷竭原则。法律条文来自WIPO网站https：//www. wipo. int/wipolex/zh/results. jsp？countries = IT&cat_ id = 11。

[2] 《意大利版权及相关权利法》第34条。法律条文来自WIPO网站https：//www. wipo. int/wipolex/zh/results. jsp？countries = IT&cat_ id = 11。

分的作者行使。包含歌舞的其他作品中音乐部分不占主要地位的，经济使用权由文学部分的作者行使。❶

除此之外，意大利著作权法在第一部分第四章还规定了对汇编作品、杂志和报纸的特别规定，以及对电影作品、无线电广播作品、录音作品、计算机程序和数据库的特别规定。

四、限制与期限

（一）限制与例外

在对著作权人的限制上，意大利立法者采取封闭式列举的方法，具体罗列如下：（1）报纸文章与广播评论。（2）公开言谈。（3）为公共安全目的。（4）读者可为个人使用而通过手抄或其他不适于流通或公开传播的方式，复制单一作品或其中部分。图书馆可为读者个人使用或本馆服务业务，自由影印馆藏作品。（5）临时复制行为。（6）为个人使用目的，可以将受保护作品的复制本借予公众。（7）为评论、论述或教育目的。（8）国家军乐队和意大利青少年乐队可以非营利地演奏乐谱或音乐作品中的部分乐章，无须支付报酬。（9）为个人使用的目的，为残障人士复制受保护的作品和材料，或者使用公开传播的方式，但仅限于非商业性的为残障所必需的范围。（10）允许为研究或个人学习的目的，在图书馆、教育机构、博物馆、档案馆的终端设备上再现作品，但仅限于馆藏作品。（11）允许公立医院、预防和处罚机构对广播和电视广播的纯粹用于内部使用的复制。（12）为了公安的目的，确保行政、议会或司法程序的正常进行，应主管机关要求，施加技术措施的权利人应规避技术措施，允许使用受保护的作品或者材料。（13）在不违背权利添加的技术措施的前提下，允许为个人使用的目的在任何介质上对录音录像作品的私人复制行为，只要是非营利性的，没有直接或间接的商业目的。（14）录音录像作品的原始作者有权获得版费补偿金。

为了公安的目的，确保行政、议会或司法程序的正常进行，应主管机关要求，施加技术措施的权利人应规避技术措施，允许使用受保护的作品或者材料。此外，在不违背为权利添加的技术措施的前提下，允许为个人使用的目的在任何介质上对录音录像作品的私人复制行为，只要是非营利性的，没有直接或间接的商业目的。

---

❶ 《意大利版权及相关权利法》第 37 条。法律条文来自 WIPO 网站 https：//www. wipo. int/wipolex/zh/results. jsp？countries = IT&cat_ id = 11。

（二）经济权利的期限

作品的经济使用权期限为作者终身及其死亡后70年。作者死亡后20年内首次发表的作品，不论发表地点和方式如何，经济使用权限均为首次发表之日起70年。如果为合作作品，则为最后一位合作作者死后70年。作者身份未知的，则为作品创作完成或发表之日起70年。

五、邻接权

在意大利，录音制作者、影视或视听作品制作者、表演艺术家、广播和电视台享有邻接权。邻接权权利人享有一些独占的经济权利，表演艺术家甚至还享有一定的人身权。此外，一些不被视为智力作品的文化或创造活动成果也享有特殊的邻接权保护。具体包含如下类型：（1）录音载体制作者的权利；（2）表演者的权利；（3）电影或动态影像制作者的权利；（4）体育音像权；（5）无线电广播和电视广播的相关权；（6）遗留作品和科学版本；（7）有关摄影作品的权利；（8）有关舞台布景设计的权利；（9）有关书信和肖像的权利。

六、技术保护措施与权利管理信息

意大利著作权法对技术保护措施界定为著作权权利人、邻接权权利人以及数据库权利人对作品或其他材料施加有效的技术保护措施（包括技术、装置或组成），以防止对作品或材料的未经许可的使用，分为访问控制技术措施和权利保护技术措施。

权利管理信息是指著作权权利人、邻接权权利人以及数据库权利人在作品或材料中插入电子权利管理信息，以保护或公告其作品或材料。电子权利管理信息确定了受保护的作品或材料，以及作者或任何其他权利人。此类信息还可能包含有关作品或材料的使用条款或条件的信息，以及代表信息本身或其他识别要素的任何数字或代码。

七、登记制度、权利移转和司法救济

（一）登记和交存作品

作品的一般登记由公共文化部进行，意大利作者和出版者协会（SIAE）负责对电影作品和音像作品进行专门的公共登记，以及负责管理专门的计算机程序公共注册。在无相反证明的情况下，登记项目即为该作品存在和发表事实的证据，登记簿上记载的作者和制作者，视为所登记作品的作者和制作者。

根据当事人的申请，凡有关全部或部分移转本法所确认的权利或设定享有权利或提供担保的法律文件，以及权利分割或结合的法律文件，均可依本法予以登记。

作品或制品的作者或制作者或其权利继承人，须在一定期限内向教育部交存作品或制品的一份样品或复制品。如果音乐剧或交响乐作品中的管弦乐部分没有印刷，可呈交一份演唱和钢琴演奏用乐谱或钢琴乐谱的复制品或样品。对于摄影作品无须交存样品。

（二）利用权的移转

原始智力作品的作者享有的使用权，以及其他相关权利，可以通过购买、出售等方式移转。作品使用权的转让须有书面协议。

智力作品的发表权和已发表作品的使用权属于作者个人的，不得因合同行为或强制执行而作为质押、没收或扣押的标的。但作品的复制品和使用收益，可依照民事诉讼法规定作为质押、没收或扣押的标的。

关于出版合同，作者在出版范围内享有的全部或部分使用权利可作为出版合同的标的。合同的条款和期限可采用合同订立时生效的法律所作的规定。合同成立后新法律授予的权利，不论是扩大保护范围还是续展保护期限，均不包括在转让的权利中。出版合同可以分约定版数或约定期限两种。约定版数的出版合同，自作品全部手稿交付日起 20 年内推定授予出版者出版一版或一版以上的权利，版数和每版印数在合同中约定。但双方当事人可就版数和印数或就报酬约定幅度；约定期限的出版合同，推定在约定的不超过 20 年的期限内授予出版者出版任意版数的权利。合同中须规定每版最低印数，否则合同无效。

另外，关于作者的追续权。作者在作品首次转让之后，有权向作品的每笔交易收取费用，但此项权利不可让渡或放弃，权力期限为作者终生至死亡后 70 年。

（三）著作权侵权与法律救济

意大利著作权法将著作权侵权分为直接侵权和间接侵权。

直接侵权包括未经权利人许可，抄袭、向公众发行、向公众出租或出借、在公开场合表演、展示或演奏、向公众传播、改编以及其他演绎作品等行为。直接侵权属于严格责任，也就是说无须侵权人知道他人著作权的存在或故意实施侵权行为。

间接侵权包括明知或有合理理由知道他人著作权的存在，仍然进口、展览、分销、销售、出借、出租、允许一个公共场所用来进行侵权著作权的表演等。2015 年，意大利法院判决 4 个链接盗版电影的网站经营者侵犯著作权，并要求其支付超过 60 万欧元的罚款和诉讼费用，filmakers. biz、filmaker. me、filmakerz. org 和 cineteka. org 被迫关闭并提起上诉。上诉法院认为，尽管这些网站通过广告获利，但是只提供链接不属于散布受著作权法保护的文件。法官作出如下判决：文件共享，即共享受著作权保护的文件，是节省开支，而不是营利性的业务。因此，在这种情况下，不能使用著作权法的惩罚条款及由此产生的行政处罚。

意大利著作权法为权利人设立了两类救济方式，包括民事救济和刑事保护。著作权被侵权的当事人可以提起民事诉讼解决纠纷，意大利刑法也规定有著作权犯罪。意大利海关还会依法对侵犯著作权的进入意大利的产品采取执法措施。

经济使用权的侵权被害人可提起民事诉讼，请求排除侵害、销毁侵权物或进行损害赔偿。排除侵害或销毁侵权物仅限于非法复制、传播的样品或复制品，以及仅能用于非法复制、传播的设备。保护作者身份的诉讼，仅在损害无法通过增补或隐去作者姓名或其他公告方式救济时，才可请求排除侵害或销毁侵权物。保护作品完整性的诉讼，仅在加害人承担费用仍无法恢复作品的原始形式时，才可请求排除侵害或销毁侵权物。

关于著作权法的刑事保护，《意大利著作权法》第171条规定："擅自进行下列行为的，处10万~400万里拉的罚金：复制、改作、公开朗诵、传播、销售或提供销售或以其他商业性方式发行他人的作品，或公开他人未发表的作品的内容，或进口、流通违反意大利法律的复制品。"

2013年12月，意大利电信监管局（AGCOM）通过了一项规制在线侵权行为或通过视听媒体实施侵权行为的著作权保护法规，该法规已于2014年3月31日生效，对意大利著作权执法产生重大影响。该法规为权利人提供了一种快速救济的新程序。依据该法规，当权利人认为网站上有人非法提供了其受著作权保护的作品，且尚未提起诉讼程序，可通过AGCOM网站提供的表格向AGCOM提出专门请求。AGCOM将向网络服务提供商、内容上传者以及网页或网站管理人员发出通知，宣告上述流程的开始，并给出涉嫌侵权作品的详细信息，告知涉嫌侵权人有权向AGCOM提交辩护书。

第五节　丹麦著作权法律制度

一、概　　述

（一）丹麦概况

丹麦，官方名称丹麦王国，北欧五国之一，君主立宪制国家，位于瑞典西南部、挪威南部，南接德国。在北大西洋拥有格陵兰及法罗群岛两个自治领地。面积43 094平方公里（不包括格陵兰和法罗群岛），人口约560万（2015

年），本土由日德兰半岛等407个大小岛屿组成，拥有耕地和砂质海岸，气候温和。官方语言为丹麦语，与瑞典语和挪威语联系密切。

（二）丹麦现行著作权法立法状况

丹麦是世界上较早建立著作权制度的国家之一，丹麦著作权法也是当今世界上最先进的著作权法之一，其现行著作权法于1995年6月2日由丹麦议会正式通过，自1995年7月1日起开始实施。截至目前已经过三次修改，最近一次修改是在2014年10月23日，并于同年10月29日起施行。丹麦著作权法是一部为保护文学、艺术和科学作品作者的著作权，以及与著作权有关的权益的法律。其具体内容包括：著作权主题和范围，著作权的限制，著作权转让，著作权期限，其他权利，杂项规定，技术措施，孤儿作品，法律生效等。

（三）加入国际公约情况

丹麦是世界知识产权组织的成员国，曾参与制定《保护文学和艺术作品伯尔尼公约》和《与贸易有关的知识产权协定》。此外，丹麦加入的著作权国际法律文件还包括《保护表演者、音像制品制作者和广播组织罗马公约》《世界版权公约》《保护录音制品制作者防止未经许可复制其录音制品公约》《世界知识产权组织版权条约》《世界知识产权组织表演和录音制品条约》《视听表演北京条约》《关于为盲人、视力障碍者或其他印刷品阅读障碍者获得已出版作品提供便利的马拉喀什条约》等。

二、著作权主题和范围

（一）受保护的作品

丹麦著作权法保护的是作品的表现形式，不包括内容、概念、过程等。[1] 丹麦著作权法所保护的文学和艺术作品包括：文字作品、口述作品、音乐作品、戏剧作品、电影作品、摄影作品、美术作品、建筑作品、应用艺术作品等以其他方式表达的作品。

丹麦著作权法将地图、附图和以图形或塑料形式执行的描述性质的其他作品视为文学作品加以保护，同时，对计算机软件也以文学作品的方式予以著作权保护。

丹麦著作权法还规定了法律、行政命令、法律决定和类似的官方文件不受著作权保护。但是这些公共文件中作为独立条款出现的作品，仍然受到著作权法的保护，因此，对于单独条款的使用可以在公共文件中复制，但是对包含独

[1] 李庆本，吴慧勇．丹麦：高福利社会下的文化产业．欧盟各国文化产业政策咨询报告［M］．郑州：大象出版社，2008：101.

立条款的作品的使用，应遵守著作权法的相关规定。

（二）精神权利

丹麦著作权法所规定的精神权利包括发表权、署名权、修改权和保护作品完整权等四项权利。如果一项作品已经合法向公众公开，则应视为已经发表。作品在三种情况下被视为公开，分别是：（1）作品的副本以出售、出租、出借或分发等方式提供给公众；（2）副本公开展示；（3）作品是当众表演的。署名权规定为作者有权利在自己创作的作品上标识自己的姓名，并将标有自己姓名的副本提供给公众。保护作品完整权则体现在向公众提供的作品不得损害作者文学或艺术声誉和个性。

（三）经济权利

丹麦著作权法所规定的经济权利包括复制权、发行权、翻译权、改编权、出租权、信息网络传播权、汇编权、展览权、表演权等。丹麦作为欧盟的成员国，其著作权立法主要以欧盟法和著作权国际法律文件为依据，虽然欧盟有统一的著作权法，但是各个成员国也会在此基础上制定自己的著作权法，因此难免存在差异。

（四）著作权归属

丹麦著作权法规定，除另有规定外，在作品的复制件或者向公众提供的作品上所署的假名或者签名，应当视为作者。如作品是在没有指明作者的情况下发表的，则编者（如果有的话）以及其他出版者应代表作者行使，直至作者在作品的新版本上被署名。

1. 改编作品

翻译、修改或者改编作品的人，包括将原作品转换为其他文学或艺术形式，应当对新形式的作品享有著作权，但是其作品的著作权应当受到原作品著作权的限制。

2. 汇编作品

合并作品或者部分作品创作一个综合性文学或艺术作品的人应当享有新作品的著作权，但其著作权不应当损害个人作品的著作权。

3. 合作作品

如果作品中有两名以上作者，并且各自的贡献无法区分，那么作品著作权应当共同享有。

4. 职务作品

如果计算机程序是编程人员正常工作期间在雇主指导下完成的，著作权归雇主所有。

（五）其他立法与保护的关系

《丹麦著作权法》第10条第1款规定受到外观设计法保护的作品，不排除对其著作权的保护，因此，某些作品可能受到外观设计法和著作权法两种法律的双重保护。

（六）保护期限

自作品创作完成之日起作者就享有著作权，而无须经过任何注册。[1] 著作权保护的期限可自作者死亡之日起持续长达70年；如果是合作作品，截至最后一位存活的作者去世后70年。然而，对于电影作品而言，著作权在下列最后一个人死亡之后将持续70年：（1）主要董事；（2）剧本的作者；（3）对话的作者；（4）专门为电影作品创作的音乐作曲家。另外，具有歌词的音乐作品的著作权，从作者和作曲家的最长寿命的死亡年份开始持续到70年。作者不明的作品自创作完成后70年内未发表，著作权法不再保护。如果作品在超过著作权保护期后始合法发表，发表或者发行作品的人享有与创作文学或者艺术作品的著作权人相同的经济权利，并可享有25年的著作权。邻接权的保护期为50年。

三、著作权的限制

丹麦著作权法规定的著作权限制的情形较多，每一种情形都做了详细规定，从著作权的限制规定可以看出丹麦对于公众利益的重视。除了建筑物和日常用品外，著作权的限制不适用于人身权。他人对作品的使用不得超出法律规定的范围，如果公开使用，应按照正确使用的要求标明来源。另外，著作权限制的一般规定还包括不得以著作权的限制为由规避有效的技术措施。

（一）合理使用

根据丹麦著作权法的规定，合理使用包括11种情形，在每一种合理使用情形下，法律分别对使用条件进行不同规定。

（1）临时复制。临时复印只适用于以下四种情形：①复制是暂时的或偶然的；②复制是技术过程的一个不可或缺的部分；③其唯一目的是使中间人能够在第三方之间的网络中传送作品，或者合法使用作品；④没有独立的经济意义。但是，这四种情形对计算机软件和数据库不适用。

（2）为私人使用而复制。任何人如果不是为了商业目的而有权为私人目的使用已经发表的作品。但制作的副本不得用于其他目的。

---

[1] 李庆本，吴慧勇．丹麦：高福利社会下的文化产业．欧盟各国文化产业政策咨询报告［M］．郑州：大象出版社，2008：101.

(3) 医院等的复制。社会福利部门、监狱服务机构和类似机构内的医院、疗养院、监狱和其他24小时机构可以为该机构的囚犯和其他人短暂使用广播和电视广播的作品的录音，但该录音不是为了商业目的而完成的，并且这种录音只能在有关机构内使用。

(4) 档案馆、图书馆和博物馆。不以商业为目的，档案馆、图书馆和博物馆可以复制本馆收藏的作品，但是这一规定不适用于数字形式的电脑程序和电脑游戏。

(5) 公开表演。在非商业用途并且不向观众收取费用的情形，或者表演发生在神圣的服务或教育活动的情况下，可以公开表演他人的作品，但是戏剧作品和电影作品除外。此外，为服务和教育活动的表演不能通过广播和电视进行传播。

(6) 适当引用。一个人可以根据正确的用法和为达到这个目的所要求的程度引用已发表的作品。

(7) 美术作品的使用。①已经发表的具有描述性的艺术品可按照正确的用法和所要求的程度用于与文案有关的批评或科学演示。②向公众提供的艺术作品,可以按照正确的使用方式，按照目的要求，在报刊上使用。③作者转让给他人的已发表的艺术作品或者其他作品,如果使用具有次要的重要性，可以在报刊、影视作品中使用。

(8) 实时报道。如果某一作品的表演或展览属于当前事件的一部分，并在电影、广播或电视中使用，则该作品可能被包括在作品当中，构成当前事件报道的一个自然部分。

(9) 公共诉讼、公共访问等。议会、市议会和其他公共当局的诉讼程序、司法程序和召开公开会议讨论一般事项，可以在未经作者同意的情况下使用作品。

(10) 建筑物和日常用品的改变。

(11) 计算机程序的特别规定。

(二) 法定许可

法定许可的情形包括：(1) 教育机构录制被编入广播电视中的作品；(2) 公共或私营机构，组织和企业的商业复制；(3) 档案馆、图书馆和博物馆的数字形式复制；(4) 为视障人士出版文学作品的录音制品；(5) 制作教育用途选集；(6) 复制已经发表的艺术作品；(7) 有合法资格的电台或电视台组织可以广播他人的作品，但戏剧作品和作者禁止广播的除外；(8) 个人出于商业目的的复制艺术作品、文学或音乐作品等情形使用法定许可。

（三）权利穷竭

1. 发行权穷竭

在作者同意的情况下，已经出售或者以其他方式将作品分发给欧洲经济区内的其他人，作者将不能对作品的进一步流转加以控制，但作者享有获得报酬的权利。

2. 展览权的限制

如果一件艺术作品的拷贝已经被作者转让给其他方，受让方可以在公共场合展出。

3. 出租和出借的例外规定

未经著作权人同意，副本不得通过租赁方式分发给公众。但是，这一规定不适用于建筑和应用艺术作品。对于电影作品和计算机程序，未经作者的许可，不得向公众出借，如果计算机程序是文学作品的一部分则可以。

四、延伸性集体许可

延伸性集体许可是指在著作权与邻接权领域，在全国范围内具有代表性的著作权人组织（通常包括作者和一些制作人）与使用者达成的作品使用协议，根据法律规定其约束力同样及于不是该组织成员的权利人。[1] 丹麦著作权法将延伸性集体许可制度规定于著作权的限制一章中，从其性质上看，应是一种权利限制。丹麦作为延伸性集体管理制度的主要设计国之一，经过多年的实践和发展，延伸性集体管理制度在该国已相当成熟，在北欧各国甚至世界著作权法可以说是最具代表性。

在丹麦现行著作权法中，对延伸性集体管理制适用规定了七种法定情形和一种例外情形。七种法定情形具体包括：著作权延伸集体许可适用于在教学活动中对作品的复制、组织机构在内部活动中对作品的复制、特定图书馆对于已发表作品的数字化、为视听障碍人士录制通过无线电与电视进行广播的作品、复制已公开展出的艺术作品、通过无线电及电视对作品的广播、通过有线或无线方式转播作品。

此外，丹麦著作权法中规定了兜底性条款，即授权丹麦文化部在其认为必要时，可以向特定的著作权集体管理组织予以特别许可，该条款目前仅适用于对文学作品的数字化处理。截至目前，丹麦最大的著作权集体管理组织COPYDAN 曾两次授权被许可人使用作品。第一次是于 2010 年授权 Gyldendal 出版社数字化 1887 ~ 1905 年出版的百科全书类读物（丹麦人物志），第二次

---

[1] 梁志文. 著作权延伸性集体许可制度的移植与创制［J］. 法学，2012（8）：123.

是许可哥本哈根大学所属的科研机构 Arnamagnaean 委员会对北欧散文《辞海》数字化。

五、孤儿作品

丹麦著作权法对孤儿作品著作权以延伸性集体许可的模式加以保护，专设一章对其进行规定。丹麦版权法对孤儿作品的定义是，孤儿作品指一项作品或录音制品，其中没有任何这种作品或录音制品中的权利人被确定出来，或即使一个或多个权利人被确定，但是尽管努力寻找也无法找到权利人的作品。为了实现与公益利益相关的目标，在丹麦可以使用孤儿作品的组织有：（1）公共图书馆、教育机构和博物馆；（2）档案馆，电影和音频遗产机构；（3）公共广播组织。孤儿作品的使用许可受到严格限制，每项许可都须获得文化部的批准。为确定作品或录音是否为孤儿作品，前述受益组织应确保在使用前对每一作品或录音进行认真的检索，并且在勤勉检索方面应向丹麦文化部提供以下信息：（1）勤奋搜索的结果；（2）使用孤儿作品；（3）孤儿作品状态的任何变化；（4）相关的联系信息。如果根据欧洲经济区内另一个国家的立法被认定为孤儿作品的作品或录音制品在丹麦也被视为孤儿作品。如果著作权人找到使用孤儿作品的组织，则孤儿作品将不再是孤儿作品，由此孤儿作品状态结束，权利人有权依照规定接受使用孤儿作品的组织的合理报酬。

六、技术措施

丹麦著作权法只保护防止复制的技术措施，而且是有效的技术措施，将访问控制的技术措施排除在外，这与《欧盟版权指令（EUCD）》的第6.3条排除了访问控制技术的规定相一致。丹麦著作权法并不保护权利人的设计，其目的是控制用户对作品的个人使用的技术系统。[1] 丹麦著作权法规定不能以著作权的限制为由规避技术措施，但是赋予著作权许可法庭新的职能来处理与技术措施有关的权利要求，经请求，著作权许可法庭可以命令在其作品上采用了有效技术措施的著作权人为使用者行使著作权限制而提供使用作品的途径。如果著作权人在法庭作出裁决后4周内不服从命令，使用者可以规避技术措施，而不承担违反反规避技术措施规则的法律责任。[2]

---

[1] 关于条约成员方执行技术措施保护条款的立法差异，参见：郭鹏．国家利益冲突与国际电子商务法律制度构建［M］．广州：暨南大学出版社，2013：111.

[2] 关于"技术措施加合同"模式，参见：郑重．数字版权法视野下的个人使用问题研究［M］．北京：中国法制出版社，2014：241.

第六节 瑞典著作权法律制度

一、概 述

(一) 国家概况

瑞典位于北欧斯堪的纳维亚半岛东半部，面积约45万平方公里。人口969.61万（2014年），官方语言为瑞典语。全国划分为21个省和289个市，首都为斯德哥尔摩。瑞典经济发达，一直保持2%～4%的增长速度。瑞典大力发展电子和信息技术产业，生活水平较高，社会保障制度完善。货币为瑞典克朗。

(二) 现行著作权法概况

瑞典现行著作权法《文学和艺术作品著作权法》于1960年颁布，为了适应国际环境的变化和信息传播技术的发展，在1995年、1997年、2000年、2005年、2011年和2017年共进行6次修订。同时，瑞典还颁布了《著作权争议调解法》《文化遗产法》《文件复制法》《著作权法实施细则》等众多著作权相关法律，[1] 著作权法律体系十分完善。

瑞典负责著作权法制订的部门是瑞典司法部知识产权和运输法司，同时，瑞典专利商标局也承担了不少著作权事务，特别是与世界知识产权组织合作，每年为发展中国家举办著作权和相关权培训。

总体来说，瑞典是音乐出口大国，曾一度是继美国与英国之后最大的音乐出口国，因此瑞典对著作权尤为重视。经过近百年的发展和积淀，瑞典的著作权法无论在立法还是执行方面都已日趋成熟和完善。社会公众的著作权意识和企业的自我维权意识很强，相关政府部门和协会组织各司其职、配合默契，运行效能很高，著作权立法、执法、保护及著作权集体管理等均处于世界领先水平。

(三) 加入著作权国际公约情况

瑞典于1904年加入《保护文学和艺术作品伯尔尼公约》；1961年加入《世界版权公约》和《保护表演者、音像制品制作者和广播组织罗马公约》；1995年加入《与贸易有关的知识产权协定》；1971年加入《保护录音制品制作者防止未经许可复制其录音制品公约》；1997年加入《世界知识产权组织版

---

[1] 吴庆云，钱树人．交流·合作·共勉——瑞典、芬兰、波兰三国见闻与思考［J］．中国出版，2014（3）：56.

权条约》和《世界知识产权组织表演和录音制品条约》;2013 年加入《视听表演北京条约》。

（四）著作权制度概况

著作权是指作家、作曲家、艺术家及其他创作者对其文学或艺术作品所享有的权利。著作权法给予文学艺术作品权利人较高的保护，同时建立了多层次的权利保障体系，充分体现了创作的价值。瑞典著作权法的具体内容包括：著作权的客体和内容、著作权的限制、获得特别报酬的权利、延伸性集体许可、著作权转让、著作权保护期、邻接权、技术保护措施、责任和赔偿等。

二、主要保护范围或权利内容

（一）著作权的客体

瑞典著作权法赋予创作文学艺术作品的人以著作权，作品可以是：（1）以任何方式表现的文学作品、演讲；（2）计算机程序；（3）音乐、戏剧作品；（4）电影作品；（5）摄影、美术作品；（6）建筑、应用艺术作品；（7）以其他方式表达的作品。地图和描述性作品视为文学作品加以保护。

同时，著作权法也规定了不受保护的主题，包括：（1）法律法规；（2）国家机关的决定；（3）国家机关的报告；（4）（1）~（3）中提到文本的官方正式译文。

（二）精神权利

著作权赋予著作权人的精神权利包括发表权、署名权、修改权和保护作品完整权，著作权人所享有的精神权利不可转让。

（三）经济权利

著作权法赋予著作权人排他性的经济权利包括复制权、翻译权、改编权、信息网络传播权、表演权、展览权、出租权、发行权、汇编权、广播权、放映权、接续权等，经济权利可以由所有者授予。

（四）保护期限

自作品创作完成之时，作者即享有著作权，无须登记注册。著作权保护期是作者终生至去世后 70 年。如果作者未知，例如作品未提及作者姓名或者作品上所署的是假名或签名，著作权保护期应当自作品出版一年后至第 70 年年底。数据库的保护期为 15 年。

三、著作权的限制

瑞典在给予著作权人以较强保护的同时，也对著作权人的著作权作了限制性的规定，具体包括：（1）为个人用途制作单独拷贝（不包括建筑作品、计算机程序和数字形式的汇编作品）；（2）出于教育目的进行一定复制的权利；（3）档案馆、图书馆制作和分发副本；（4）孤儿作品的使用；（5）通过录音方式给残疾人士准备复制件；（6）在欧洲经济区经作者同意将作品分发给公众，作品的后续传播；（7）已发表作品的公开展示（包括美术作品的转让）；（8）对作品的公开表演（不包括电影作品和舞台剧）；（9）出版作品引用的限制权；（10）建筑和艺术作品的复制；（11）通过音频广播和电视等复制有关日间事件的信息；（12）公开演讲、公开文件的复制；（13）广播电视的复制；（14）计算机程序的修改、复制等。

四、延伸性集体许可

瑞典是世界上首先规定延伸性集体许可规则的国家，著作权法对其进行专章规定，现见于第3a章。延伸性集体许可包括五种法定情形，具体为：公权力机构、私人企业和组织为内部信息目的复制或复印文字作品及与文字作品相关的艺术作品；为教育目的复制；图书馆或档案馆向公众传播作品；同步卫星传播；有线转播。

某作品领域中拥有大量瑞典作者成员的集体管理组织与使用者所达成的延伸性集体许可协议，适用于著作权的限制中所规定的以特定方式使用作品的行为。依据延伸性集体许可协议，使用者有权使用协议所指类型的全部作品，而不考虑这些作品的作者是否属于该组织的成员。为教育目的复制作品的协议必须是与以组织形式出现的、实施教育行为的人所达成。对作品的使用需满足的条件：协议所指的作品使用条件、协议所定的报酬以及在报酬之外所需支付给著作权集体管理组织的其他收益，非属该组织成员的作者必须与作为成员的作者同等对待。但是，在不损害上述作者享有的权益的情况下，自作品使用行为发生之日起3年内，非成员的作者有权请求支付该使用作品行为的报酬。仅有签约的组织有权针对有线转播的作品使用者行使报酬请求权。所有此类权利的行使须同时提出。

五、著作权转让

著作权中的经济权利可以部分或者全部转让。在没有相反协议的情况下，转让著作权的人不得改变作品或者将著作权转让给他人。作者向作品录音录像制作者转让其作品的权利，录音录像制作者通过出租作品向公众提供作品的，作者享有获得公平报酬的权利。

六、涉外著作权的保护

瑞典著作权法从文字表述上来看只包括来自瑞典的作品的著作权，但是瑞典是伯尔尼公约、TRIPS 协议、世界贸易组织的成员国，因此，瑞典著作权法下的权利已经延展到所有欧盟公民即世贸组织签约国国民。

七、关于技术措施的保护

瑞典著作权法所规定的"技术措施"是指任何有效的技术、设备或组件，旨在防止或限制在其正常的操作过程中复制或向公众提供受著作权保护的作品而未经作者或其继承人的同意。由以上定义可知，著作权法只保护防止复制的技术措施，对访问控制的技术措施不进行保护，并且技术措施只能是有效的，目的在于保护作品的传播，而不限制对作品的接触。关于技术措施保护的规定不适用于计算机程序、根据"新闻自由法"提供官方文件和为了法律或公共安全的利益而使用作品。

瑞典著作权法不仅禁止在未经作者或其权利继承人同意的情况下规避任何防止或限制著作权保护作品的复制品的数字或模拟锁，以规避诸如加密之类的技术过程，还限制向公众提供受技术措施保护的作品，或者提供规避、妨碍或限制这种行为的任何其他技术措施。瑞典著作权法还规定了禁止规避技术措施的例外，具体包括：（1）档案馆、图书馆制作和分发副本；（2）通过录音方式给残疾人士准备复制件；（3）公开演讲、公开文件的复制；（4）广播电视的复制。在禁止规避技术措施的例外情形下，即使该作品受技术措施保护，使用者也有权利合法使用作品，在使用者无法破解技术措施的情况下，法院可以应合法用户的请求，指示作者或者权利继承人帮助用户可以按照条款规定的方式使用该作品。

八、侵权责任

侵犯著作权应承担民事责任和刑事责任。起初，在瑞典通过互联网下载音乐和电影的行为是合法的，在受到好莱坞的压力后，瑞典在 2005 年才将其定为非法活动。2007 年一家瑞典上诉法院支持了一项有关通过互联网免费共享音乐有罪的裁定。被告吉米通过互联网共享 4 首歌曲的行为侵犯了知识产权，并被罚款 2 万瑞典克朗（合 2843 美元）。这次裁决只牵涉 4 首歌曲，被告就被罚了 2 万克朗，每首歌曲相当于 5000 克朗。当在互联网上有廉价、合法的其他选择时，非法的文件共享服务就太昂贵了。而在瑞典于2011年对一起个人非法共享33首歌曲的案件的罚款相比前一个案件就合理很多，被指控违反国家著作权法的是一位26岁瑞典非法共享者，由于非法共享了33首受著作权保护的歌曲而被处以2000瑞典克郎（合307美元）的罚款。由这两个案例可以看出，瑞典法院逐渐重视非商业性侵犯专有著作权的行为，但是对于罚款的数额并没有确定的标准，还有待于进一步的合理化。

第七节 本章小结

从本章对5个国家著作权法律制度的介绍来看，德国的立法内容较为丰富，包括召回权和著作权强制许可制度等，规定较为严谨；法国的立法内容比较全面，更新较快，保护手段较为有力。在重视文化产业发展的丹麦，其著作权立法的先进性也为文化产业的发展起到保驾护航的作用，其特色主要体现在对作品的保护期、延伸性集体许可制度和孤儿作品的保护制度等方面，这也对其他国家完善著作权法具有很大的借鉴意义。

至于瑞典著作权法，其最大的亮点在于其延伸性集体管理的相关规定。就相关规定的内容来看，其延伸性集体管理制度值得世界上未建立此种制度的国家借鉴。瑞典的著作权法同样也面临为适应网络和数字技术的发展著作权法的修改问题。瑞典也一度面临极少有人关注著作权问题的窘况，然而现在境况大变。因为数字环境下产生了新的使用方式，著作权影响的范围越来越广。瑞典是世界上宽带与网络覆盖率最高的国家之一，因此，网络时代来临后数字时代的精神权更显得重要。但很多人认为著作权法是对网络自由和知识获取的威胁，许多支持数字盗版的年轻人加入社会团体、组织政党。其中，瑞典产生了赫赫有名的政党，名为“盗版党”,并成为瑞典第三大党派。自从2006年成立之后，发起了世界盗版运动，短时间内在欧洲和世界主要国家带动了一批盗版党的出现，最后竟然在2009年的欧洲议会选举中占据两个议席。[1] 盗版党的政治运动势必会影响瑞典、欧盟乃至世界的著作权秩序，未来瑞典的著作权立法仍任重而道远。

[1] 赵为学，尤杰，郑涵．数字传媒时代欧美版权体系重构［M］．上海：上海交通大学出版社，2016：273.

第八章　非欧盟国家著作权法律制度

第一节　概　　述

一、区域总体情况

欧洲共45个国家和地区，目前不是欧盟成员的有：英国[1]、俄罗斯、土耳其、乌克兰、白俄罗斯、冰岛、瑞士、挪威、马其顿、阿尔巴尼亚、阿塞拜疆、格鲁吉亚、黑山、斯洛文尼亚、塞尔维亚、波斯尼亚和黑塞哥维那、科索沃、摩尔多瓦等国家。[2] 在上述非欧盟国家中，由于各自的特殊原因未加入欧盟，同时各自的经济、政治、文化发展水平也有较大区别，特别是在经济水平和著作权保护水平上更是千差万别。以下简要介绍几个重点国家的基本情况。

（一）俄罗斯

俄罗斯是中国的邻国，横跨亚欧大陆，据中国海关统计，2016年中俄贸易额为695.6亿美元，同比增长2.3%，中国继续保持俄罗斯第一大贸易伙伴地位。2017年，伴随着俄罗斯与中国友好关系的快速发展，“一带一路”倡议越来越受到俄罗斯社会各界的重视和青睐。俄媒体对“一带一路”的报道呈现井喷式增长，俄社会舆论对欧亚经济联盟与“一带一路”的对接充满期待。

---

[1] 2017年英国通过全民公投进行了脱欧程序，但出于稳定各方局势，英国会继续与欧盟进行多方面谈判。2018年6月26日，英女王批准英国脱欧法案，允许英国退出欧盟。欧盟日前正式与英国达成“脱欧”协议，但该协议能否在欧盟各成员国和英国议会顺利过关犹未可知，“无协议脱欧”风险尚未排除。在经济增长放缓的背景下，英国“脱欧”的不确定性是当前欧盟经济面临的主要风险之一。同时英国的知识产权体系在当今世界来说也是较为完善的，知识产权制度建设属世界先进水平知识产权保护方面不会受到影响，无论对知识产权国际组织还是发展中国家的知识产权工作也不存在重大影响，因为知识产权国际合作已是今日世界的共识，只有大家都尊重知识产权国际规则，知识产权国际合作才能取得成效。

[2] 欧盟成员目前已经扩大到27个，相关内容请参阅本书第七章的欧盟著作权法律制度部分。

（二）瑞士

瑞士北部与德国接壤，东临奥地利和列支敦士登，南临意大利，西临法国。全国地势高峻，西北部的汝拉山区、中部的平原及南部的阿尔卑斯地区构成三个自然地形区。连接欧洲南北的主要干线穿越瑞士的阿尔卑斯山。在瑞士，几公里内的土地上就会看到完全不同的景色及气候条件。2016 年 4 月，中瑞两国共同宣布建立创新战略伙伴关系，瑞士成为中国第一个也是唯一一个以创新为标志的战略伙伴，这对深化两国合作具有重要引领作用，两国加强创新合作的新时代由此开启。瑞士积极支持中国的“一带一路”倡议，在欧洲国家中率先加入亚投行。

（三）塞尔维亚

塞尔维亚地处东南欧巴尔干半岛中部，与克罗地亚、波黑、黑山、阿尔巴尼亚、马其顿、保加利亚、罗马尼亚以及匈牙利接壤。国土面积 7.75 万平方公里（不含科索沃地区）。北部为著名的伏伊伏丁那多瑙河冲积平原，地势平坦，土壤肥沃，被誉为粮仓。中部、东部、西部及南部为丘陵和山地。目前，塞尔维亚与中国合作开展了若干“一带一路”重大旗舰项目，例如中欧陆海快线的匈塞铁路项目、河钢对塞钢厂的收购项目和科斯特拉茨热电站项目等。这些项目为塞尔维亚的人民带来了切实的利益，同时也顺应了我国产能的需求以及“一带一路”倡议的规划。此外，这些大项目的有效实施还能够为其他中东欧国家，乃至欧洲国家起到示范效应，鼓励这些国家积极参与“一带一路”建设，开展与我国的合作。[1]

（四）英国

英国（全称大不列颠及北爱尔兰联合王国），其本土于欧洲大陆西北面的不列颠群岛，面积为 24.41 万平方公里（包括内陆水域）。英国是一个高度发达的资本主义国家，也是欧洲乃至全世界经济最强盛的国家之一。欧洲四大经济体之一，其国民拥有较高的生活水平和良好的社会保障制度。作为英联邦元首国、八国集团成员国、北约创始会员国，英国同时也是联合国安全理事会五大常任理事国之一。

2016 年 6 月，英国举行英欧关系公投，脱欧派获 51.9% 支持率，英国在加入欧盟 43 年后决定脱离欧盟，卡梅伦随后宣布将辞去首相职务。7 月，特雷莎·梅接任保守党新领袖，成为继撒切尔夫人后英国历史上第二位女首相。特雷莎上任后，强调要促进社会公正、维护国家统一、促进经济增长。2017

[1] 马骏驰．塞尔维亚总统访华，开启 2017“一带一路”新篇章［EB/OL］．［2018－01－31］．http：//opinion. haiwainet. cn/n/2017/0401/c351062－30834662. html.

年6月，英提前举行大选。特雷莎领导保守党继续保持议会第一大党地位，但未能赢得过半席位，在北爱尔兰民主统一党支持下，特雷莎组建新政府并连任首相。

二、本章主要内容以及写作体例

本章选择非欧盟国家中的俄罗斯、瑞士、塞尔维亚和英国4个国家进行详细介绍。在介绍每个国家的著作权法的过程中，第一部分概述该国著作权法的立法历史、现行著作权法的立法体例以及该国所加入的国际公约或协定的情况，第二部分则对现行著作权法进行详细介绍，涉及该国现行著作权法所包含的著作权制度、著作权保护的范围与保护方式、侵权与维权以及其他相关内容，最后一部分对该国的著作权法进行简单评述，总体来看能够涵盖相关国家著作权法的全部主要内容，对于理论研究和对外投资实务工作具有一定的参考价值。

第二节　俄罗斯著作权法律制度

一、概　　述

（一）现行著作权法基本概况

俄罗斯是我国的友好邻邦，也是世界上国土面积最大的国家，在政治、经济、文化等领域在国际社会有着重要影响。当前，世界经济呈现回暖态势，但各国仍然面临许多共同挑战，特别是对于中俄来说，双方面对着许多共同的经济方面的压力。2017年5月，首届“一带一路”国际合作高峰论坛的举办，为推动各国工商合作发展大计奠定了基础，同年9月，金砖国家领导人厦门会晤通过《金砖国家领导人厦门宣言》，重申开放包容、合作共赢的金砖精神，为加强金砖国家各领域务实合作规划了新蓝图。

自2006年起，俄罗斯对其知识产权法律体系再次进行重大调整，逐步实现知识产权立法的完全民法典化。2006年12月18日，俄罗斯联邦总统签署第230号“关于《俄罗斯联邦民法典》第四部分生效”的联邦法律，宣布自2008年1月1日起，废除知识产权领域中原有的一系列单行法。此后，《俄罗斯联邦民法典》第四部分成为俄罗斯知识产权领域的唯一立法，俄罗斯成为当时世界上唯一将知识产权法律制度完全民法典化的国家。这从某种程度上来说，原先在俄罗斯涉及知识产权法律问题的混乱状况得到极大改善，从而能够促进包括著作权在内的知识产权的法律保护。

2014 年 3 月 12 日俄罗斯总统签署第 35 号联邦法律，对《俄罗斯联邦民法典》第四部分作了多项重大修改。大部分更改的内容已于 2014 年 10 月 1 日生效，另一部分已于 2015 年 1 月 1 日生效，适用于俄罗斯联邦境内包括专利权、实用新型、工业品外观设计、专有技术、商标、许可和侵权责任多种类型的知识产权权利。

从著作权法的角度来看，《俄罗斯联邦民法典》第七编前三章即第69～71章分别为“知识产权一般规定”“著作权”和“邻接权”，这三章对俄罗斯著作权保护进行了较为全面的规定。[1]

（二）加入国际公约情况

俄罗斯已加入与著作权保护相关的国际公约/协定如表 8－1 所示。

表 8－1 俄罗斯已加入与著作权保护相关的国际公约/协定

序号	公约/协定名称	加入时间	备注
1	与贸易有关的知识产权协定	1997 年 1 月	
2	建立世界知识产权组织公约	1967 年 10 月	
3	伯尔尼公约	1994 年 12 月	
4	罗马公约	2003 年 2 月	
5	发送卫星传输节目信号布鲁塞尔公约	1988 年 10 月	
6	世界知识产权组织著作权条约（WCT）	2008 年 11 月	
7	世界知识产权组织表演和录音制品条约（WPPT）	2008 年 11 月	
8	视听表演北京条约	2015 年 10 月	
9	内罗毕条约	1981 年 11 月	
10	保护录音制品制作者禁止未经许可复制其录音制品公约	1994 年 12 月	

二、俄罗斯著作权法基本内容

（一）著作权制度概况

俄罗斯著作权保护自沙俄时期初步建立，苏俄时期，著作权保护经历了曲折发展的历程，在这一时期，作品出版经历了由私人出版企业垄断到国家垄断

[1] 本部分内容的编写依据主要为俄罗斯联邦知识产权局官方网站上公布的《俄罗斯联邦民法典—第四部分》俄文版本，即 ражданский кодекс Российской Федерации – часть четвертая，http：//www1. fips. ru/wps/wcm/connect/content_ ru/ru/documents/russian_ laws/codeks_ rf/gkrf_ ch4，访问日期：2018 年 1 月 5 日；同时还参考了国内学者翻译编写的中文版本：黄道秀译：《俄罗斯联邦民法典全译本》，北京大学出版社 2007 年版；张建文译：《俄罗斯知识产权法〈俄罗斯联邦民法典〉第 4 部分》，知识产权出版社 2012 年版。在此一并表示谢意。

的转变，1925 年，苏联通过第一部著作权法《著作权法原则》。苏联解体后，俄罗斯联邦于 1993 年通过《著作权及邻接权法》，为其同世界接轨、加入世贸组织作了准备，此后俄罗斯于 2006 年通过了民法典第四部分，并于 2008 年生效，正式确立了其著作权保护路径。[1]

《俄罗斯联邦民法典》第 69 章为知识产权保护的一般规定，主要包括权利取得、作者的权利行使、著作财产权处分、人身非财产权的保护、集体管理组织工作等部分的基本内容；第 70 章为著作权基本内容方面的规定，主要包括著作权保护的范围，作者权利与权利处分，著作权效力与效力期限等内容；第 71 章则规定了邻接权，主要包括表演权、无线与有线广播组织权、数据库制作者权等内容。

需要注意的是，俄罗斯于 2014 年对民法典进行了较大规模的修订，其中一部分内容已于 2014 年 10 月 1 日生效，另有一部分已于 2015 年 1 月 1 日生效，本书将在下文中做出提示。以下在介绍俄罗斯著作权法时，均指现行有效的《俄罗斯联邦民法典》（第四部分），下文统称"该法"。

（二）主要保护范围或权利内容

1. 著作权的基本内容

根据该法第 1225 条，在俄罗斯，著作权是指基于科学、文学和艺术作品而享有的智力权利。作品的作者享有的权利包括作品专有权、身份权、署名权、作品的不可侵犯权、发表权，此外，还享有包括职务作品使用的取得报酬权、撤回权、造型艺术作品的追续权和使用权。

首先，关于著作权的客体。著作权客体是著作权的基本内容，对于客体内容的划定，决定管理著作权保护的范围。根据该法第 1259 条，著作权客体包括科学、文学和艺术作品，不论作品的价值和用途，也不论其表现形式，但应当通过包括书面形式、口头形式（公演等）、描述、录音或录像以及其他类似大容量形式在内的客观形式表现出来。著作权客体包括：（1）文学作品；（2）喜剧和音乐喜剧作品、剧本；（3）舞蹈和哑剧作品；（4）音乐作品（无论是否有歌词）；（5）音像作品；（6）绘画、雕塑、素描、工业设计、连环画和其他造型艺术作品；（7）装饰实用艺术和舞台布景艺术作品；（8）建筑艺术作品，包括图纸、文字描述和沙盘模型等；（9）摄影作品和以类摄影方式获得的作品；（10）地图、地质图和属于地理学等其他科学的绘图、草图、造型图等；（11）作为文学作品受到保护的计算机程序；（12）其他作品。另外，根据本

---

[1] 周珩．俄罗斯著作权法律保护的历史沿革［J］．黑龙江省政法管理干部学院学报，2017（4）：130－134.

条第2款，著作权客体还包括派生作品、汇编作品。著作权的取得、行使和保护不需要进行登记或履行其他手续。著作权适用于上述作品的各个部分，包括名称、人物等，只要就其性质而言它们能够被视为作者独立的创造性劳动成果。

此外，国内有学者对该法中视听作品的保护进行了研究，视听作品的定义规定于该法第1263条，定义为“由固定的一组相互联系的影像（有伴音或无伴音）组成的、借助相应的技术设备可供视觉和听觉感知的作品。视听作品包括电影作品，以及用类似电影的方式表现出来的一切作品（电视片、录像片和其他类似作品），而不论其原始的或后续的固定方式如何”。该条详细规定了视听作品的制作方法和保护范围，相较于已经失效的《俄罗斯著作权与邻接权法》中以画面为要件的定义，扩大了保护范围。[1]

其次，关于不属于著作权客体的内容。根据该法第1259条第6款，著作权客体不包括：（1）国家或地方行政机关的官方文件，国际组织的正式文件以及上述内容的译文；（2）国家以及地方自治组织的象征物和标志；（3）无作者的民间创作；（4）仅具有信息性质的关于事件和事实的报导（新闻报道、电视节目表、交通工具时刻表等）。

2. 精神权利

（1）作品的作者。著作权作品的作者是以其创造性劳动创作了作品的公民，如果无相反证明，则在作品或其副本上署名的人，为其作者。以合作方式创作的作品，合作各方有权共同使用该作品，共同保护该作品。对于作品，作者可以选择任何一种合法的表现形式，可以发表或者不发表，但都不影响其著作权的取得。在作品作者权利主体问题上，俄罗斯坚持一元论，即作品作者只能是自然人。

（2）作品发表权。根据该法第1268条，发表权是指作者有权通过公开发表、表演、无线或者有线或其他方式传播其作品，可以使作品首次成为全体公众可获得该作品的行为的权利。如果作者通过合同的形式将作品转移给他人使用，则视为同意发表。作者生前未发表的作品，如果其去世后相关权利人将其发表不违背作者生前通过遗嘱、信函、日记等书面形式明示意愿的，相关专有权人可以将其发表。

（3）作者的身份权和署名权。根据该法第1265条的规定，作者身份权是指被确认为作品作者的权利。署名权是指以自己的真名、化名（笔名）或通过不署名的方式使用或准许他人使用作品的权利，许可他人使用时，署名权为不可转让的权利，对该权利的放弃自始无效。如果作者发表作品时选择匿名或

---

[1] 孟祥娟．论俄罗斯视听作品的著作权保护［J］．知识产权，2013（11）：102－108.

者化名，那么此时作品上注明的出版者被视为代理人并有权以代理人的资格维护作者权利。

（4）作品不可侵犯权（作品完整权和修改权）。根据该法第1266条和第1267条，未经作者同意，他人不得对其作品进行修改、压缩、补充或者做任何与原文不符的修改。作者去世后，对作品享有专属权的人有权准许对作品进行修改，但不得违背作者对作品的原意，也不得破坏作品完整性，不得违背作者通过遗嘱、书信等形式明确表达出的意志。若因故意实施以上破坏作品完整性或侵犯作者修改权的行为而导致作者名誉损失、人格尊严损失或商业信誉损失，作者有权依照本法请求维护其名誉、人格尊严和商誉。即使在作者去世后，利害关系人仍有权维护作者权利。作者去世后，作者的身份权和保持作品完整性受永久保护，对于其精神权利的保护，作者有权通过遗嘱程序指定其去世后对其精神权利保护的人，没有通过遗嘱指定的，作者继承人或相应的权利继承人或相关利害关系人行使保护作者精神权利的权利。

（5）作品撤销权。作者有权在承担赔偿责任的前提下，向作品专有权获得者请求撤销自己曾经做出的发表作品的意愿，如果作品已经被发表，则作者有义务向公众公开自己的撤销行为，此时作者有权在赔偿相关损失后，请求禁止已出版的作品的流通。但该权利不得适用于计算机软件、职务作品以及构成复合性作品客体的作品。

相较于我国著作权法中关于人身非财产权的保护，俄罗斯著作权法则表现得更为明确，如明确规定了该权利不得转让，不可放弃。有学者认为俄罗斯人身非财产权的保护方式较为符合大陆法系关于著作权保护的二元论，既区别于大陆法系中的一元论（树形理论），又区别于英美法系的版权理论。[1]

3. 经济权利

（1）一般经济权利。

一般经济权利主要体现为作品专有权。根据该法第1229条的规定，拥有知识产权专有权的权利持有人有权依照自己的意愿以任何不违反法律的方式使用该权利。同时，专有权人可以依照自己的意愿允许或者禁止他人使用其知识产权，没有禁止的，不视为允许。

根据该法第1270条的规定，作品专有权的使用行为，包括复制、出售原件或复制品、公开展示、以传播为目的的进口、出租原件或复制品、公开表演、无线或有线传播、作品翻译或其他派生形式、建筑设计的实际应用、其他公开行为。但需要注意的是，出售原件或复制件条款不适用于计算机软件，但

[1] 孟祥娟．俄罗斯著作人身非财产权保护［J］．俄罗斯中亚东欧研究，2012（4）：15－21.

该计算机程序作为出租的主要客体的除外。

需要注意的是，根据 2014 年修订的《俄罗斯联邦民法典》，以下复制行为不构成著作权侵权：①该录制行为是短期的、临时的或偶然性的；②该录制行为是技术过程中必要及重要的组成部分,并且，其唯一目的是合法使用作品或通过信息中介在信息或电信网络中传输。这种情况下的录制行为必须是没有实质经济价值的。

同时，关于作品的标志，作品专有权人可以通过使用以下三种要素组合而成的标志以表示自己对作品的专有权：由圆圈圈住的拉丁文字母 C，即©；权利人的姓名或名称；作品首次发表年份。

（2）几种重要的著作权相关的合同。

① 作品专有权人与著作权或邻接权集体管理组织签订的管理合同。根据该法第 1243 条的规定，该类合同是在非排他性的许可条件下，确定对著作权和邻接权的客体的使用并向使用人收费的合同。此种情况下，集体管理组织一般不得拒绝与使用人签订使用合同。

② 作品使用许可合同。许可合同通过书面形式签订，但许可在期刊中使用作品的，可以口头约定。签订书面合同的，应在合同中注明报酬或报酬计算方法，俄罗斯政府有权对某些种类的作品的使用规定最低稿酬标准。在出版合同中，如果被许可人没有在合同中约定的期限内使用该作品，则许可人有权拒绝继续履行并不需赔偿由此造成的被许可人损失，如因此原因导致合同解除，那么许可人有权向被许可人请求支付全额报酬。

③ 委托作品合同。根据该法第 1288 条的规定，由委托人与受托人签订的定做在物质载体上或者其他形式创作合同约定的科学、文学或艺术作品的合同，为委托作品合同。除非有相反约定，委托作品合同为有偿合同，且作品专有权归委托人。根据合同，如果履行期限届满，且有正当理由或必要，可以给予创作人不超过合同约定的履行期 1/4 的宽限期，但双方约定了更长的宽限期的除外。宽限期届满时，委托人有权单方面解除委托合同。[1] 或者虽然宽限期未届满，但合同履行期已届满，并且根据合同条款可以推知委托人对该委托事项已丧失利益的，委托人可就此解除合同。

---

[1] 法典原文旨在强调在宽限期届满时，委托人享有何种权利，原文为 отказатьсяот договора（笔者译为“解除合同”），отказаться 一词在俄文中有多个义项，笔者也参考了国内多本关于俄罗斯著作权法的译作，有译者将其译为“拒绝”合同（黄道秀译：《俄罗斯联邦民法典全译本》，北京大学出版社 2007 年版，第 457 页），也有译者将其译为“撤销”合同（张建文译：《俄罗斯知识产权法〈俄罗斯联邦民法典〉第 4 部分》，知识产权出版社 2012 年版，第 43 页）。但笔者认为，此处宜译为解除合同。

4. 职务作品

工作人员在劳动职责范围内创作的作品为职务作品，其著作权归作者，除非合同有相反约定，作品专有权归雇主。作品完成后，雇主应当在 3 年内使用或许可他人使用该作品，如果需要保密且不使用的，应当采取保密措施且通知作者，如果在规定期限内既未使用或许可他人使用，也未采取保密措施，那么作品专有权归作者。如果使用或许可他人使用，或者采取了保密措施，则应当向作者支付合同约定的报酬。

如果根据前述规定，作品专有权归作者所有，那么雇主对该作品有权根据工作任务在工作范围内进行使用，且有权发表。但作者的使用权不受此类限制，雇主在使用该作品时有权标注或者要求标注自己的姓名或名称。

5. 追续权

有别于我国著作权保护，根据该法第 1293 条的规定，作者将其艺术作品转让后，如果该作品被再次转让，原作者有权就再次转让产生的经济利益享有获取报酬的权利，义务承担人包括转让人、受让人以及中介。报酬的数额或者比例由俄罗斯联邦政府另行规定。追续权不得转让，但可以继承。

（三）保护期限

1. 保护期

（1）独立作品的保护期。独立作品的专有权保护期为作者生前以及去世后下一年 1 月 1 日起的 70 年。（2）合作作品保护期。合作作品专有权保护期为最后死亡的作者生前与其去世后下一年 1 月 1 日起的 70 年。（3）无名作品保护期。无名作品保护期为发表当年的下一年 1 月 1 日起的 70 年。

如果作者生前未发表，则专有权保护期为发表当年的下一年 1 月 1 日起的 70 年，但应当在作者去世后 70 年内发表。如果作者因受到迫害而死亡，死后被恢复名誉的，专有权保护延长至自恢复名誉时下一年的 1 月 1 日起的 70 年。

如果作品作者曾服务于卫国战争或参加过卫国战争，该作品专有权有效期延长 4 年。

2. 保护期届满

根据该法第 1282 条的规定，作品专有权有效期届满，进入公有领域。对已经发表的有效期届满的作品，任何人可以不经授权不需支付报酬而使用。对未发表的专有权有效期届满的作品，任何人可以发表，但不应违背作者生前通过遗嘱等书面形式明示的意志，并且如果合法发表了的，该发表人即受到作为作品著作权人的权利保护。

（四）侵权与赔偿

根据该法第 1250 条的规定，智力权利以本法典规定的方式进行保护，同时应考虑侵犯权利的实质和侵权的后果。智力权利的保护可以根据权利人或者法律规定下的其他人的请求而启动。侵权人无过错的，不免除其终止侵犯智力权利行为的义务，也不免除对侵权人适用旨在维护智力权利的措施。不论侵权是否具有过错，法院均应当公布关于已经发生的侵权行为的裁判，制止侵犯智力活动成果或者个性化标识或构成侵权威胁的行为，费用由侵权人承担。

在侵犯人格权的案件中，权利的保护通过确认权利归属、恢复原状、停止侵权和侵权威胁、补偿精神损害、公布侵权裁判等形式进行。

对于知识产权专有权的保护，可以通过提起以下几种请求获得救济：(1) 确认专有权；(2) 制止侵权或者有侵权可能的行为；(3) 赔偿损失；(4) 对为侵权而使用或者而准备的设施设备或者物质载体，可以请求没收；(5) 请求法院公布侵权判决并确认权利归属。在著作权案件中，如果相关复制品被推定为侵权产品，则法院可以禁止涉嫌侵权产品权利人就该产品进行的销售、制作、复制、出租、进口、运输、保管、占有等行为。

根据《俄罗斯联邦民法典》第1252条第2款的规定，在侵犯知识产权专属权的案件中，权利人可以通过诉讼保全程序对已经作出侵犯智力活动成果或个性化标志的物质载体、设备和材料采用诉讼立法规定的保全措施，包括对物质载体、设备和材料进行扣押。

针对侵权损害赔偿，该法规定了侵权损失赔偿和侵权补偿金赔偿两种方式。根据《俄罗斯联邦民法典》第1252条第1款和第3款的规定，在专有权被侵害时，权利人有权要求加害人为其损失承担赔偿责任，或者权利人可以要求加害人为上述侵权行为支付补偿金代替损害赔偿，如果权利人选择补偿金，那么免除其对所受损失的数额承担的证明责任。补偿金的数额，由法院根据本法典的规定，根据侵权行为特点以及案件的其他情节并考虑请求的合理与公平性决定。根据该法第1301条的规定，著作权侵权案件中该补偿金范围为1万~500万卢布，或者为所有侵权作品复制件价值的2倍或者可比合同下许可费用的2倍。权利持有人有权请求加害人为每种不法使用智力活动成果或个性化标志的情形或者为所实施的整个侵权行为支付补偿金。根据该法第1252条第7款的规定，侵犯知识产权的被认定为不正当竞争的，权利人既可以请求通过本法保护，也可以请求通过反不正当竞争法进行保护。

在侵权损害问题上，2012年发生过一个典型的案件，俄罗斯最大的私人音乐唱片公司Gala诉称俄罗斯最大的社交网站vKontakte公司的相关应用对Gala造成了侵权，认为后者在未经许可的情况下从Gala唱片公司的机构库中下载了11首歌曲，为此法庭判定vKontakte公司赔款55万卢布（按当时汇率计算约17 800美元）给Gala公司。媒体报道称法院在其案例说明中，援引了包括俄罗斯联邦最高商业法庭主席团在 Agava－soft 诉讼案例中的决议在内的案例，在该决议中，主席团对网络服务提供商（ISP）应承担的责任标准进行了界定。法院援引了其中“网络服务提供商未在合理的时间内制止用户侵权行为，以及服务商对用户侵权行为采取消极态度或者从中获利”的都应付责任的规定，来认定 vKontakte 公司应当承担法律责任。该案例中，笔者认为，包括赔偿数额认定、网络服务提供商的避风港原则的例外等问题均得到了体现。[1]

根据该法第 1253 条的规定，对于法人侵权，如果侵犯知识产权情节严重，法院可以依检察长的请求依本法第 61 条（法人清算程序）判决对本法人进行清算。对于个体经营者侵权，如果侵犯知识产权情节严重，法院可以通过民事或刑事判决的方式对该经营者的个体经营活动作出终止的判决。

（五）侵犯著作权的例外

根据该法第 1273～1280 条的规定，以下情形中，可以不经专有权人同意，也不必向其支付报酬：（1）为个人目的而自由的复制作品。但建筑物或者构筑物的复制、数据库和计算机程序的复制、完整的翻印书籍或乐谱或其他非为个人利用目的而复制等形式除外；（2）为信息、科学、教学或文化目的而自由使用的作品；（3）图书馆或档案馆通过翻印的形式为恢复或替代已遗失或损坏的作品、文集、期刊中的小幅作品或片段。此处的翻印为通过非出版用技术手段而进行的复制；（4）对公开展示的摄影、建筑艺术作品等进行无线或有线传播，但不得以营利为目的；（5）在官方仪式、宗教仪式、葬礼上演奏音乐作品，数量应符合该仪式的性质；（6）为执法或司法活动而进行的使用，数量应符合使用的目的；（7）取得播放权的无线广播组织，可以不经权利人同意，也不额外支付报酬而录制其广播的作品，但除非有法定事由（如具有文献性质），需在 6 个月内销毁；（8）在某些情况下，电子计算机程序或数据库的合法占有人（使用人）有权不经作者或其他权利人同意而复制电子计算机程序和数据库。但不能造成计算机程序或数据库使用损失或者权利人不应有的损失。

三、其　　他

《俄罗斯联邦民法典》第 71 章规定了邻接权，主要包括一般规定、表演者权、无线与有线广播组织权、录音作品的权利、数据库制作者权、科学和文

---

[1] Daria Kim，Brief：Russian Social Network vKontakte Held Liable For Copyright Infringement A Second Time，https：//www. ip－watch. org/2012/10/12/russian－social－network－vkontakte－held－liable－for－copyright－infringement－a－second－time/.

学以及艺术作品发表人的权利等。

（一）邻接权的基本概念与邻接权保护

邻接权是对表演活动成果、唱片、无线或有线广播以及电视节目、数据库内容等客体进行传播过程中产生的权利，还包括对成为社会公共财富的科学、文学和艺术作品初次发表的治理权利，即与著作权相邻的权利。其客体即包括定义中列举出的智力成果。邻接权不需经过任何登记手续，自动获得。在录音作品上，可以通过标注邻接权标志的方法来宣称邻接权，邻接权的标志主要由三部分组成，包括圆圈中加拉丁字母 P，即 Ⓟ；专有权人姓名或名称；初次发表年份。

邻接权受到侵犯时，权利人有权依照本法第 1252 条和第 1253 条规定的一般知识产权侵权保护方法维护其权利，同时还可以选择要求侵权人支付补偿金或者要求赔偿损失。补偿金的数额范围为 1 万 ~ 500 万卢布，数额由法院根据情况判决。根据具体情况，邻接权人可以根据本法第 1302 条（侵犯著作权案件的诉讼保全）的规定请求法院作出诉讼保全措施。

（二）表演者权

根据该法第 1315 条，表演者权属于表演者，包括通过各种方式表演作品的人、导演、乐队指挥等。共同表演的作品，邻接权属于共同表演人，权利由共同表演人的领导人行使。表演人的权利包括演出的专有权、身份权、姓名权、演出内容的不受侵犯权。无论被演出的作品的著作权是否存在或者有效，表演人员的权利均应得到承认并有效。对演出的使用，根据该法第 1229 条的规定与著作权的使用相同。该种权利的有效，不以著作权、表演者权是否有效为前提。

演出的专有权在表演人的生前有效，但不得低于 50 年。自进行演出或广播后的下一年的 1 月 1 日起计算。如果表演者受到迫害去世而在死后平反，专有权有效期顺延至其被平反后的下一年 1 月 1 日起的 50 年。如果表演者曾经服务于伟大的卫国战争，或者参加了卫国战争，那么其表演者权较前述规定延长 4 年。

（三）录音作品的邻接权

录音作品的制作人享有邻接权，这种权利包括对录音作品的专有权、署名权、录音作品不受侵犯的权利、公开作品的权利。对录音作品的使用，根据该法第 1229 条的规定与著作权的使用相同。

对于为商业目的而发表的录音作品的使用，可以不经过其邻接权人的同意，但须支付报酬，该报酬的收取和分配，由具有从事相关种类活动的国家委托的著作权集体管理组织进行。一般情况下，该报酬分配比例为：表演者收取50%，制作人收取50%，但具体情况下，可以按照录音作品的实际使用比例情况分配。使用人应当向著作权集体管理组织提交实际使用的情况和其他关系到报酬分配必须的材料和信息。

对于录音作品邻接权专有权的保护，自录制下一年的1月1日起50年；如果该作品被发表，那么自发表的下一年的1月1日起50年，但前提是在录制后的50年内发表。在权利剩余有效期内，该专有权可以继承或转让。

（四）无线或有线广播组织权

无线或有线广播组织是从事声音或图像或其信号组合的无线或有线广播或电视播出的法人。对广播电视节目的使用，根据该法第1229条的规定与著作权的使用相同。该种权利的有效，不以著作权、表演者权、录音制作者权是否有效为前提。同时，该权利还包括转播权，根据2014年修订的《俄罗斯联邦民法典》，“转播”是指无线或有线广播组织接收到其他广播组织传播的完整且未改变的电台或电视节目信号，或其实质性部分，并将其进行无线或有线传播的行为。该定义扩大了此前规定的范围，应当注意。

广播电视节目的有效期为广播后的下一年的1月1日起50年，在有效期剩余期限内，可以转移给权利继受人。

（五）数据库制作人的权利

数据库的制作人是指组织数据库的创作和收集、加工和配置构成数据库材料等工作的人。其权利包括对数据库的专有权和署名权。

如果数据库的创作需要重大花费或其他方面的工作，则数据库的制作人享有从数据库中提取材料以及随后以任何方式使用这些材料的专属权（数据库制作人的专有权）。无论数据库制作人和其他人对数据库材料以及他们对数据库作为汇编作品整体上的著作权和其他专属权是否存在或有效，数据库制作人的专属权均应承认和有效。合法使用数据库的人，有权不经数据库制作人的许可而从数据库中提取材料并随后用于个人、科学、教育或其他非商业目的的使用，使用量应符合上述目的，以行为不侵犯数据库制作人和其他人的著作权为限。使用从数据库中提取的材料时，如可能有不特定范围的人需要接触数据库材料，则应该标明这些材料的来源。

数据库制作人专有权产生于完成数据库的创作之时，有效期为创作后下一年的1月1日起15年。在上述期限内公布数据库的，数据库制作人专有权在15年内有效，自公布下一年的1月1日起计算。但数据库不断更新的，该期限随更新而重新计算。

（六）科学、文学或艺术作品发表人的权利

发表人与著作权人不同，是指合法的将此前未发表过的，未进入社会公有领域的或者由于著作权不再受保护而进入社会公有领域的科学、文学或艺术作品发表或组织发表的公民。发表人的权利适用于被视为著作权客体的作品，但与作品的创作时间无关。且本规定不适用于国家和自治地方的档案馆收藏的作品。

发表人的专有权包括署名权和财产性权利，包括依照该法第1270条规定中的前七项以及发布作品的权利。同时，如果发表人是以翻译形式或其他加工形式发表的，也应当承认这种专有权，不论该作品本身的著作权是否存在或有效。作品发表人的专有权有效期自发表下一年的1月1日起25年。但是，如果发表人违反本法而对作品本身的作者身份权、姓名权以及作品的不受侵犯的权利造成侵犯，则利害关系人可以请求法院提前终止发表人的专有权。

四、评 析

作为世界范围内少数几个将知识产权法通过民法典的形式进行保护的国家，俄罗斯在立法以及修法的层面均作出了较大的表率。特别是在2014年对民法典的修订过程中，为了更好的融入国际知识产权保护以及加强网络著作权的保护，著作权法中的主要变化涉及了诸多概念和定义的描述，同时在侵权及非侵权行为上也进行了修改。从俄罗斯著作权法本身来看，与我国有诸多不同点，如规定了作者对于作品的撤回权、追续权、委托创作、作品保护期等方面，均是我国著作权法没有设定具体规定或者与我国相关规定不同的。

俄罗斯知识产权立法实现了立法的最高形式——法典化，体现了国家政策层对知识产权问题的重点关注。俄罗斯建立了直接隶属于总统的私法研究中心，设立私法学院，设立了直属于联邦总统的民事立法法典化与完善委员会，促进了私法文化的繁荣，同时，也为知识产权法典化提供了重要的基础。[1]

对于著作权的保护，该法进行较详细的规定，建立在“智力权利”这一语境下的著作权涵盖了著作财产权、人身非财产权等权利。这样的规定方式与我国著作权法相关规定不同，智力权利的界定有助于很好的划定著作权保护的实践。[2] 此外，对于撤回权、追续权等较为特殊的权利的设定，也为俄罗斯知识产权保护添加了色彩。

---

[1] 张建文. 俄罗斯知识产权立法法典化研究［M］. 北京：知识产权出版社，2011：9－26.

[2] 孟祥娟. 俄罗斯著作权法［M］. 北京：法律出版社，2014：13.

第三节　瑞士著作权法律制度

一、概　　述

（一）瑞士概况

瑞士联邦简称“瑞士”，是中欧国家之一。瑞士国土面积约 4 万平方公里，北部与德国接壤，东临奥地利和列支敦士登，南临意大利，西临法国。全国地势高峻，西北部的汝拉山区、中部的平原及南部的阿尔卑斯山地区构成三个自然地形区。连接欧洲南北的主要干线穿越瑞士的阿尔卑斯山。在瑞士，几公里的土地上就会看到完全不同的景色及气候条件。

瑞士于 1950 年 9 月 14 日与中国正式建立外交关系。建交以来，两国关系发展顺利，各领域务实合作不断深化。2013 年 7 月 6 日，中国和瑞士签署《中瑞自贸协定》，2014 年 7 月 1 日，该协定正式生效。瑞士成为中国在欧洲大陆首个自贸伙伴，成为两国关系发展史上新的里程碑。2015 年 6 月，瑞士签署《亚洲基础设施投资银行协定》。2016 年 4 月瑞士联邦议会批准瑞士加入亚洲基础设施投资银行。中国与瑞士于 1986 年 11 月 12 日签署了《双边投资保护协定》，2009 年 1 月 27 日签订修订后的《中瑞关于促进和相互保护投资协定》，该协定于 2010 年 4 月 13 日生效。双方于 1990 年 7 月 6 日签署了《避免双重征税协定》，2013 年 9 月 25 日签订了修订后的协定。新规定于 2015 年 1 月 1 日起生效。

瑞士是公认的投资环境最佳的国家之一，其地理位置优越、消费市场发达、国际组织和跨国企业总部集中、基础设施先进、与欧盟市场关系密切、政治与法制环境理想、资本市场高效、税收适度、劳动力素质高、生活水平高，世界经济论坛《2016～2017 年全球竞争力报告》显示，瑞士在全球 138 个国家和地区中，已连续 8 年排名首位。美国传统基金会发布的 2017 经济自由度指数指出，世界 180 个经济体中，瑞士位居第 4 位。

（二）现行著作权法概况

瑞士于 1883 年颁布第一部著作权法。瑞士不仅较早建立起现代知识产权制度，而且对推动知识产权的国际保护做出重大贡献。1886 年，世界上第一个国际版权公约《保护文学和艺术作品伯尔尼公约》在瑞士首都伯尔尼通过，该公约是迄今对世界各国著作权法影响最大的国际公约。1893 年，《保护工业产权巴黎公约》的国际局与《保护文学和艺术作品伯尔尼公约》的国际局在瑞士伯尔尼合并为一个国际组织，称为“保护知识产权的联合国际局”。1970

年《成立世界知识产权组织公约》生效后，“保护知识产权的联合国际局”更名为“世界知识产权组织”，总部设在瑞士日内瓦。

与俄罗斯将知识产权法列入民法典的做法不同，虽然瑞士早已制定了民法典，但并未将知识产权相关内容列入其中，而是进行单独立法。瑞士现行著作权法为1992年生效的《瑞士联邦著作权及邻接权法》（*Federal Act on Copyright and Related Rights*），目前在瑞士知识产权局官方网站上公布的版本为该版本，但是该版本在内容方面进行多次完善，现行的著作权法于2017年进行了最新的修改。本部分内容的编写主要参考的法律文本为瑞士知识产权局网站上公布的英文文本。

（三）加入国际公约情况

瑞士加入了绝大部分的国际性知识产权公约或协定，同时还加入了一些地区性知识产权组织或协定，世界知识产权组织的总部就设立在瑞士日内瓦，关于著作权的最著名的国际协定《伯尔尼公约》即于瑞士伯尔尼签订，瑞士已加入的著作权保护相关的国际公约或协定如表8-2所示。

表8-2 瑞士已加入与著作权保护相关国际公约/协定

序号	公约/协定名称	加入时间
1	与贸易有关的知识产权协定	1995年7月
2	建立世界知识产权组织公约	1967年7月
3	伯尔尼公约	1886年9月
4	罗马公约	1993年6月
5	发送卫星传输节目信号布鲁塞尔公约	1974年5月
6	世界知识产权组织版权条约（WCT）	1997年12月
7	世界知识产权组织表演和录音制品条约（WPPT）	1997年12月
8	视听表演北京条约	2012年6月
9	内罗毕条约	1981年10月
10	保护录音制品制作者禁止未经许可复制其录音制品公约	1971年10月

二、瑞士著作权法基本内容

（一）著作权制度概况

近年来，瑞士对著作权保护相关的法律做了较多修改，现行版本为2017年1月1日生效的修正案文本，该法第1条表明立法目的：适用于对文学艺术作品作者权利的保护，对表演者、录音制品和音像制品作者以及广播组织者权利的保护，以及联邦政府对著作权集体管理组织的监督管理。

在结构上看，该法分为6个部分，共84条。第一部分指明该法的规制对象，第二部分主要对著作权保护进行详细的规定，第三部分为邻接权方面的规定，第四部分规定了著作权集体管理组织的组织和活动原则与细则，第五部分规定了著作权及邻接权的侵权保护问题，第六部分规定了该法的生效与旧法的废除、过渡性条款等内容。

（二）主要保护范围或权利内容

1. 著作权的基本内容

一是著作权保护的客体。对著作权客体进行规定是各国著作权立法的基本体例，该法第2条对作品进行定义：作品是指具有个性的文学艺术创作，而不论其价值或目的。具体来讲，作品包括以下形式：（1）文学的、科学的或其他类型的语言形式的作品；（2）音乐或者其他声音类作品；（3）艺术品，主要包括绘画、雕塑或其他图形作品；（4）通过图纸、规划、地图或者三维图形表示的科学技术作品；（5）建筑作品；（6）实用艺术品；（7）摄影、电影或者其他视觉或听觉作品；（8）舞蹈作品、哑剧等。另外，计算机程序以及草稿、作品名称和作品的某个部分等个性化智力成果也受到著作权法保护。

二是派生作品（演绎作品）。派生作品是在保留原作品的个性创作的基础上通过智力创作出的作品，也具有独立的个性化创造，此类作品包括翻译作品、视听作品以及其他改编作品。派生作品的作者对其独立创作部分享有著作权，但原作品的著作权仍然受到保护。

三是汇编作品。汇编作品的汇编者因对作品本身含有个性化的智力创造而享有相应权利，但汇编作品中的独立作品的著作权仍然归属于其独立作者。

2. 精神权利

（1）作者身份。作者身份权并不必然体现为署名权等，而是一种身份的确认，即一方面基于该身份而享有发表权、署名权等权利，另一方面又享有身份权不被侵犯的消极权利。该法第6~8条规定了作者身份的确认问题，主要包括独立作品、合作作品及作者推定等问题。一般情况下，作品作者为创作该作品的自然人。

（2）合作作品。如果两人或两人以上的自然人参与了作品的创作，那么著作权属于共同参与创作的自然人。在合作作品中，只有征得所有创作人的同意，才能使用该作品，但各创作者应当遵守诚实守信的原则，不得违背此原则而拒绝同意其他创作者对该作品的使用。合作作品的任一作者均有权对侵权行为请求救济，这种侵权救济及于本作品的所有作者。如果合作作品可以根据不同创作者的贡献而独立区分开，那么除非合同有相反约定，每个创作者均有权就自己创作的部分使用，但任何创作者的使用不得损害合作作品整体的利益。

（3）作者的推定。除非另有证明，否则作者的身份根据在作品的原件、复制件或者出版物上标注的姓名、笔名或者其他独特性的标志进行推定。如果根据上述原则无法确定作者，那么编辑人员可以行使其所编辑的作品的著作权，如果编辑人员的身份也无法确定，那么由出版者行使该作品的著作权。

（4）作者的发表权，作者享有决定其作品通过何种方式、在何处、在什么时间以及在其本人的指定下发表的权利。如果一件作品对不特定的公众进行了发布或者公开（该法第19条以外的情形），那么该作品将被视为已发表。

（5）保护作品不受侵犯的权利。根据该法第11条的规定，作者有权决定其作品享有不受任意修改和破坏完整性的权利，同时对于作品进行派生创作和汇编也需要经过作者的同意，即使是经过作者授权的改编和派生行为，也应当尊重作者对于作品的表达原意不被歪曲。

3. 经济权利

一是作品的使用。作者对其作品在何种情况下、通过何种方式、在什么时间使用享有专有权。作者对作品的使用包括：（1）制作复制品，包括印刷品、音像制品、制作数据载体等；（2）提供、转让或者通过其他方式以处分其作品的副本；（3）公开表演、传播或通过其他媒介以各种方式传播其作品，使得不特定的公众能够接触到；（4）有线或无线广播或电视；（5）通过不同于传统有线或无线设备的技术设备传播。另外，计算机程序的作者享有对其计算机程序的专有出租权。

二是权利用尽。当作者将作品授权他人出版或同意进入市场进行流转，那么被许可人对该作品可再次转让或投入流通市场。但对于音像制品而言，受让人取得音像制品并进行的使用行为，不得侵犯该音像制品作者的表演权。计算机程序的作者已经将其专有权转让的，受让人有权进行再次转让。在建筑作品中，业主可以对建筑物进行改造。

三是作品的许可使用。任何他人对于作者作品的租用或者通过其他方式取得许可使用，均应当向作者支付报酬。但对以下制品的使用，可以不向作品作者支付报酬：建筑物；实用艺术品的复制件；经双方同意而对享有著作权作品的租借。对于许可使用报酬的收取，只能由著作权集体管理组织负责。本规定不适用于计算机程序。

四是专有权的转让。著作权可以被转让或者继承。对著作权中某一项权利的转让不代表对其他权利的转让，另外，对作品复制件的转让并不代表对原著作权的转让，即使作者将作品原件转让，也并非代表作者放弃了著作权。在工作职责范围内，雇主对于雇员所编制出的计算机程序享有专用权。在作者发表权已经行使且尊重作者作品不受侵犯性的前提下，作品专有权可以被强制执行以偿还债务。

五是录音制品的强制许可。如果某一音乐作品（无论是否带有歌词）经其作者同意通过录音制品的形式固定并向公众提供，那么其他音乐制品商也有权向该作者就相同的报酬形式（有偿或无偿的）制作并销售该录音制品作品。

4. 保护期限

根据该法第29条的规定，一般情况下，作品一旦被创作，其著作权即产生，而不必然需要固定于某种物体上。就独立作品而言，计算机程序保护期至作者死后50年，就其他作品保护期至作者死后70年；就合作作品而言，计算机程序保护期至最后一位作者去世后50年，其他作品保护至最后一位作者死后70年。但是如果某项合作作品是可分的，那么各部分保护期则保护至每个可分部分的作者去世后50年或70年。

对于作者未知的作品，保护期至其发表后70年，连载作品保护期至最后一部分发表后70年。而如果未知作品的作者在作品发表后70年内被找到，该作品的保护期则按照上述规定进行认定。

上述期限的计算从作品受到保护开始当年的12月31日开始。

5. 侵权与赔偿

该法第五部分规定了著作权及邻接权的法律保护，该规定又分为民法保护和刑法保护两个部分。

在民法保护方面，该法第62条规定了著作权或者邻接权的确定问题，规定相关权利人在著作权确权方面可以通过民事诉讼的方式要求确认其著作权或者邻接权。本条还规定了对表演权和表演者权的侵权保护，对于作者和表演者来说，有权请求法庭决定停止侵权以及弥补损失，同时还可以请求法庭判令侵权者提供侵权产品来源、披露侵权产品已经进入市场的情况。同时规定，独占许可的被许可人在合同没有相反约定的情况下，可以独立的提起侵权之诉，其他被许可人可以加入侵权诉讼中以主张自己的权利。

在民法保护方面，还包括以下民事程序以维护权利人利益：（1）没收程序，在侵权案件中，法院有权要求侵权人上交其侵权产品、制造侵权产品的设施设备；（2）初步防止侵权措施，包括证据固定和保全、侵权产品信息披露、申请临时禁令；（3）判决公开程序，在胜诉方的请求下，法院有权公开判决，费用由败诉方承担，公开的程度和形式由法院决定；（4）法院应当免费向瑞士联邦知识产权局提供判决的副本。

在刑法保护方面，对于著作权，有以下侵权行为的，根据权利人提起的诉讼，未经许可而任何故意和非法犯下下列行为之一的人，可处以不超过1年的监禁的刑罚或处罚金：（1）使用错误的或者与作者要求的不同的作品名；（2）出版；（3）未经许可的修改；（4）对他人作品进行使用或演绎创作；（5）通过任何方式复制他人作品；（6）提供、运输或者通过其他方式帮助非法复制品的传播；（7）直接或者间接的复述、表演或者通过任何方式或者任何媒体的帮助而传播他人作品；（8）使得他人作品被媒体传播以至于可以被公众任意获取；（9）传统广播组织以外的其他组织通过有线或者无线的方式以广播、电视等方式播放他人作品；（10）其他使得他人一般作品或者广播作品被任意获取；（11）侵权人拒绝提供侵权来源以及侵权产品的扩散情况，拒绝提供侵权产品的市场销售情况；（12）出租计算机程序。对于以上侵权行为，如果是以营利为目的，则处以 5 年以下的有期徒刑或处罚金，判处有期徒刑的，并处罚金。即使在合理使用的情况下，如引用或者新闻报道中，也应当注明引用来源与作者姓名，否则，法院可以根据作者的请求而判处引用人以罚款。

对于邻接权，根据权利人的请求，任何人未经权利人允许而故意为以下非法行为的，将可能面临 1 年以下的有期徒刑或者罚金：（1）通过有线或者无线的方式广播一项作品的；（2）将表演刻录于空白载体上；（3）提供、运输或者通过其他方式参与表演副本转让的；（4）原广播人以外的他人转播别人的作品的；（5）使得他人的表演易于被获取；（6）在使用表演作品过程中错误标注姓名或者标注表演者指定的姓名以外的姓名的；（7）使得他人的表演、录音制品或者录音录像制品容易被第三方通过私人方式获得的；（8）复制他人的录音制品或者录音录像制品并且转让、运输或者通过其他方式传播的；（9）转播；（10）私自刻录广播作品；（11）制作广播作品的复制品并且传播的；（12）侵权人拒绝提供侵权来源以及侵权产品的扩散情况，拒绝提供侵权产品的市场销售情况。对于以上侵权行为，如果是以营利为目的，则处以 5 年以下的有期徒刑或处罚金，判处有期徒刑的，并处罚金。

此外，对于技术保密措施以及权利管理信息标注等问题，刑法亦予以保护。对于以上行为的刑法保护，各州的公诉机关有权管辖。对于瑞士联邦机关的监管以及仲裁委员会的裁决的上诉可提交联邦行政法院。

另外，关于海关协助问题。在海关工作过程中，如果发现有侵犯著作权或者邻接权的货物的，可以通知相关权利人以及集体管理组织，在此情形中，海关有权扣留相关侵权产品 3 个工作日，在此期间，相关权利人可以举证并向海关申请拒绝释放该扣押货物，该申请应当包括希望扣押的货物的尽量详细的所有信息，海关将对此申请作出最终决定，并可能收取费用。根据权利人的申请，海关对此作出的决定应当及时通知权利人与货主，当权利人提出申请，海关可以延长扣押不超过 10 个工作日以便权利人提起前期民事诉讼程序，根据具体情形以及最终认定的情况，海关还可就此延长扣押不超过10个工作日。

6. 侵犯著作权的例外

该法第5条规定了不受著作权保护的情形，包括以下各项：（1）法律、条例、国际条约以及其他官方文件；（2）支付手段；（3）行政机关发布的决定、决定和报告等；（4）专利文件和已公开的专利申请。

（1）著作权保护的例外。该法第二部分第5章规定了著作权保护的例外。其中该法第19条对个人使用问题进行了规定。已经发表的作品，个人可以通过以下方式合理使用：①任何个人或者在其小团体内如朋友或者家人范围内对某项作品的使用；②教师在教学过程中出于教学的目的对作品的使用；③企业、公共行政机关、事业单位等机构通过内部信息或文件的复制的方式进行的使用，公共图书馆或者其他用于公共利益的目的而进行的复制行为亦归为此类。但以下方式不应归类于个人合理使用：①对于作品部分或全部的使用进行大量复制且用于商业目的；②对艺术品的复制；③对乐谱的复制；④对作品进行公开表演或者在固定媒体上公开表演。本条的规定不适用于计算机程序。在以上情形中，出于个人或小团体内部的使用，无须向作者支付报酬。如果出于教学、图书馆、行政机关、事业单位或者企业的需要而对作品进行了复制或者任何第三方代理此项工作，则应当向作者支付报酬。

（2）关于计算机程序。任何有权使用计算机程序的人可以通过独立开发的程序解码程序代码，通过个人或第三方获得接口上必要的信息。但是，出于代码开发的激励和对计算机程序专有权人的权利保护，通过解码程序代码获得的接口信息只能用于开发、维护和使用可互操作的计算机程序。

（3）录音录像的广播。广播电视节目的播放与转播，应当经过著作权集体管理组织的授权，但是在小范围内装置广播设备进行传播是允许的，例如在多户住宅内或住宅区内的安装播放。但本条不适用于付费广播电视节目的重播。

（4）临时复制或者使用。在以下情形中，允许临时复制作品：a. 只是出于暂时或偶然的需要；b. 是技术实施过程中不可或缺的组成部分；c. 其目的只是实现合法使用。在引用并指明作者、时事新闻、展览目录中，可以使用相关作品。

（5）残疾人使用。在已经发表了的前提下，作品可以被用作方便残疾人的用途，但是这种利用应当是将其置于公共场所并且仅供残疾人专用。除非是制作作品的个别副本，否则作者有权收取报酬，但仅能通过著作权集体管理组织收取。

三、其 他

（一）孤儿作品的使用

在以下情况下，对于录音录像制品，只能根据著作权集体管理组织的授权才可以使用：（1）对上述作品的使用涉及可以被公共使用到的已被档案馆收藏的或者被著作权集体管理组织存档的作品；（2）作品作者不明或者无法找到；（3）上述录音录像作品在瑞士存在超过 10 年。对于孤儿作品的使用，应当向著作权集体管理组织报告。

（二）技术保密措施

该法第 39（a）条至第 39（c）条是对作品采取技术保密措施方面的规定。对于作品的技术保密措施不应当被侵犯，这些措施包括访问控制、复制控制、加密、编码控制等方式，其目的在于未经授权的访问。对于技术保密措施而言，任何通过制造、进口、提供、转让、出借、使用、宣传或拥有用以商业用途的破解技术保密措施的工具和方法均是非法的。但是技术措施的采取不得对那些通过合法途径或用途人产生访问限制。

对于著作权和邻接权而言，权利管理信息同样受到保护，在作品上附着的权利管理信息不得被任意修改或者移除，特别是对于作品的主题内容、保护期等主要信息在内的信息，不得任意删减，如果这些重要信息被更改或者删除，将使得这些作品不得进行副本制作、进口、销售、转让或者通过广播等形式传播。

（三）邻接权

该法第三部分规定了著作权邻接权，主要包括表演者权、表演者精神权利、集体表演者权等。

表演者指参与作品的表演、民间文艺作品演出的自然人。根据该法第 33 ~ 34 条的规定，表演者就其表演享有以下专有权：（1）对表演活动本身享有权利；（2）对其表演活动的无线或有线传播享有专有权；（3）制作其表演的物质载体；（4）提供或转让其表演活动的复制品。另外，表演者还对其表演享有署名的精神权利，同时，表演者权还受到瑞士民法典的保护。对于集体表演而言，表演者的代表行使上述表演者权，如果他们没有推选出代表，那么则由组织表演的人或者组织录制该表演活动的人，或者组织广播的人行使相关权利。

对于表演者权的使用遵守以下规定。在合唱、管弦乐或舞台表演中，对表演的运用根据该法第 33 条要求下列人员的同意：演唱者；指挥；导演；上述规定中的表演者代表。任何有权利用视听作品的演出的人，被视为有权允许第三人以固定方式提供固定演出，使观众可以自由点播。在没有相应的法律或合同规定的情况下，第2款和第4款下的授权人与其所代表的表演者之间的关系受无权代理的规定。

（四）著作权集体管理组织

关于联邦监管，对于以下领域权利的管理，瑞士联邦将通过著作权集体管理组织进行监管：（1）非戏剧性音乐作品、录音制品、视听作品专有权的表演、广播；（2）一般广播作品的制作和存档以及播放；（3）孤儿作品使用。此外，如果联邦委员会认为有公共利益的需要，可以对其他相关领域实施监管。上述监管不适用于个人对以上作品的使用。

任何人对以上权利的使用，必须经过联邦知识产权局的授权，这种授权通过著作权集体管理组织进行。瑞士著作权集体管理组织需具有以下条件才能成立：（1）按照瑞士法律成立，在瑞士开展业务；（2）将著作权或者邻接权的管理作为其基本业务；（3）对所有的著作权人开放；（4）应当给予作者以一定的参与管理的权利；（5）严格遵守法律规定以及设立章程的规定；（6）对著作权或者邻接权的经济效益有较好的管理能力与愿景。一般情况下，对某一项著作权或邻接权而言，只通过一个单一的著作权集体管理组织进行授权。一般而言，对某一项权利的授权，每一次为6年，且可以按照每再授权一次6年的方式再授权，对于著作权或者邻接权的授权、再授权、授权修改、权利收回或者授权终止均应当进行公告。

著作权集体管理组织负有以下义务：（1）对作品的管理义务；（2）为权利人开展业务，但自身不得以营利为目的；（3）纳税；（4）如果多个著作权集体管理组织对同一领域的同意作品进行管理，那么他们应当对纳税问题达成一致并向联邦机关进行统一纳税；（5）利益分配方面，著作权集体管理组织应当制定完整的账目并交联邦机关审查，经审查机关的批准，部分收入可用于公共利益以及社会文化发展等方面。著作权集体管理组织应当尽最大努力为著作权人或邻接权人利益服务，并向他们分配应得的利益；（6）信息披露义务。著作权集体管理组织应当在年度报告中披露所有其运作的资料及信息，包括著作权或邻接权的授权使用账目以及自身运作等信息。

对于著作权集体管理组织的运作，瑞士联邦知识产权局（IPI）有权进行监管。监管主要在于审查并批准各集体管理组织的年度报告、监督运营、税务缴纳等方面。同时IPI还将监督其整体运作，对于并不隶属于IPI的集体管理组织，IPI还将敦促其运营，并要求其做好保密工作。对于监管，著作权集体管理组织应当配合，如果违反配合义务，IPI将对其进行限期整改。限期整改不利的，IPI将对其采取警告、限制授权、撤回授权等措施。

四、简　　评

《瑞士著作权及邻接权保护法》是一部相当全面的法律，该法涵盖了著作权以及邻接权保护的几乎所有内容，无论是在著作权与邻接权的基本定义与保护，还是侵权行为的列举，甚至包括民事程序和刑事程序的提起，均有所涉及。总体来看，该法是一部中规中矩的著作权法。

在该法中，较为引人关注的是其关于著作权和邻接权集体管理组织方面的规定，相较于我国著作权法而言，该法较为全面和具体，不仅规定了集体管理组织的产生、工作方法，还较为全面的规定了政府主管机关对其如何进行监管等问题，值得借鉴。

第四节　塞尔维亚著作权法律制度

一、概　　述

（一）国家概述

塞尔维亚共和国简称塞尔维亚，是位于欧洲东南部，巴尔干半岛中部的内陆国。塞尔维亚国土总面积为88 361平方公里（含科索沃），首都为贝尔格莱德。2008 年 2 月，塞尔维亚科索沃自治省单方面宣布独立，在政治和经济方面脱离了塞尔维亚的实际管辖，截至 2017 年 2 月，已有包括美国、英国、法国、德国等 111 个联合国成员承认科索沃独立，此外多个国际组织或国家联盟亦承认科索沃独立，科索沃还以国家身份成为世界银行和国际货币基金组织的成员。

1918 年 12 月，塞尔维亚与卡拉乔尔杰维奇王朝以及克罗地亚及斯洛文尼亚联合建立了“塞尔维亚—克罗地亚—斯洛文尼亚王国”，1945 年成立“南斯拉夫联邦人民共和国”。20 世纪 90 年代初，东欧剧变后前南联邦解体，1992 年，塞尔维亚与黑山组成“南斯拉夫联盟共和国（南联盟）”，并于 2003 年 2 月 4 日更名为“塞尔维亚和黑山（塞黑）”，2006 年 6 月 3 日黑山正式宣布独立，自此，塞尔维亚共和国成立，并宣布继承塞尔维亚和黑山共和国国际法主体地位。

如今，塞尔维亚逐步成为实行民主政治和市场经济的国家。塞尔维亚积极推进加入世界贸易组织的谈判，并于 2009 年底申请加入欧盟，2012 年 3 月获得欧盟候选成员国地位，2014 年 1 月，塞尔维亚入盟谈判正式启动。

塞尔维亚与中国友好关系源远流长，塞尔维亚是中国在中东欧地区首个建立全面战略合作伙伴关系的国家，双方各领域各层次交往频繁。2016 年，双方共同签署《中塞两国关于建立全面战略合作伙伴关系的联合声明》《中华人民共和国政府和塞尔维亚共和国政府关于互免持普通护照人员签订协定》。

（二）现行著作权法基本概况

塞尔维亚共和国成立后，不断寻求加入欧盟的途径，但是由于近年来知识产权保护在全球受到重视，知识产权保护成了塞尔维亚加入欧盟（EU）和世界贸易组织（WTO）的先决条件之一，同时也成为经济发展和吸引外商投资的基础。目前在知识产权保护方面，塞尔维亚已经有较为全面的相关立法，包括《专利法》《著作权法》《商标法》《反垄断法》等。

塞尔维亚现行著作权法为2012年1月4日生效的《著作权与邻接权法》，从该法的名称可以看出，该法对著作权和邻接权进行了较全面规定。

（三）加入国际公约情况

塞尔维亚共和国前身南联盟以及塞黑已经加入了大部分知识产权国际条约，但由于塞尔维亚尚未加入WTO，所以TRIPS协议尚未对塞尔维亚产生效力。塞尔维亚共和国成立后，因为继承了塞黑的国际法地位，故对其前身签订或加入的国际协定均宣告继续适用，表8－3详细介绍了塞尔维亚宣布对部分主要国际著作权保护协定或公约继续适用的时间，以及其前身加入的时间。随着塞尔维亚加入欧盟以及加入WTO的进程不断推进，其国内法也在不断试图与国际接轨，积极参与国际著作权保护协作。

表8－3　塞尔维亚已加入与著作权保护相关国际公约/协定

序号	公约/协定名称	加入时间（继续适用宣告）	备注
1	与贸易有关的知识产权协定		未加入WTO
2	建立世界知识产权组织公约	2006年9月	前南斯拉夫联邦于1967年7月加入
3	伯尔尼公约	2006年9月	南斯拉夫王国于1928年加入
4	罗马公约	2006年9月	南斯拉夫联邦1961年加入
5	发送卫星传输节目信号布鲁塞尔公约	2006年9月	南斯拉夫联邦1975年加入
6	世界知识产权组织版权条约（WCT）	2006年9月	塞尔维亚和黑山于2003年加入
7	世界知识产权组织表演和录音制品条约（WPPT）	2006年9月	塞尔维亚和黑山于2003年加入
8	内罗毕条约	2006年9月	南斯拉夫联邦2000年加入
9	保护录音制品制作者禁止未经许可复制其录音制品公约	2006年9月	南斯拉夫联邦于1971年加入

二、塞尔维亚著作权法基本内容

（一）著作权制度概况

塞尔维亚现行著作权法为2012年1月4日生效的《著作权与邻接权法》（以下简称“该法”），该法共九个部分226条，此外，还通过两个独立条款规定了该法实施与录音录像制品保护问题以及该法生效日期的问题。本部分编写主要参考了塞尔维亚知识产权局官方网站上公布的《塞尔维亚著作权与邻接权法》。

该法第1条即规定了适用范围：旨在保护文学、科学、艺术作品作者的权利，以及表演权（以上为著作权）；公益免费作品发表者权、录音录像制品制作者、广播组织者以及数据库制作者权；印刷品编辑的权利（以上为邻接权）。总之，该法适用于著作权与相关权利的行使方式及其权利的司法保护。

整体上看，该法较为全面地规定了著作权与邻接权保护的问题，包括著作权与邻接权的定义与保护范围、著作权与邻接权专有权、著作权与邻接权专家委员会、著作权与邻接权的侵权的民法与刑法保护等方面。以下做详细介绍。

（二）主要保护范围或权利内容

1. 著作权的基本内容

该法第2条规定，著作权所谓的作品，即作者具有个性的通过一定方式表达出来的智力创造和个性表达，而不论其艺术性、科学性或者其他价值、目的、规模、主题或者表达方式，也不论其内容是否向社会公众开放传播。下列作品应被视为作者的作品：（1）文字作品；（2）口述作品；（3）戏剧、音乐剧、舞蹈以及哑剧，包括民间文学艺术作品；（4）音乐作品，不论是否含有歌词；（5）电影；（6）艺术作品，如绘画、雕塑等；（7）建筑作品、实用建筑设计或者工业设计；（8）绘图，包括地理和地形图；（9）美术、素描、仿制品、摄影等；（10）戏剧演出说明等。无论作品是否已经创作完成，均受本法保护。

改编作品的改编者同样受到著作权法保护，但改编者行使其权利时不应影响原作品作者著作权的行使。汇编作品（包括民间文艺创作汇编以及数据库的组建）基于汇编工作需要挑选、编排等工作，也能达到著作权中作品的创作标准，故也应当受到著作权保护。

对于著作权的保护不应当包括对于一般通常的想法、程序、方法或数学概念等。以下内容，不应认定为作品：（1）法律、公文等规范性文件；（2）国家机构以及地方机构的官方材料；（3）国家和地方机关的规章材料及其翻译文本；（4）行政程序或者诉讼程序中提出的文件。

作品一旦向公众传播即视为发表，而不论是全球范围内的任何地方，只要该公众是一个不特定的公众范围，艺术品亦然。作品的出版则指作品的复制品经作者的授权而向社会公众提供的行为。

2. 精神权利

（1）作品的作者。根据该法第 8 ~ 9 条的规定，作者著作权的获得自其作品创作之始。作者是指创作出受保护的作品的自然人，作者对其作品享有署名权，作者可以在作品上署姓名或者笔名。电影作品或者展览中，其制片人或者展览组织者有权署名。作品的作者享有著作权，但他人也可以根据该法规定通过转让的方式取得著作权（此处不包括精神权利）。

（2）合作作品。根据该法第 10 ~ 12 条的规定，除非法律规定或者合同约定，合作作品的作者均应当享有著作权，对于合作作品的使用，应当征得所有作者的同意，但是合作作者行使其权利应当基于善意和公平原则，不应当为任何有害于或者可能有害于其他作者的行为。在电影作品中，编剧、导演、首席摄影师应当被视为共同作者，如果音乐是电影的重要组成部分，特别是在音乐电影中，那么作曲者也应当被视为共同作者，在动漫电影中，如果图画或者动画为其基本构成要素，那么该图画或者动画的作者也应当被视为共同作者。此外，两个独立作品的作者可以将各自的作品组合使用，但并不影响各自的著作权，二者通过合同约定权利义务关系。

（3）匿名作品。匿名作品主要指通过不署名或者署笔名的方式创造的作品，其著作权一般由其合法出版者、公开者持有。

作者享有的精神权利主要包括：署名权、发表权、保护作品完整权、保护作品不被修改权等内容，该部分内容与一般著作权法的保护基本一致，此不赘述。

3. 经济权利

（1）作品复制和流通权。作品作者对作品的复制、录制以及复制或者录制品的流通享有专有权，可以自己或者许可他人复制以及通过市场销售，投入流通环节包括提供销售、存储、进口等环节，但该流通应当遵循权利用尽原则。对于计算机程序来说，复制意味着在另一个计算机中能够同样运行。

（2）作品出租权。作品作者对其原始作品或者复制品享有出租或者许可他人出租的权利，即使作者将其作品许可给录音录像制作人进行出租，该种出租还包括某些以出借作品原件或复制品或运用或者获利的机构如营利性图书馆等，他也应当保留对该作品的出租行为获取公平报酬的权利，此种权利不得放弃。并且出租权不因作品进入市场销售而消灭。但以下情形中，作者不享有出租权：①建筑作品；②已用于工业生产的艺术设计或者工业设计；③特别制作并用于出租的作品，作者与作品所有人已经达成一致的。

此外，作者基于著作权还享有表演权、展览权、表演传播与展示权、广播权、重播权、作品改编权等经济权利。

作者著作权与作品所有人的权利关系。根据该法第 34 条，在不对所有者保留作品产生的正当利益产生威胁的前提下，任何作者有权要求其作品副本的拥有人允许其查阅该复制品，如有必要可以复制该作品，但无权要求所有人将该复制品无偿转让给作品作者。

（3）追续权。追续权是塞尔维亚著作权法中较为特别的一项权利，我国目前尚无此项规定。根据该法第 35 条，对于艺术品，在第一次转让以后，如果被其所有人再次转让的，应当通知作者，并且作者有权就再次转让收取报酬。该通知和支付报酬的义务平等的施加于转让人、受让人和中介人，在交易开始后 30 天内，上述义务人应当告知作者销售价格、转让人与受让人的姓名或名称、中介的名称，交易完成后 30 天内，上述义务人应当向作者支付相应报酬。应当支付的报酬，按照原销售税前变现价格的百分比支付，比例如下：①价格介于 10 万～500 万第纳尔的，按照 4% 收取；②价格介于 500 万～2000 万第纳尔的，按照 3% 收取；③价格介于 2000 万～3500 万第纳尔的，按照 1% 收取；④价格介于 3500 万～5000 万第纳尔的，按照 0.4% 收取；⑤价格高于 5000 万第纳尔的，按照 0.25% 收取。不含作者原销售价格，对于追续权的补偿总额不超过 130 万第纳尔。追续权不得放弃，也不得随意转让，作者去世后，该追续权转移至其继承人。追续权不得成为司法强制执行的对象，作者可以在再次转让后的 3 年内要求上述义务人提供其索取报酬所需的各种资料。

（4）合作作品产生的经济利益，除非有合同约定或者合作作者同意，应当根据各自的贡献分配获得的经济利益。

（5）法定许可。根据该法第 55 条的规定，为科学研究、讲授或者考核手册的形式，而对著作权保护的作品进行的纸面或者相类似的载体上的复制，此类作品包括出版物、个人短篇的文学、科学、音乐或者摄影作品、工业设计和平面设计与制图。不需经过作者许可，但是需支付报酬。以上使用，不含乐谱。

（6）著作权转移。根据该法第 58～62 条，含有精神权利和财产性权利在内的著作权可以继承，但作者生前表示不得将其未发表的作品发表或者修改的除外，同时精神权利不得通过合同转让，财产性权利的许可可以是独占性的，也可以非独占性的，被许可人可以将其受让的权利完全转让给第三人。除非法律有另外规定，著作权许可或者转让合同应当以书面形式签订。

此外，该法还规定了作品改编合同、署名委托创作合同、不署名委托合同等多种著作权合同，限于篇幅，不再赘述。

4. 保护期限

根据该法第102条的规定，著作权财产权的权利保护期限为作者去世后70年，精神权利不因该保护期届满而消灭。合作作品的保护期自最后一位作者去世后70年。匿名或者笔名作品财产权自该作者被披露起70年。电影作品的财产权保护期自导演、编剧、对白作者或者配乐作者中最后一位去世后70年。保护期的计算，自创作或者发表当年的下一年的1月1日起计算。

5. 侵权与赔偿

根据该法第七部分的规定，所谓著作权或者邻接权侵权，是指未经授权的围绕作品或者表演专有权进行的侵权活动，此类行为主要规定于该法第208条中。

关于民事程序，著作权人或者邻接权人有权向法院提起以下诉讼请求：(1) 确定侵权；(2) 要求停止侵权；(3) 销毁侵权产品，不含建筑物；(4) 销毁侵权工具、设备；(5) 要求损害赔偿；(6) 要求法院公开侵权判决，并由侵权人承担相关费用。此外，著作权人以及表演者还有权请求精神损害赔偿。对于财产权的侵害，如果侵权人是基于故意或者重大过失，权利人可以请求3倍于所受损失的赔偿数额。侵犯著作权或者邻接权的诉讼属于紧急诉讼程序。

在合作作品中，任何合作作者均有权独立提起侵权损害赔偿诉讼，但是单独提起的，仅能代表自己对自己的利益提起主张。

关于刑事程序，著作权或邻接权领域的经济类犯罪，在下列情形中，单位将被处以数额介于10万~300万第纳尔的罚金，主要负责人员将被处以5万~20万第纳尔的罚金，单位负责人可能被处以5万~50万第纳尔的罚金，自然人犯罪的，罚金数额介于1万~5万第纳尔，此类情形包括：(1) 未经授权而公开、录制、复制著作权人或者邻接权人的部分或者全部作品的；(2) 明知是未经许可的录制、复制，而将该录制品或者复制品投入市场销售或者出租以获取经济利益的；(3) 任何促进或者协助规避技术措施的行为；(4) 销毁或者改变著作权或者邻接权权利标志的；(5) 对于建筑作品而言，未尊重作者的优先改造权，而改变建筑作品的；(6) 未向著作权或者邻接权集体管理组织及时报告使用作品的名称、频率和使用范围的。

以下情形中，单位将被处以10万~100万第纳尔的罚金。主要负责人员将被处以1万~5万第纳尔的罚金，单位负责人可能被处以1万~20万第纳尔的罚金，自然人犯罪的，罚金数额介于1万~5万第纳尔。此类情形包括：(1) 公开、表演、展览他人作品，而没有标注作者或者表演者姓名，或者标注了错误的姓名的；（2）未经许可而改编他人作品，或者录制他人表演的；（3）未按照本法关于追续权的规定向著作权人履行告知义务与支付报酬义务的；（4）在向主管机关登记作品时，提供错误的创作日期或者故意欺骗提供错误日期的；（5）出版商未事先向作者或者其继承人告知已提供购买，而将未售出的作品作为废纸出售的；（6）违反本法关于著作权或者邻接权限制的规定，设置技术措施以规避他人合理使用的；（7）以商业用途为目的而制作或进口的作品或者作品副本，附有解除其技术措施的人，未通过合理明确的方式告知技术措施的使用方法的。

6. 侵犯著作权的例外

著作权限制。著作权的行使可能会受到限制，但是根据该法第 41 条的规定，即使本法对著作权的行使作出限制，对于作者的署名权以及其他合法的精神和经济利益，也应当予以保障。

根据该法第 41 ~46 条的规定在以下情形中，无须征得作者同意也无须支付报酬：（1）行政机关或者司法机关出于公共安全的需要而做出的复制或者使用；（2）时事新闻传播中，作为新闻的部分进行的传播；（3）出版或者其他形式的预览；（4）在国家或者地区性的节日庆典中，出于公共政治活动、宗教活动的需要；（5）正常的教育活动；（6）公共图书馆、教育机构、博物馆、档案馆，出于非营利性的需要而对已有的作品进行的复制；（7）个人出于非营利性的目的而进行的复制活动，但不应将其投入流通领域或者公开使用；（8）对于合法活动的计算机程序，所有人可以使用、基于使用目的而修改、制作备用文本、为与其他设备兼容而反向工程。

关于临时性复制问题，根据该法第 48 条规定，以下情况下，任何人有权不经作者的同意，也不必支付报酬而临时复制相关作品：（1）复制是临时偶然的；（2）复制是其他基础技术程序中的必须基础部分；（3）其目的在于实现数据的交互传输或者合法使用一项作品；（4）该复制行为没有独立的营利性目的。

三、其 他

（一）邻接权

1. 邻接权概述

该法第三部分规定了邻接权。对于邻接权保护的共同问题，该法第 143 ~149 条做了规定。

关于作者与邻接权人。邻接权人权利的行使，不得影响著作权人正当权利的行使。著作权权利用尽方面的规定适用于邻接权。

保护期限。表演者、录音录像以及电影制作人以及广播组织者的财产权保护期限为自表演录音录像或广播制作或广播之日起50年，如果该表演或者录音录像通过录像公开发表了的，该录制品保护期为自公开发表之日起50年。但表演者的精神权利不受保护期限限制。

数据库制作人的财产权保护期限为自数据库制作之日起15年，公开发表了的，自公开发表之日起15年。但如果数据库的实质内容发生了更新、删减或者显著进步的，该保护期延长15年。财产权用尽的作品的首次发表者的权利保护期限自其发表之日起25年。

以上权利保护截止日期为保护期限最后一年次年的1月1日。

邻接权权利的行使主体，包括表演者、录音录像制品的制作人、广播组织者、数据库制作人、财产权用尽的作品的首次发表者，是外国人的，其权利行使依据塞尔维亚签署的国际条约或者塞尔维亚与该外国人国籍国签订的互惠条约。

2. 邻接权基本内容

该法第111条规定，表演者享有其表演而产生的精神权利与财产性权利。其所表演的作品，并不一定是著作权保护的作品。表演者包括：歌手、演员、舞者、哑剧演员、指挥。

表演者的精神权利，包括：身份权、署名权、表演的不被侵犯、表演未经允许不得被投入市场流通等可能损害表演者名誉的行为。在合作表演中，单个表演者对其精神权利的处分（如允许改编或者流通等）并不及于其他表演者。

表演者的财产性权利，由该法第116～117条规定。包括录制权、复制权、投入市场销售该复制品权、复制品出租权、广播权等。与著作财产权的转让不同，虽然邻接权财产权可以由邻接权人转让或者许可，但除非合同约定，否则被许可人不得再次许可。但作为员工的表演者应享有的权利，根据劳动合同约定履行。

录音制品制作人享有相关的财产权，包括复制权、复制品出租权、公开传播权。此外，制作人对其公开出版的录制品还享有广播和重播权，但此项权利的行使必须通过著作权或邻接权集体管理组织进行实施。

电视电影录像制作人的财产权，包括录像制品制作人和电影制作人在内的权利主体享有相关财产权，此类权利包括复制权、通过录音录像制品的传播权、出租权、有线或者无线的通过交互点播等方式公开传播的权利。如果改编或者演绎行为会造成制作人的正当利益损失的，权利人有权禁止其作品被侵犯。

广播组织者享有相关的财产权。广播组织者有权禁止未经授权的以下行为：（1）无线或者有线重播；（2）录制其广播内容；（3）复制其广播内容并进行销售；（4）广播内录制品出租权；（5）进行收费公开广播；（6）通过有线或者无线的方式提供其广播作品以供获取。

数据库制作人有权禁止他人未经许可的下列行为：（1）暂时或永久性的复制其数据库全部内容或者将其作为基础核心内容，无论是出于何种目的、通过何种方式和形式；（2）销售或者出租该数据库的全部或者主要部分；（3）通过有线或者无线的方式通过交互式的方法向公众开放。

此外，对于财产权用尽的作品的首次发表者权利的保护。对于未发表的作品，在其财产权保护期已届满后，任何人有权将其发表并享有与原作者财产权相同的财产权。但是对于印刷出版的作品来说，发表人享有的权利，应当通过著作权集体管理组织来实现。

（二）著作权或邻接权集体管理组织的组织方式

该法关于著作权或者邻接权集体管理组织方面的规定主要集中于该法的第152~191条。根据该法第154条的规定，该集体管理组织可以由著作权或者邻接权的作者或者持有人，或者其集体协会组成。

（三）著作权邻接权专家委员会

著作权邻接权专家委员会的职能是就各集体管理组织提出的作品收费草案提出管理意见。该委员会一般由一名主席和委员会成员组成，主席和委员会成员由各团体提议由政府任命，每届任期4年，但如果主席或者委员会成员无法胜任其工作或者经其本人请求，将可能被解除职务。

（四）国际保护

以下情形中，外国公民的作品在塞尔维亚受到保护：（1）该作者的作品受到塞尔维亚加入的国际公约的承认；（2）塞尔维亚与作者国家有互惠条约，该互惠条约应当由作者提供证明。

四、简 评

塞尔维亚近年来致力于加入WTO和欧盟，在知识产权保护方面不断做出努力。从该法来看，塞尔维亚的著作权保护已经达到较为全面的水平。特别是对于著作权邻接权专家委员会方面的规定，是较为特别的，值得关注。

塞尔维亚作为非欧盟成员的欧洲国家，虽然经历了国家分裂，但仍保持了良好发展势头。我国与塞尔维亚有着良好的外交关系，同时我国在塞尔维亚也有诸多投资。塞尔维亚著作权法总体上看符合国际保护水平，同时还有诸多我国著作权法没有规定的内容，如追续权、保护期限、专家委员会等方面的内容，均是我国著作权法没有规定或者有不同规定的地方，我国企业在对塞尔维亚投资过程中，或者与塞尔维亚企业贸易交流过程中，需要格外注意这些不同，取长补短。

第五节　英国版权法律制度

一、英国版权法概况

英国自1709年颁布《安娜女王法令》，废除了由皇家颁发许可证的制度，第一次承认了作者是版权保护的主体。这部版权法被称为版权史上的一次"革命"，它对后来世界上许多国家的版权立法都有重大影响。此后英国先后颁布《1814年著作权法》《1842年著作权法》《1911年著作权法》及相关的各种单行法规。现行的著作权法自1956年来沿用至今。为适应时代发展需要，在2006年出台的《高尔斯知识产权报告》的建议下，英国正在酝酿修订新的《著作权法》。2008年12月，英国开始对现有的著作权框架进行全面审查，并由知识产权战略顾问委员会协助此项工作。与大多数大陆法系国家不同，英国著作权法规定雇佣作品的作者，在一般情况下不享有著作权，而是由雇主或者工作的企业享有著作权。并且现行著作权法中对保护作者的精神权利没有做出规定，作者的精神权利通常由衡平法院规则进行保护。由于英国是第一个颁布版权法的国家，又是两个国际版权公约的参加国，所以总的来看，英国的版权制度与世界上多数国家现行的版权制度之间不存在很大的差异。但从整个法律体系上看，英国毕竟是英美法系的国家，这个法系与大陆法系存在许多重大差别。

2017年，英国通过全民公投，进行了脱欧程序，但出于稳定各方局势，英国会继续与欧盟进行多方面谈判。英国脱欧对于全球架构下的世界知识产权规则影响有限，只是在欧盟知识产权体系中可能会发生一系列变化。同时，英国的知识产权体系在当今世界来说也是较为完善的，知识产权制度建设属世界先进水平，知识产权保护方面不会受到影响。无论对知识产权国际组织还是发展中国家的知识产权工作，也不存在重大影响。因为知识产权国际合作已是今日世界的共识，只有大家都尊重知识产权国际规则，知识产权国际合作才能取得成效。

二、版权的客体和保护期

（一）版权的客体

在英国，版权是一种财产权利，该种财产权利存在于下列各种作品。（1）具有原创性的文学、戏剧、音乐或艺术作品；（2）录音、影片、广播或电缆节目；(3) 版本之版面安排。

英国著作权法第3条对 (1) 在本编中“文学作品”，第4条对 (1) 本编中的“艺术作品”，第5条对 (2) 在本编中“录音”，第6条对 (2) 在本编中的“广播”，第7条 (2) 在本编中的“电缆节目”，第8条对 (3) 在涉及版本版面安排之版权的情况下，本编中的“版本”都进行了更为详细的列举和说明。该法第9条第 (1) 款规定了作者，即与作品相联系，本编中的“作者”系指创作人，第 (2)、(3) 款分别从关系到广播，电缆节目，出版物，文学，戏剧，音乐或艺术作品进一步对作者进行限定，第 (4)、(5) 款对作者身份无法确定时的情况也进行了规定。第10条规定了合作作品的作者，即“合作作者之作品”系指由两个或两个以上作者合作创作的作品，在该作品中，各作者的贡献无法彼此分开。

关于官方文件，英国著作权法明确宣布予以保护，规定了“皇家版权”和“议会版权”。凡是政府部门或由政府部门直接指导与创作的作品，受著作权保护，其著作权都归女王所有。“议会版权”适用于上议院或下议院指导或控制下完成的作品，包括上下议院的录音制品、录像制品，实况广播节目等。

在英国，法官通常会运用思想不受保护的原则。霍尔曼在吉尔德设计师案中，这样阐述：“一般来说，对于艺术性作品，复制的思想越抽象和简单，越不可能构成实质的部分。从作者在技巧和劳动上贡献的意义上说，原创性倾向存在于表现基本思想的具体细节，版权法会保护好狐狸而不是刺猬。”❶

(二) 作品的保护期

(1) 文学、戏剧、音乐或艺术作品之版权终止于作者死亡之日历年底起算的70年期满。

(2) 如果作品之作者身份不明，从作品首次公开发表之日历年底起算，版权终止于70年期满；此期间终了后，即使作者身份又变为明确，上述第 (1) 项规则也不能适用。

(3) 如果作品系产生自电脑，以上各项规定都不能适用。此种作品之版权自作品创作之日历年底起算终止于50年期满。

(4) 关系到合作作者之作品。

如果所有作者身份都明确，以最后死亡之作者的死亡时间为准，以及如果其中一个或几个作者身份明确，而另外一个或几个作者身份不明，以身份明确之作者中最后死亡者之死亡时间为难；以及所涉及之作者身份变为明确应解释

---

❶ Designers Guild Ltd v. Russell Williams (Textile) Ltd [2000] FSR 121 (CA); [2001] FSR 113 (HL), No. 122.

为作者中任何人的身份变为明确。

英国著作权法第13条规定了录音或影片的保护期，录音或影片之版权终止于：（1）自作品制作之日历年底起算的50年期满；（2）如果作品在此期限终了之前发行，则自发行之日历年底起算的50年期满。

主要作品上的王室版权，延至自完成年份起算125年，除非在完成年份起70年内商业出版，此时它延至商业出版之日起50年。议会版权，自作品完成年份延续50年。

三、版权所有人的权利

英国著作权法的突出特点是认为著作权是一种在商业利用中反映出价值的产权，而非“天赋人权”。所以，在1988年以前的立法中不存在保护作者精神权利的规定，只是考虑给作者以物质上的满足，即著作权只限定授予经济权利。由于《伯尔尼公约》第6条之二规定缔约国应保护作者的精神权利，英国1988年著作权法增加了保护作者精神权利的条文，共4项，即申明作品来源的权利；坚持作品完整性的权利；反对“冒名”的权利；保护某些照片和影片的非公开性。

（一）财产权利

《英国版权法》第16条规定：

（1）依下列各项规定，作品之版权所有人具有在联合王国实施下列行为的排他性权利：①复制作品；②公开发行作品之复制件；③公开表演、放映或播放作品；④广播作品或将其收入电缆节目服务；⑤对作品进行改编或针对改编作品实施上述任何行为。

以上诸行为被规定为“版权禁止的各种行为”。

（2）非经版权所有人许可而实施或授权他人实施任何版权禁止之行为者即构成侵犯版权。

（3）所谓的实施版权禁止之行为系指所实施之行为：①关系到作品之全部或其任何实质部分，②不论系直接地或者间接地；至于介入的行为本身是否侵犯版权都无关紧要。

《英国版权法》第17～19条分别就复制权、发表权、表演权进行了详细说明。

（二）精神权利

英国为作者精神权的保护提供了合同法或普通法的救济手段。版权法案规定了如下精神权利。

（1）身份权，这一权利授予在发表作品上，表明作者或导演身份的特权。

（2）保持作品完整权，这一权利确保了作者可以反对他人对作品的贬损。

（3）反对错误归属权，反对将他人识别为作者的权利。

（4）隐私权，这一权利仅涉及照片或者电影的使用，需要确保的是这一使用不仅仅需要取得版权人的授权，也需要得到饰演者的授权。

精神权利不可转让他人，但可以放弃。表明作者或导演身份权和反对贬损作品权在版权作品保护期间内存在，即作者去世后70年。反对作品错误归属权在作者去世后20年终止。

四、有关版权作品允许实施之行为（不视为侵犯著作权的情况）

著作权是民事主体依法对作品及相关客体所享有的专有权利。著作权法在保护著作权人对相关作品的专有权利的时候，也需要关注社会公众的利益。因为鼓励优秀作品的传播和创作，促进社会整体文化的发展，也是著作权的立法目的之一。所以，著作权法在保护著作权人的权力时，又对其加以限制。著作权的限制理论比较庞杂，主要包括了合理使用、法定许可、强制许可、权利保护期、公有领域、权利穷竭以及对技术措施的相关规定等。

英国最近公布了新修改的版权法，对私人复制例外、研究及个人学习例外、文本和数据挖掘例外等9个规则作了修订和完善，使该法在适应新技术发展需要的同时，实现了版权人利益与公众获取及利用作品利益的平衡。2014年年初，英国版权局向议会提交的版权法修改议案，主要涉及对9项版权例外规则的修订，政府希望适当增加一些版权例外情形来满足数字时代背景下人们对作品利用的多样化需求。

在英国，对著作权的限制采用的是版权例外的“封闭式”体系，其是建立在合法行为的详尽列举上，限于在规定的范围内解释，不能进行扩张解释和类推。英国知识产权委员会曾经解释道，以作家、艺术家和其他创作者的独占权为一方，以广泛传播知识的社会目标为另一方，作为两者平衡的一部分，国际著作权规则允许各国对防止非作者使用和在特别规定的情况下的复制设置限制。

五、对著作权的限制理论

（一）私人复制例外

新修订的《英国版权法》第28B条详细规定了私人复制例外的基本条件：第一，行为人必须出于非商业目的对自己合法获得的作品进行复制；第二，合法获得的作品包括通过购买、赠送，或因购买、赠送而下载获取的作品，但不包括通过借阅、租赁、广播等方式获得的作品；第三，为个人使用而进行的复制包括备份、格式转换及存储等方式；第四，行为人对作品进行私人复制之后只能用于个人使用，不得对外传播，任何未经版权人许可而向他人提供该复制品的行为都将被视为版权侵权。

（二）研究及个人学习例外

本次版权法修改法案作了如下修订：一是将可供研究及个人学习的作品范围扩大至所有作品；二是允许大学、图书馆、档案馆及博物馆等机构通过技术终端为社会公众提供版权作品。具体而言，首先，《英国版权法修改法案》对1988年《英国版权法》第29条做出修改，将可供研究及个人学习使用的作品扩大至所有作品类型。其次，增加了第29A条，允许公众为了非营利性的数据或文本分析目的而复制他人作品；最后，明确否定了任何意图阻止或限制研究及个人学习例外之合同条款的效力。

（三）文本和数据挖掘例外

英国版权法修改法案增加了文本和数据挖掘例外。具体而言，任何人都可以在无须征得版权人同意的情况下出于非商业目的而对其所读到的材料进行文本和数据挖掘。

（四）引用例外

此次《英国版权修改法案》对1988年《英国版权法》第30条作了修订，将引用例外范围扩大到任何非营利目的的引用。具体而言，无论是出于批评、评价还是其他目的，符合如下条件的引用行为不构成版权侵权：（1）作品已为公众合法获得；（2）引用是基于合理目的；（3）引用的程度没有超过为特定目的而使用所设定的范围；（4）对作品的引用已做了充分的说明。上述例外也适用于对表演及其录制品的引用。

（五）滑稽模仿例外

此次版权法修改法案增加了滑稽模仿例外规定，其适用对象包括作品、表演及其录制品。该法案第30A条规定，出于讽刺、仿作或滑稽模仿等目的而使用他人作品的，不构成版权侵权，且任何有可能阻止或限制实施该款规定之行为的合同条款均不具有可执行力。而且出于讽刺、仿作或滑稽模仿等目的而使用他人表演或其录制品的，不构成对本章所规定之权利的侵犯，任何意图阻止或限制实施本条所规定之行为的合同条款都不具有可执行力。

（六）残障人士获取无障碍格式版本例外

在残障人士已合法占有或使用该版权作品，但其自身的残障情况使其无法像正常人一样使用该作品，且该版权作品的无障碍格式版本无法通过商业渠道获取的情况下，可为该残障人士制作和提供无障碍格式版本。在相关版权作品的无障碍格式版本无法通过商业手段获取的情况下，被批准的机构可以为残障人士提供有关广播及其他版权作品的无障碍格式版本。

（七）教育使用例外

英国版权法规定，本条所涉及的教育单位，对作品的使用是指该教育单位为教育教学目的而对作品任何方式的使用，而且不管使用主体是任何人，只要是在教育教学过程当中使用，包括复制、录制等行为，但这些行为都必须是在一定的限定范围之内。比如英国法律规定，在教学或备课过程中复制作品不侵犯文学、戏剧、音乐或艺术作品之版权，但这种复制必须由施教或受教者进行，而且并未采用彩印方式。在教学或备课过程中以制作影片或影片声轨的形式复制录音、影片、广播或电缆节目的，在复制者为施教或受教者情况下不侵犯被复制作品之版权。同时为以提出问题、将问题传送给被测者或回答问题之方式进行测验之目的而实施之任何行为概不侵犯版权。但规定不能延伸至被测者为表演作品之用而影印复制音乐作品。依本条制作而在其他情况下为侵犯复制件之复制件，制作后又被加以处分的，如果此处分之一切目的都侵犯版权，此复制件即应在关系到处分时被视为侵权复制件。

（八）保存及收藏例外

英国版权法规定，所涉及的图书馆和档案馆经过和国务大臣的指定，可为不同目的的图书馆和档案馆制定出不同的规则，规则应以立法形式进行规定，且应服从于议会之一院的撤销判决。所涉及的图书馆员或档案馆员包括为其利益而实施行为的人。在满足指定条件的情况下，指定图书馆之馆员可以制作并提供期刊上所载文章之复制件而不会侵犯文章、与文章相伴之任何注解或其版面安排之版权。

在满足指定条件的情况下，指定图书馆之馆员可以制作并提供出版物上刊出之文学、戏剧或音乐作品之一部分的复制件而不侵犯作品、与作品相伴之任何注解或版面安排之任何版权。

这些复制件只能提供给这样一些人：其必须使图书馆之馆员相信，需要这些复制件之目的在于研究或个人学习，并且不会为其他目的而使用之；但不得向同一人提供相同资料之多于一份或者任何作品之多于一个合理部分的复制件，以及复制件接受者需支付不少于制作该复制件所需成本（含图书情报的一般支出）之费用。

（九）公共管理例外

《英国版权法》第 45 条规定，为议会或司法程序之目的而实施之任何行为不侵犯版权；为报道上述程序之目的而实施之任何行为不侵犯版权。但此规定不得被解释为允许复制那些作为程序之已出版的报道的作品。同时，为皇室委员会或法定调查程序之目的而实施之任何行为不侵犯版权；为报道任何公开进行之上述程序之目的而实施之任何行为不侵犯版权。但此规定不得被解释为允许复制那些作为该种程序之已出版的报道的作品。公开发行包含作品或其中资料之有关皇室委员会或法定调查之报道的复制件不侵犯作品之版权。

“法定调查”系指依据某种法定义务或权力而进行之查询或调查。同时，该法第47条规定，根据法定要件或在法定注册的前提下交付公众查阅的资料，为不涉及公开发行复制件之目的而依有关人员之权利或经其许可复制其中任何事实性信息资料的，不侵犯其作为文学作品之版权。

六、版权作品中权利的处分

（1）版权可以像动产一样地以转让、遗嘱处理或执行法律的方式发生移转。

（2）版权的转让或他种方式移转可以是部分的，其中包括：①版权所有人依专有权利可实施之行为中的一种或几种，但不是全部；②版权存续期的一段而不是全部时间。

（3）版权转让必须有书面文件，其上须有出让人或代表其利益的其他人签字。

（4）版权所有人所颁发的许可证对于继承其版权利益的每一个继承人都有约束力，但善意地支付了对价而且不知道（实际上或推定）有此许可证的购买人以及此种购买人的权利继承人不在此列。

按英国版权法的规定，版权是可以自由转让的，可以全部转让，也可以部分转让。不过有两点必须注意；第一，转让必须有书面凭证（ 一般指转让合同）；第二，转让与同意转让是后果完全不同的两件事。

七、侵权救济

（一）版权所有人的权利与救济

（1）对版权的侵犯可由版权所有人提起诉讼。

（2）在版权侵权诉讼中，损害赔偿、禁令、清算或其他在任何他种财产权侵权诉讼中原告可获得之救济方式均可使用。

（3）本条之效力服从于本章以下各项规定。

该法第97条规定：（1）在版权的侵权诉讼中，如果事实证明被告在侵权之时不知道，也没有理由认为其行为所及之作品享有版权，原告则不能要求损害赔偿，但并不影响其要求采取其他救济方式。

（2）在版权侵权诉讼中，法院可以全面考虑各方面条件，尤其要考虑到：①侵权之恶劣程度；②被告因侵权所获得之利益，并可根据案件之公正性需要增加一种额外损害赔偿。

（二）版权仲裁庭

（1）依1956年《英国版权法》第23条所成立之仲裁庭改名为版权仲裁庭。

（2）仲裁庭组成人员包括由大法官在与检察长协商后任命的1位主席与2位副主席以及由国务大臣任命的2～8位普通成员。

（3）连续从事出庭律师、辩护人或庭外律师工作不少于7年或曾主持过司法机关工作者才有资格被任命为主席或副主席。

（三）版权保护的要件

（1）一作品不享有版权，除非有关下列各项之要件得到满足：①作者；②作品首次出版国；③关系到广播与电缆节目时，广播制作国与电缆节目播出国。

（2）上述规则不适用于皇家版权或议会版权或者依第168条而存在之版权。

第六节　本章小结

俄罗斯在著作权法方面的立法是较为特别的，法典化的立法方式对于世界各国的著作权立法起到了重要的影响作用。近年来俄罗斯经济发展速度较快，与我国交往密切，特别是随着“一带一路”倡议的不断落实，我国企业在俄罗斯的投资可能会不断增加，而著作权法作为知识产权立法中的主干部分，必将对两国经贸往来产生重要影响，特别是俄罗斯著作权法与我国有诸多的不同之处，对于我国企业来说，应当提前明确这些不同并提前做出预警。

《瑞士著作权及邻接权保护法》是一部相当全面的法律，该法涵盖了著作权以及邻接权保护的几乎所有内容，无论是在著作权与邻接权的基本定义与保护，还是侵权行为的列举，甚至包括民事程序和刑事程序的提起，均有所涉及。从内容上看，瑞士对于著作权的保护国际化程度较高，与我国的相关规定有较高的相似度，并且中瑞两国加入的国际条约方面也有诸多共同之处，但尽管如此，作为欧洲发达国家，我国企业在投资瑞士的时候仍然需要权威全面的评价瑞士的著作权法。

英国版权法律制度有颇具特色之处，比如关于版权仲裁庭的设置及相关规定，可供我国参考。

与我国著作权法相比，塞尔维亚著作权法在追续权、保护期限以及专家委员会等方面均有较为特别的规定。近年来塞尔维亚在不断推进加入欧盟的进程，这意味着，我国企业在与塞尔维亚的经贸过程中不仅需要关注塞尔维亚的著作权法，还要关注欧盟的著作权法。

本章对于具有代表性的非欧盟国家的著作权法作了较全面的介绍。俄罗斯著作权法作为民法典的第四部分，是全球范围内较为特殊的立法方式，而瑞士、塞尔维亚和英国则通过单行法方式对著作权进行保护。[1] 尽管知识产权法的国际化程度较高，但各国仍有诸多不同，尽管有《伯尔尼公约》等国际性的著作权保护规范，但是对于国际化经贸往来而言，各国总会出于自己国家产业和经济发展的角度来处理知识产权纠纷，因此在“一带一路”倡议下，我国企业在对非欧盟国家的投资过程中，需重点关注与我国不同的部分，同时，各国对著作权几乎都或多或少地规定了刑罚保护，这也是值得我们关注的。

---

[1] 本章内容，写作的参考资料主要为上述三国在各自的知识产权主管机关官方网站上公布的最新文本，其中俄罗斯著作权法为俄语文本，瑞士和塞尔维亚为英语文本，同时，还参考了国内相关学者的译本或者论文等资料。

第三编　非　　洲

第九章　阿拉伯语国家著作权法律制度

第一节　概　　述

“一带一路”沿线北非区域，北隔地中海望欧洲，南接南部非洲，西临大西洋，东有红海，是陆上交通亚欧非三洲的重要中转站，战略地位极为重要。由于特殊的地理条件，北非国土面积大且沙漠地形所占比例高；矿藏种类丰富、储量巨大，是世界能源生产重要产区；在历史上，北非各国长期受到英国、法国、意大利三国的入侵；深受自然条件限制，该区域经济水平较低，技术相对落后；北非的自然和人文特征与西亚地区相似度高，为了研究方便，人们有时把它和西亚放在一起研究，称阿拉伯世界。该区域有7个国家，分别是埃及、阿尔及利亚、利比亚、毛里塔尼亚、摩洛哥、苏丹和突尼斯。

本章选取埃及和阿尔及利亚的著作权法律制度作为研究对象。

阿拉伯埃及共和国简称“埃及”，位于北非东部，领土还包括苏伊士运河以东、亚洲西南端的西奈半岛。埃及既是亚、非之间的陆地交通要冲，也是大西洋与印度洋之间海上航线的捷径，战略位置十分重要。由于地处亚非欧三大洲的交通要冲，埃及作为“一带一路”西端交会地带的区位优势非常突出。埃及是中东人口最多的国家，也是非洲人口第二大国。埃及也是举世闻名的四大文明古国之一，在经济、科技领域方面长期处于非洲领先地位。阿尔及利亚全称阿尔及利亚民主人民共和国，是非洲北部马格里布的一个国家，国土有相当大一部分是在撒哈拉沙漠，北部则位于地中海沿岸。其国土面积居非洲各国、地中海各国和阿拉伯国家之冠，排全球第10位。阿尔及利亚经济规模在非洲居第四位，仅次于南非、尼日利亚和埃及。国内有丰富的自然资源，石油与天然气是阿国民经济的支柱。自从阿尔及利亚1962年独立以来，中阿双边友谊以及合作在政治经济和文化领域稳步推动。2014年2月，阿尔及利亚成为第一个与中国建立全面战略合作伙伴关系的阿拉伯国家。

第二节　埃及著作权法律制度*

《埃及知识产权法》包括四个部分：（1）专利和实用新型、集成电路的布局设计和未公开的信息；（2）商标、厂商名称、地理标志和工业品外观设计；（3）著作权和邻接权；（4）植物新品种。其中，埃及著作权法律制度列于《埃及知识产权法》的第三部分（第139～188条）。

一、概　　述

埃及现行的著作权法律制度，规定于2002年6月3日生效的《埃及知识产权保护法》（全称为《2002年关于保护知识产权的第82号法》）第3编《著作权与邻接权》。该法律的实施条例于2005年3月29日在政府公报上公布（总理令第497号）。同时，该部法律引入了许多新的概念，比如国家的民间文艺，还首次规定了有关邻接权的保护。埃及的著作权保护制度是非洲国家以及阿拉伯国家著作权法律制度的代表，研究埃及的著作权制度，可以管窥这些区域在著作权法律制度上的特点。

埃及加入的著作权国际公约情况如表9-1所示：

表9-1　埃及加入的著作权国际公约情况

加入的国际公约	公约在埃及生效时间
《保护录音制品制作者防止未经许可复制其录音制品公约》	1978年4月23日
《保护文学和艺术作品伯尔尼公约》	1977年6月7日
《建立世界知识产权组织公约》	1975年4月21日
《保护工业产权巴黎公约》	1951年7月1日
《非洲文化宪章》	1990年9月19日

二、著作权法律制度的主要保护范围

《埃及知识产权保护法》第139条对著作权和邻接权进行概况规定。符合下列作品出版的作者享有著作权。作品在世界贸易组织某一成员国内首次出版，或者在世界贸易组织某一成员国与某一非成员国同时出版。如果作品在首次出版后30日内在两个或者多个国家出版的，则该作品应视为在这几个国家同时出版。以下情形不构成出版：戏剧作品、音乐戏剧作品、电影作品或者音

* 该节法条翻译参见《十二国著作权法》翻译组．十二国著作权法［M］．北京：清华大学出版社，2011：27-48.

乐作品的表演；文学作品的公开朗诵；文学或者艺术作品的有线传播或者广播；美术作品的展览；以及建筑作品的建造。符合下列任一条件的表演者享有邻接权：（1）表演发生于世界贸易组织某一成员国内；（2）表演已经被制作为录音制品，且其制作人属于世界贸易组织某一成员国的国民；或者该声音系在该组织某一成员国内被首次固定；（3）表演通过广播组织传输的，该广播组织总部位于世界贸易组织某一成员国内；并且广播是通过位于某一成员国的发射台所传输。

《埃及知识产权保护法》第 140 条对著作权法保护的客体范围进行了规定。作者对其文学艺术作品所享有的权利，受该法保护，特别是如下作品：（1）书籍、小册子、文章、宣传手册和其他文字作品；（2）计算机软件；（3）可为计算机或者任何其他设备所读的数据库；（4）授课、演说、已录制的讲道，以及任何其他口述作品，只要其已经被录制；（5）戏剧或者音乐戏剧作品，以及哑剧；（6）配词或未配词的乐曲；（7）视听作品；（8）建筑作品；（9）图画、油画、雕塑、版画作品，织物上的印花，以及任何类似的美术作品；（10）摄影作品以及类似作品；（11）实用艺术作品和造型艺术作品；（12）示意图、地图、设计图、草图以及与地理、地形或者建筑相关的立体作品；（13）演绎作品，但不得损害对原作品给予的保护。著作权保护及于作品的标题，只要该标题系经由创作而成。

《埃及知识产权保护法》第 141 条和第 142 条对著作权法保护的客体范围进行了排除。著作权保护不包括纯粹的思想、程序、方法、操作手段、概念、原理、探测发现以及数据；即使其被表达、描述、说明或包含在某一作品之中；著作权保护不包括：第一，官方文件，不论为原文或者译文，包括法律、法规、决定、国际协定、司法判决、仲裁裁决、行政或者司法当局的裁判。第二，具备纯粹新闻信息特征的时事新闻。但是，前述新闻如果在编排顺序、呈现方式上存在创新性或者任何其他经由个人加工而合乎保护条件的，应当受到保护。国家的民间传说属于公共领域。主管部门行使在民间传说上的著作人身权与财产权；并因此承担保护与资助的责任。

三、主要权利内容

（一）精神权利

《埃及知识产权保护法》第 143 条对著作权的人身权进行了规定。作者及其继承人对作品享有永久性的著作人身权，该权利不发生取得时效或者转让。该等权利包括：（1）首次将作品公之于众的权利；（2）主张作者身份的权利；（3）反对任何被作者认为属于歪曲或者篡改作品之修改的权利。翻译性修改不被认为属于侵权，除非翻译者未注明删除或者改动之处；或者因其翻译而损害了作者的名誉和声望。《埃及知识产权保护法》第155条对邻接权的人身权进行了规定。表演者及其继承人享有永久性人身权利，该权利不发生取得时效或者转让。表演者及其继承人据此权利，可以：（1）对于现场直播或者录制的表演，按其创作方式表明表演者的身份；（2）禁止他人修改、歪曲或者篡改其表演。在本法所规定的财产权利保护期届满之后，无继承人或受赠与人的，由主管部门行使上述人身权利。

（二）经济权利

《埃及知识产权保护法》第147条、第149条、第150条对著作权的经济权利进行了规定。其一，是关于作品的使用。作者及其继承人享有以任何方式授予许可或者禁止使用其作品的专有权，特别是复制、广播、重播、公开表演、公开传播、翻译、改编、出租、借阅或者向公众提供，包括以计算机、互联网、信息或者传播网络或者任何其他方式使用作品。出租权不适用于：（1）计算机软件，除非该软件就是出租的对象；（2）视听作品，只要该出租行为未导致该作品复制件的扩散，且未采取导致专有出租权的相关持有人财产损害的方式。作者及其继承人在作品原件的处分上享有追续权。作者及其继承人据此有权获得一定比例的分配收入，该比例不超过作品原件每次处分所增值部分的10%。作者在任何国家已经利用并且销售其作品的，或者许可或者授权第三人实施前述行为的，则作者依据本法规定所享有的禁止第三人进口、使用、销售或者发行受保护之作品的权利应当终止。其二，是关于作品财产权的转让。作者可以将本法所规定著作财产权的全部或者部分转让给第三人。该权利处分应以书面形式完成，且所处分的每一项权利均应当明确具体规定，其权利范围、目的、期限和行使地域应予以详细说明。未明确约定转让的著作财产权，作者仍为其所有人。著作权所有人对其中一项权利授予许可的，不得认定系对作者就该作品所享有的任何其他著作财产权的许可。在不损害本法所规定的作者的著作人身权的情况下，作者不得实施任何行为，阻碍对作品的已处分权利的行使。作者将其作品一项或者多项著作财产权转让给第三人的，可获得在金钱或者实物方面的合理费用。该费用按第三人使用作品所获得收入的分配比例计算。作者可根据估算金额或者根据收入分配比例与估算金额相结合的方式，进一步履行合同。

《埃及知识产权保护法》第156～159条对邻接权人享有的财产权进行了规定。表演者享有如下财产专有权：（1）向公众传播表演，许可向公众提供、出租或者借阅该表演的原始录制品及其复制件；（2）未经其事先书面授权，禁止以任何方式使用其表演。为获得直接或者间接的商业收入而将现场表演录制在媒介上或者将之出租，或者向公众广播的，均属于本款规定的禁止使用行为；（3）为达到直接或者间接的商业目的，出租或者出借该表演的原始录制品或者其复制件；无论该原始件或者复制件的所有人属于何人；（4）通过电脑或者任何其他手段，将已经登记的表演向公众提供，以使他人分别在任何地方或者任何时间接收该表演。本条规定不适用于由各个表演者在一份视听录制品上所录制的表演；另有约定的除外。录音制品的录制者享有如下财产专有权：（1）未经其事先书面授权，禁止他人以任何方式使用其录音制品。将录音制品进行复制、出租、广播，或者以电脑或者任何其他手段向公众提供的，均属于本款规定的禁止使用行为；（2）以有线或者无线方式，通过电脑或者任何其他手段将录音制品向公众提供。广播组织享有如下财产专有权：（1）许可他人使用节目的录制品；（2）未经事先书面授权，禁止电视广播向公众传播。本款规定的禁止使用行为，包括录制、复制、销售、出租、转播、以任何方式将该广播向公众发行或者传播，包括消除或者破坏对于该广播所采取的技术保护，比如设置密码或其他措施。该法关于作者转让其著作财产权的规定，适用于邻接权人。对于为商业目的向公众广播或者传播从而已经公开的广播，他人进行直接或者间接使用的，在不损害该法规定的专有权的情况下，表演者和广播组织应当只享有一次性获得合理的财产对价的权利；当事人另有约定的除外。

《埃及知识产权保护法》第160~168条对权利的保护期限进行了规定。该法所规定的作者的财产权保护期限，为作者终生加上作者死亡后起算的50年。合作作品的作者的财产权保护期限，为作者终生加上最后一位合作作者死亡后起算的50年。集合作品的作者（实用艺术作品作者除外）的财产权保护期限，为作品发表之日或者首次向公众提供之日起算的50年，以较后届满者为准。权利人为法人的，适用本条规定；但是，权利人为自然人的，其保护期限相应适用该法第160~161条的规定。在作者死亡后首次发表的作品，其财产权在首次发表之日或者首次向公众提供之日起算的50年后终止，以较后届满者为准。匿名作品与假名作品的财产权保护期限，为首次发表之日或者首次向公众提供之日起算的50年后终止，以较后届满者为准。该作品的作者被确定并为公众所知的，或者其身份被披露的，则保护期限适用该法第160条。实用艺术作品的财产权保护期限，从首次发表之日或者首次向公众提供之日起算的25年后终止，以较后届满者为准。计算保护期限从作品首次发表之日或者首次向公众提供之日起算的，关于作品首次发表之日或者首次向公众提供之日应以较迟者为准，应当作为计算期限的基准。重复发表或者重复向公众提供作品的，不应予以考虑；除非作者对该作品进行了实质性修改，从而该作品可以被认定为新的作品。如果作品由若干篇章或者卷册构成，且每一篇章或者卷册分隔时间单独发表，则每一篇章或者卷册在计算保护期限时将单独计算。表演者根据该法第156条规定方式对其表演享有的专有财产权，保护期限为表演之日或者在必要情况下自登记之日起算的50年。录音制品的制作者根据该法第157条规定对其录音制品的使用享有的专有财产权，在该法所规定的范围内，其保护期限为自登记之日或者发表之日起算的50年，以较后届满者为准。广播组织的专有财产权，自广播首次播送之日起算的20年内对该广播享有使用权。

四、著作权法律制度中的行政管理

《埃及知识产权保护法》第183～187条对行政管理方面作了规定。主管部门应当对落入公共领域的作品、录音制品、表演或者广播颁发商业或者专业使用的许可，许可使用费不超过1000埃及镑，由关于实施该法的行政法规具体规定。作品、录音制品、已录制之表演以及广播的出版者、印刷社和制作者，应当共同交存1份或最多不超过10份的复制件。主管部长应发布命令，根据每一作品和保存者的特点，确定交存的复制件或等同物的数量。未予交存的，不应因此导致该法所规定的著作权或者邻接权受到减损。出版者、印刷社和制作者违反该法规定的，在不违背交存义务的情况下，处以每一作品、录音制品或者广播每周1000埃及镑以上3000埃及镑以下罚款。在报纸、杂志和期刊上发表的作品，免于履行交存义务，除非该作品单独出版。主管部门应建立登记簿，对该法所调整的作品、表演、录音制品和广播的处分行为予以登记。行政法规应当明确在该登记簿的记录方法，每次登记所缴纳的费用不超过1000埃及镑。除非已经完成登记，否则处分行为不具有对抗第三人的效力。任何人交存作品、已录制的表演、录音制品或者广播的，均可以从相关部门获得一份证书，所需缴纳费用为每一份证书不超过1000埃及镑，具体由实施该法的行政法规规定。所有以销售、出租、借阅或者颁发许可等方式发行作品、已录制的表演、录音制品或者广播的经营者，应承担如下义务：(1) 从主管部门获得经营执照、所需缴纳费用由实施该法的行政法规具体规定，但不超过1000埃及镑；(2) 保留正规账簿，记录每一作品、录音制品或者广播的数据以及每年的发行数量。违反该条规定应处以5000埃及镑以上1万埃及镑以下的罚款，且不影响在任何其他法律中规定的更严重的惩罚。如有重犯，处以1万埃及镑以上2万埃及镑以下的罚款。

五、侵权赔偿制度

《埃及知识产权保护法》第181条对侵权赔偿制度进行了规定。任何人实施下述行为之一的，应当对其处以不低于1个月的监禁和5000埃及镑以上1万埃及镑以下的罚款，两者可以单处，也可以并处。但这并不影响由其他任何法律规定更为严重的惩罚：第一，未经作者或邻接权人事先的书面同意，销售或者出租根据该法规定保护的作品、录音制品或者广播，或者以任何方式将之发行；第二，明知作品、录音制品或者广播系伪造而进行伪造、销售、许诺销售、发行或者出租；第三，明知在国外出版的作品、录音制品或者广播系伪造而在国内进行伪造、销售、许诺销售、发行或者出租、出口；第四，未经作者或者邻接权人事先的书面同意，通过计算机、互联网、信息网络、通信网络或者任何其他方式发表根据该法规定保护的作品、录音制品、广播或者表演；第五，为销售或者出租目的而制造、组装或者进口任何设备、工具或者产品，以便操纵由作者或者邻接权人所采取的诸如加密等技术保护措施；第六，恶意消除、破坏或者删改任何由作者或者邻接权人所采取的诸如加密等技术保护措施；第七，侵犯该法所规定任何著作权或者邻接权的人身权利或者财产权利；侵犯作品、录音制品、广播或者表演的不同犯罪行为，应当处以不同的惩罚；属于重犯的，应处以不低于3个月的监禁和1万埃及镑以上5万埃及镑以下的罚款。在所有案件中，法院均应裁定没收侵权复制件，以及实施犯罪的工具和设备。认定构成犯罪的，法院可以判决关闭被认定有罪一方当事人用以实施犯罪的企业，期限不超过6个月。该法所规定犯罪行为系重犯的，必须强制关闭该企业。法院应判决将有罪裁判的主文摘要刊载于一份或多份日报上，费用由被认定有罪的当事人承担。

六、其他规定

关于合理使用制度，《埃及知识产权保护法》第169~172条进行了详细规定。广播组织可以对公开表演的作品进行广播。广播组织对此应当宣布作者名字和作品名称，并以现金或者实物形式向作者提供合理费用。广播组织对此还应支付任何其他必要的费用。基于下一款所规定的目的，任何个人得请求主管部门授予其个人许可，未经作者许可而复制、翻译任何根据该法规定所保护的作品。授予该种许可应当向作者或者其继承人支付合理费用。该许可不得与作品的正常使用相冲突，并且不得不合理地损害作品或者著作权人的合法利益。授予该种许可，应当根据包括许可的特定时间和地域范围的合理决定；而且许可的目的是满足各级各类教育的需要。该法相关行政法规应当规定授予许可的条件以及合理费用的种类，其不应超过每一作品 1000 埃及镑。在不损害作者的著作人身权的情况下，根据该法规定，在作品发表之后，作者不得禁止第三人实施下述行为：第一，在家庭成员或者教育机构的学生聚会上表演作品，只要该表演不存在直接或者间接的经济对价。第二，复制者为自己使用而将作品复制一份，且该复制未与该作品的正常使用相冲突，也未不合理地损害作者或者著作权人的合法利益；但是在作品发表之后，作者或者其继承人可以禁止第三人未经许可而实施以下任何行为：（1）对美术作品、实用艺术作品或者造型艺术作品进行复制、静电复印或者拷贝，除非该作品陈列于公共场所或者系建筑作品；（2）对乐谱的全部或者实质性部分进行复制或者拷贝；（3）对计算机数据库或者软件的全部或者实质性部分进行复制或者拷贝。第三，经过软件合法持有人的同意，将计算机软件制作一份复制件，只要其目的是防止正版复制件丢失、扭曲或者失效而保留或者替代；或者在符合许可之目的的情况下引用该程序，即使该引用超过了使用该程序所必需的范围；在软件持有人的理由消失时，原件或已引用的复制件应予销毁。本法律实施条例应当限定引用该等程序的条件与条款。第四，为评论、讨论或者媒体传播之目的，对作品的全部或者部分或者引用进行分析研究。第五，在司法或者行政程序中，且在该程序所规定的范围内，复制受保护之作品；并且应当注明出处和作者名字。第六，为教学演示或者解释目的，对以手稿、音频、视频或者视听录制品形式的作品的片段进行复制，且需符合：（1）复制需在合理限度内；（2）复制需不超过前述目的；（3）只要可能，在作品的所有复制件上均表明作者名字与作品名称。第七，为教育机构的教育目的，将一篇文章、篇幅短小的作品或者作品的演绎作品进行复制，且符合以下规定：（1）复制仅为一次或者间隔时间分别复制；（2）在每一复制件上表明作者名字和作品名称。第八，在下述情形中，通过国家档案馆或者通过非营利性图书馆直接或者间接地将作品复制一份：（1）应某一自然人的请求，用于其学习或者研究，复制一篇已经发表的文章、篇幅短小的作品或者作品的演绎作品；（2）为保存原版本或者作为原版本丢失、毁损的替代品而进行的复制，且以合理条件无法获得替代版本的情况下。第九，在由权利人所使用设备的正常操作的框架下，在作品的数字传输过程之中或者之后，或者在接收一个数字存储作品之时，对作品进行临时复制。在不损害作者根据该法规定所享有的人身权的情况下，作者或者其继承人不得禁止报纸、杂志或者广播组织出于下述目的而在合理范围内使用作品：第一，对于已合法向公众提供的作品，以及与某些时期公共舆论所关注话题相关的已发表文章，出版其节选；除非作者在发表时已明文禁止。在此情况下，应当表明该节选的出处、作者名字和作品名称；第二，出版在议会、立法与行政机关公开开会期间以及在科学、文学、艺术、政治、社会与宗教领域内的公众集会上所发表的讲话、演说、专题讨论与发言，包括公开开庭的司法听审。但是，作者或者其继承人对于汇编该等作品享有专有权；第三，在报道时事新闻所需范围内，对于已经向公众提供的音频、视频或者视听作品出版其节选。

七、评　　析

埃及著作权法律制度最受争议的是第 148 条，即“作品的著作权保护以及该作品其他语种译本的翻译者权利，当涉及将该作品翻译为阿拉伯文时，应当终止；除非该作者或者翻译者直接或者通过中间人享有该权利的时间，自原作品或者翻译作品首次出版之日起未超过三年的。”这条规定旨在对外国文学创作作品的重大限制，即外国文学作品若在 3 年内未翻译为阿拉伯文，其作品翻译权丧失。

埃及对民间文学艺术与公共领域方面的著作权作品的保护予以了高度重视。《埃及知识产权保护法》第 138 条第 7 款明确规定：“民间文学艺术作品是任何包含了独特元素、反映传统民间遗产（该在民间遗产埃及起源或发展）的表达，特别包括：（a）口头表达，如民间故事、诗歌和字谜，以及其他民间传说；（b）伴随音乐的流行歌曲等音乐表现形式；（c）动作表达，例如流行舞蹈、戏剧、艺术形式和仪式；（d）有形表达，例如，流行的塑料艺术产品，特别是带有线条和颜色的图画、雕刻、雕塑、陶瓷、陶器、木制品和任何镶嵌设计、马赛克、金属或珠宝、手工编织袋、针线、纺织品、地毯和衣服；音乐乐器；建筑形式。”虽然民间文学艺术作品属于人们公共领域的一部分，但相关主管部门应行使民间文学艺术作品上作者的经济和精神权利，并保护和支持这些民间文学艺术作品。

第三节　阿尔及利亚著作权法律制度

一、概　　述

阿尔及利亚现行的著作权法律制度规定于 2003 年 7 月 19 日批准的《著作权及邻接权法》。该法于 2003 年 7 月 19 日开始执行，共有 164 条。该法规定对以下的权利予以保护：（1）文学艺术作品的作者，表演者或音乐家，音像制品的录音录像制作者，音像制品公司或音视频广播机构；（2）集体行使权利和保护传统文化遗产和国家公共财产的规定。

阿尔及利亚现行加入国际公约情况如表 9－2 所示。

表 9-2 阿尔及利亚加入的著作权国际公约

加入的国际公约	公约在阿生效时间
《WIPO 版权条约》	2014 年 1 月 31 日
《世界知识产权组织表演和录音制品条约》	2014 年 1 月 31 日
《保护表演者、录音制品制作者和广播组织罗马公约》	2007 年 4 月 22 日
《保护文学和艺术作品伯尔尼公约》	1998 年 4 月 19 日
《非洲文化宪章》	1990 年 9 月 19 日
《建立世界知识产权组织公约》	1975 年 4 月 16 日
《保护工业产权巴黎公约》	1966 年 3 月 1 日

二、著作权法律制度的主要保护范围

文艺作品原创者应当享有本条例规定的权利。无论是何种类型的作品，何种表达方式，何种等级，无论是完成还是未完成，只要载于媒介，一旦申请向公众公布，都应给予保护。

关于著作权保护的客体，《阿尔及利亚著作权及邻接权法》第 4 条规定，下列具体内容属于保护性文艺作品：(1) 书面文学作品，如文学作品、科学技术研究、小说、故事、诗歌、计算机软件，口头作品如讲座，演讲和布道等；(2) 所有剧场剧、戏剧、音乐和节奏作品以及哑剧作品；(3) 音乐作品，吟唱或无声表演；(4) 电影作品和其他音频视频作品，无论是否伴有声音；(5) 可塑和应用作品，如绘画、油画、雕塑、雕刻、平版印刷和 Zaraby 艺术 (Zaraby art)；(6) 绘画、图表、微型几何模型艺术、建筑和技术装置；(7) 与地形、地理或科学有关的图表、地图和绘图；(8) 摄影作品和表现方式类似于摄影的作品；(9) 时尚服装和围巾的服饰创新。

关于邻接权的保护客体，《阿尔及利亚著作权及邻接权法》第 5 条规定，下列作品也应受保护：(1) 翻译和改编作品、音乐发行、编辑评论以及其他对原创文学或艺术作品的改动；(2) 作品的收集和选择、传统文化遗产和数据库的收集，无论是在机器还是其他形式可使用的媒介上重现，其原创性来源于对材料或顺序的选择，在不侵害原作者权利的基础上，保证衍生作品的作者受保护。

作品的标题，如果是原创的，应享受与作品本身相同的保护。

关于保护范围的排除，《阿尔及利亚著作权及邻接权法》第 7 条规定，保护不应包括智力创作相关的思想、观念、原则、方法、技术、工作程序和模式，除非它们被列入、组织或安排于被保护作品的范围，并且采用与其描述、解释或澄清无关的格式表达。《阿尔及利亚著作权及邻接权法》第 8 条规定，传统文化遗产和民族作品属于公共财产，应当按照该法的规定给予特别保护。传统文化遗产作品应包括以下内容：（1）传统的经典音乐作品；（2）音乐作品和流行歌曲；（3）产生、发展和深植于民族共同体，以及具有民族传统文化的特点的流行表达形式；（4）逸事、诗歌、舞蹈和民俗表演；（5）绘画、油画、雕塑、陶器和马赛克等流行艺术作品；（6）在金属和木材上的手工艺品，珠宝、篮子、针织品、Zaraby 经编物和纺织品。按照该法规定，属于公共财产的国家作品应当包括文学作品或者艺术作品，其作者和权利人的物权保护期限已届满。《阿尔及利亚著作权及邻接权法》第 9 条规定，国家作品，以非营利为目的可以合法地供公众使用，可以在维护作品良好和突出其来源之下自由使用。在该条范围内，国家作品是指各个国家机构、地方团体和行政性公共机构编制出版的作品。《阿尔及利亚著作权及邻接权法》第 11 条规定，国家机关出具的行政法规、决议和行政合同，地方团体，司法裁决和正式翻译，不得给予该条规定的著作权保护。

参加音像制作的作者，除有相反的合同规定外，有权以不同的形式使用其作品。作者参加音像制作，拒不完成作品或者因不可抗力原因不能完成作品的，不得反对将其著作权部分纳入音像制作。视听作品按照制作人和导演签订的合同准备好的，视为准备好和完整的。音像作品的最终形式的每一处修改，特别是增加或删除，应事先征得批准作品最终形式的人的同意。

三、著作权权利内容

（一）关于权利主体的规定

在该法范围内，文学艺术作品的作者应当是创作的自然人。名义上的人可以被认为是提供作品之作者。除非另有规定，著作权主体应当被视为以其名义公告作品的自然人或名义人；上述自然人或名义人向公众合法提供作品或者以他的名义向国家版权局发布声明。由多个作者参加创作或者完成的作品应当列为“共同作品”。除权利人同意外，“共同”作品不得披露。作品的权利属于其全部作者。这些权利应当按照其中约定的条件实行。未达成协议的，应当适用与约定俗成有关的规定。每个参与共同工作的人不得以无正当理由反对已议定的作品的使用。每个作者应当被允许使用其对未公开作品提供的部分作品，除非这种使用会对作品整体使用造成损害，但要注明出处。任何与此相反的情况都是无效的。

自然人可以直接参与创作的作品，属于音像作品。以下人员是具体的音像作品的参与者：（1）编剧家；（2）改编作者；（3）对话或说出文字的作者；

（4）导演；（5）音像作品改编自原作的原创作者；（6）有或没有文字的音乐作品的作曲家；（7）动画情形中的主要漫画家。为音频广播而创作的文学作品或音乐作品，应当视为广播作品。直接参与作品智力创作的自然人，应当被视为广播工作的贡献者。

许多作者参与创作的作品，在自然人或名义人发起和监督下完成，由自然人或名义人名义发表作品，并受其监督，应被视为集体作品。对集体作品的贡献，不得赋予参与者在整个成就作品上的独特权利。集体作品的权利归属于以其名义发起、完成和发表的自然人或者名义人，除非另有规定。依照合同或业务参与创作的作品，用户应当享有著作权的所有权，可以根据作品的创作目的使用作品，除非另有规定。依照缔约协议创作的作品，提出要求执行的人应当在其创作的目的范围内享有著作权的所有权，除非另有规定。

（二）精神权利

作者对其创作的作品享有精神和物质的权利。精神权利不是一次性的、规定性的或可转让的。

作者有权以自己的名义或者以笔名披露作品，可以将其转让给他人。作者死亡后的作品的披露应由其继承人酌情决定，除非另有特别的意愿。原文产生者选择的司法机关应当在继承人之间发生争议的情况下决定作品的披露。文化部长或其代表应当在其他人要求，继承人拒绝披露，但该作品对国家团体很重要的情况下，通知司法机关决定作品的披露。在作者没有继承人的情况下，文化部长或其代表应当通知主管司法机关以获得作品许可。

作品的作者有权要求其姓氏或者笔名应当以作品的通用形式标明，以及以适当的载体附着作品。在职业操守和职业道德允许的情况下，他也有权在作品的所有形式的附属告示中标明自己的姓氏或笔名。

作者认为其作品不符合自己的观点，可以通过行使反悔权或撤回先前对公众公开的作品，阻止附着作品的载体对公众发行。

但是，作者不能行使这项权利，除非他对由于他的行为利益受到损害的特定人作出公平的赔偿。

作者有权要求尊重作品的完整性，反对对作品名称、作者名誉或者合法利益不利的修改、残缺或扭曲。

该法第 23 条、第 25 条规定的权利由作品作者的继承人在其死后实施，或者由各自然人或名义人按照意愿授予这些权利。如果作者的继承人之间发生纠纷，司法当局应根据执行前款所述权利的利益相关者的请求，解决该纠纷。国家版权局可以行使该法规定的权利，保证作者没有继承权的情况下，最佳使用著作权。

（三）财产权利

作者有权以任何形式利用其作品，取得其财产收益。作者也应该完全有权在遵守该法规定的情况下执行或允许他人执行以下事项：（1）以任何方式重现作品；（2）透过出租或商业租赁电脑软件，提供原本的视听作品或其复制品供公众流通；（3）通过公众代表或表演向公众传播作品；（4）通过音频或视听广播向公众传播作品；（5）通过有线媒介、光纤、电缆或其他传输携带声音、图像或两者的信号的媒介向公众传播广播作品；（6）通过除原始广播设施以外的其他设施的无线扩散将广播作品传送给公众；（7）通过扬声器、收音机或放置在开放环境中的电视向公众传播广播作品；（8）通过任何信息处理系统向公众传播广播作品；（9）通过翻译、改编、分类和应用于作者作品的任何其他转换方法，以生成作品的衍生作品。在软件不是租赁对象的情况下，租用计算机软件的权利不适用于此处。

可塑艺术作者应当从拍卖或者可塑艺术专业贸易商转售原创作品获得的收益中受益。这种权利不是一次性的，应在此处批准的保护期内转移给继承人。作者参与的比例为作品转售金额的5%。

（四）权利的例外与限制

以印刷、音频、音像等形式出版，为学校或大学教育准备的文学、艺术作品，可以列举如下：（1）对在阿尔及利亚以书面出版或音频或视听无线电广播的形式出版的非排他性翻译进行强制许可，如果之前在第一次出版一年内，没有翻译成本国语言，并提供或传播给阿尔及利亚公众；（2）科学作品首次出版3年内，小说作品首次出版7年后，以及其他作品首次出版5年后，如果之前未以相当于国家出版商适用的价格在阿尔及利亚出版过，对其进行非排他性强制许可，实施以出版为目的的复制；国家版权局应当按照批准的国际协议给予上述两个条款规定的许可。

强制许可不得授予，若权利人或者其代理人按照申请人提交的同样的条件、价格和形式，在阿尔及利亚境内提供翻译或者复制有关作品的。被许可人不得转让授予他的强制许可，以便翻译或者复制作品。本许可证仅限于本国领土。但是，每个提供公共服务的国家机构都可以向根据阿尔及利亚的国际义务在海外居住的公民派发和分发根据强制许可制作的作品。

作品翻译或者复制的强制许可受益人在使用作品时应当遵守作者的精神权利。受益人必须向所有权人支付公平的报酬。国家版权局应收取和支付给所有权人报酬。

为了个人或者家庭的目的，不损害该法第25条的规定，可以复制、翻译、引用或者转换作品。该法第25条第1款的例外是在建筑物或类似形式上的建筑作品的复制，整本书的书面复制、书面形式音乐作品的复制、数字形式数据库的复制、除该法规定第52条规定的情形外的计算机软件的复制。

对原创作品的模仿、反对、玩世不恭的模仿或者讽刺性的描述被认为是合法的行为，除非这种行为导致对原创作品的歪曲或诋毁。引用或引述作品，如果符合诚实使用的要求，也是合法的。但是，引用或引述时必须注明原作的名称和来源。

文学艺术作品的装饰性或者说明性图样，在音频、录音录像、教学或者职业培训用的音频、视频节目中，使用装饰性或者说明性的文字作品是合法的，旨在达到目的。作者的原创作品的来源必须按照道德规范提及。

图书馆和档案管理中心不以直接或者间接的商业利益为目的，可以在下列情形下未经作者或者权利人许可复制作品：（1）应其他图书馆或者文献收藏中心的要求；（2）保留作品的副本；（3）或者在下列情况下赔偿损坏、丢失或者无效的作品。以上复制应满足的条件是：（1）在合理的条件下获得新的副本是不可能的；（2）复制过程必须是孤立的，不反复出现的。

任何传媒机构在未经作者许可或给予补偿的情况下，向公众复制、传播或传达报刊、广播或电视台已发表的日常事件的文章，是合法的，但须指明作者和来源，除非有明文规定禁止将其用于此目的。免费使用每日新闻、事件和纯媒体性质的事件是允许的。

未经作者许可或者给予补偿，传媒机构出于提供信息的目的在公开场合复制或传播讲话稿或者演讲稿是合法的，但须指明作者和来源。但只有作者有权以出版为目的全面编辑此类演讲或发表演讲。

未经作者许可或给予补偿，复制、转载、使用法律或行政程序所必需的作品是合法的。

未经作者许可或者给予补偿，复制或告知公众建筑作品、艺术品、实用艺术作品或者图画作品是合法的，如果上述作品一直在公共场所（除了露天画廊、博物馆、文化和自然地方）展示。

未经作者许可或者给予补偿，音频或音像机构以其自己的方式暂时录制广播用作品是合法的，只要录音录像制品在录制后6个月内（除非作者同意更长时间）销毁。但是，即使在没有这样的协议的情况下，也可以保存这个记录的单个副本用于存档目的。

未经作者或其他权利人许可或者给予补偿，对于计算机软件的合法拥有者复制或者仿真单一版本软件，是合法的，如果复制或者仿真对于以下情形是必要的：（1）将计算机软件用于获取的目的，并受其适用条件的限制；（2）在发生丢失、损坏或无效的情况下，弥补合法获取的软件副本以便进行文档编制。

（五）权利的保护期限

财产权应在作者一生中受到保护，并自其死后公历年起50年内予以保护。第54条规定的保护期，对于共同作品，自最后一个合作者死后的公历年该法年底起算。如果死者没有继承人，他在共同作品中的作品份额由国家版权局管理。集体作品的财产权保护期自首次合法公布公历年年底起50年。在完成后50年未发表的，50年保护期自公开发行的公历年年底起算。在完成后50年未公开发行的，50年保护期自作品完成的公历年年底算。化名或匿名作品财产权保护期自首次合法公布公历年年底起50年。音像制品权利保护期自首次合法公布公历年年底起50年。图样或者实用艺术作品的财产权保护期自作品完成公历年年底起50年。在作者死亡后出版的作品的财产权保护期为首次合法公布公历年年底起50年。

（六）权利的运行

关于权利的转让。作者的权利应以书面合同的形式转让。无民事权利人的财产权转让，应当按照适用的法律进行。但是，未成年人如果明知可以表示同意。他的监护人应确定合同的执行方式。作者的财产权可以全部或部分转让。转让合同应当明确转让的权利性质、经济条件、作品使用方式、权利转让期限和作品使用地域范围。每一项没有列出上述缔约方意愿的转让，除了转让地域范围之外，经作者或其代表的请求，应予撤销。除非转让合同规定了仅供使用地域范围，否则该转让应在受让人活动国的领土范围内视为有效。作者应在转让之日起15年内对因受到不公正而提起诉讼。在作者死亡的情况下，他的继承人的诉讼时效自作者去世之日起15年。如果自转让之后一年还没有使用转让权，根据转让人的请求转让合同应当取消。受让人不得将作者的著作权转让给第三人，除非得到作者或其代表的明确许可。转让人在转让合同中应当具有该法第70条第1款规定的许可，或者在工作使用范围内转让权利。作者与未来作品有关物权的全部转让应视为无效。但是，授权国家版权局执行现有的和将来的作品相关权利是允许的。作者的权利转让应限于合同中专门规定的作品使用方式。

关于出版的规定。这样的合同应视为出版合同：在合同之下，作者指定出版商有权按照约定的条件复制作品的若干副本，并作为报酬以出版人为受益人向公众发行和分发。出版合同应当包括文字或者艺术作品的书面印刷或者声音或音像录制。作者应当向出版人转让，除非有相反的规定，在合同规定的范围内制作、复制、出版、发行作品的专有权利。出版合同可以包括原始版本复制和翻译的权利。出版原件或者译本的改编权和其他与使用方式相关的权利，不得在出版合同中转让。出版合同不注明下列事项：（1）作者向出版者分配的权利类型，以及它们是否独占；（2）作者报酬方式，根据该法第65条规定；（3）达成一致的每个版本的具体副本数量；（4）任务期限和作品使用的领土范围；（5）作者转交给出版商进行复制的作品的适当形式；（6）（如果与出版商没有在合同中达成协议）工作交付日期，以及作者在随后的日期交付作品的时间；（7）出版和分发作品的开始日期。公开发行作品的日期，自交付之日起不得超过1年，但百科全书、选集、字典及类似技术和科学出版物除外。如果期限届满，除了因出版者不履行义务而提起民事赔偿诉讼的权利之外，作者还将自由恢复他的其他权利。在承载作品复制的载体的制作过程中，作者有权作出任何修改，只要这些修改，不会导致作品类型和目的的改变。出版者不得对作品进行修改、增补或者删除，除非得到作者的同意。在作品印制的情况下，作者应当：（1）更正校本，除非达成协议；（2）在约定的日期签署许可表格撤回作品副本。出版者应当在每件作品中注明作者姓名或者笔名，除非规定省略。出版者应当复制、出版、确保作品的可用性。出版者应当按照规定向作者支付约定的报酬。如果报酬按收入比例计算，不得低于作品向公众售价的10%。但是，用于教学媒介的作者可能会获得不高于作品向公众售价的5%。如果作者的应得报酬按照销售收入的比例计算的话，出版者应当向作者提供有关合同执行情况，特别是财务条款的一切必要信息。出版者还应向作者发送账目清单，每年一次，表明以下内容：（1）同意撤回的作品份数和撤回的日期；（2）销售份数；（3）作品存储的副本数量；（4）由于不可抗力，必要时损坏或损坏的作品数量；（5）应付的版税金额；（6）支付的版税金额；（7）其他。发出警告未作答复之后，作者在下列情况下，应当在3个月内取消出版合同，但不得损害其有偿的赔偿：（1）如果作品副本不按照合同规定的规格和条款公开发行；（2）如果他已1年没有获得著作权使用费；（3）出版者不按合同的规定复制作品，存放的作品数量版本的数量等于相关版本的最大数量的3%。合同期限届满2年后，出版者有权按照合同规定的价格或双方同意的新价格出售作品的剩余复制品，但是出版者应当通知作者或其代表未经许可的副本数量，并向他提供分发该副本的有效理由。

关于“公开通知许可”。除该法规定的情况外，通过表演、音频或者音像广播、电报发行、展览或者其他方式向公众公开受保护作品的通知，应当事先得到作者的许可，被称为“公开通知许可”。除非有明确的协议另有规定，否则作品“公开通知许可”不得享有专有的使用权。从第一次申报到公开，排他性条件不得超过3年。没有正当理由的情况下，如果作品在协议达成之日起最多一年内没有使用的，上述条件无效。未经作者或者其代表事先批准，不得向他人转让作品“公开通知许可”，但是依照该法第70条第4款规定转让商业店铺的除外。“公开通知许可”的受益人应当在合同条款的框架内：（1）根据合同内容正常使用作品；（2）以作者的名义公开作品；（3）支付约定的著作权使用费，如果应付版税是按照作品使用收入的比例计算的，还应提交详细的、确认的收入表；（4）递交实际使用作品的清单，如果授予的许可证允许从全部作品索引中进行选择。根据该法第27条第2款规定，作品“公开通知许可”经音频、音像广播方式向公众发布的，应当覆盖完整的声音或者声音和图像信号的无线传输系统，以便在许可合同规定的地理范围内向公众公开传播作品。

四、邻接权权利内容

（一）邻接权保护

邻接权包括表演者权、录制者权和广播电视组织权。表演、演奏智力作品或者传统文化遗产作品的艺术家、制作与这些作品相关的音频或音像录制品的制作人，以及制作节目将这些作品传播给公众的音频或音像广播组织，可以获得与著作权相邻的表演权，叫作“邻接权”。演员、歌手、音乐人、舞蹈者和其他从事表演、歌唱、吟诵、演奏、背诵或者在智力作品或者传统文化遗产作品中无论扮演什么角色，应当按照该法第107条被视为艺术作品的表演者或音乐人。表演者或者音乐人有权根据书面合同规定的条件许可，录制其表演，或者表演或复制该录制，或者广播其表演的音频或音像，或者演奏并直接向公众传播。表演者或者音乐人因其表演应享有精神权利，例如，表明其姓名或者笔名，除非他的表演的使用方式不允许。他也有权规定尊重他的表演的完整性，并反对任何会损害他作为艺术家的声誉或荣誉的修改、毁损或扭曲。精神权利不应是一次性的，规定性的和可转让的。在表演者或音乐人去世之后，这些权利应按照该法第26条规定的条款实施。从事文学艺术作品或传统文化遗产作品的声音的最初记录的自然人或者名义人，按照该法第107条的规定视为录音制品的制作者。录音制品生产者有权根据书面合同规定许可：直接或者间接复制其录音制品，以及通过出售或出租向公众提供复制品。对具有或者不具有声音的组合动画图像进行初始记录的自然人或者名义人，应当按照该法第107条的规定认定为录音录像制作者。音像制品的录制者有权根据书面合同规定许可，复制其录音录像制品。通过无线传输方式传播载有声音或音像的信号，或者以接收播放给公众的节目为目的，通过光导线或光纤或任何其他电缆向公众传播、散布上述信号的，应当按照该法第107条的规定认定为音频或音像广播组织。音像广播组织有权依照书面合同规定许可，转播、录制广播份额，复制已完成的广播份额，并向公众用电视传播。

（二）保护的例外和邻接权限制

表演者、音乐人、音频或音像录制者、音频或音像广播机构的上述许可权，应当遵守该法第29~40条规定的作者专有权的相同例外。表演者、音乐人、音频或音像录制者、音频或音像广播机构的上述许可权，应当遵守该法第41~53条规定的著作权的相同限制。

（三）邻接权保护期限

表演者或者音乐人的财产权利保护期限自下列50年起：（1）表演或演奏录制的公历年底；（2）表演或演奏没有录制的，在表演或演奏完成的公历年底。音频或音像制品的权利保护期限自音频或音像出版发行年度年底起算，若出版发行自录制之日起50年内不存在，保护期限自录制完成公历年底起50年。音频、音像广播机构的权利保护期限自广播部分完成后公历年底起50年。

（四）特许权使用费的分配

国家版权局应当按照下列规定向受益人分配扣除执行费用后的特许权使用费：（1）作者和作曲家30%；（2）表演者或音乐家20%；（3）音频或音像录制者20%；（4）促进智力作品创造和保护传统文化遗产的行为占30%。

五、权利集体执行以保护传统文化遗产作品及公共财产作品

（一）权利集体执行

国家版权局"组织章程"在实施该法的框架内，确定组织的权限和组织方式。每一位作者或者其他所有权人，如果希望将其作品或者表演的不同使用形式加入到集体管理中，应当加入国家版权局。

（二）保护公共财产作品与传统文化遗产

国家版权局应保护公共财产作品和传统文化遗产。该法第139条所列作品的使用，由国家版权局许可。但是，如果使用是有利可图的，国家版权局应当按照收入比例，或者按照征收制度规定的条件计算版税。国家版权局应当对该法第139条规定的作品的适用范围进行管理，可以自行拒绝或者中止对其有害的各项使用。该法第139条规定的作品的使用者，应当尊重作品的完整性，并且应当热衷于将作品的原创性通报给公众。

六、诉讼程序和处罚

（一）民事诉讼

因涉嫌未经许可使用作者作品和邻接权人表演而造成损害赔偿的司法诉讼，由民事司法机关管辖。发生损害的权利人，可以要求主管司法机关采取程序防止即将侵犯他权利的行为，或阻止这种明显的侵权行为，并赔偿由此造成的损害。除了司法警官之外，与国家版权局有关的宣誓助手有权以预防方式检取假冒作品或表演媒介的副本，但须将其置于国家局保管的范围之内。司法机关主管可以根据权利人或者其代表的请求，下令采取下列预防措施：（1）暂停每一个目前的制造过程，旨在非法复制受保护的作品或表演或违反著作权和邻接权的营销载体；（2）没收非法使用作品和表演产生的假冒载体和收入，即使超过法定时间；（3）检取主要用于制造假冒载体的所有用品。主管司法机关负责人可以责令原告提供担保。因上述预防措施要求损害赔偿的当事人，可以在该法第 146 条、第 147 条规定的两项命令发出之日起 30 日内，由主管司法机关负责人根据案情摘要决定释放、减少或限制扣押或取消其他预防措施，以换取足够的经济赔偿金赔偿权利人，如果他的诉讼是合理的。上述预防措施的受益人应当自该法第 146 条、第 147 条规定的两项命令之日起 30 日内通知主管司法机关。在没有此类司法诉讼的情况下，主管司法机关负责人根据摘要案件决定，应索赔方请求，下令释放扣押或者取消其他预防措施。

（二）刑事处罚

有下列行为的，视为犯有轻罪：（1）非法披露作品或侵犯表演者、音乐家的作品或表演的完整性；（2）以任何方式以假冒复制品的形式复制作品或表演；（3）进口或出口伪造作品或表演副本；（4）出租或流通假冒作品或表演的副本。违反该法规定的保护性权利的人，通过表演或者公开表演，音频或者视频广播，或者通过有线电视传播载有声音或音像的信号，或任何其他传输手段或者任何信息处理系统，都应当被认为是伪造的轻罪。违反该法第 151 条、第 152 条规定的作品或者表演假冒伪劣行为的，处 6 个月以上 3 年以下有期徒刑，并处罚金 50 万迪拉姆以上、100 万迪拉姆以下，不论出版是在阿尔及利亚国内还是在国外。故意拒绝支付作者或者其他邻接权人的报酬，违反该法规定的权利承认的权利的，视为实施违法行为，并应当承担相同的处罚在该法第 153 条中。该法第 153 条规定的处罚一再发生，应当重复处理。主管司法机关可以决定暂时关闭伪造者或者其搭档利用的机构，关闭时间不得超过 6 个月，必要时可以决定最终关闭。主管司法机关应当决定：（1）没收相当于非法使用受保护的作品或表演所产生的收入或分期收入金额；（2）没收和破坏所有用以发起非法活动和假冒复制品而专门采购的物资。主管司法机关可以应民事当事人的请求，命令在其确定的报纸上全部或者部分公布定罪裁定书，并将裁定书张贴在其确定的地点，包括被定罪人的住所及其拥有的各个机构或政党大厅，规定由后者承担费用，但这些费用不得超过罚金。

七、评　　析

2003 年的《阿尔及利亚著作权及邻接权法》基本实现了与国际接轨。不仅对著作权和邻接权的权利主体、权利客体、权利期限、权利内容及限制、权利的运行、侵权的民事诉讼和刑事处罚进行了较完整的规定，还对权利集体执行和保护公共财产作品与传统文化遗产进行了规定。

阿尔及利亚著作权法制度中较为特色的是“公开通知许可”制度，即除通过表演、音频或者音像广播、电报发行、展览或者其他方式向公众公开受保护作品的通知，应当事先得到作者的许可。

第四节　本章小结

埃及和阿尔及利亚都选择了以法国为代表的二元模式作者权体系，即经济权利可让与，而精神权利不可让与，两项并列的权利在理论上不能合一。其中，两国对自然人作品经济权利的保护期限都为作者有生之年加上死后 50 年。

埃及和阿尔及利亚都是发展中国家，并且这两个发展中国家的著作权法律制度中都各有特色。埃及具有丰富的、多种表达形态的民间文学艺术作品，2002 年的《埃及知识产权法》首次引入和界定了民间文学艺术作品的概念和范围，并且明文规定民间文学艺术作品属于人民公共领域的一部分，但相关主管部门应行使民间文学艺术作品上作者的经济和精神权利，并保护和支持这些民间文学艺术作品。《阿尔及利亚著作权及邻接权法》中规定了强制许可制度，在法定的两种情形下，可以翻译或复制有关的外国作品，但需尊重作者的精神权利，并向著作权人支付报酬。从埃及和阿尔及利亚的著作权法律制度中可见，两国都从本土国情出发，力求在保护作者权益和维护公共利益之间找到最佳的平衡点。

第十章　英语区国家著作权法律制度

第一节　概　　述

非洲占全球总陆地面积20.4%，人口也同时居于世界第二。

就著作权而言，在国内立法方面，大部分非洲国家如尼日利亚、加纳、纳米比亚、坦桑尼亚、喀麦隆等都通过议会立法将有关著作权及邻接权的相关制度规定在统一的一部名为“著作权法”或“著作权和邻接权法”的法律之中。加纳、坦桑尼亚、埃及、喀麦隆等国家还在该法中对民间文学艺术的保护进行专门的规定。另外一些非洲国家将原创作品作者的著作权和表演者、音像制品制作者和广播组织等主体的邻接权分别规定在不同的法律之中。如南非议会除颁布有《著作权法》之外，还颁布了《表演者保护法》《广播法》《电影作品著作权注册法》等法律，对于邻接权的保护作出专门的规定。

在国际条约方面，目前54个非洲国家中有42个国家都加入了世界贸易组织，这些国家相应的必须遵守《与贸易有关的知识产权协议》中规定的严格的知识产权保护义务，否则将会面临世界贸易组织及其成员国的制裁和反制措施，即使没有加入世界贸易组织的非洲国家也大多加入了《伯尔尼公约》，这使得非洲各国著作权法基本上遵循以《伯尔尼公约》为基础的一个统一的框架。而只有部分非洲国家加入了《世界版权公约》，这主要是由于各国的法律传统和《世界版权公约》的特点所导致的。《世界版权公约》建立的主要目的是协调《伯尔尼公约》和以美国为主的少数当时非《伯尔尼公约》成员国家的国内著作权法的规定。《世界版权公约》与《伯尔尼公约》最大的不同有两点，一是其提出了非自动保护原则以协调《伯尔尼公约》的自动保护原则与美国的注册保护制度；二是其不要求成员国法律提供对作者精神权利的保护以便将美国纳入世界知识产权保护体系。因此，非洲具有不同历史、法律传统的国家会对《世界版权公约》采取不同的态度。非洲各国著作权法的另一个主要差异体现在有关邻接权的保护方面，虽然《与贸易有关的知识产权协议》第14条等条款对邻接权的保护作出了规定，但允许各成员国在国内法中规定条件、限制、例外和保留。不同的非洲国家有选择地加入了世界知识产权组织管理的与邻接权保护相关的《北京条约》《世界知识产权组织表演和录音制品条约》《世界知识产权组织版权条约》《罗马公约》等，加入不同条约的非洲国家需要遵守各自所加入的条约中规定的义务，体现为国内法在邻接权保护方面不同的规定。

此外，各非洲国家其他议会立法如合同法、公司法、竞争法、刑法以及与科学技术、人类及动植物基因、新闻出版等事项相关的法律中也会涉及与著作权相关的规定，而各国行政部门也通常颁布有与著作权法配套的实体和程序性的实施细则。

作为非洲地区 54 个国家和 6 个地区的第一和第二大经济体，尼日利亚和南非不仅国内经济发展较快，其国内就知识产权方面的立法也较其他国家和地区完善，以下做简要概述。[1]

在尼日利亚，第一部本土的规范著作权问题的法令是《1970 年第 61 号法令》，该法令在尼日利亚内战结束后得以颁布。因为法令尽是缺点与不足，因此，联邦政府发布了《1988 年第 47 号著作权法令》，现在被称为《2004 年尼日利亚联邦著作权法案第 C28 法令》。在尼日利亚，受著作权法保护的作品包括文学作品、音乐作品、艺术作品、电影制片、录音制品和广播作品。作者必须是“合格人”才能受到著作权法的保护，所谓“合格人”，是指法律规定尼日利亚自然或法定的公民或实体，此外，作品必须具有独创性和“清晰的媒介”表达形式。任何被保护作品（广播作品除外）第一次出版必须在尼日利亚国内，作品必须没有受到其他国家的著作权保护且一旦正在创作的作品涉嫌侵犯其他被保护作品之著作权，该正在创作的作品也不能受尼日利亚著作权法保护。

南非的知识产权法在很大程度上是以英国知识产权法作为母法制订的，其内容受英国法的影响很大。南非最早一部知识产权立法是 1916 年制定的《专利、外观设计、商标与著作权法》。这部综合法后来又被单行的《专利法》（1952 年）（1978 年重订）、《外观设计法》（1967 年）、《商标法》（1963 年）、《著作权法》（1978 年）所取代。1992 年、1993 年、1996 年，南非先后对上述著作权法、商标法、专利法进行了修订。由于南非于 1947 年 12 月 1 日加入《保护工业产权巴黎公约》，并批准了《巴黎公约》1967 年的斯德哥尔摩文本，目前其专利法、外观设计法和商标法在实体条款上已经符合《巴黎公约》的规定。南非还于 1951 年 8 月 1 日参加《保护文学艺术作品伯尔尼公约》（布鲁塞尔文本），并批准了《伯尔尼公约》1971 年的巴黎文本，因此，南非的著作权法也已符合《伯尔尼公约》1971 年文本的实体条款要求。为了适应知识

---

[1] 因限于篇幅以及其他国家的立法状况，本章主要就尼日利亚和南非的知识产权立法做具体介绍，其他国家和地区的立法状况在本编概述部分略有涉及。

产权国际发展的需要和执行 WTO 所规定的义务，1996 年南非通过了《全面修正知识产权法的法案》（以下简称“修正法案”），并根据“修正法案”，对各项知识产权立法作了进一步修改和改进。南非对著作权法较早的一次修改是在 1992 年，1996 年根据“修正法案”再次作了修改，使著作权法全面符合 TRIPS 协议的规定。

尼日利亚和南非在著作权法方面的国内立法以及参加的主要国际条约如表 10－1 所示。

表 10－1 尼日利亚及南非国内立法及参与的国际条约

国家	国内立法	加入的主要国际条约
尼日利亚	1972 年著作权（互惠推广）令 （1972 年第 32 号法律公告）	世界版权公约 （1962 年 2 月 14 日）
	著作权检查员通知的任命 （1997 年 1 月 1 日）	伯尔尼公约 （1993 年 9 月 14 日）
	著作权（安全装置）规例 （1999 年 9 月 7 日）	罗马公约 （1993 年 10 月 29 日）
	著作权（视频租赁）条例 （1999 年 9 月 7 日）	与贸易有关的知识产权协定 （1995 年 1 月 1 日）
	尼日利亚联邦著作权法令 （C. 28，2004 年编纂）	WIPO 公约 （1995 年 4 月 9 日）
	2006 年著作权（光盘设备）规例 （2006 年第 66 号）	WIPO 版权条约 （2018 年 1 月 4 日）
	著作权（集体管理组织）条例 （2007 年）	WIPO 表演和录音制品条约 （2018 年 1 月 4 日）
	著作权（征收材料）令 （2012 年）	马拉喀什条约
南非	1996 年电影和出版物法 （1996 年第 65 号法，1996 年 11 月 8 日）	伯尔尼公约 （1928 年 10 月 3 日）
	广播法 （1999 年第 4 号法，1999 年 4 月 23 日）	WIPO 公约 （1975 年 3 月 23 日）
	关于促进获取信息法 2000 年第 R. 223 号法令 （2000 年第 2 号法，2001 年 3 月 9 日）	与贸易有关的知识产权协定 （1995 年 1 月 1 日）
	2002 年表演者保护法修正案 （2002 年 6 月 18 日）	保护世界文化和自然遗产公约 （1997 年 10 月 10 日）
	2009 年电影和出版物修正案 （2009 年第 3 号法令）	WIPO 版权条约
	2013 年知识产权法修正案 （2013 年第 28 号法，2013 年 12 月 10 日）	WIPO 表演和录音制品条约

第二节　尼日利亚著作权法律制度

尼日利亚是非洲第一人口大国，总人口约1.73亿，占非洲总人口的16%。[1]同时，作为非洲第一大经济体，据2013年数据统计，尼日利亚国内生产总值（GDP）达5099亿美元。同时，尼日利亚也是非洲能源资源大国，是非洲第一大石油生产和出口大国，截至2014年，尼日利亚境内已探明石油储量居非洲第二、世界第十；已探明天然气储量居非洲第一、世界第八；已探明76种矿产中有34种具备商业开采价值。国内政局方面，尼日利亚政局基本保持稳定，自实行民选政治以来社会发展总体平稳。但随着国内种族和宗教冲突日益激烈，恐怖活动愈加频繁，使尼日利亚面临的安全风险不断升高。

值得一提的是，尼日利亚是世界上电影业最发达的几个国家之一，拥有著名电影工业基地瑙莱坞，年拍摄电影数量仅次于印度宝莱坞和美国好莱坞，居世界第三位，每年出品电影数目相当于中国、日本、韩国三国电影出品数的总和，不仅在非洲本土具有绝对控制性的文化影响力，其也将海外市场扩展到欧洲地区。

与此同时，在媒体方面，尼日利亚新闻和出版事业也较为发达。全国各种报刊杂志近百种，电台和电视台有几十个。联邦和各州政府设有主管宣传事务的新闻部。主要报纸有《笨拙报》（英文）、《每日时报》（英文）、《卫报》（英文）、《新尼日利亚人报》（英文和豪萨文）、《民族和睦报》（英文）、《先锋报》（英文）。其国内通讯社（NAN）是1978年10月成立的官方通讯社，泛非通讯社西非地区总分社的工作亦由NAN承担。尼日利亚联邦广播公司（FRCN）的前身是1952年成立的尼日利亚联邦无线广播公司，1978年6月改为现名。尼日利亚国家电视台（NTA）成立于1962年，由联邦政府新闻与文化部领导，有工作人员5000多人。全国划为6个电视区，目前有45个电视台，其中13个为私人有线电视和卫星转播站。

一、尼日利亚著作权法概述

尼日利亚现行著作权法是依据《1988年第47号著作权法令》修改后形成的，被称为《2004年尼日利亚联邦著作权法案第C28法令》（以下简称“该法”）。

该法由四个部分和五个附表组成，共计75条（包含五个附表中的22个条

[1] 该数据统计截至2013年，数据来源于360百科。

文)。第一部分为全部法律条文的主体，主要涉及著作权内容，其中规定了受著作权法保护的客体、一般性的著作权权利、权利的归属、著作权的转让以及许可、侵权以及救济等内容；第二部分主要介绍表演者权，其中涉及8个条文，主要介绍表演者所享有的具体权利、表演者权的存续期间、其侵权行为以及救济措施，甚至包含的刑法责任。值得注意的是，该部分还包含有对民间文学艺术的保护规定，甚至还对民间文学艺术作了具体解释，指出民间文学艺术是指“团体导向的且以传统为基础的团体或个人创作，代表社区文化和社会特性，其标准和价值通过口头形式传达”；[1] 第三部分主要介绍著作权的管理，其中涉及尼日利亚著作权管理委员会的设立、董事会的设立，成员和职能、著作权许可小组、著作权检查员以及著作权社团等内容；第四部分为附则。

二、尼日利亚著作权法基本研究

（一）著作权保护客体

在尼日利亚，受著作权法保护的作品包括文学作品、音乐作品、艺术作品、电影制片、录音制品和广播作品。

（1）该法第1条规定，以下几类作品受著作权法保护：①文学作品；②音乐作品；③艺术作品；④电影；⑤录音制品；⑥广播。

（2）文学、音乐或艺术作品除非满足以下条件，否则其不能受著作权法保护：①该作品已经花费了足够的精力来让它具有原创性；②该作品具有明确的表达方式，其可以被直接或间接地通过任何其他机器或设备的帮助被感知、重现或传达。

（3）一件艺术作品在被制作出来的时候，如果其作者趋向于将其作为一个可以被任何工业程序所复制的模型或样品，该作品不受著作权法保护。

（4）一件作品不能仅仅因为在涉及制作该作品或其他行为时侵犯其他作品的著作权而当然的不受著作权法保护。

（二）著作权归属

（1）该法第2条和第3条所赋予的著作权应归属于作者。

（2）尽管该法第11条第（6）款规定，如果作品是①合同下受非作者雇主的人委托服务或作者本人为学徒的；②未经委托，在作者就业过程中作出时，著作权属于原作者，除非合同另有书面规定。

（3）在没有任何相反协议的情况下，作者在报纸、杂志或类似期刊的地方工作，根据服务或学徒工作合同在报纸上发表文学、艺术或音乐作品时，杂

[1] 具体条文参见该法第31条第5款之规定，本部分内容在本章第四节亦有所介绍。

志或者类似的期刊所有者应当是相关作品的第一著作权人，雇主可以为了其作品的出版而复制作品；但在其他情况下，作者应是作品著作权的第一所有人。

（4）就电影作品或录音制品而言，在前述作品制作、发表之前，作者有义务与所有在电影作品或录音制品中使用其他人作品的所有人签订书面合同。

（5）该法第4条❶所赋予的著作权，应首先归属于代表尼日利亚联邦共和国的政府所有，也可视情况而定授权归属于代表相关的国家当局或有关国际机构，而不应首先归属于作者。

三、著作权内容

（一）经济权利

尼日利亚著作权法对使用被保护作品的范围作了一些规定。例如，文学和艺术作品的著作权人享有以任何形式在尼日利亚复制、出版、公开表演、翻译作品的专有权利；电影制片作者的著作权人享有复制、公开广播或促进其被公开广播、配乐和进行商业性销售的权利。

1. 一般性著作权

（1）除该法第二附表❷规定的例外情况外，作品的著作权应为控制尼日利亚境内下列任何行为的专有权。

①就文学或音乐作品而言，享有或授权他人从事下列的任何行为：a. 复制作品；b. 出版作品；c. 公开表演作品；d. 制作、复制、执行或出版任何作品的翻译；e. 拍摄有关作品的电影或录制作品；f. 以出租，出借或其他类似的方式向公众分发作品的复制品；g. 通过广播或任何其他类似设备向公众传播作品；h. 对作品做适当的改编；i. 就翻译作品或改编作品而言，可为本款第a至g项所指明的任何作为。

②就艺术作品而言，享有或授权他人从事下列任何行为之权利：a. 以任何有形的形式复制作品；b. 出版作品；c. 在任何电影中包含该作品；d. 对作品做适当的改编；e. 就改编作品而言，可为本款第a至c项所指明的任何作为。

③就电影作品而言，享有或授权他人从事下列任何行为之权利：a. 复制电影作品；b. 使电影能在公开场合被公众看到和听到（如果该影片包含有声音的话）；c. 通过利用配乐在与电影相关的配乐的任何部分制作任何记录；

❶ 该法第4条规定内容为“政府，国家当局和国际机构的著作权”。

❷ 第二附表规定内容为“著作权专有权利的例外情况”，该部分具体内容在本章第二节第四部分做具体介绍。

d. 以出租，出借或其他类似的方式向公众分发作品的复制品。

（2）对该条第1款所述的任何行为，应以原始形式或以原始形式可识别的任何形式对作品的全部或实质性部分进行处理。

（3）建筑作品的著作权还应包括控制建筑的专有权，该建筑物以原始形式或以原始形式可识别的任何形式复制整个或大部分作品，但不包括以与著作权相关的建筑物的原始风格相同的方式进行重建的控制权。

（4）该法附表3的规定适用于音乐作品。

2. 录音的著作权性质

（1）录音的著作权应是尼日利亚的专有权。①直接或间接复制，广播或向公众传播整个或部分记录的原始形式或原始形式的可识别的任何形式。②以商业目的向公众分发以出租、租赁、出借或类似安排的方式复制的作品。

（2）该法第二附表的（a）、（h）、（k）、（l）和（p）款规定的例外情况不仅适用于文学、音乐或艺术作品或电视电影著作权，也同样适用于录音制品的著作权。

3. 广播的著作权性质

（1）除本节另有规定外，广播著作权应是一种控制在尼日利亚境内的可以行使任何下列行为的专有权。

①记录和重播全部或大部分的广播内容。

②电视广播的全部或大部分内容以原始形式或以原始形式可辨认的任何形式向公众传播。

③通过出租、出借、贷款或类似的方式向公众分发作品的复制品。

（2）电视广播的著作权应包括控制从广播中拍摄静态照片的权利。

（3）该法第二附表（a）、（h）、（k）、（n）和（o）所规定的例外不仅适用于文学、音乐或艺术作品或电影作品，同样也适用于广播的著作权。

4. 有权分享销售收益

（1）尽管原作品被转让或出售，平面作品、立体作品和手稿的作者应拥有分享其他人通过公开拍卖或通过交易商以任何方式进行该作品或手稿出售所得的收益，该权利不可剥夺。

（2）该法第13条赋予的权利适用于该作品的原件。

（3）该法第13条所赋予权利的条件应由根据该法第34条[1]设立的尼日利亚著作权委员会决定。

（4）上述规定不适用于建筑工程或应用艺术。

---

[1] 该法第34条规定内容为“尼日利亚著作权委员会的设立”。

(5) 这里所称"作者"包括所有权继承人和继任者。

(二) 精神权利

尼日利亚著作权法规定作者享有对作品的精神权利。作者的精神权利包括身份权和在每份作品上的署名权，除非表明作者身份对整个作品的介绍来说并不重要。作者有防止对作品做任何有损声誉的歪曲、损害和变动。精神权利是永久性和不可变更的，也不能被许可。

(1) 一件作品的作者享有下列著作权：①声明其作品的著作权,尤其是其作者身份应与该法第 6 条所述的任何行为有关，除非该作品被偶然地包含在通过广播报道的时事过程中；②反对任何歪曲、篡改或其他修改以及与其工作有关的任何其他贬损行为，如果此类行为会损害或损害其荣誉或名誉。

(2) 该法所述的权利是永久的、不可剥夺的。

(3) 为了该法第 12 条设立之目的，"作者"包括他的继承人和继任者。

(三) 保护期限

著作权的保护期限根据作品的类型不同而有差别。文学、音乐或其他艺术作品（摄影作品除外）的保护期限为作者有生之年加死后 70 年；电影制片和摄影作品的著作权保护期为作品第一次出版之日起 50 年；录音制品的有效期限为作品录制完成之日起 50 年；广播作品的保护期限为广播发生之年起 50 年；匿名和假名作品，其著作权保护期限为作品第一次出版之日起 70 年。[1]

(四) 限制

该法第 6 条所赋予作品的权利不包括下列控制权：

(1) 为了研究、私人使用、批评或审查或报告时事的目的，以公平交易的方式进行该法第 6 条所述的任何行为，但条件是，如果使用是公开的，应附带承认作品名称和作者身份，除非作品偶然包含在广播中。

(2) 以戏仿、戏剧或漫画的方式进行上述行为。

(3) 将放置在公众可以看到的地方的艺术作品放在电影或广播中。

(4) 复制和分发任何放置在公众可以看到的地方的艺术作品的复制品。

(5) 偶尔在电影或广播中加入艺术作品。

(6) 一份包含不超过两件作品片段的文学或音乐作品集合，在对作品名称和著作权进行确认且载有专为教育用途而设计的声明。

(7) 广播当局批准作为教育目的的广播作品。

(8) 为了一项教育机构的教育目的，在经批准的教育机构中使用任何作

[1] 因篇幅所限，该部分内容的具体法律条文不做具体列举。

品，但以复印件为目的的，应当在规定的期限届满之前销毁，若没有规定具体期限的，即为在制作后的12个月内。

（9）根据该法的附表3，制作文学作品或音乐作品的录音制品，以及由制造者或经他授权而复制的录音制品，无论是在尼日利亚还是在国外，如果其复制品打算在尼日利亚零售，按照规定该作品需要在著作权相关部门进行登记，以及支付可能约定的补偿。

（10）如果伴有足够的确认，任何人从公开出版的文学作品中提取任何合理的片段公开阅读或朗诵。但这样的阅读或朗诵不是为了商业目的。

（11）任何由政府或由政府指导或控制的作品，或由公共图书馆、非商业文献中心和科学或其他机构制定的作品，如果用途符合公共利益，则不得从中收取任何费用，其中也包含在向公众做宣传时产生的通信费用，如果有的话。

（12）由广播当局指挥或控制的作品复制品或者其复制品专门用于合法广播，并在六个月期满之前及时销毁的，或在作出复制品之后，或广播当局与作品著作权有关部分所有人之间商定的较长期限之后，任何复制根据本款作出的作品：①可能，如果具有特殊的文件性质，则应保存在根据“国家档案法”设立的广播当局档案中（根据本条之目的应被视为国家档案的一部分）；②在遵守本法的情况下，未经作品著作权相关部分的所有人的同意，不得用于广播或任何其他目的。

（13）广播已经合法地向公众提供的作品（在不影响本附表其他条款的情况下），且条件是作品广播权的所有人应得到公平的补偿，如果没有协议，由法院进行裁定。

（14）当天公布的新闻或通过任何其他方式公开传播的消息。

（15）在任何非营利性俱乐部，以及在交流方面不收取任何费用的地方向公众传达作品。

（16）对任何作品以司法程序为目的或任何此类程序的任何报告的使用。

（17）如果在尼日利亚没有可供出售的图书，则由公共图书馆负责人指导或在公共图书馆负责人的指导下提供不超过3册的书本（包括小册子、乐谱、地图、图表或图册）供图书馆使用。

（18）为研究或私人学习，对尚未发表的保存在公众可以进入的图书馆、博物馆或其他机构的文学或音乐作品进行复制。

（19）复制已出版的专门用于视力残疾的人的盲文作品，以及政府批准的促进其他残疾人福利专为此类盲人或残疾人使用的机构或其他机构的录音制品。

（五）表演者权利

尼日利亚著作权法对表演者的权利也作了规定，表演者享有决定其表演录制形式、实况转播、复制作品或改编作品的专有权利，对表演者权利保护的有效期限为表演第一次发生之年起 50 年，具体内容如下。

（1）该法第 26 条规定，表演者应当享有控制其表演的下列行为的专有权：①表演；②记录；③现场直播；④与其他任何形式复制；⑤改编其表演。

（2）在本条中，“表演”包含：①戏剧表演（其中包含舞蹈和哑剧）；②音乐表演；③对文学作品的阅读或背诵或任何类似的陈述，即一个或多个人的现场表演。

该法第 28 条规定，如果其他人没有表演者书面同意或许可，擅自采取以下行为即被视为侵权：（1）录制整个表演或其中实质性的部分；但是，在承诺进行研究，私人或者家庭用途录制的情况下，不得不合理地拒绝该同意。（2）现场直播或者在有线电视节目中包括现场直播现场表演的全部或大部分内容。（3）公开表演其全部或大部分内容。（4）为了商业目的公开展示或播放其全部或大部分内容。（5）在没有得到表演者同意的情况下，以录音方式广播或者在有线电视节目中播放其实质性部分，而该录制者知道或有理由相信该行为违法。（6）非用于私人或家庭用途，将侵权的录音制品进口到国内。（7）在贸易或商业活动过程中出售或出租，提供，分发或为了出售或出租而展示属侵犯表演者权利的录制品。

（六）转让和许可

该法第 18 条规定，通过协议、订立遗嘱、授权许可或法律规定，著作权可以进行转让和许可。转让、许可或其他著作权的转移方式可能对使用作品有一定的限制，如限制作品的发行地域或使用作品的时限等。为了保证转让有效，协议必须采用书面形式。任何有两名作者以上的作品的权利转让，转让或许可协议必须由至少一名作者签名盖章。合作作品的作者共同享有对作品或其中一部分的利益；共同享有作品生产或编辑的所有权权益。

这种转让或许可，合作作者得到的版税都相同。此外，一项使用作品的非专有权许可，可以从许可人的行为推断或以书面形式授予。尼日利亚著作权法允许对未来在作品或已经存在尚未取得著作权的作品进行转让和许可。

四、著作权侵权与救济

尼日利亚著作权法规定了侵犯著作权人专有权利的形式，并且还规定，如果侵权行为发生，著作权人、被许可人或受让人可以向联邦高级法院起诉，法庭会对侵权行为进行听证和调查。

如果法院确定侵权行为已经发生，著作权人被指定为所有侵权物件的所有人，包括作品复制品、磁带、机器、设备和其他涉嫌制造侵权作品的物件。著作权人有权要求民事范围内的一切补偿，如经济赔偿、取得禁令以及要求清算账目。而且，法庭有权确定侵权损失及侵权行为的非法所得，要求被告赔偿“额外损失”。当然，在此过程中，侵权人可以为自己的行为提出辩护。例如，在侵权行为发生时，侵权行为人不知道作品受著作权法的保护，如果被告辩护成功，其可以免于赔偿损失。但是，其仍然有责任将使用作品的获利账目交给原告。

除民事处罚外，侵权行为还可能受到刑事制裁。该法规定任何人制造和出版被保护作品，如没有保留作品的登记信息、超过被许可的数量、没有标明生产的年份或是复制品质量低下，都会受到相应的处罚。

（一）侵权

（1）该法第15条规定，未经著作权所有者许可或授权擅自从事下列行为，侵犯了著作权：

①从事或授意他人从事受著作权法保护的行为；

②进口或进口到尼日利亚的任何在尼日利亚完成之作品的复制品，将是根据该法该条规定的侵权复制品；

③公开展示根据该条第（1）项侵犯著作权的任何物品；

④以交易方式分发，出售，出租或以其他方式出售，或出于任何损害著作权所有者的目的分发根据该条第（1）项侵犯著作权的任何物品；

⑤制造或拥有用于制作侵权复制品的样版、母带、机器、设备或其他设施；

⑥在公众娱乐场所或商业场所用于公开表演作品，该表演侵犯作品的著作权，除非允许该场所被如此使用的人没有意识到且没有合理理由怀疑上述表演会侵犯著作权；

⑦为了贸易或商业的目的，或作为贸易或商业的辅助设施，行使或促使行使任何业已存在的著作权。

（2）该法的任何其他规定不仅适用于任何著作权存在的作品或任何此类作品的复制品，同样也包括：

①根据“国家档案法”建立的国家档案馆保存的档案；

②一国的公共记录，作为法律规定的储存或保管记录。

依照该法或法律，作品的著作权通过制作或向任何人提供任何复制作品时不被视为侵权。

（二）救济

1. 侵权诉讼

（1）根据该法第16条规定，侵犯著作权的行为应当由著作权所有人，受让人或著作权的独占许可人（后二者视情况而定）在联邦高等法院在发生侵权的地方行使管辖权；在任何侵权诉讼中，正如在侵犯其他所有权方面的任何相应程序中可以得到的救济一样，原告可以获得所有以损害赔偿、强制令或其他方式提供的救济。

（2）侵犯著作权人或专有权被许可人的权利，著作权所有人或专用特许持有人在未经法院许可的情况下不得进行诉讼，除非另一方以原告身份或被告身份加入到诉讼过程中。

（3）在侵犯著作权的行为中，如果证明或承认实施行为是侵权行为，但被告在侵权时没有意识到，也没有合理的理由怀疑作品中存在的著作权，根据该法第 16 条，原告无权就侵权行为对被告提出任何损害赔偿，但原告有权就侵权行为获得利润账目，不论是否根据该条给予任何其他救济。

（4）根据该条，凡侵犯著作权的行为被证明或承认，在提起诉讼的法院评估侵权损害赔偿时，考虑到（除所有其他重大考虑事项外）：①侵权的严重性；②被告因侵权行为而产生的任何利益，而原告不能享有有效的救济，法院有权在认为适当的情况下凭借该条规定裁定额外的损害赔偿金。

（5）在侵犯著作权的诉讼中，不得发布强制令，要求拆除已经完工或部分完工的建筑物，或者阻止部分完工的建筑物。

（6）在本节中，"诉讼"包括反诉，原告和被告人在诉讼中的提及，均应据此解释。

除了对于著作权人的专有诉讼保护外，尼日利亚著作权法为了防止著作权人权利过大，还将其诉讼权利作了部分限制。

2. 对诉讼的限制

尽管有该法或任何其他法律的规定，对于侵犯著作权的行为或该法规定的任何权利，不得由任何人启动或维护：（1）进行谈判和授予许可证的业务。（2）收集和分发著作权作品的著作权费，或者代表该法保护的任何类别作品的 50 多个著作权所有者，除非根据该法第 39 条[1]被批准作为收费社团运作或以其他方式获得委员会的豁免证书。[2]

五、尼日利亚著作权法的特殊规定

随着非洲国家的发展，各国在国际贸易和吸引外国投资的过程中也越来越多地认识到保护国家传统知识和民间文学艺术的重要性，逐渐开始探索通过国

[1] 该法第 39 条内容为"收费社团"之规定。

[2] 本部分还涉及了侵权行为的刑法责任，篇幅所限，前述已对其做简要总结，具体法律条文在此不赘。

内立法的方式对本国的传统知识和民间文学艺术进行保护，尼日利亚也通过立法形式对民间传说进行著作权保护，其规定未先行取得尼日利亚版权局的同意，不得复制或公开表演、广播或发行民间传说作品。但是，与艺术和音乐作品等一样，该法同样也规定了为了个人或教育目的可以合理地使用作品，但是必须经版权局同意。如果发生侵犯民间传说的行为，尼日利亚版权局而不是假定的“作者”，有权对侵权人提起法律诉讼。

（一）保护民间文艺的表达

（1）民间文学艺术的表达受到保护：①复制品；②通过表演，广播，有线电视或其他方式向公众传播；③改编，翻译和其他转换；当这种表达是出于商业目的或在传统或习惯的背景之外时除外。

（2）本条第 1 款赋予的权利不包括下列专有权：

①以公平交易的方式进行私人和家庭使用的行为，但若使用是公开的，应附上对作品名称及其来源的确认；②用于教育目的；③在原创作品中以插图方式使用，但是，这种利用的程度应符合公平使用的做法；④借用民间文学艺术作品来创作原创作品，但是，这种利用的程度应符合公平使用的做法；⑤对民间文学艺术表达的偶然运用。

（3）在所有印刷出版物以及向公众传播任何可识别的民间文学艺术作品的情况下，应以适当的方式表明其来源，并按照公正的做法提及所用表达形式的团体或地点。

（4）授权该法第 31 条第 1 款所指行为的权利归尼日利亚著作权委员会所有。

（5）就该法第 31 条而言，“民间传说”是指群体或个人以群体为导向，以传统为基础而创作的，反映社区对文化和社会认同的一种表达形式，其标准和价值依靠模仿以及以下方式口头传播：①民间传说、民间诗歌、民间谜语；②民歌和民间器乐；③民间舞蹈和民间戏剧；④陶器、制陶、拼花、木制品、金属制品、首饰、手工艺品、服装和土著纺织品。

（二）民间文学艺术的侵权

未经尼日利亚著作权委员会同意，任何人以该法第 31 条所禁止的方式使用民间文学艺术作品的，应被视为侵权行为，并须就法庭认为适当的损害赔偿、法令及任何其他补救方法向委员会负法律责任。

（三）侵害民间文学艺术的刑事责任

（1）一个人如果：①在没有得到委员会同意或授权的情况下，实施该法第 31 条规定的任何行为；②不符合该法第 31 条第 4 款之规定；③故意歪曲民间文学艺术表达的来源；④故意扭曲民间文学艺术表现形式，以损害其起源社会的荣誉、尊严或文化利益；⑤根据该法犯有其他罪行。

（2）被裁定犯该法第31条第1款所定罪行的人，一经定罪：

①如属个别情况，可处罚款不超过10万奈拉，或监禁12个月或同时判处罚金及监禁；②如属法人团体，可处罚金50万奈拉。

（3）法院审理本节规定的犯罪行为的，可以责令将侵权或者违法的物品交付给委员会。

第三节　南非著作权法律制度

南非是非洲第二大经济体，国内金融、法律体系完善，通信、交通、能源等基础设施完备，工业体系在众多非洲国家中最为完善，包含矿业、制造业、农业和服务业四大经济支柱，矿产是南非经济主要来源，其深井采矿技术位居世界前列。在国际事务中南非已被确定为一个中等强国，并保持显著的地区影响力。

作为中国在非洲最大贸易伙伴，除了经贸往来，中南两国签有文化合作协定及其执行计划，多层次、多渠道文化交流与合作发展顺利。“中国文化非洲行”“感知中国·南非行”等大型活动在南举行，反响热烈。南多个艺术团组来华参加“国际民间艺术节”“相约北京—非洲主宾洲”等活动。

一、南非著作权法概述

南非著作权法于1978年6月20日经过议会表决通过，自1979年1月1日起生效，至今已经过十余次修订，最近一次修订在2002年（见表10－2）。

《南非著作权法》由“定义”和五个章节组成，全法共计47条。《定义》对于涉及本法的关键名词进行细致限定。第一章首先规定受著作权法保护的作品类型，其后根据作品的不同类型规定了相应的著作权内容、保护期限及其所受的限制。[1] 本章还专门设立“版税”条文对于作品版税的相关问题作了明确的规定。对于著作权的归属问题主要针对合作作品、职务作品和委托作品三种类型进行规定。对于著作权的许可与转让，其没有像我国著作权法那样对转让合同和许可合同的内容做具体规定。第二章则规定了侵犯著作权行为的具体类型以及权利人可以采取的应对措施，并且特别规定了独占性被许可人和独占性被再许可人所采取的措施和可获得的救济。第三章主要规定了诉讼过程中法庭

[1] 该法在1992年的修订过程中专门增加了对于以匿名和笔名发表作品的规定。

的设立程序、管辖权以及法庭对于许可方案的指导和申请法庭命令的具体程序以及命令的效力。第四章主要规定了对于南非参加的著作权条约的缔约国所给予国民待遇的具体情况。第五章附则部分则是对于之前未尽事项的个别规定。

表 10－2 南非著作权法修订情况

序号	法律或法案	备注
1	南非著作权法	1978 年 6 月 20 日通过，1979 年 1 月 1 日实施
2	著作权法修正案	1980 年第 56 号
3	著作权法修正案	1983 年第 66 号
4	著作权法修正案	1984 年第 52 号
5	著作权法修正案	1986 年第 39 号
6	著作权法修正案	1988 年第 13 号
7	著作权法修正案	1989 年第 61 号
8	著作权法修正案	1992 年第 125 号
9	知识产权法律修正案	1997 年第 38 号
10	著作权法修正案	2002 年第 9 号

二、南非著作权法基本研究

（一）著作权客体

南非对著作权实行自动保护制度。对创作者来讲，著作权自作品在南非完成之日起自动产生，受著作权法保护，因此，不因作者是否履行登记手续而受到影响。根据南非著作权法（以下简称“该法”）的规定，其将受保护的作品依据不同的主体划分为三类，分别是一般公众的作品、在原产国内产生的作品、政府或特定组织指导或控制下完成的作品，但总体而言，受其承认和保护的作品包括文学作品、音乐作品、艺术作品、电影、录音制品、广播、程序加载指令、公开出版物以及计算机程序等九类作品，具体包括以下内容。

1. 具备取得著作权资格的作品

（1）依照该法第 2 条之规定，下列作品如具有原创性则可以取得著作权：①文学作品；②音乐作品；③美术作品；④电影；⑤录音制品；⑥广播；⑦载有节目的信号出版版面；⑧出版版式；⑨计算机程序。

（2）除广播和载有节目的信号外，除非该作品已经被书写、记录、以数字化资料或信号的方式再现，抑或已转化为某种物质形式，否则不可以取得著作权。广播和载有节目的信号直至广播被播出、节目信号通过卫星传送方可取得著作权。

（3）作品不应仅以该作品的制作或与该作品相关的行为涉及侵犯其他作品的著作权为由而不可取得著作权。

2. 关于原产国的著作权

依照该法第4条规定，著作权应授予每一部具备著作权资格的作品，且该作品:（1）是首次在本国出版的文学、音乐、美术作品或录音制品;（2）是在本国制作的广播;（3）是从本国境内发射至卫星的载有节目的信号;（4）是首次在本国出版或制作完成的电影;（5）是首次在本国出版的出版版式;（6）是首次在本国出版或创作完成的计算机程序。

以及该法第3条没有授予著作权的作品。

3. 关于政府和特定国际组织的著作权

（1）本法应约束政府。

（2）在政府或特定的国际组织的指导或控制下完成的、具备资格获得著作权的每一部作品依照该法第5条规定应被授予著作权。

（3）本条授予除照片之外的文学、音乐和美术作品的著作权保护期为自该作品首次发表之年末起算的50年。

（4）本节授予电影、照片、录音制品、广播、载有节目的信号、出版版式以及计算机程序的著作权，与该法第3条所述类似作品的著作权享有同样的保护期。

（5）该法第3条、第4条不授予第5条适用的作品以著作权。

（6）归属于政府的著作权因管理之需应视为归属于由国家主席在公报上公告指定的公共服务机构的官员。

（二）著作权归属

1. 因国籍、定居地或居住地取得的著作权和著作权的期限

依照该法第3条规定著作权应被授予每一部具备资格取得著作权的作品，如果是合作作品，其中任何一位作者在作品或作品的实质部分完成之时即为具有取得著作权资格的人，即（1）在作者是个人的情形下，南非公民或者定居或是居住于本国;（2）在作者是法人的情形下，依照本国法律设立的机构，在本国建造的建筑作品或者是包含在本国的建筑物或其他永久性结构之内的美术作品可取得著作权，不论作者是否具备资格。

2. 著作权的归属

（1）依照该法第21条之规定，任何作品依照该法第3条或第4条规定享有的著作权应归属于作者，如果是合作作品，则归属于合作作者。

（2）如果文学或美术作品是作者以服务合同或见习者的形式受雇于报纸、杂志或类似期刊的期间创作完成的，并且是为在报纸、杂志或类似期刊上发表

的目的而创作的，在任何报纸、杂志或类似期刊上出版或者以如此出版为目的的复制的相关著作权归属于前述雇主，但是在其他情形下依照该法第3条或第4条规定享有的著作权应归属于作者。

（3）委托他人拍照、绘画、制图、制作凹版印刷品、制作电影或录音制品，并且为此支付或同意支付金钱或等价物，并且此作品为履行该委托而作，依据该法规定，享有的著作权应归属于委托人。

（4）如果不在第（2）项或第（3）项情形中，作品在作者以服务合同或见习者的形式受雇于他人期间完成的，依照该法第3条或第4条规定享有的著作权应归属于作者。

（5）第2~4项应在任何特定案件中遵循排除执行上述款项的协议以及该法第20条[1]的规定。

（6）该法第5条规定的任何著作权应首先归属于政府或者相关的国际组织，而不是作者。

三、著作权内容

对于著作权的内容、保护期和限制方面，与我国著作权法通过创设权利的种类来构建权利的内容有所不同，南非著作权法根据作品的不同类型设定不同的权利内容。相应地，其权利的保护期和权利的限制也是根据作品的类型来规定的。

（一）经济权利

1. 文学或音乐作品的著作权性质

该法第6条规定，文学或音乐作品的著作权人在该国享有独占性权利从事或授权他人从事以下的行为：（1）以任何方式或形式复制作品；（2）出版迄今为止尚未发表的作品；（3）在公共场合表演作品；（4）广播作品；（5）在传播服务中传播作品，除非此服务传播的是已经由原始广播者播放的、包含作品的合法广播；（6）改编作品；（7）对于改编作品，实施包括第（1）~（5）项有关作品的任何行为。

2. 美术作品的著作权性质

该法第7条规定，美术作品的著作权人在该国享有独占性权利从事或授权他人从事以下的行为：（1）以任何方式或形式复制作品；（2）出版迄今为止尚未发表的作品；（3）在电影或广播中收入作品；（4）在传播服务中传播包含作品的电视或其他节目，除非此服务传播的是已经由原始广播者播放的、包

[1] 第20条规定内容为“精神权利”，见本节第二部分内容。

含作品的合法电视广播；（5）改编作品；（6）对于改编作品，实施包括第（1）~（4）项有关作品的任何行为。

3. 电影作品的著作权性质

该法第8条规定，电影作品的著作权人在该国享有独占性权利从事或授权他人从事以下的行为：（1）以任何方式或形式复制影片，包括从中截取静态照片；（2）使电影，如果由图像构成，为观众收看，或者如果由声音构成，为公众收听；（3）播放电影；（4）在传播服务中传播该电影，除非此服务传播的是已经由原始广播者播放的、包含电影的合法电视广播；（5）改编作品；（6）对于改编作品，实施包括第（1）~（4）项有关电影的任何行为；（7）以直接或间接的交易方式出租、出售或为出售而展览电影的复制品。[1]

4. 录音制品的著作权性质*

该法第9条规定，录音制品的著作权人在该国享有独占性权利从事或授权他人从事以下的行为：（1）直接或间接地制作包含该录音制品的录音制品；（2）以直接或间接的交易方式出租、出售或为出售而展览录音制品的复制品；（3）播放录音制品；（4）在传播服务中传播该录音制品，除非此服务传播的是已经由原始广播者播放的、包含录音制品的合法广播；（5）向公众传播录音制品。

5. 版税**

该法第9A条规定，（1）如果不存在相反内容之协议，任何人不能广播、传播或播放第9条第（2）项、第（4）项和第（5）项所述的录音制品而不支付相关著作权人版税。（2）依照该条规定而获得版税的著作权人应与对其作品进行表演，且该表演收录在前述录音制品中的表演者依据1967年《表演者保护法》[2] 第5条规定具备资格获得版税的表演者分享所获得的版税。

6. 广播的著作权性质

该法第10条规定，广播的著作权人在本国享有独占性权利从事或授权他人从事以下的行为：

（1）以任何方式或形式复制广播，包括从电视广播中截取静态照片；（2）转播广播；（3）在传播服务中传播广播，除非此服务由原始广播者运行。

7. 载有节目的信号的著作权性质

该法第11条规定，载有节目的信号的著作权人享有独占性权利从事或授

---

[1] 本款内容依据1992年《南非版权法》第8条第3款删除。

* 本条内容依据2002年第9号法案第2条修正。

** 本条内容依据2002年第9号法案第3条插入。

[2] 本法为1965年第42号法。

权发行商直接或间接地将在本国或是从本国发射的信号发行至一般公众或部分公众。

（1）出版版式的著作权性质。

该法第 11A 条规定，出版版式的著作权人享有独占性权利制作或授权他人以任何方式制作版式的复制品。

（2）计算机程序的著作权性质。

该法第 11B 条规定，计算机程序的著作权人在本国享有独占性权利从事或授权他人从事以下的行为：①以任何方式或形式复制计算机程序；②出版迄今尚未出版的计算机程序；③在公开场合演示计算机程序；④广播计算机程序；⑤在广播服务中传播计算机程序，除非此服务传播的是已经由原始广播者播放的、包含计算机程序的合法广播；⑥改编计算机程序；⑦对于改编的计算机程序，实施包括第①到第⑤项有关计算机程序的任何行为；⑧以直接或间接的交易方式出租、出售或为出售而展览计算机程序的复制品。

（二）精神权利

（1）文学、音乐、美术作品、电影以及计算机程序的著作权被转让后，依照该法第 20 条之规定，作者应有权主张作者的权利并且有权反对损害或可能损害作者荣誉或者声誉的对作品的歪曲、篡改或者其他修改；授权在电影或电视广播上使用其作品的作者或者计算机程序或与计算机程序有关的作品的作者不能阻止或反对为技术理由或作品的商业开发而做的必要修改。

（2）该法第 20 条规定的任何侵权行为应与依据第 2 章规定的侵犯著作权行为同样对待，第 2 章规定的作者应视为著作权人。

（三）保护期限

和我们国家著作权法的规定一样，南非的著作权属于有期限权利，该期限因作品类型的不同而有所区别。

该法第 3 条规定的保护期应为，如果是：

（1）除照片之外的文学、音乐或者美术作品，著作权保护期为作者终生及其死亡之年末起算的 50 年；如果作者生前就上述作品或其改编有如下行为尚未完成，即①出版；②在公开场合表演；③以出售的方式向公众提供复制品；④广播；著作权保护期在上述行为自首次完成之年末起算的 50 年中继续有效。

（2）电影、照片和计算机程序，其著作权保护期为自下列情形发生之年末起算的 50 年：①作品经著作权人同意向公众公开；②作品首次出版；两者之间取时间较长者为著作权保护期，或者在制作作品后 50 年中未发生上述情形，则著作权保护期为自该作品完成之年末起算的 50 年。

（3）录音制品的著作权保护期为自该制品首次出版之年末起算的 50 年。

(4) 广播的著作权保护期为自该广播首次播放之年末起算的50年。

(5) 载有节目的信号的著作权保护期为自该信号被发射至卫星之年末起算的50年。

(6) 已出版作品的版式的著作权保护期为自该版式首次出版之年末起算的50年。

(7) ①匿名或者署名为笔名的作品，其著作权保护期为自该作品经著作权人同意向公众公开之年末起算的50年，或者为自合理推定作者死亡之年末起算的50年，两者取时间较短者为著作权保护期。

②在上述①项所规定的著作权保护期到期之前获知作者身份的情形下，著作权保护期限依照之前该法第2条之规定计算。[1]

(8) 若为合作作品，前款论及的作者的死亡日期应为最后死亡作者的日期，不论其是否具备资格。

(四) 限制

与其权利内容、保护期的规定相同，南非著作权法对于权利的限制也是依据作品的不同类型而做单独的规定，具体内容如下。

1. 文学和音乐作品著作权保护的一般例外

该法第12条规定，(1) 为以下之目的合理使用不侵犯文学或音乐作品的著作权：①以研究、私人学习，或私人或个人的使用为目的；②以评论或述评该作品或其他作品的目的；③以报道事实为目的，包括：a. 在报纸、杂志或类似期刊上使用；b. 在广播或电影中使用：

如果出现上述第②项和第③项中第a项的情形应注明作品的来源以及在作品中出现的作者姓名。

(2) 以司法诉讼为目的使用或以记述司法程序为目的复制不侵犯文学或音乐作品的著作权。

(3) 引用合法向公众提供的文学或音乐作品不构成对其著作权的侵犯，包括以概要的形式引用报纸或期刊上的文章：只要该引用符合合理使用的惯例，没有超出合理使用目的之范围，并且注明作品的来源以及在作品中所出现的作者姓名。

(4) 为教学之需在目的合理的范围内使用出版物、广播或者录音、录像制品上的作品不侵犯文学或音乐作品的著作权：只要该使用符合合理使用的惯例并且应注明作品的来源以及在作品中所出现的作者姓名。

(5) ①文学或音乐作品的著作权不因广播者利用自有设备复制作品而受

[1] 本款内容依据1992年著作权法增加。

到侵犯，作品的复制品应仅用于广播者合法的广播并且在复制作品后的6个月之内将其销毁，延期销毁应得到相关著作权人的同意。

②在上述①项之情形下创作的作品的复制品，如果其具有特殊文献的性质，可以保存于广播者的档案中，但是依照该法之规定不应在没有相关著作权人许可的情况下用于广播或他用。

（6）①在公共场合发布的讲座、演说或类似作品不因在报刊上复制或广播而受到侵犯，只要该复制或广播是以通告为目的。

②上述①项所指的讲座、演说或其他作品的作者应享有制作其作品合集的独占性权利。

（7）在报纸和期刊上或在广播中发表的论述时事性的经济、政治或者宗教话题的文章的著作权不因其在报刊上复制或广播而受到侵犯，只要该复制品或广播没有被明确保存并且其来源已被明确指出。

（8）①立法、行政或法律性质的官方文件以及其官方译文，或者政治性的演讲或者司法诉讼过程中发布的演说，或者单纯发布消息的新闻不享有著作权。

②上述①项所指的演讲的作者应享有制作其演讲的、合集的独占性权利。

（9）上述第（1）~（7）款之规定同样适用于制作或使用其改编作品。

（10）上述第（6）~（7）款之规定同样适用于已传送至传播服务的作品或其改编作品。

（11）上述第（1）~（4）款以及第（6）款、第（7）款、第（10）款之规定同样适用于应解释为拥有以原文语言或其他不同语言使用相关作品的权利，以及在后一种情形下，作者的翻译权应视为没有受到侵犯。

（12）文学或音乐作品的著作权不因在收音机、收视装置、或其他类型的录音装置或回放装置的交易中善意地演示该作品而受到侵犯。

（13）授权使用文学作品作为制作电影的依据或作为文学作品对电影制作的贡献，在没有相反之协议的情形下，应包括广播该电影的权利。

2. 关于作品复制品的一般例外

除了该法第13条准许的复制之外，规则也可以准许复制，但复制不得与作品的正常使用相冲突，且不得对著作权人的合法利益造成不合理的损害。

3. 关于音乐作品的录音的特殊例外

该法第14条规定，（1）在本国制作音乐作品或其改编作品的录音不侵犯音乐作品的著作权，不论其是否来自进口的光盘、磁带、原存储器或者其他事物中，只要：①包含该作品或与作品相似的改编的录音以零售为目的，之前在本国制造或进口至本国并且是在著作权人的许可下制作或进口；②在制作录音制品之前制造商向著作权人发出了意图制作录音的符合规定的通知；③制造商意图以零售的方式销售录音或者为他人以零售的方式转售之目的而提供录音，或者为制作用于该销售或该供给的其他录音而使用录音；④以零售的方式销售或为以零售的方式转售之目的而提供的录音，制造商以规定的方式并且在规定的时间向著作权人支付规定的版税。

（2）如果录音包含了，无论有或没有其他材料，对音乐作品或对音乐作品的改编作品的表演，该作品中伴随音乐的歌词被演唱或被诵读，并且该作品不享有著作权，或者享有著作权但满足第（1）款关于该著作权所规定的条件并且：①文字构成享有著作权的文学作品的部分；②第（1）款第①项所指的录音经文学作品著作权人许可制作或进口；③关于著作权人，满足第（1）款第②项和第④项规定的条件，该录音的制作不构成对文学作品著作权的侵犯。

（3）为该法第14条之目的作品的改编作品应视为与包含在之前的录音中作品的改编作品相似，如果两者除了在数量方面的区别之外，在作品的处理、风格以及表演所需表演者方面没有实质的区别。

（4）为第（1）款第①项之目的制造商可以为了确定①项所指的之前的录音是否已在本国制作或进口至本国而进行复核规定的询问，如果著作权人未能在规定期限内答复此询问，前述的之前的录音应作为具有著作权人许可的制作或进口。

（5）该法第14条之前述规定同样适用于关于作品或其改编作品的某一部分而制作的录音：第（1）款的规定在以下情形下不适用：①根据作品或其改编作品的全部而制作的录音，除非第（1）款第①项所指的之前录音是根据作品或其相似的改编作品的全部而制作的录音；②根据作品或其改编作品的一部分而制作的录音，除非第（1）款第①项所指的之前在本国制作或是进口至本国的录音是根据或包含了作品或相似改编作品的一部分而制作的录音。

4. 美术作品著作权保护的一般例外

该法第15条规定，（1）美术作品的著作权不因包含在电影、电视广播或传播服务的传播中而受到侵犯，如果所包含的仅仅是作为主要情况以背景介绍或是附带提及的方式在影片、广播和传播中再现。

（2）建筑作品或相关设计图纸的著作权不因在与原作品的相同的地点以相同的风格重建该作品而受到侵犯。

（3）美术作品的著作权不因在电影、电视广播或传播服务中的复制或包含而受到侵犯，如果该作品永久地置于街道、广场或是类似的公共场合。

（4）无论是在国内还是国外，美术作品的三维复制品经著作权人同意已向公众提供（其后所指为授权的复制品），其著作权不因未经著作权人许可的人制作或向公众提供三维复制品或授权复制品的改编作品而受到侵犯，只要授权复制品具有实用的目的并且通过工业程序制造。

（5）第 12 条第（1）款、第（2）款、第（4）款、第（5）款、第（9）款、第（10）款、第（12）款、第（13）款之规定经适当变更，如能适用，则比照适用于美术作品。

5. 电影著作权保护的一般例外

该法第 16 条规定：（1）第 12 条第（1）款第 b 项和第 c 项、第（2）、（3）、（4）、（12）和（13）款之规定经适当修改参考适用于电影。

（2）如果包含在电影声带中的声音也包含在录音中，该录音不是电影声带本身也不是从电影声带中直接或间接衍生的录音，使用该录音不侵犯电影作品的著作权。

6. 录音制品保护的一般例外

该法第 17 条规定，该法第 12 条第（1）款第 b 项和第 c 项、第（2）、（3）、（4）、（5）、（12）和（13）款之规定，经适当变更比照适用于电影。

7. 广播著作权保护的一般例外

该法第 18 条规定，第 12 条第（1）款至第（5）、（12）和（13）款之规定经适当修改参考适用于广播。

8. 载有节目的信号著作权保护的一般例外

该法第 19 条规定，（1）载有节目的信号的著作权不因发行节目的简短摘录而受到侵犯，此节目：①由实时报道组成；或者②符合合理使用，并且为通告的目的其范围符合此摘录。

（2）本条之规定不适用于由载有节目的信号加载的报道体育时事的节目。

9. 出版版式著作权保护的一般例外

该法第 19A 条规定，第 12 条第（1）、（2）、（4）、（5）、（8）、（12）和（13）款之规定经适当变更比照适用于出版版式。

10. 计算机程序著作权保护的一般例外

该法第 19B 条规定，（1）依照第 23 条第（2）款第 d 项之规定，第 12 条第（1）款第 b 项和第 c 项、第（2）、（3）、（4）、（5）、（12）和（13）款之规定，经适当变更，如能适用，则比照适用于计算机程序。

（2）合法占有计算机程序或其授权复制品不侵犯计算机程序的著作权，只要：

①以备份为目的在合理必要的范围内复制；

②复制专门用于个人或私人之目的；

③当对该计算机程序或其授权复制品的占有不再合法时，销毁该复制品。

四、著作权侵权与救济

(一) 侵权

该法第23条规定，(1) 著作权因任何非著作权人未经著作权人许可，在本国从事或导致他人从事由著作权人享有独占性权利从事或授权他人从事的行为而受到侵犯。

(2) 在没有违反该条第1款的一般情况下，著作权因任何人没有取得著作权人的许可并且在著作权保护期内从事下列行为而受到侵犯：①以非私人或家庭使用为目的将作品进口至本国；②在本国销售、出租、许诺销售、展销或展租任何作品；③在本国为贸易或其他目的发行作品以致达到损害相关著作权人的程度；④在本国取得与计算机程序有关的作品，据其所知，该作品的制作构成了对著作权的侵犯，或者如果该作品是在本国制作完成的也将构成对著作权的侵犯。

(3) 文学或音乐作品的著作权因任何人为公共娱乐提供场所用于作品的公开表演而受到侵犯，并且该表演构成对作品著作权的侵犯：该条不适用于为公共娱乐提供场所用于表演的人不知晓或没有合理理由怀疑该表演将会构成侵犯著作权的情况。

(二) 救济

(1) 依照该法第24条规定，对于侵犯著作权的行为应在著作权人所提起的诉讼中处理，对于侵权行为所采取的救济措施包括损害赔偿、禁令、没收侵权复制品或用于制造侵权复制品的印版等，或其他财产权受到侵犯时原告在相关诉讼程序中所享有的救济措施。

①替代损害赔偿，原告可以根据自己的选择获得根据作品或相关类型作品的被许可人支付合理版税的金额所计算的赔偿。

②为确定该法第24条或第25条第2款所规定的损害赔偿或合理版税的金额，法庭可以组织询问并且规定组织其认为必要的询问程序。

③在该法下著作权人提起诉讼之前，应以书面形式通知相关著作权的独占性被许可人或被再许可人其诉讼意图，并且独占性被许可人或被再许可人可以参与诉讼并追回因侵权所遭受的损失或者应得之合理版税。

(2) 如果侵犯著作权的行为已被证明或已被承认，但是在侵权发生时被告不知晓且没有合理理由怀疑相关作品的著作权有效，原告不得就此侵权向被告要求损害赔偿。

(3) 如果依据该法第24条规定的侵犯著作权的行为已被证明或已被承认，除了其他所有对案件有决定性影响的考虑因素之外，法庭还应重视侵权的恶劣程度；以及被该因侵权所获得之利益，确信原告不能得到有效救济的，法庭有权在评估侵权损害赔偿时给予法庭认为合适的额外损害赔偿。

（4）侵犯建筑物著作权的行为，不应做出禁令或下令：①在建筑物已经开始动工后阻止其完工；②建筑物已建成，要求拆除建筑物。

（三）独占性被许可人和独占性被再许可人采取措施和获得救济的权利

该法第25条规定，（1）独占性被许可人和独占性被再许可人如同由转让取得的许可一样具有采取相同措施的权利并享有相同的救济，权利和救济可以与授予许可人和再许可人的权利和救济同时进行。

（2）依据该法规定，独占性被许可人和独占性被再许可人在提起诉讼之前，应以书面的形式通知著作权人其意图，并且著作权人可以参与诉讼并追回因侵权所遭受的损失或者应得之合理版税。

五、南非著作权法的特殊规定

南非著作权法不仅在实体方面规定了对文学、音乐等作品的保护，而且在程序上还对其作了单独的规定。《南非著作权法》于第三章内容中单独为作品的保护设立了“著作权法庭”一章，该章设立八个条文，分别从著作权法庭的设立、用于法庭管辖权的一般规定、法庭对于许可方案的指导、法庭对于许可方案的进一步指导、法庭申请、传播服务、法庭命令的效力和有关补充规定、上诉等方面做了详尽的规定。以下仅对部分法条内容做简单列举。

第29条 著作权法庭的设立

（1）根据1978年专利法案第8节被随时指派为专利委员会成员的法官或代理法官应为本法之目的成为著作权法庭。

（2）著作权法庭可以下令任何诉讼的花费在一方支付之前由另一方支付，并且可以依据命令或者指令征税或设定应支付的金额。

（3）①可以制定规则规定向法庭提供参考或起诉书的程序、法庭的诉讼程序以及诉讼应支付的费用。

②有关法庭诉讼程序的任何规则可以适用1965年仲裁法（1965年第42号法）的任何规定，或选择适宜可适用于1978年专利法案有关专利委员会法院的任何规定。

③任何规则都应包括对于下列情形的规定：

第一，要求将依据该法第36条规定向法院提交的任何起诉意向书通知法庭以及诉讼的其他当事人；第二，如果在法庭作出决定后依据该法第36条规定向最高法院的省级部门提出的起诉被告知的情形下中止、批准或要求法庭中止命令的执行；第三，修改法庭的有关命令，中止法庭命令的执行，本章任何规定的执行与法庭命令具有同等效力；第四，发布公告或采取其他措施确保因法庭命令的中止而受到影响之人被告知该中止事项；第五，规定其他次要的或与该法第36条所规定的请求、申请、命令或决定相应的事项。

（4）在无损于用以证明法庭命令的其他办法时，声称是命令的复制件的文件登记人证明复制件的真实性，在诉讼程序中，除非有相反证明，该文件应是该命令的充分证据。

（5）著作权登记人应作为法庭登记人。

（6）本章涉及给予提起诉讼之人机会规定解释为涉及给予此人以提交书面或口头陈述机会的规定。

第四节　本章小结

如前所述，作为非洲地区的第一和第二大经济体，尼日利亚和南非不仅国内经济发展较快，其国内就知识产权方面的立法也较其他国家和地区完善。就著作权法律制度而言，尼日利亚和南非著作权法内容丰富，立法技术娴熟，立法水平较高。其不仅规定了作品类型、作者、作者的人身权与财产权、合理使用制度、侵权及赔偿以及刑事惩罚，而且还规定了著作权专业组织（机构）、著作权使用费收取及分配、著作权邻接权等内容。

就著作权的国际交流而言，因为目前非洲绝大多数国家都加入世界贸易组织，这些国家相应的必须遵守《与贸易有关的知识产权协议》中规定的严格的知识产权保护义务，否则将会面临世界贸易组织及其成员国的制裁和反制措施。尼日利亚与南非均在1995年1月1日加入世界贸易组织，其对于一揽子协议均应当遵从，故而，对于著作权制度方面的一般性规定，其二者之间存在较多的一致性，当然，这也是全球化时代下各个主权国家之间较多的同一性所在之根源。

然而，在承认二者之间著作权立法在存在普遍性规定绝大多数一致的同时，也不能否认二者之间的差异性。

首先，二者的差异性首要的表现在立法体例不同。由于南非的知识产权法在很大程度上是以英国知识产权法作为母法制订的，其内容受英国法的影响很大。《南非著作权法》第一章首先规定了受著作权法保护的作品类型，其后根据作品的不同类型规定了相应的著作权内容、保护期限及其所受的限制。这显然与《尼日利亚著作权法》先统一规定受著作权法保护的客体，然后再对其做一般性的权力规定、保护期限、限制，特殊规定特殊作品类型的特殊内容的立法体例有所区别。当然，我国的著作权法立法体例与尼日利亚相一致。

其次，非洲各国著作权法的主要差异体现在有关邻接权的保护方面，虽然《与贸易有关的知识产权协议》第 14 条等条款对邻接权的保护作了规定，但允许各成员国在国内法中规定条件、限制、例外和保留。不同的非洲国家有选择地加入了世界知识产权组织管理的与邻接权保护相关的《北京条约》《世界知识产权组织表演和录音制品条约》《世界知识产权组织著作权条约》《罗马公约》等，加入不同条约的非洲国家需要遵守各自所加入的条约中规定的义务，体现为国内法在邻接权保护方面不同的规定。例如，《尼日利亚著作权法》第二部分主要介绍表演者权，其中涉及 8 个条文，主要介绍表演者所享有的具体权利、表演者权的存续期间、其侵权行为以及救济措施，甚至包含的刑法责任，而《南非著作权法》中并未涉及该部分内容。

最后，特殊制度的差异。值得注意的是，《尼日利亚著作权法》在第二部分内容中还包含有对民间文学艺术的保护规定，该部分甚至还对民间文学艺术作了具体解释，其指出，民间文学艺术是指“团体导向的且以传统为基础的团体或个人创作，代表社区文化和社会特性，其标准和价值通过口头形式传达”；而在《南非著作权法》中，其不仅仅在实体方面规定了对文学、音乐等作品的保护，而且在程序上还对其作了单独的规定。《南非著作权法》于第三章内容中单独为作品的保护设立了“著作权法庭”一章，该章设立 8 个条文，分别从著作权法庭的设立、用于法庭管辖权的一般规定、法庭对于许可方案的指导、进一步指导、法庭申请、传播服务、法庭命令的效力和有关补充规定、上诉等方面做了详尽的规定。

而就著作权行政执法和司法角度而言，尼日利亚与南非也形成了较为完善的著作权保护体系。《尼日利亚著作权法》第三部分对于著作权的管理作了具体而详尽的规定，其中涉及尼日利亚著作权管理委员会的设立、董事会的设立，成员和职能、著作权许可小组、著作权检查员以及著作权社团等内容；而《南非著作权法》中甚至还规定了诉讼过程中法庭的设立程序、管辖权以及法庭对于许可方案的指导和申请法庭命令的具体程序以及命令的效力等程序性规定。

总体而言，尽管尼日利亚与南非著作权制度难说尽善尽美，但相较于非洲其他国家而言，经过几十年的发展与不断修订，其内容规定已经日趋完善，立法技术亦日趋娴熟，对其他非洲国家而言，甚至在些许制度设计方面对于中国本身而言，例如，民间作品的特殊保护制度，亦不失为一种良好的借鉴。

例如，我国民间艺术种类繁多，可用以商业获利的也不在少数，继而常常出现有人为了迎合市场的需要，滥用、篡改、歪曲民间文学艺术作品的情况。如将某一地区人们喜爱并尊崇的图案复印在各类小商品中销售，在民间曲调中加入一些低俗的内容进行表演获利，一些机构或个人通过无偿录制、播放、发行民间文学艺术音像制品来间接获得赞助、资助或者广告收益。这些行为都在不同程度上影响了民间文学艺术的良好形象，这不仅破坏了民间文学艺术在市场上的新颖性与独创性，而且极易形成基于使用而造成错误的群体观念，即民间文学艺术资源屡见不鲜且可以免费使用，被误认为不存在权利主体也无须考虑民间艺人的意愿，甚至还会直接伤害到特定区域的人们在民间文学艺术作品中的情感寄托和价值观念，导致民间文学艺术在主流文化中被边缘化，甚至被广大人民群众所遗忘。除此之外，一些国外机构或个人则借机免费利用我国民间艺术资源，进行适用现代文化需要的商业创作，而后再将其高价卖入我国，这对于我国民间文学艺术保护及其发展无疑来讲是一个巨大的嘲讽。这就提醒我们需要利用好知识产权制度，通过理论分析与立法资源的整合，明确其权利、赋予权利等概念上的设计，探讨与民间文学艺术有关的经济价值的合理商业开发、产出利益归属等问题，真正保护好民间文学艺术在商业传播中的价值和作用。

第十一章　法语区国家著作权法律制度

第一节　概　　述

非洲法语区国家，主要是原属于非洲的殖民地，包括原法属西非、原法属赤道非洲等。法国对其原法属殖民地影响极大，首先，国家制度上，大部分原法属非洲国家，沿袭法国的政治体制，司法体系，政府中有法国顾问，不少非洲法语国家政治精英曾在法国留学或拥有双重国籍；其次，法国目前在吉布提、加蓬、科特迪瓦、塞内加尔、乍得、中非等国家有军事基地或临时驻军，军事力量足以覆盖整个中西非法语区；再次，法语成为原法属非洲国家的官方或准官方语言，当地学校多使用法国教材，有很多法国的教师在当地授课，法国文化中心遍布各国首都，经济上，法国是大部分原法属非洲国家的第一投资国和债权国，大部分原法属非洲国家的经济命脉掌握在法国人手上，如电信运营，海运物流，能源石油，铀矿核能等。[1]

原法属西非（AOF）指的是法国在西非的一大片殖民地，面积约 470 万平方公里。包括毛里塔尼亚、塞内加尔、尼日尔、法属苏丹（今马里）、法属几内亚（今几内亚）、科特迪瓦、上沃尔特（今布基纳法索）和达荷美（今贝宁）。法属西非，成立于 1895 年，当时的成员包括了塞内加尔、法属苏丹、法属几内亚和科特迪瓦。原法属西非法国派遣的总督自 1895 年起驻圣路易，1902 年迁往达喀尔，总督直接向巴黎政府负责。原法属西非的各殖民地，比如塞内加尔、达荷美等，各有一位副总督，管辖本地区，副总督直接对总督负责。总督与巴黎政府的“殖民地部”共同负责确定副总督人选，报经法国议会核准，即可上任。自 1946 年开始，殖民政府在达喀尔成立“法属西非大委员会”，作为总督的咨询机构。每个下属殖民地各选两位代表作为大委员会的成员，通常也就是该殖民地的副总督和一位非洲人。除了塞内加尔早期的四个公社（指圣路易、达喀尔、戈雷、吕菲斯克四个城镇。此四镇位于塞内加尔河口地区，是法国在西非最早的殖民地。此殖民地

---

[1] 马乌努. 20 世纪 90 年代以来非洲法语区国家的外交关系：选择与影响［D］. 吉林：吉林大学，2009.

的法国居民很多，当地非洲居民得以享受法国国民的同等权利。1848 年法兰西第二共和国，给予四镇居民完全的法国公民权。1916 年的一项法令规定，四市镇为宗主国的一部分，实行法国市政法律，全体居民及其后裔为法国公民，各镇可派一名代表进入法国下议院，在此之前整个法属西非的非洲居民都没有与法国居民等同的选举权等权利。法国对西非的治理总体上属于直接统治，法国人为最高行政长官，具有绝对权力。地方酋长没有任何实权。在这种体制中，法国人很少利用非洲本土的实权阶层，而主要依靠自己的新体制维护统治。为了在西非推行"同化政策"，1912 年法国当局制定"入籍法"，规定凡出生在法属西非，"能效忠法国或任公职 10 年以上、能阅读或书写法文、拥有生活资料、具备良好品质"者可获得法国公民权。显然在非洲居民中只有极少数知识分子和土著上层符合这些条件，能成为"法国公民"，而绝大多数非洲人则沦为没有公民权的"法国臣民"。法国难以偿付全面同化非洲人的巨大代价，只能想办法直接控制非洲居民。原法属西非于 1958 年解体。

原法属赤道非洲（AEF）是 1910～1959 年法国在非洲中部的殖民地联邦政权。疆域范围从刚果河向北延伸到撒哈拉沙漠。主要包括四部分，大致相当于现在的加蓬、刚果共和国、中非共和国和乍得，总督府设在布拉柴维尔。1958 年 9 月经过全民公决，法属赤道非洲仍处于在法兰西共同体下管理，但是拥有自治权，而原属于法国联邦的政权被解散。1959 年，在原法属赤道非洲地区新生共和国，组成了一个名叫中非共和国联盟的中间过渡政权。1960 年 8 月 15 日，刚果人民共和国宣布独立，但仍留在法兰西共同体内，至 1960 年 8 月底实现完全独立。1960 年 8 月 17 日，加蓬宣告独立，但仍留在"法兰西共同体"内。

第二节　刚果（布）著作权法律制度

一、立法概述

刚果共和国简称刚果（布），首都布拉柴维尔是全国的政治与文化中心，黑角为全国的经济首都，截至 2016 年全国人口约为 513 万。在世界银行发布的《2018 年全球营商环境报告：改革以创造就业》中，刚果（布）在中非经济与货币共同体中位列第四。刚果（布）系法国前殖民地，因此两国关系密切，其中知识产权制度深受法国的影响。

刚果（布）在 1982 年 7 月颁布《著作权权与邻接权法》（*Law On Copy-*

right and Neighboring Rights）（以下简称该法）。这标志着刚果（布）的著作权法律制度体系，已经初步建立。《著作权与邻接权法》一共分为 4 个部分 107 条，其中第一部分是关于该法的一般规定，第二部分规定了受保护作品、衍生作品、不受保护作品以及国家民间艺术作品，第三部分规定了作者的权利，第四部分是关于邻接权的规定。

刚果（布）在 1962 年 5 月 8 日加入《保护文化和艺术作品伯尔尼公约》（以下简称《伯尔尼公约》），其著作权法律制度基本与《伯尔尼公约》保持一致。刚果（布）在 1962 年 6 月 29 日加入《保护表演者、音像制品制作者和广播组织罗马公约》、1973 年 3 月 27 日加入《与贸易有关的知识产权协定》、1975 年 12 月 2 日加入《建立世界知识产权组织协定》、2012 年 6 月 26 日加入《视听表演北京条约》以及 2013 年 6 月 28 日《马拉喀什条约》等，说明刚果（布）在著作权法律制度方面，注重与世界著作权法律制度发展接轨，紧跟世界著作权法律制度发展的潮流。

刚果人民共和国文化与艺术部下设版权局，主管著作权有关的事宜，如著作权登记、著作权保护相关文件发布等管理工作。

二、著作权的客体、内容、归属与限制

（一）著作权的客体

《伯尔尼公约》规定了文字作品、口述作品、美术作品等著作权客体类型，刚果（布）加入了《伯尔尼公约》，因此其著作权客体规定与《伯尔尼公约》较为一致，但也规定了部分具有国家特点的著作权客体类型。刚果（布）著作权法律规定，原创文学作品、艺术作品和科学作品的作者，有权依照该法规定，享有精神权利和经济权利保护。一切智力创造形成的作品应受保护，不论其质量、目的、方式或表现方式，作品的确认不受任何形式的影响。[1]

1. 受保护的著作权客体类型

根据刚果（布）著作权与邻接权法规定，可赋予著作权，并受著作权法保护智力成果，应属于文学、艺术和科学领域的智力成果，这些成果无论其质量、目的、模式、表现形式为何。受著作权法律保护的智力成果包括：（1）书籍、小册子及其他类似文字作品；（2）讲座、信件、布道文、答辩状及其他性质相同的作品；（3）为舞台或广播（声音或视觉）创作的作品，包括戏剧以及音

---

[1] 熊文聪．被误读的“思想/表达二分法”——以法律修辞学为视角的考察［J］．现代法学，2012（6）．

乐、舞蹈和动作编排形成的作品，其表演形式可以书面或其他形式固定；（4）附有或没有搭配歌词的音乐作品，无论是否以书面形式记录；（5）绘画、光刻技术等形成的作品；（6）由应用艺术创作的挂毯和物品，包括绘画和模型以及作品本身；（7）建筑工程，包括计划和模型，以及建筑本身；（8）各类雕塑、浅浮雕、马赛克形成的作品；（9）具有艺术或纪实性质的摄影作品，基于本法之目的，其作品表现形式应与摄影过程相似；（10）电影摄影作品，通过类似于电影摄影之过程和方式的作品；（11）地图，插图，计划，草图和三维作品，这类作品应与地理、地形、建筑和科学有关联；（12）本国民间艺术作品。

2. 不受著作权保护的成果

根据该法第 14 条规定，法律、法院或行政机关的决定以及官方的翻译，广播或书面传达给公众的每日新闻，不在著作权与邻接权法保护范围内。

（二）著作权的内容

1. 著作权之财产权

刚果（布）著作权法律制度赋予智力成果的创作者对于其作品享有财产权。根据该法第 33 ~ 36 条的规定，受保护的作品之作者应享有独占性的权利，包括授权进行下列行为：（1）任何形式对作品进行复制，包括电影胶片或录音带等形式固定作品，无论形式如何，只要能使它向公众传播成为可能；（2）表演作品，特别是通过电影或留声机进行复制的公开表演；（3）翻译、改编或任何其他对作品形式的转换工作；（4）通过表演或朗诵，向公众传播作品；（5）通过有线广播、扬声器或其他任何传送声音或图像的方式，将作品传播给公众，无论接收的地点为何。

上述刚果（布）的著作权与邻接权法律制度，授权作者可为的行为，未经作者事先书面许可，任何第三方不得从事。任何未经作者或者其继承人的授权，基于作品而取得部分或者全部的成果是违法的。对作品的翻译、改编、注释或其他整理行为，未经作者或者其继承人的许可，也属于违法行为。

书画、图形或三维作品的作者，无论作品的原件所有权进行了何种转让，都不影响其对作品享有的不可剥夺的权利，即不视为作品著作权的转移。但是通过公开拍卖或通过经销商出售或者展览这些作品原件的收益，由原件所有人获得，无论后者采用何种方法进行经营。但是建筑工程或实用艺术作品不适用上述规定。

2. 著作权之人身权

作品的作者，可以向社会公众披露他的作品，在作品中表明其作者身份，并且有权采取措施维护其作品的完整性，并可要求作品的使用行为中进行署名或者要求使用者提及其名字。[1] 在新闻报道等对当前事件进行报告时，意外地或者不可避免将相关作品包含在报道中的，作者可以反对任何对其作品进行歪曲、诋毁、修改或任何其他对其作品进行贬损的行为，因为上述行为会对其名誉或作品声誉产生损害。

著作权之人身权，具有永久性、不可剥夺性、不可侵犯性。它们可在作者死亡后转移给他的继承人，即使在著作权法律制度授权的著作权之财产权利期满后，作者或者其继承人仍可以行使这些权利。

（三）著作权的归属

1. 独立作者的著作权归属

原则上著作权属于创作作品的公民。在没有相反证据的情况下，在作品上署名的公民、法人或者其他组织为作者。作者有权要求其他人尊重其姓名、身份和工作。

2. 合作作品的著作权归属

两人以上共同创作的作品，其合作作者应当是该权利的共同拥有者，他们应共同行使此权利。有异议的，由主管法院裁决。当每一个合作作者的贡献不同时，在没有相反约定的情况下，合作作品可以分割使用，每位作者都有权单独利用他的个人贡献独立创作的部分，但是行使著作权时不得侵犯合作作品整体的著作权。

3. 汇编作品

汇编若干作品、作品的片段或者不构成作品的数据和其他材料，对其内容的选择和编排体现出独创性的作品，为汇编作品。汇编作品的作者享有著作权，但不得影响原有作品的作者对其作品享有的权利。

4. 职务作品的著作权归属

在履行服务合同或者工作任务的情况下，自然人、法人，或者其他组织所创作的作品为职务作品。职务作品的著作权属于作者，除非合同中另有书面规定。

5. 委托作品的著作权归属

受委托创作的作品，著作权的归属由双方当事人通过合同约定。合同未作明确约定或者订立合同的著作权属于受托人。在属于委托对其肖像进行绘画、摄影或作成任何其他媒介的三维图像的情况下，受托人无权在未经过明确授权的情况下，以任何方式利用委托人肖像。如果受托人对委托人的肖像进行明显的滥用，主管法院可以根据委托人的要求或负责文化的部门要求，作出任何适

---

[1] 王迁．知识产权法教程［M］．北京：中国人民大学出版社，2016：105－107.

当的措施。学校或者艺术机构的学生、受训者制作的作品，可以按照学校规章或者学校的特别规定进行处理。

（四）著作权的限制

根据该法第33条规定，在下列情况下应允许在原文或翻译中使用受保护作品，可以不经著作权人许可，不向其支付报酬，但应当指明作者姓名、作品名称，并且不得侵犯著作权人依照本法享有的其他权利。

（1）复制、翻译、改编、注释或任何其他形式的整理作品，但仅供用户自己私人使用。

（2）为介绍、评论某一作品或者说明某一问题，在作品中适当引用他人已经发表的作品，包括引用报纸、期刊文章等。

（3）为教学目的，在学校课堂、职业培训、科学研究过程中，以出版物、广播、录音或录像的方式，在一定程度上合理复制或者翻译作品，此类使用应符合合理公平的实践需要和提及作者的名字。

（4）报纸、期刊、广播电台、电视台等媒体刊登或者播放其他报纸、期刊、广播电台、电视台等媒体已经发表的关于经济、宗教问题的时事性文章，除非文章出版、刊登或广播播出时，伴随着一个明显地、明确地声明表明禁止此类的用途。

（5）为报道时事新闻，在一定程度上合理地在报纸、期刊、广播电台、电视台等媒体中不可避免地再现或者引用已经发表的作品。

（6）对设置或者陈列在室外公共场所的艺术作品进行临摹、绘画、摄影、录像，此种艺术作品和建筑作品的复制，如果这些作品是永久性的且处在一个可以被公众观看的地方。

（7）图书馆、档案馆、纪念馆、博物馆、美术馆、科研机构、教育机构等依法向社会公众开放馆藏作品的组织，为陈列或者保存版本的需要，在未合理地损害作者的合法权益的前提下，复制本馆收藏的作品。

（8）对于政治性新闻的再版或方便社会公众沟通交流的合理使用，包括在法律程序期间发表的任何政治演讲或演说，在公共场合发表的任何政治性演讲、谈话、讲道等。

（9）对他人已发表的作品的短暂录音。广播电视组织可能会为了自己的广播效果，通过自己的技术和相关设施，短暂录播相关作品并延迟作品播出的时间，在此短暂录音期间的任何一个或多个副本，它被授权对外广播，属于对作品的合理使用。但是所有副本应授权副本播出后在6个月内进行销毁或作者同意的其他任何较长时间内进行销毁。

（10）将作品翻译为法语。即使没有作者的授权，任何人也可以合法将一项作品翻译成法语并出版。

（11）主管部门的许可出版。即使没有作者的授权，在刚果人民共和国的领土上复制一项作品，并在主管当局的许可下，对该著作进行出版，也是合法的。

三、著作权的转让、许可

（一）著作权的转让

根据刚果（布）著作权与邻接权法规定，作者所拥有的著作权可以全部或者部分转让。任何著作权的转让，应按法律规定的形式，特别是书面形式进行转让。双方当事人协商同意全部或部分转让该法第 28 条所指称的著作权之经济权利，并不意味着转让著作权相关的其他人身权利。

按照该法第 28 条规定，将著作权所涵盖之经济权利进行转让的，其范围应当限于合同规定的范围。转让承载著作权的载体所有权，或一份或多份的副本的，并不意味着转让了著作权。通过合同方式，对于未来作品的全部转让无效，除非作者将未来的作品转让给专业的作者组织。

为了保护作者的合法利益，当作品发生转移后，对于作品转移发生的收益，应保证作者可从作品销售或开发中产生的各种收入中拥有一定比例的份额，至少保证不得低于一定的最低比例。作者的报酬不应当以下列情况方式进行任意评估：首先，计算比例份额的依据非属于实践中产生的；其次，对于报酬的份额申请审查时缺乏确定方法；利用的性质与条件，不能与报酬比例的确定相适应。

（二）著作权的许可

除该法另有规定外，未经作者或者其继承人的书面许可，任何人不得利用其作品。任何对于作品的全部或部分使用行为未经作者或者继承人授权，其行为属于不合法。对于作品任何方式或者手段的翻译、注释、改编或复制，同样是不合法的。

除非双方当事人另有约定，作者将作品许可给广播电台或电视广播组织的使用，应包括授权自由传播作品。广播电台或者电视广播组织应可自行采取适当技术和艺术手段，将被授权的作品进行传播，并由其自行承担责任。对于广播电台或者电视广播组织的授权，不包括将作品向以下机构传播——咖啡厅、餐厅、宾馆、夜总会、超市、文化中心、俱乐部以及此类私人会所等，如果需要向上述私人会所机构传播，需要征求作者的同意授权。

在当事人将作品或者存储设备销售给需要通过声音或者简单的光学扫描方式等方式，将受著作权与邻接权法保护的作品固定在物理媒介上以便严格限制于个人使用的人时，作品的作者或者作品的承继者应有权要求向国内区域销售其作品或者空白存储媒介的当事人，支付该作品或者存储设备销售额以及税费一定比例的报酬。

作者或其继承人以书面形式有偿授权其作品的利用或出版的合同，应以书面形式提出。即便是作品无偿的授权约定，也应以书面形式提出。这些合同必须说明作者或其继承人授权的作品利用类型和报酬方式。作品转让合同应受民事合同规则的约束。著作权转让的，应在转让文书中指定为作品转让的范围、目的、地点和期限，并且应当单独明确表示每一项所赋予的权利。

四、著作权保护的期限

（一）原则上的著作权保护期限

著作权保护期限是指作品受著作权与邻接权法保护的期间。根据该法第61条规定，著作权的保护期限为作者生命存续期间，以及其死亡后50年。

（二）共同作品的保护期限

两人合作完成的作品的保护期限，应当为合作作品之作者中的最后一位作者死亡后50年。

（三）匿名作品或笔名作品

在作品属于以匿名或笔名方式发表的作品时，作品的保护期限从该作品第一次合法出版的日期起满50年。但是，在上述期间内，作品的作者姓名公开或者被披露的，作品的保护期间应当适用作者死亡后的50年。

（四）电影作品

电影作品的著作权保护期间为作品创作完成之日起满50年，或者如果作品创作完成之日起50年内，已经在作者的授权下向公众公开的，则在作品向公众公开之日起满50年。

（五）摄影作品

摄影作品或者应用艺术作品的保护期限为作品创作完成之日起25年。

在作者死后出版的作品，如果作品的发表处于作者死亡后50年内，那么作品的经济权利由其继承人承继，相应的作品的保护期间发生后延。如果作品的发表是作者死亡后50年，那么作品的经济权利归属于作品的手稿所有者，或者与作品原件相关的人。作者死亡后进行出版的作品必须单独出版，除非它们只是先前发表的作品的一小部分。另外除非作者的继承人可享有作品的经济权利，否则作者死亡后发表的作品，不得与作者死亡以前出版的作品相结合，作为一部作品使用。

五、与我国著作权制度的主要差异与启示

（一）与我国著作权制度的主要差异

由于刚果人民共和国加入了《保护文学和艺术作品伯尔尼公约》《与贸易有关的知识产权协定》《建立世界知识产权组织公约》等国际条约，因此与世界接轨程度较高。不过，刚果人民共和国的著作权与邻接权法律制度，并非是《保护文学和艺术作品伯尔尼公约》等国际公约的简单汇编，其制度设计还是考虑其本国的基本国情。比如，基于该国的部落众多，且存在的历史悠久，产生了许多优秀的民间艺术成果，因此专设了本国民间艺术作品这一相关制度。

刚果人民共和国与我国著作权制度的差异主要表现在以下几个方面。

（1）是否在法律中明确保护应用艺术产生的挂毯及其相关物品存在差异。刚果人民共和国基于其本国纺织业较为发达，人们擅长纺织各式各样挂毯的现状，对属于应用了艺术创作的部分挂毯，明确在著作权与邻接权法律中给予著作权保护。

（2）是否专设民间艺术作品类型存在不同。刚果人民共和国著作权与邻接权法中设专条对于民间艺术作品为何进行定义、对其保护方式进行规定。特别是对于代代口口相传，并无文字记载的民间艺术作品，规定属于国家遗产，任何人对其改编和商业使用，都应当向主管著作权的有关部门申报和登记。

（3）是否在法律中规定作者请求报酬的计算标准存在不同。刚果人民共和国在其著作权与邻接权法律制度中，规定了著作权发生转移或者被其他人使用时，如何计算合理范围内的报酬，并且在法律中明确提出了判断报酬计算方法不适当的三个判断条件。

（4）对于作品的合理使用制度的规定存在差异。我国著作权法规定了免费向公众表演已发表作品，该表演未向公众收取报酬，也未向表演者收取报酬，属于合理使用。[1] 但是刚果人民共和国著作权制度未规定此种制度。刚果人民共和国著作权与邻接权法律制度规定了广播的短暂录音属于合理使用制度，我国著作权法并未涉及。另外，对于作品翻译成法文出版，属于著作权的合理使用，我国著作权法并不认可。

（5）是否规定匿名作品与笔名作品的相关制度存在差异。刚果人民共和国著作权与邻接权制度中规定了匿名作品与笔名作品的保护期限与著作权中的经济权利的归属制度，我国著作权法中并非明确规定此种制度。

（6）将中国公民、法人或者其他组织已经发表的以汉语言文字创作的作

---

[1] 王迁．知识产权法教程［M］．北京：中国人民大学出版社，2016：232.

品翻译成少数民族语言文字作品在国内出版发行，属于著作权合理使用制度。[1] 在刚果人民共和国著作权与邻接权制度中并不存在作品可以通过翻译成少数民族语言而成为合理使用的情况。

（二）对我国的启示

刚果人民共和国的著作权与邻接权法律制度，虽然受到了法国著作权法律制度很大的影响，但是由于其加入了众多的国际条约，其著作权与邻接权法律制度基本与国际条约相一致，与世界著作权法律制度的发展趋势相适应。刚果人民共和国的著作权与邻接权法律制度虽然制定时间较早，但是也反映了著作权的发展趋势。我国著作权制度的发展，也应立足本国实践基础上，放眼全球，取其精华，去其糟粕，紧跟世界著作权制度发展趋势，保证我国著作权制度与世界接轨，促进我国著作权产业的健康发展。

难能可贵的是，刚果人民共和国的著作权与邻接权法律制度，并非仅仅将国际条约或者法国相关法律制度，简单粗糙地移植至本国著作权法律制度中，而是立足了其基本国情，设计了很多与其国情相适应的法律制度，这对我国移植国际条约或者别国相关法律制度时的制度选择，对于著作权法律制度的发展如何实现中国化和特色化具有重要的借鉴意义。

第三节　喀麦隆著作权法律制度

一、立法概述

喀麦隆共和国通称喀麦隆，位于非洲中西部，南与赤道几内亚、加蓬、刚果接壤，东邻乍得、中非，西部与尼日利亚交界，北隔乍得湖与尼日尔相望，西南濒临几内亚湾。喀麦隆是非洲联盟的创始国之一，在非洲政治经济领域尤其是撒哈拉以南非洲地区扮演着重要的角色。作为非洲中部经济与货币共同体成员国之一，喀麦隆经济在共同体经济总量中占有很大比例，是非洲中部地区政治经济强国之一。据英国智库列格坦研究所 2016 年 6 月 1 日公布非洲发展前景报告显示，喀麦隆位居第 18 位。

喀麦隆共和国在 2000 年 12 月 19 日颁布《2000 年 12 月 19 日第 2000/011 号著作权与邻接权法》（以下简称《著作权与邻接权法》），这标志着喀麦隆共和国的著作权法律制度已经初步建立。《喀麦隆共和国著作权与邻接权法》（以下简称该法）一共分为 8 个部分 97 条，其中第一部分是关于该法的一般规

---

[1] 王迁．知识产权法教程［M］．北京：中国人民大学出版社，2016：236.

定；第二部分规定了著作权制度；第三部分规定了邻接权制度；第四部分是作品私人复制的报酬给付制度；第五部分规定了著作权的集体管理制度；第六部分规定了著作权与邻接权侵权与相关法律责任制度；第七部分规定了著作权与邻接权法实施的空间效力制度；第八部分是关于该法的附则，主要规定了过渡条款与其他条款。喀麦隆共和国的著作权与邻接权法的制定时间较晚，因此相关制度设计与著作权制度发展潮流较为贴近。

喀麦隆共和国未独立之前，原属于法国殖民地，后来从法国殖民地管辖下独立出来，成为一个主权独立国家。由于历史原因和法律渊源，喀麦隆著作权与邻接权法律制度基本与《伯尔尼公约》相关条款和精神保持一致。喀麦隆共和国在1964年2月10日加入《巴黎公约》，并在1964年5月10日在本国实施《巴黎公约》。另外，喀麦隆共和国在1967年7月14日签署加入、并于1973年11月3日正式实施《建立世界知识产权组织协定》，1995年加入《与贸易有关的知识产权协定》，2012年6月26日加入《视听表演北京条约》以及2013年6月28日《马拉喀什条约》等。这说明在著作权法律制度方面，喀麦隆共和国十分注重与世界著作权法律制度的发展接轨，紧跟世界著作权法律制度发展的潮流。

喀麦隆共和国在其首都雅温得市的文化部所管辖的司法部门内下设版权局，主管著作权有关事宜，如著作权登记、著作权保护相关文件发布等管理工作。

二、著作权的客体、内容与归属

（一）著作权的客体

喀麦隆共和国著作权与邻接权法贯彻“思想与表达二分法”，其中该法第3条规定该法只保护因创作而产生的表达及其表达方式，著作权保护的内容，应属于描述、解释与说明思想之表达。作品的核心是对于方法、方式、规则等思想之贯彻，这构成作品的显著特征，著作权只保护作品中这部分显著的特征。著作权保护的不仅是新创的表达，也保护对已存在的作品的分离、选择与组合后形成的具有独创性的表达。

1. 著作权的客体类型

喀麦隆共和国著作权与邻接权法，保护所有的文学或艺术作品，不论其形式、价值、类型或目的为何。该法规定，下列智力成果受著作权保护。

（1）文学作品，包括计算机程序；（2）带有或没有歌词的音乐作品；（3）为舞台创作的戏剧、戏剧音乐、舞蹈作品和哑剧；（4）视听作品；（5）设计图、油画、石版画、蚀刻版画或木刻等，与上述作品类型相同或类似的作品；(6) 各种雕塑、浮雕和马赛克；(7) 建筑作品，包括图纸、模型和建筑本身；(8) 艺术和应用艺术创作的挂毯和物品，包括草图或图案和作品本身；(9) 地图以及科学或技术性质的图形和塑料绘图和复制品；(10) 摄影作品，包括与摄影相似的过程所表达的作品；(11) 民俗作品。

其中，民俗作品是一个以国家传统文化遗产为原型创作或者借鉴国家传统文化遗产的事实和思想为基础创作的作品。民俗学是指所有涉及传统文化遗产的特征，由部落、社区或个人产生和延续的所有作品，这些作品明显反映了这些群体的期望和生活状态，包括民间故事、民间舞蹈和表演，以及传统或时下流行艺术的艺术表达、仪式和制作方法。民俗作品应属于民族文化遗产，是民间文学直接或者间接固定形成的具有独创性的作品，应予以著作权保护。基于民俗作品产生的报酬，应当存入文化政策支助基金。

对于已有文学或者艺术作品的翻译、改编、注释、整理而产生的作品，应当不受歧视的作为单独作品进行著作权保护，其著作权由改编、翻译、注释、整理人享有，但行使著作权时不得侵犯原作品的著作权。另外，对于民间传说、简单的事实和数据，进行独创性的集合编排后形成的作品，以及受民间传说启发后形成的作品，也应当赋予著作权保护。

作品的标题应作为作品本身的一部分进行保护，因为缺乏独创性。但是，如果一项作品的保护期限届满，其他人也不可随意使用该作品的标题，以防止社会公众发生混淆。

2. 不受著作权保护的内容

下列情形不受著作权与邻接权法保护：(1) 思想本身；(2) 法律、法院判决和其他官方文书以及它们的官方翻译；(3) 徽章、饰物、货币标志和其他正式标志。值得注意的是，文学、艺术或者科学领域的作品的翻译、改编或者其他安排形成的作品，以及民间传说、作品与非作品片段、民俗作品形成的创造性集合应作为汇编作品保护。

(二) 著作权的内容

创作作品的作者，应基于其投入在作品中的时间和创造性，赋予其对其作品享有独占性排他的权利。著作权的内容，包括著作权之财产权以及著作权之人身权。

1. 著作权之财产权

著作权的财产权是指作品使用或者授权他人使用、传播作品，从而依法获得报酬的权利。著作权之财产权，属于作者通过任何形式使用或授权使用其作品的专有权利，包括复制权、传播权、转让权、分配权以及质押等权利。

(1) 展示权。展示权是指作者公开向社会公众展示其作品的权利，包括公开陈列美术作品、摄影作品的原件或者复制件的权利。

（2）传播权。传播权，是指文学或艺术作品向公众传播，即以直接向公众表演、叙述等方式传播作品；以无线方式公开广播或者传播作品；以有线传播或者转播的方式向公众传播广播的作品；以及通过扩音器或者其他传送符号、声音、图像的类似工具向公众传播广播的作品的权利。典型的传播行为，包括以下情形：公开朗诵、戏剧表演以及通过任何手段或程序呈现作品；艺术作品原件或复制品的公开展览；电视广播，即无线广播，如无线电或电视广播，由电线或任何其他类似的技术设备、声音、图像、文字或者与上述方式相类型的方式进行的传播。

对作品的卫星广播应视为一种传播，即使这种广播是在国家领土之外进行的，只要该广播公司是在本国领土上注册，或本国领土上有其主要办事机构。

（3）复制权。复制指通过任何方式将文学或艺术作品的全部或部分固定在某种载体之上，使其得以传播，包括永久或暂时的电子储存等。复制的方式多种多样，特别是随着数字时代的到来，复制变得更简单和快捷，包括通过摄影、印刷、制图、雕刻、铸造、音像、磁带或机械录音等方式。对于建筑作品而言，工程计划或蓝图的重复执行，应视为复制行为。

（4）销售、租赁以及出租权。销售、租赁都是作者将作品的原件或者复印件有偿提供给社会公众；出租权，即有偿许可他人临时使用电影作品和以类似摄制电影的方法创作的作品、计算机软件的权利，计算机软件不是出租的主要标的的除外。著作权权利人有权从事文学或艺术作品的原作或复制品的销售、租赁或者与销售、出租类似的其他任何形式的市场营销活动。

2. 著作权之人身权

著作权之人身权是指著作权法律授权作者对其作品享有的人身性质的权利，这些权利保护了作品与作者的人格连接。著作权之人身权应与作品的载体无关，并且不能被继承，甚至作品著作权被转让之后，作者仍然对作品享有人身权利。

（1）发表权。作者有权决定是否向社会公众披露作品，并有权确定这些披露的程序和条件。

（2）署名权。作者有权要求在他的作品上签署他的名字，要求他人在每次向公众提供作品时提及他的姓名或其他表明身份的材料。

（3）保护作品完整权。作者有权对其作品的完整性进行保护，特别是反对针对其作品的歪曲和删减。

（4）修改权。作者有权要求社会停止传播他的作品并对其作品作出修改。

在作品授权给受益人使用的情况下，在作者对该授权人进行补偿后，作者可行使撤销权和变更权。著作权的人身权利与作者如何无关，它们是永恒的、不可剥夺的、不可放弃的。

（三）著作权的归属

1. 原则上的著作权归属

作者原则上是创作文学或艺术作品的自然人。作者对于作品的创作，是通过一个有意识的过程慢慢开始实现的。受著作权法律制度保护的作品，其创作者是该作品的著作权人。如果作品的设计，仅靠个人不能完全实现，或者设计的不完整，也不妨碍该智力成果属于作品。通过自动过程实现的摄影作品或其他作品，具备了独创性，也应被视为创作作品。

2. 合作作品的著作权归属

合作作品是指两人以上共同完成的作品。两人以上共同创作的作品，其合作作者应当是该权利的共同拥有者，他们应共同行使此权利，彼此是合作作品著作权的共同持有人。除非共同作者另有约定，如果一项合作作品可以分为多个独立的部分，合作作者对于作品创作的贡献可以独立存在且具备独创性，那么合作作品的每一个合作者都可以自由使用他所创作的部分的著作权，而其余的权利则应被视为整体的合作作品不可分割的部分，由所有合作作品共同行使，不可分割。但是，对于合作作品可分割部分的独立使用，不得对其他合作作者的使用产生偏见，且行使著作权时不得侵犯合作作品整体的著作权。

合作作品的作者可以相互约定行使作品著作权的方式和范围。每一个合作作者在其合作作品被侵犯时，可以主动向法院请求保护其作品和著作权之财产权利。如果合作作者双方另有约定，那么任何一方的行为都应将被他的共同作者所约束，在未征得另一方同意或者不经正式通知的情况下，对合作作品的组成部分进行更新，另一方可向法院起诉，维护其对于该合作作品所拥有的合法权利。

主动允许他人利用合作作品，而未对该作品的利用行为提出任何要求的合作者，应当被视为放弃了从该合作作品的利用行为中获得的利润的权利。但是，并不意味着该合作作者放弃了主张将来该合作作品可能的利用行为所带有的报酬请求权。

除另有约定外，当合作作品被使用时，每一个合作作者从该作品利用行为中所得利润的份额，应与他在创作中所做的贡献成比例。

尽管合作作者的权利，基于其对于一项合作作品的创作之贡献而产生，但另一合作作者可以通过彼此达成的协议，终止该合作作者对该合作作品的权利。另外，合作作者拒绝履行其应负创作作品的义务，或者基于不可抗力的情况未完成应有的贡献的，另一合作作者可拒绝承认其为合作作者。两人以上签署了合作创作作品的协议，发生争议的，可向有管辖权的法院申请裁决。在合作作者之间的相互协议最终版本确定的内容完成时，其合作作者视为已完成。委托行为产生的合作作品的权利归属，由合作作者和委托人共同约定。

3. 匿名或者笔名作品的著作权归属

使用匿名或者笔名的作品之作者，也应赋予其著作权保护。他们的作品权利应由其作品的出版者代表，但如果当事人能够有证据说明它的作者身份的，作品的权利应由该当事人行使。

4. 汇编作品的著作权归属

汇编若干作品、作品的片段或者不构成作品的数据和其他材料，对其内容的选择和编排体现出独创性的作品，为汇编作品。汇编作品的作者是作品创作者，但是应尊重在汇编作品中所包含的每一项预先存在的作品的著作权。

5. 委托作品的归属

受委托创作的作品，著作权的归属由委托人和受托人通过合同约定。合同未作明确约定或者没有订立合同的，著作权属于受托人。除非著作权法律另有规定除外，公民为完成法人或者其他组织工作任务所创作的作品是职务作品，著作权由作者享有。主要是利用法人或者其他组织的物质技术条件创作，并由法人或者其他组织承担责任的作品，作品的创作者为作者，享有署名权，著作权的其他权利由法人或者其他组织享有。

（四）著作权的限制

当作品在作者的授权已经被发表时，下列行为属于对作品的合理使用，作者不得禁止：（1）在家庭范围内严格的私人使用或演出，只要他们不产生任何收益；（2）基于教育和学术目的，或在宗教服务的目的，未获得任何报酬的前提下对作品的使用或表演；（3）对于作品的一份副本的复制和转换，严格用于个人和私人使用，而不包括提供给任何集体使用或存在收取利润；（4）在新闻分析、新闻评论中引用，或者在论文中以批评、教育性、科学性或信息性的作品为前提进行的简短引用，但是应在引用文字中表明“来源”和作者的名字；（5）利用文学或艺术作品作为教学插图，并进行出版、录制广播节目或通过声音或视觉进行记录，只要这种使用是公平和非牟利的；（6）滑稽表演、模仿和制作成卡通样式，但是应考虑不违背这一类型的法律的规定；（7）将文学或艺术作品翻译成盲人可使用盲文复制品；（8）旨在作为行政或法律程序中的证据，而对作品进行的复制和转换。

在下列条件下，允许临时复制工作：（1）在数字广播过程中对作品或表演进行的数字形式储存；（2）为了实现作品的广泛传播，基于著作权人的同意或法律的授权，个人或法人团体对作品的使用；（3）作为传播行为的辅助设施，在设备的正常使用下或者被自动取消的状态下，为进行的电子恢复工作而对作品的使用。

对于个人学习、欣赏、使用而复制属于合理使用的规定，不适用于下列情形：(1) 将他人的建筑作品通过类似建筑物或者构造物的方式予以复制；(2) 将他人的整本书或者音乐唱片通过影印的方式予以复制；(3) 对数据库、银行或者软件数据的复制；(4) 对于作品的复制行为，如果会与作品正常的开发行为相抵触或者妨碍了作者对于作品享有的合法利益。

发生时事事件时，基于公众知情权的需要，文学或艺术作品可以视觉方式、听觉方式或者其他可记录方式，通过照片、广播或者其他任何公共传播方式，予以简短摘录复制再现向公众传播。

除非明确声明不可使用外，关于时事政治、社会、经济或宗教问题、政治演讲、法庭听证会上的意见书以及布道、会议、信件和其他类似文章，可以在新闻或广播中使用上述文章的原文或翻译版本。但是，应当明确表明文章来源，以及作者的名字。

设置或者陈列在室外公共场所的艺术作品，包括永久保存在公共场所的建筑作品，可以通过摄影和视听手段复制并向公众免费开放，其中可使用的复制手段包括临摹、绘画、摄影、录像。但是上述行为的商业利用行为，没有经过作者的预先授权的，属于违法行为。

如果广播权授权给了音像传播公司时，那么该音像公司有权在其自行负责的前提下，使用自己的技术和艺术方式，自由进行听觉或视觉传播。但是，上述授权书不适用于咖啡馆、餐厅、酒店、旅馆、小卖部、文化中心、公共交通工具、私人会所等公共场所的演出，如果上述场所需要使用，必须事先获得作者的授权。

对于广播节目，应允许视听公司使用其自己的方式制作一部或几部临时作品复制件，并允许它们进行播放。但是，这些录音或录像复制件，不得出售、出租或出借。临时记录的复制件，应在3个月内销毁，除非授予复制权的权利人明确同意延长保存期限。在不损害作者公平获得报酬权利的情况下，临时复制品可以保存在官方档案中。

作者或者其授权人不得阻止数据库或数据银行的合法所有者从事以下行为：(1) 复制本数据库或银行的次要部分；(2) 按照自身需求复制或改造这些数据，包括集合错误数据；(3) 重新获取这些数据，以便在数据损失、破坏或无法使用时，存在替代数据；(4) 对已存在的软件进行重新编写、复制和翻译，如果这种行为可使与前者兼容的另一种软件的开发者获得所需的信息，或使得该软件可兼容于其他一种或若干几种其他软件。

三、著作权的转让、许可

（一）著作权的转让

根据喀麦隆著作权与邻接权法规定，作者所拥有的著作权相关权利，可以全部或者部分转让。任何著作权的转让，应按法律规定的形式，特别是书面形式进行转让，也就是签署转让合同。转让合同是指著作权人授权作品使用人在其规定的条件下使用作品的协议。在符合该法第40条规定下，著作权人的人身权利不得转让。双方当事人协商同意全部或部分转让著作权之经济权利的，并不意味着转让著作权相关的其他人身权利。

按照喀麦隆著作权与邻接权法规定，将著作权所涵盖之经济权利进行转让的，其范围应当限于合同规定的范围。转让合同应在有限的期限内签订，并应向公众提供确定的转让方式、可复制传播的数量等信息。

转让承载著作权的载体所有权，或一份或多份的副本的，并不意味着转让了著作权。通过合同方式，对于未来作品的全部转让无效，除非作者将未来的作品转让给专业的作者组织。

在合同规定的条件下，作品受让者必须遵守授权的规定，向作者支付报酬。为了保护作者的合法利益，当作品发生转移后，对于作品转移发生的收益，应保证作者可从作品销售或开发中产生的各种收入中拥有一定比例的份额，至少保证不得低于一定的最低比例。作者的报酬不应当以下列情况方式进行任意评估：首先，计算比例份额的依据非属于实践中产生的；其次，对于报酬的份额申请审查时缺乏确定方法；利用的性质与条件，不能与报酬比例的确定相适应。

（二）著作权的许可

除合同明确规定的独占性使用外，许可合同不意味着给予节目组织者任何垄断性使用的权利。

作者或其继承人以书面形式有偿授权其作品的利用或出版的合同，应以书面形式提出。即便是作品无偿的授权约定，也应以书面形式提出。这些合同必须说明作者或其继承人授权的作品利用类型和报酬方式。作品转让合同应受民事合同规则的约束。著作权转让的，应在转让文书中指定为作品转让的范围、目的、地点和期限，并且应当单独明确表示每一项所赋予的权利。

作者许可作品出版的，应签订书面的出版合同。出版合同应当是著作权人与出版者，约定在规定的条件下，印刷复制一定数量的作品，并保证作品规定时间内和质量条件下完成出版的协议。著作权人应当保证出版商享有复印出版作品的权利和自由。除非另有协议，否则转让或授予出版的权利应专属行使。

著作权人应确保出版人的出著作权利得到尊重并保护其不受侵犯。著作权人应给出版方履行其义务的合理期间，特别是在合同规定的最后期限内，能让其以一种能够正常印刷的形式将出版物交付。发行人应当在规定条件下出版或确保出版，并遵循合同规定的出版表达方式。未经著作权人书面许可，不得擅自变更出版的时间、样式和作品内容。在符合贸易惯例的期限内完成出版物十分重要，否则构成违约，除非有特别协定。出版人应确保每一份副本均有著作权持有人的姓名、笔名或标记，除非另有协议。出版人在打印完成后，应将该作品原件归还给著作权人。

四、著作权的保护期限

（一）原则上的著作权保护期限

根据喀麦隆《版权与邻接权法》第37条规定，原则上著作权人的著作权保护期限为其生命存续期间加死亡后50年。

值得注意的是，以下三种作品使用特别的保护期限：视听作品、实用艺术品、汇编作品。当作品在作者授权的前提下出版的，作者对作品享有的权利的期限为出版之日起50年；如果作品在创作之日起50年内未出版的，作者对作品享有的保护期限为创作之日起50年。

（二）共同作品的保护期限

两人及以上合作完成的作品的保护期限，持续至合作作品之作者中的最后一位作者死亡以及其死亡后的50年。

（三）匿名作品或笔名作品

作品在以匿名方式或者笔名方式发表的作品之保护期限，自授权出版之日起持续50年。但是笔名作品欲取得该作品原则上的保护期限，应当满足该作品与作者身份之间的对应不存在任何疑问，或者在笔名作品的真正作者身份在50年持续时间届满之前主动披露。上述匿名或笔名作品如果自创作之日起50年未出版的，那么保护期限仅持续至在创作之日起50年期间届满之日。

（四）死亡后形成的作品

死后出版的作品的保护期限自作品出版之日起满50年终止。该作品的权利归属于作者的合法继承人或作品的合法声索人。如果作品在50年保护期限内出版，那么该作品的权利归属于使得作品出版的继承者或合法声索人。死亡后形成的作品应当分开出版，不得与作品生前创作的作品结合在一起作为作品保护，除非该作品是生前出版的作品的片段，或者作者的继承人或作者权利的合法声索人有权继续使用该作品。

第四节 本章小结

非洲法语区国家由于受到法国影响，其著作权制度沿袭法国的著作权法律制度，采用大陆法系的立法例，著作权制度发展得较为完善。非洲法语区国家也积极融入世界著作权制度的发展潮流，保持与国际条约相接轨，基本加入了《保护文学和艺术作品伯尔尼公约》《与贸易有关的知识产权协定》《建立世界知识产权组织公约》等一系列国际条约，国际化程度相对较高。

非洲法语区国家的著作权与邻接权法律制度，并非是《保护文学和艺术作品伯尔尼公约》等国际公约的简单汇编，也并非是完全复制法国著作权制度，其制度设计还是考虑其本国的基本国情。比如，基于本国的部落众多，且存在悠久历史与文化沉淀的基础上，对其本国部落中通过口口相传的方式产生的许多优秀的民间艺术成果，在著作权法中设置专章或专款进行保护，即本国民间艺术作品制度。这对于保护传统文化资源是十分有利的。另外，基于本国的语言特殊情况，规定了将作品翻译成法语出版，属于著作权的合理使用。另外，著作权法中还规定了匿名作品与笔名作品的保护期限与作品的经济权利归属。非洲法语区国家的著作权制度设置，基本符合其本国国情。

我国应从非洲法语区国家的著作权法律制度的设计中获得相应的经验，应立足本国国情进行制度设计，对于为本国传统文化资源的保护给予更多关注，实现保护视野的全球化与制度具体设计的本国化相结合，因需而鉴、因地制宜、取其精华，实现保护创作与保护本国的文化的持续发展的目的。